BIBLIOTHÈQUE
LATINE-FRANÇAISE

PUBLIÉE

PAR

C. L. F. PANCKOUCKE.

ŒUVRES
DE C. C. TACITE

TRADUITES

PAR C. L. F. PANCKOUCKE.

HISTOIRES

TOME PREMIER.

PARIS
C. L. F. PANCKOUCKE
MEMBRE DE L'ORDRE ROYAL DE LA LÉGION D'HONNEUR
ÉDITEUR, RUE DES POITEVINS, N° 14.
M DCCC XXX.

OEUVRES

DE

C. C. TACITE

TRADUITES

PAR C. L. F. PANCKOUCKE.

HISTOIRES

TOME PREMIER.

PARIS
C. L. F. PANCKOUCKE
MEMBRE DE L'ORDRE ROYAL DE LA LÉGION D'HONNEUR
ÉDITEUR, RUE DES POITEVINS, N° 14.

M DCCC XXX.

Je ne veux point faire ici l'éloge de Tacite : Tacite l'ami de Pline, Tacite dont un empereur romain s'honora de descendre; qui parle de la vertu comme Socrate; que Bossuet appelait le plus grave des historiens, Racine le plus grand peintre de l'antiquité; dont Léon x fit rechercher avec tant de soins les écrits; Tacite qui fut lu sans cesse et médité par Cosme de Médicis et par le cardinal de Richelieu; Tacite enfin, dont Henri iv désirait ardemment de voir une bonne traduction, n'a pas besoin d'un éloge : cet éloge est tout entier dans ses admirables écrits; il se trouvera dans la simple analyse des œuvres de ce prince des historiens, qui réunissent réellement tous les genres de beautés et de mérite [1].

Nos devanciers n'ont pas accordé à Tacite

---

[1] Et dans les documens historiques et littéraires qui paraîtront dans le premier volume de la traduction des OEuvres de Tacite.

toutes les louanges qui lui sont dues, par cette seule raison, peut-être, qu'ils n'avaient point assisté aux évènemens d'une révolution à jamais célèbre, qui a, parmi nous, amené beaucoup d'institutions semblables à celles de l'antiquité, et qui nous a fait passer en peu de temps presque par toutes les vicissitudes éprouvées par le peuple romain.

En effet, jusqu'à ces derniers temps, notre nation n'avait lutté, pour assurer son affranchissement que par des efforts lents et successifs, et elle n'avait pu parvenir à son entière émancipation; elle ne pouvait donc comprendre, ni par conséquent exprimer tous ces sentimens qui surgissent avec l'accroissement et le développement de toutes les forces morales et physiques.

Sans doute Tacite ne peut être bien compris que par les personnes parvenues à l'âge fait; ainsi, tant que les nations sont restées dans l'enfance, elles n'ont pas pu parfaitement entendre ce grand écrivain, et on l'a appelé, dans les écoles, barbare et obscur, parce qu'on ne le comprenait pas.

Aujourd'hui notre nation est arrivée, pour ainsi dire, à l'âge viril, et nous sommes plus en état d'entendre cet auteur qui exige sans doute la réunion de toutes les forces de l'esprit, soutenues par une longue expérience des hommes et des choses, pour que l'on puisse saisir toute la portée de sa pensée.

Pour le bien comprendre, il fallait donc avoir passé par ces épreuves, par ces évènemens qui, à peu de différence près, furent les mêmes que ceux qu'il a si bien décrits dans ses admirables ouvrages.

Et non-seulement les évènemens ont été presque semblables, mais les dénominations ont été les mêmes : nous avons vu une longue et cruelle révolution, la guerre civile, des proscriptions, des orateurs éloquens, des tyrans atroces, des victimes nombreuses, des généraux habiles, des soldats qui ont presque conquis le monde, des guerres pleines de gloire; et, dans ces trente années, nous avons éprouvé toutes les vicissitudes qui ont accompagné le peuple romain dans une existence politique de huit siècles.

Après les proscriptions et la dictature, nous avons vu un empereur et une garde qui eût pu être la garde prétorienne, des préfets et un sénat, trop semblable à celui que Tacite a flétri :

il doit résulter de ces similitudes de faits, l'intelligence bien plus facile des mêmes évènemens qui ont eu lieu il y a plusieurs siècles, et notre langage a même paru se modifier et s'accroître, pour exprimer ces sensations nouvelles.

On voit, en effet, dans toutes les traductions françaises qui ont été publiées des historiens romains, une gêne dans les expressions, une pâleur dans le style, un embarras enfin semblable à celui d'une personne qui voudrait parler de ce qu'elle n'a pas vu.

Ces versions se sont même ressenties de l'influence sous laquelle elles ont été faites : ainsi la traduction du médecin de Henri IV, Rodolfe Lemaistre, a souvent plus d'énergie, de fermeté que celles qui l'ont suivie : il écrivait presqu'au milieu des guerres civiles, auprès de Henri IV, qui avait été frappé des beautés de Tacite, et désirait que cet auteur fût dignement traduit en français.

Une traduction de Tacite, faite par des personnes qui vivent dans la paisible retraite du cabinet, ou dans la monotonie et la régularité des écoles, et qui, par leur position sociale, ou même leur caractère, ne prennent qu'un faible intérêt aux révolutions politiques, doit nécessairement se ressentir de cette froideur : autant vaudrait qu'un homme qui n'a jamais aimé, se prît à traduire Tibulle et Properce; les mots lui manqueraient à chaque phrase, parce qu'il n'aurait ni souvenirs ni impressions conformes à ceux qui ont inspiré ces auteurs.

Depuis que j'ai commencé cette traduction, je n'ai cessé de la corriger, et souvent les évènemens mêmes m'indiquaient les passages sur lesquels je devais revenir pour arriver à mieux faire.

Avant de rien publier, j'avais, dès long-temps, traduit *tout Tacite;* j'avais écrit de ma main ma traduction entière; elle a été la pensée dominante de toute ma vie. J'ai fait sans cesse sur mon manuscrit de nombreuses corrections, et celui d'après lequel ma traduction est imprimée, est le même que j'ai écrit, il y a plus de vingt ans. J'ai essayé de le récrire, mais je me suis aperçu combien ce travail manuel refroidissait la pensée; c'est en lisant à haute voix, tantôt Tacite, tantôt mes essais de traduction; c'est en m'animant par la marche, c'est enfin en me retraçant ces mêmes évènemens qui ont affligé et illustré ma patrie, que j'ai cherché à perfectionner mon travail, et à le rendre digne de l'historien des empereurs de Rome.

Je suis entré dans tous ces détails, parce qu'ils sont vrais, et j'ai dû dire comment j'ai cru pouvoir parvenir à réussir dans cette longue et pénible entreprise.

Ce laps de temps, entre mes premiers essais et cette sévère révision, a eu un résultat qui m'a semblé favorable à mon travail. A un âge où les passions et la pensée sont plus vives, j'ai commencé ma traduction, et, plus tard, j'ai trouvé dans mon manuscrit beaucoup de descriptions animées, de tableaux, de phrases hardies, que j'ai cru devoir conserver.

Je publie ce travail après vingt-cinq ans, en 1830, lorsque des évènemens non moins graves, mais d'une nature plus calme et plus sérieuse, ont succédé à une révolution violente, et lorsque moi-même j'ai pu acquérir par la réflexion plus de maturité.

Toutefois, je ne présente point sans doute ces considérations comme un moyen d'obtenir des suffrages ; mais si je reçois quelques encouragemens, je dois dire comment j'ai mérité de les obtenir, et comment de si longs travaux ont pu s'exécuter au milieu d'une carrière commerciale, où j'ai créé plusieurs grandes entreprises, dans lesquelles l'amour de la patrie, les souvenirs de sa gloire et de ses conquêtes ont été mes seules inspirations.

C'est souvent après avoir lu nos glorieux bulletins que j'ai traduit la description d'une bataille; c'est après avoir assisté aux discussions de nos assemblées, que je traçais, d'après Tacite, les délibérations du sénat de Rome.

J'ai souvent pensé qu'il était bien à regretter que quelques-uns de ces hommes si remarquables, qui ont, de nos jours, brillé dans les camps et à la tribune, n'eussent pas entrepris une traduction de Tacite; mais leur génie, consacré à d'autres travaux, a été plus utile à la patrie.

Je puis dire, toutefois, que j'ai voué, dès mes plus jeunes années, un véritable culte à ce grand écrivain : Cicéron dit, des belles-lettres, « qu'elles nous suivent dans les voyages, à la ville, à la campagne, augmentent nos plaisirs et charment nos tristesses; » de même un exemplaire de Tacite a toujours été mon fidèle compagnon, dans toutes les circonstances de ma vie; et si je ne puis m'écrier comme Juste-Lipse, enthousiaste passionné de Tacite, « je sais par cœur tout cet historien, et je consens à être frappé d'un poignard, si je n'achève pas aussitôt la phrase de Tacite dont on aura prononcé seulement les premiers mots...; » je puis assurer que j'en ai fait ma lecture assidue et l'objet de toutes mes pensées. Bien souvent il m'est arrivé de garder dans mon souvenir, pendant des semaines entières, de ces phrases de Tacite, qui ont toujours paru intraduisibles, et de ne trouver une version qui me semblât convenable qu'après de longues tentatives.

Ce culte pour le prince des historiens m'a engagé à réunir toutes les éditions qui ont été faites de ses ouvrages, et j'en ai formé une collection que je visite souvent, comme un homme pieux se rend à son oratoire. Là, sont classées par ordre chronologique les éditions et les traductions de Tacite, de toutes les époques et de tous les pays : en faire une analyse succincte, est un ouvrage à part, que j'ai réservé pour d'autres temps; je ne veux ici parler que de mon travail et du système que j'ai suivi.

Après avoir lu maintes fois Tacite, et avoir fait quelques essais de traduction, je trouvais souvent que les tours de phrase, les expressions me manquaient; j'en accusais mon défaut de mémoire : je crus devoir faire un travail particulier sur ces expressions si simples, qui ont cependant un charme continuel de nouveauté, et que l'on rencontre sans cesse dans nos illustres auteurs français. Je fis, avec les soins les plus minutieux, la recherche des expressions remarquables qui se trouvent dans Pascal, dans Bossuet, et particulièrement dans Montesquieu, qui s'est beaucoup occupé de Tacite, et qui le cite sans cesse dans l'*Esprit des Lois*.

Je continuai avec le même zèle cette investigation dans Boileau et dans Racine, et je réunis un assez grand nombre d'expressions, extraites de ces auteurs, pour en composer un dictionnaire [1].

De plus, afin de mieux reconnaître et les hommes et les choses dont parle Tacite, je m'entourai des médailles où sont empreints ces Césars, dont il a fait des portraits bien plus ressemblans, et de tous ces objets de détails de la vie militaire et privée des Romains, de ces fragmens d'épées et de lances qui, si long-temps,

---

[1] Ce travail fut approuvé par mon oncle, M. Suard, secrétaire perpétuel de l'Académie Française ; il m'engagea beaucoup à le continuer : une partie en a été imprimée.

résistèrent aux Germains, de ces lampes à la lueur desquelles Tacite écrivait peut-être, de ces fragmens de vases et de bas-reliefs où sont représentés les usages du peuple dont il nous a transmis les annales.

Mais, loin d'être satisfait, il me restait à visiter les lieux qu'il a décrits; je voulus suivre Agricola dans son expédition en Bretagne, et fouler le champ de bataille de Galgacus. J'ai donc visité l'Angleterre et l'Écosse; j'ai vu ces contrées dont l'aspect général n'a point changé depuis la conquête des Romains : ce sont ces mêmes montagnes, ces mêmes lacs d'eau salée; j'ai recueilli des perles de Calédonie, que décrit Tacite, et que son beau-père Agricola lui avait sans doute rapportées, et j'ai obtenu des membres savans de la Société des Antiquaires d'Edimbourg une foule de renseignemens précieux pour ma traduction de la vie d'Agricola.

L'année suivante j'ai parcouru l'Italie : je voulus reconnaître les palais des Césars, monter au Capitole, parcourir le forum, et là, Tacite pour guide, lire les scènes que ce grand homme a reproduites avec tant de vérité, que l'on est ému comme si l'on y assistait.

Tacite à la main, long-temps j'ai visité Rome et ces mêmes monumens dont la plupart sont encore debout et tels qu'il les a vus, ce mausolée d'Auguste, ce Panthéon d'Agrippa, cet amphithéâtre de Vespasien, cet arc de triomphe de Titus; j'ai reconnu dans les musées les statues et les bustes de ses contemporains, portraits fidèles, que le talent de l'artiste a si bien animés qu'ils semblent tous penser et être prêts à parler.

L'extrême complaisance du bibliothécaire du Vatican[1] m'a ouvert les plus précieux manuscrits; j'ai touché à Naples ces papyrus échappés si miraculeusement aux laves brûlantes du Vésuve, qui formaient sans nul doute une partie des bibliothèques au temps de Tacite, et qui furent lus par les Romains de cette époque[2]. J'ai suivi ces voies romaines où

---

[1] L'abbé Mai.

[2] Ces manuscrits, au nombre de plus de huit cents (WINK., p. 233), ont été trouvés à Herculanum, dans une cave, dont la voûte, très-solide, a été couverte par la lave du Vésuve, en 79. Les manuscrits y ont été réduits en charbon; mais, n'ayant éprouvé aucun frottement, ils sont intacts, et, en les déroulant avec une patience merveilleuse, on est parvenu à en lire quelques-

passèrent tant de légions. Mais je dois m'arrêter devant un si grand nombre de souvenirs : il sera plus convenable de les rappeler et de les rapprocher en d'autres temps.

Ces moyens de perfectionnement que j'ai obtenus pour ma traduction de Tacite paraîtront peut-être neufs, car je ne crois pas qu'aucun des traducteurs précédens en ait eu la pensée : le temps me dira si je ne me suis pas abusé. Mais, pour lutter avec le plus grand de tous les historiens, j'ai cru ne devoir rien épargner, sinon pour assurer mon succès, du moins pour me garantir d'une honteuse défaite.

Après cette investigation studieuse et des objets et des lieux, j'ai continué avec ardeur la révision de ma traduction de Tacite. Et voici le plan que j'ai suivi :

J'avais traduit d'abord mon auteur tout en-

---

uns; lorsque tous seront déroulés, on y trouvera sans doute les parties qui nous manquent de tant d'ouvrages de l'antiquité, et aussi ce qui manque aux *Annales de Tacite*; mais ce travail très-minutieux se fait avec une lenteur désespérante. Tacite a vécu sous les règnes de Vespasien, Titus, Domitien; l'éruption qui a couvert Herculanum et Pompéia a eu lieu en 79, la première année du règne de Titus.

tier mot à mot[1], en ayant le soin, non-seulement de ne pas intervertir l'ordre des pensées, car c'est toujours détruire leur gradation, mais en respectant même l'ordre des mots, car agir autrement, c'est détruire leurs images; tout se lie dans la pensée d'un écrivain supérieur, et j'ai porté le scrupule jusqu'à ne pas changer la place d'une épithète.

Après cette traduction mot à mot, je suis revenu, à maintes reprises, pour en adoucir la rudesse, former quelques liaisons, changer des expressions sans les affaiblir; et j'ai cru (car qui ne s'abuse en de semblables travaux?) parvenir ainsi, quelquefois, à rendre exactement la pensée de Tacite, sans lui ôter de sa force et de sa précision. Il serait trop long d'en citer des exemples, la sévérité du lecteur en fera l'épreuve : je ferai observer seulement qu'en parcourant les pages latines et françaises, on remarquera que ma traduction se trouve parfaitement en regard, et que, malgré le soin que j'ai eu de ne pas omettre même une simple

---

[1] J'avais suivi ce même système dans la traduction de *la Germanie*, et le succès de l'ouvrage a dû me faire croire que ce système avait obtenu l'approbation des hommes éclairés.

conjonction de Tacite, car Tacite ne la plaçait pas inutilement, ma traduction ne dépasse que de deux ou trois lignes par page le texte de l'auteur.

J.-J. Rousseau, qui a traduit le premier livre des Histoires, appelle Tacite un *rude joûteur* : il a bien raison sans doute, et, au bout de plus de vingt-cinq ans d'efforts, je dois, ainsi que tous ceux qui ont essayé leurs forces avec lui, m'avouer vaincu. Mais il a paru dans l'arène un rude joûteur de plus qui a bien dû augmenter mon embarras, un joûteur exercé, célèbre, éprouvé, et qui compte des succès : on voit bien que je désigne l'un des professeurs les plus distingués de l'Université, M. Burnouf; il était sur son terrain, maintes fois y avait paru en habile athlète; et moi, étranger à l'Université, dans une carrière commerciale, où l'on imprime souvent plus de livres que l'on n'en lit, j'allais m'engager dans une lutte, où je devais craindre que la voix publique, peut-être sans nous juger, ne prononçât d'avance mon infériorité. Cependant je ne perdis pas contenance, je redoublai au contraire de courage et je persévérai sans hésitation.

Je me présente donc avec tous les égards que se doivent, dans la carrière des belles-lettres, de nobles champions. Nous ne sommes plus au temps des Vadius et des Trissotins, et je m'offre au combat, après le salut des armes et la tête découverte, devant un professeur avec lequel il sera pour moi très-honorable, même après ma défaite, d'avoir osé lutter, et sur lequel il serait trop glorieux d'avoir remporté la victoire.

Mais ici la lutte doit être aussi franche que polie. Ainsi je fais suivre cette préface d'un choix de morceaux de Tacite, en y joignant la traduction du professeur, j'ai presque dit du maître, et au dessous la mienne. Ma sincérité n'a pas voulu choisir les passages où j'aurais pu croire trouver quelque faiblesse dans mon noble adversaire et quelque supériorité en ma traduction; mais j'ai extrait les passages les plus difficiles de Tacite, ceux où il a été grand poète, peintre admirable, moraliste profond, ceux enfin où, comme le dit si bien Laharpe, « sa diction est forte comme sa pensée...., où il parle à la fois à l'âme, à l'imagination, à l'esprit...., où chaque ligne porte un sentiment dans l'âme..., où les tyrans nous semblent punis quand il les a peints... »

En me présentant avec cette franchise, j'ajouterai que j'aurais renoncé à publier ma traduction, quoique j'y doive attacher toute la réputation littéraire que j'ambitionne, si les personnes que j'ai consultées ne m'avaient hautement dit de poursuivre, et si, surtout, je n'avais obtenu les encouragemens de personnes qui rendent, chaque jour, aux lettres et aux sciences les services les plus signalés. Ils ont consenti à revoir chaque épreuve et à y joindre souvent des observations que je me suis empressé d'adopter. J'ai admiré avec un vif sentiment de reconnaissance leur patience, car ce n'a point été un léger examen de mon travail, mais une investigation sévère de chaque phrase. J'ai attribué au génie de Tacite cette extrême condescendance, mais j'en ai aussi conçu quelque orgueil : être jugé digne de leurs observations est déjà un éloge.

Toutefois, je n'ai pas cru devoir adopter un autre sens que celui de M. Burnouf, sans m'expliquer à ce sujet : c'est un égard que je lui devais. Ainsi dans les notes rejetées à la fin du volume, j'entre souvent dans des discussions indispensables en ces matières, et je ne me suis pas permis de penser autrement qu'un maître aussi habile sans déduire mes raisons : elles seront l'excuse d'une contradiction que je n'ai élevée qu'à regret.

Pour les notes historiques, géographiques, les discussions du texte des diverses éditions, j'ai emprunté à tous mes devanciers, comme j'ai vu qu'ils s'étaient emprunté les uns aux autres ; il n'a fallu que copier. Les sources ont été citées, à moins qu'elles n'aient été confondues en prenant dans plusieurs auteurs ; il n'y a eu ici que le mérite de choisir et d'abréger ; et, je le déclare, je ne reconnais comme notes qui me sont propres, que celles de discussion de traduction : les autres ne sont que le choix des notes faites précédemment par les traducteurs et annotateurs de Tacite. Pourquoi, ainsi que l'ont fait tous les derniers traducteurs, car je n'en puis excepter aucun, chercher à s'approprier, par quelques changemens de mots, des phrases et des notes entières qui appartiennent à autrui ?

Honorons les travaux de Rhenanus, de Juste-Lipse, d'Ernesti, d'Oberlin, de Delamalle, de Ferlet, auxquels nous devons tant de précieux éclaircissemens, tant d'observations parfaites ;

attribuons-leur avec reconnaissance une partie de nos succès : sans leurs doctes recherches, entendrions-nous Tacite aujourd'hui ?

C. L. F. PANCKOUCKE.

HISTOIRES DE C. C. TACITE.

LIVRE PREMIER.

II. « Jam vero Italia novis cladibus, vel post longam sæculorum seriem repetitis, adflicta. Haustæ aut obrutæ urbes, fecundissima Campaniæ ora. Urbs incendiis vastata, consumptis antiquissimis delubris, ipso Capitolio civium manibus incenso : pollutæ cærimoniæ : magna adulteria : plenum exsiliis mare : infecti cædibus scopuli. Atrocius in urbe sævitum, nobilitas, opes, omissi gestique honores pro crimine, et ob virtutes certissimum exitium : nec minus præmia delatorum invisa, quam scelera ; quum alii sacerdotia et consulatus, ut spolia, adepti, procurationes alii et interiorem potentiam, agerent, ferrent cuncta. »

« Et en Italie, des calamités nouvelles ou renouvelées après une longue suite de siècles ; des villes abîmées ou ensevelies sous leurs ruines, dans la partie la plus riche de la Campanie ; Rome désolée par le feu, voyant consumer ses temples les plus antiques ; le Capitole même brûlé par la main des citoyens, les cérémonies saintes profanées ; l'adultère dans les grandes familles ; la mer couverte de bannis ; les rochers souillés de meurtres ; des cruautés plus atroces dans Rome : noblesse, opulence, honneurs refusés ou reçus, comptés pour autant de crimes, et la vertu devenue le plus irrémissible de tous ; les délateurs, dont le salaire ne révoltait pas moins que les forfaits, se partageant comme un butin sacerdoces et consulats, régissant les provinces, régnant au palais, menant tout au gré de leur caprice. »   M. Burnouf.

L'Italie affligée de plaies ou nouvelles ou renaissantes après une longue série de siècles ; des cités englouties ou renversées sur les rivages féconds de la Campanie ; Rome dévastée par le feu ; nos plus anciens temples consumés par les flammes ; le Capitole même incendié par les mains de nos concitoyens ; nos cérémonies profanées ; de grandes familles flétries d'adultères ; la mer couverte d'exilés ; ses rochers souillés de meurtres. Dans Rome, la cruauté alla plus loin encore : biens, noblesse, dignités acceptées ou refusées, devenus des crimes, et la mort infaillible partage des vertus ; les délateurs, encouragés par des récompenses non moins abominables que leurs forfaits, s'emparant comme de dépouilles, les uns des sacerdoces et des consulats, d'autres de l'administration des provinces et de la puissance intérieure, portant partout le trouble et leur rapacité.   C. L. F. Panckoucke.

III. « Non tamen adeo virtutum sterile sæculum, ut non et bona exempla prodiderit. Comitatæ profugos liberos matres: secutæ maritos in exsilia conjuges: propinqui audentes: constantes generi: contumax, etiam adversus tormenta. servorum fides: supremæ clarorum virorum necessitates; ipsa necessitas fortiter tolerata; et laudatis antiquorum mortibus pares exitus. Præter multiplices rerum humanarum casus, cœlo terraque prodigia et fulminum monitus et futurorum præsagia, læta, tristia, ambigua, manifesta. Nec enim unquam atrocioribus populi romani cladibus, magisve justis indiciis adprobatum est, non esse curæ deis securitatem nostram, esse ultionem. »

« Ce siècle toutefois ne fut pas si stérile en vertus qu'on n'y vît briller aussi quelques beaux exemples. Des mères accompagnèrent la fuite de leurs enfans, des femmes suivirent leurs maris en exil; on vit des parens intrépides, des gendres courageux, des esclaves d'une fidélité invincible aux tortures, des têtes illustres soumises à la dernière de toutes les épreuves, cette épreuve même supportée sans faiblesse, et des trépas comparables aux plus belles morts de l'antiquité. A ce concours inouï d'évènemens humains se joignirent des prodiges dans le ciel et sur la terre, et les voix prophétiques de la foudre, et mille signes de l'avenir, heureux ou sinistres, certains ou équivoques. Non, jamais plus horribles calamités du peuple romain ni plus justes arrêts de la puissance divine ne prouvèrent au monde que, si les dieux ne veillent pas à notre sécurité, ils prennent soin de notre vengeance. » M. Burnouf.

Toutefois le siècle ne fut pas tellement stérile en vertus qu'il n'ait aussi produit d'honorables exemples: des mères compagnes de leurs enfans fugitifs, des épouses suivant leurs maris en exil; des parens courageux, des gendres dévoués, des esclaves d'une fidélité à l'épreuve même des tortures; d'illustres personnages réduits aux dernières extrémités, inébranlables en ce malheur extrême, et des trépas comparables aux belles morts de l'antiquité. Outre cet assemblage d'évènemens humains, des prodiges parurent dans les airs et sur la terre; le ciel nous avertit par ses foudres, l'avenir nous fut annoncé par des présages, heureux, tristes, obscurs, évidens: et jamais calamités plus terribles, indices plus certains, n'apprirent au peuple romain que les dieux ne veillaient plus à sa prospérité, mais à leur vengeance. C. L. F. Panckoucke.

~~~~~~~~~~~~~~~~

IV. « Finis Neronis ut lætus, primo gaudentium impetu, fuerat, ita varios motus animorum, non modo in urbe, apud patres, aut populum, aut urbanum militem, sed omnes legiones ducesque conciverat: evulgato imperii arcano, posse principem alibi, quam Romæ, fieri. Sed patres læti, usurpata statim libertate, licentius, ut erga principem novum et absentem; primores equitum proximi gaudio patrum; pars populi integra, et magnis domibus annexa; clientes libertique damnatorum et exsulum, in spem erecti: plebs sordida et circo ac

theatris sueta, simul deterrimi servorum, aut qui, adesis bonis, per dedecus
Neronis alebantur, mœsti et rumorum avidi. »

« La fin de Néron, après les premiers transports de la joie publique, agita
diversement les esprits non-seulement du sénat, du peuple, des troupes de la
ville, mais encore des légions et des généraux : le secret de l'état venait d'être
révélé ; un empereur pouvait se faire autre part que dans Rome. Le sénat se
réjouissait, et, sans perdre un instant, il s'était ressaisi d'une liberté, plus in-
dépendante et plus hardie sous un prince nouveau et absent. Les principaux
de l'ordre équestre éprouvaient une joie presque égale à celle des sénateurs. La
partie saine du peuple, liée d'intérêt aux grandes familles, les cliens, les affranchis des condamnés et des bannis, renaissaient à l'espérance ; la populace accoutumée au cirque et aux théâtres, et avec elle la lie des esclaves, et les dissi-
pateurs ruinés, qui vivaient de l'opprobre de Néron, étaient consternés et
recueillaient avidement tous les bruits. » M. Burnouf.

La mort de Néron, reçue au premier moment avec des transports de joie
générale, avait toutefois agité diversement les esprits, non-seulement dans la
capitale, parmi le sénat, le peuple et les soldats de la ville, mais parmi toutes
les légions et leurs chefs, en révélant ce secret d'état, qu'on pouvait élire un
empereur ailleurs qu'à Rome. Les sénateurs, pleins de joie, ressaisissent aussitôt leur indépendance, avec d'autant plus de hardiesse que le maître était absent
et nouveau. Les principaux des chevaliers ne modèrent pas plus leurs transports ; cette partie du peuple la plus saine, attachée aux grandes maisons, tous
ces cliens et affranchis de personnes condamnées ou exilées, renaissent à l'espérance ; la vile populace, qui fréquente le cirque et les théâtres, la lie des
esclaves, et ceux-là qui, ayant dévoré leurs biens, vivaient des infamies de Néron, sont consternés et avides de nouvelles. C. L. F. Panckoucke.

V. « Nec deerant sermones senium atque avaritiam Galbæ increpantium.
Laudata olim et militari fama celebrata severitas ejus angebat adspernantes
veterem disciplinam, atque ita xiv annis a Nerone adsuefactos, ut haud minus
vitia principum amarent, quam olim virtutes verebantur. »

« Il ne manquait pas de voix qui murmuraient contre la vieillesse et l'avarice
de Galba. Sa sévérité, célébrée jadis dans les camps par tous les éloges de
la renommée, alarmait des esprits dégoûtés de l'ancienne discipline, et qui
avaient appris sous Néron, par une habitude de quatorze ans, à aimer les vices
des princes, autant qu'autrefois ils respectaient leurs vertus. » M. Burnouf.

Ils se répandaient en discours contre la vieillesse et l'avarice de Galba ; sa
sévérité, louée jadis, et qui lui avait mérité une réputation dans les camps,
était insupportable à ces hommes qui méprisaient l'ancienne discipline, et qui

avaient été habitués par Néron, pendant quatorze années, à chérir les vices des princes, plus qu'autrefois ils n'avaient vénéré leurs vertus.

C. L. F. Panckoucke.

VII. « Et inviso semel principe, seu bene, seu male facta premunt. Jam adferebant venalia cuncta præpotentes liberti : servorum manus subitis avidæ, et, tanquam apud senem, festinantes : eademque novæ aulæ mala, æque gravia, non æque excusata. Ipsa ætas Galbæ irrisui ac fastidio erat adsuetis juventæ Neronis, et imperatores forma ac decore corporis, ut est mos vulgi, comparantibus. »

« Et le prince une fois odieux, le bien et le mal qu'il fait pèsent également sur lui. Déjà des affranchis puissans mettaient tout à l'enchère ; d'avides esclaves dévoraient à l'envi une fortune soudaine, et se hâtaient sous un vieillard. C'était dans la nouvelle cour tous les désordres de l'ancienne ; on en souffrait autant, on les excusait moins. La vieillesse même de Galba était l'objet d'un moqueur et superbe dégoût pour des hommes accoutumés à la jeunesse de Néron, et qui jugeaient les princes, comme le peuple les juge, sur la beauté du corps et les graces extérieures. »

M. Burnouf.

Un prince une fois odieux, ses bonnes, ses mauvaises actions lui nuisent également. Déjà les affranchis en crédit mettaient tout en vente ; les esclaves se jetaient sur tout avidement, ils se hâtaient comme auprès d'un vieillard qui va périr. Mêmes désordres que dans l'ancienne cour, aussi onéreux, moins excusables ; l'âge même de Galba le rendait ridicule et méprisable aux yeux de ceux qui étaient habitués à la jeunesse de Néron, et qui, suivant l'usage du vulgaire, ne jugent les princes que d'après leur figure et les grâces de leur corps.

C. L. F. Panckoucke.

X. « Nimiæ voluptates, quum vacaret ; quoties expedierat, magnæ virtutes : palam laudes ; secreta male audiebant. Sed apud subjectos, apud proximos, apud collegas, variis illecebris potens ; et cui expeditius fuerit tradere imperium, quam obtinere. »

« Des voluptés sans retenue au temps du loisir, au besoin de grandes vertus ; des dehors qu'on aurait loués, et sous ces dehors, une vie qu'on déchirait ; du reste auprès de ses inférieurs, de ses amis, de ses collègues, puissant en séductions de tout genre ; homme enfin qui trouva plus commode de donner l'empire que de le garder. »

M. Burnouf.

Des vices prodigieux au temps de ses loisirs ; sitôt qu'il le fallait, de grandes vertus : sa vie publique était louable ; secrète, mal famée : près de ses inférieurs, de ses amis, de ses collègues, un crédit puissant par une infinité de séductions : il lui aurait été plus facile de donner l'empire que de s'en emparer pour lui-même. C. L. F. Panckoucke.

XIII. « Credo et reipublicæ curam subisse, frustra a Nerone translatæ, si apud Othonem relinqueretur. Namque Otho pueritiam incuriose, adolescentiam petulanter egerat; gratus Neroni æmulatione luxus. Eoque jam Poppæam Sabinam, principale scortum, ut apud conscium libidinum, deposuerat, donec Octaviam uxorem amoliretur : mox suspectum in eadem Poppæa in provinciam Lusitaniam, specie legationis, seposuit. Otho, comiter administrata provincia, primus in partes transgressus, nec segnis, et donec bellum fuit, inter præsentes splendidissimus, spem adoptionis, statim conceptam, acrius in dies rapiebat : faventibus plerisque militum, prona in eum aula Neronis ut similem. »

« Peut-être Galba songea-t-il aussi à la république vainement sauvée de Néron, si Othon devait en rester maître. Othon avait contre lui une enfance abandonnée, une jeunesse scandaleuse, et la faveur de Néron, qu'une émulation de débauches lui avait acquise. Aussi était-ce à lui, comme au confident de ses voluptés, que ce prince avait donné en garde la courtisane impériale Sabina Poppéa, en attendant qu'il se fût délivré d'Octavie son épouse. Bientôt le soupçonnant d'abuser de son dépôt, il l'avait exilé en Lusitanie sous le nom de gouverneur. Après une administration douce et populaire, Othon passa le premier dans le parti de Galba. Il y montra de l'activité, et tant que dura la guerre, il effaça par sa magnificence toute la suite du prince. L'espoir d'une adoption qu'il conçut dès lors, il l'embrassait chaque jour avec plus d'ardeur, encouragé par les vœux de la plupart des soldats, agréable surtout à la cour de Néron, auquel il ressemblait. » M. Burnouf.

J'aime à croire que Galba n'oublia point alors la chose publique, vainement soustraite à Néron si on l'eût abandonnée à Othon ; Othon, qui avait passé son enfance sans nulle éducation, sa jeunesse dans les scandales, chéri de Néron en rivalisant de déréglemens avec lui : Néron lui avait confié, comme au complice de ses débauches, Poppée, sa concubine impériale, jusqu'à ce qu'il répudiât Octavie, son épouse ; puis, le soupçonnant d'être l'amant de Poppée, il le reléguaen Lusitanie sous prétexte d'un gouvernement. Othon se fit chérir dans l'administration de cette province : il passa le premier dans le parti de Galba ; il était plein d'activité, et tant que dura la guerre, il fut celui qui déploya le plus de magnificence. Il conçut aussitôt l'espoir d'une adoption ; et chaque jour il se laissait plus vivement entraîner à cette ambition. La plupart des militaires lui étaient favorables, ainsi que la cour de Néron, qui crut le retrouver dans Othon. C. L. F. Panckoucke.

XIV. « Piso, M. Crasso et Scribonia genitus, nobilis utrimque, vultu habituque moris antiqui, et æstimatione recta severus, deterius interpretantibus tristior, habebatur. Ea pars morum ejus, quo suspectior sollicitis, adoptanti placebat. »

« Pison, né de M. Crassus et de Scribonie, appartenait à deux familles illustres, et retraçait dans son air et son maintien les mœurs du vieux temps ; à le bien juger, son humeur était sévère ; elle semblait dure à des yeux prévenus. Ce trait de son caractère plaisait au prince adoptant, par l'ombrage même qu'en prenaient des consciences inquiètes. » M. Burnouf.

Pison, issu de M. Crassus et de Scribonia, l'un et l'autre de famille noble, par sa physionomie et son extérieur rappelait les mœurs antiques. Le dire sévère, c'était bien l'apprécier ; sombre, c'était le juger injustement ; et ce caractère, dont on voulait s'inquiéter, en plaisait d'autant plus au prince qui l'adoptait. C. L. F. Panckoucke.

XVII. « Pisonem ferunt, statim intuentibus, et mox conjectis in eum omnium oculis, nullum turbati aut exsultantis animi motum prodidisse. Sermo erga patrem imperatoremque reverens, de se moderatus ; nihil in vultu habituque mutatum : quasi imperare posset magis, quam vellet. »

« On dit que Pison vit se tourner sur lui les regards du conseil, et plus tard ceux de la multitude, sans donner aucun signe de trouble ni d'allégresse. Sa réponse fut respectueuse envers son père et son prince, mesurée par rapport à lui-même. Nul changement dans son air ni dans son maintien ; il semblait mériter l'empire plutôt que le vouloir. » M. Burnouf.

On assure qu'aux regards du conseil, et lorsque toute la cour vint à le considérer, Pison ne fit apercevoir nul mouvement d'une âme ou troublée ou enorgueillie. Sa réponse à son père et à son empereur fut respectueuse et très-mesurée quant à lui-même : point de changement en ses traits ni en son maintien, et il parut ainsi doué plutôt de la capacité que de l'ambition de gouverner. C. L. F. Panckoucke.

XVIII. « Quartum idus januarias, fœdum imbribus diem, tonitrua et fulgura et cœlestes minæ ultra solitum turbaverant. Observatum id antiquitus comitiis dirimendis non terruit Galbam, quo minus in castra pergeret, contemptorem talium ut fortuitorum ; seu, quæ fato manent, quamvis significata, non vitantur. »

« La journée du dix janvier fut des plus orageuses : la pluie, le tonnerre, les éclairs, toutes les menaces du ciel la troublèrent à l'envi. Ces phénomènes, qui anciennement rompaient les comices, n'empêchèrent pas Galba de se rendre au camp. Il les méprisait comme l'œuvre du hasard ; ou peut-être telle est la force de la destinée que, même averti, on ne songe pas à la fuir. »

M. BURNOUF.

Le 4 des ides de janvier, des tonnerres, des éclairs, et toutes les menaces célestes avaient troublé extraordinairement l'air chargé d'affreux nuages. Nos ancêtres eussent rompu l'assemblée ; Galba n'en fut point épouvanté, et se rendit au camp, soit qu'il méprisât ces phénomènes, comme effets du hasard, soit que les décrets du destin lui parussent inévitables quoique annoncés par des présages. C. L. F. PANCKOUCKE.

XXI. « Proinde agendum audendumque, dum Galbæ auctoritas fluxa, Pisonis nondum coaluisset : opportunos magnis conatibus transitus rerum : nec cunctatione opus, ubi perniciosior sit quies, quam temeritas. Mortem omnibus ex natura æqualem, oblivione apud posteros vel gloria distingui. Ac, si nocentem innocentemque idem exitus maneat, acrioris viri esse, merito perire. »

« Il fallait donc agir, il fallait oser, pendant que Galba chancelait, avant que
« Pison fût affermi. Les époques de transition étaient favorables aux grandes en-
« treprises. Pourquoi balancer, alors que le repos est plus dangereux que la té-
« mérité ? La mort, tous la reçoivent égale aux yeux de la nature ; l'oubli ou la
« gloire, voilà l'unique différence. Et après tout s'il lui fallait innocent ou cou-
« pable également périr, il y avait plus de courage à mériter son destin. »

M. BURNOUF.

Il faut donc agir, oser tandis que l'autorité de Galba chancelle encore, et que celle de Pison n'est pas affermie : cette transition politique est favorable à de vastes desseins : on ne doit plus hésiter lorsque l'inaction est devenue plus funeste que l'audace même. Dans l'ordre de la nature, la mort est égale pour tous : le souvenir ou l'oubli de la postérité en font la différence. Si donc il lui fallait périr ou coupable ou innocent, périr en ses projets était digne d'un homme d'un grand caractère. C. L. F. PANCKOUCKE.

XXVII. « Ibi tres et viginti speculatores consalutatum imperatorem, ac paucitate salutantium trepidum, et sellæ festinanter impositum, strictis mucronibus rapiunt. Totidem ferme milites in itinere aggregantur : alii conscientia, plerique miraculo; pars clamore et gladiis, pars silentio, animum ex eventu sumpturi. »

« Là vingt-trois soldats de la garde le saluent empereur, et, tout tremblant à la vue de leur petit nombre, le jettent dans une litière, mettent l'épée à la main, et l'enlèvent. Leur troupe se grossit en chemin d'à peu près autant de soldats, quelques-uns complices, la plupart étonnés et curieux, les uns poussant des cris et agitant leurs épées, les autres suivant en silence, et attendant l'évènement pour trouver du courage. »

M. Burnouf.

Là vingt-trois soldats le saluent empereur ; il tremble à la vue de leur petit nombre ; ils le placent en hâte dans une litière, et l'enlèvent en tirant l'épée. Presque autant de soldats les joignent en chemin, quelques-uns par complicité, d'autres par surprise. Une partie pousse des cris de joie, agite les glaives, une partie suit en silence pour se décider suivant l'évènement.

C. L. F. Panckoucke.

XXX. « Nihil arrogabo mihi nobilitatis aut modestiæ; neque enim relatu virtutum in comparatione Othonis opus est. Vitia, quibus solis gloriatur, evertere imperium, etiam quum amicum imperatoris ageret. Habitune et incessu, an illo muliebri ornatu mereretur imperium? Falluntur, quibus luxuria specie liberalitatis imponit. Perdere iste sciet, donare nesciet. Stupra nunc et comessationes et feminarum cœtus volvit animo : hæc principatus præmia putat; quorum libido ac voluptas penes ipsum sit, rubor ac dedecus penes omnes. »

« Je ne ferai point vanité de ma naissance ou de mes mœurs. Citer
« des vertus quand on se compare à Othon n'est pas chose nécessaire. Les
« vices dont il fait toute sa gloire ont renversé l'empire; alors même qu'il
« n'en était qu'au rôle de favori. Est-ce par ce maintien et cette démarche, est-
« ce par cette parure efféminée, qu'il mériterait le rang suprême ? Ils se
« trompent ceux que son faste éblouit par un air de générosité : il saura perdre ;
« donner, il ne le saura jamais. D'infâmes plaisirs, de scandaleux festins, des
« sociétés de femmes, voilà ce qu'il rêve aujourd'hui; c'est là qu'il met le bon-
« heur de régner, bonheur dont les joies, les voluptés seraient pour lui seul ;
« l'opprobre et la honte pour tous. »

M. Burnouf.

Je ne louerai ici ni ma noblesse ni la pureté de mes mœurs : il ne faut point parler de vertus pour se comparer à Othon. Ses vices, seuls titres dont il se glorifie, ont bouleversé l'état, lorsqu'il n'était que l'ami du souverain. Serait-ce son maintien, sa démarche ou sa parure efféminée qui lui mériteraient l'empire ? Ceux-là se trompent qui croient que son luxe sera de la libéralité : il saura dissiper, jamais donner. Maintenant son esprit ne rêve que prostitutions, débauches, intrigues galantes : tels sont les privilèges que réclamera son gouvernement, licence, voluptés pour lui seul ; honte, déshonneur pour tous.

C. L. F. Panckoucke.

XXXII. « Universa jam plebs palatium implebat, mixtis servitiis, et dissono clamore cædem Othonis et conjuratorum exitium poscentium, ut si in circo ac theatro ludicrum aliquod postularent : neque illis judicium aut veritas : quippe eodem die diversa pari certamine postulaturis : sed tradito more, quemcunque principem adulandi, licentia acclamationum et studiis inanibus. »

« Déjà le peuple entier, pêle-mêle avec les esclaves, remplissait le palais, demandant par des cris confus la mort d'Othon et le supplice des conjurés, comme ils auraient demandé au cirque ou au théâtre un spectacle de leur goût. Et ce n'était chez eux ni choix ni conviction (ils allaient avant la fin du jour exprimer avec la même chaleur des vœux tout opposés); mais ils suivaient l'usage reçu de flatter indistinctement tous les princes par des acclamations effrénées et de vains empressemens. » M. Burnouf.

Déjà toute la populace remplissait le palais, mêlée aux esclaves, poussant des clameurs confuses, demandant la mort d'Othon et la condamnation des conjurés, comme si, dans le cirque ou le théâtre, elle eût demandé un divertissement. Il n'y avait de sa part ni jugement ni sincérité, car ce même jour elle devait demander tout le contraire avec une égale ardeur ; mais le peuple suivait l'usage de flatter un prince, quel qu'il soit, par des acclamations immodérées et de vains transports. C. L. F. Panckoucke.

XXXV. « Tum vero non populus tantum et imperita plebs in plausus et immodica studia, sed equitum plerique ac senatorum, posito metu incauti, refractis palatii foribus, ruere intus, ac se Galbæ ostentare, præreptam sibi ultionem querentes. Ignavissimus quisque, et, ut res docuit, in periculo non ausurus, nimii verbis, linguæ feroces. »

« Au reste, ce ne furent pas seulement les applaudissemens du peuple et les transports immodérés d'une aveugle multitude qui éclatèrent alors. La plupart des chevaliers et des sénateurs, passant de la crainte à l'imprudence, brisent les portes du palais, se précipitent au dedans, et courent se faire voir de Galba, en se plaignant qu'on leur ait dérobé l'honneur de le venger. Les plus lâches, les moins capables, comme l'effet le prouva, de rien oser en face du péril, étaient pleins de jactance, intrépides en paroles. » M. Burnouf.

Alors non-seulement le peuple et la populace aveugle prodiguent les applaudissemens et des transports immodérés ; mais des chevaliers, des sénateurs, oubliant et crainte et prudence, rompent les portes du palais, se précipitent dans l'intérieur, et à l'envi se montrent à Galba, se plaignant qu'on leur ait enlevé l'honneur de le venger ; les plus lâches et ceux qui, comme le prouva l'évènement, n'eussent rien osé dans le péril, apportent dans l'exagération de leurs paroles, le langage le plus fier. C. L. F. Panckoucke.

XXXVI. « Sed, ut quemque affluentium militum aspexerant, prensare manibus, complecti armis, collocare juxta, præire sacramentum, modo imperatorem militibus, modo imperatori milites commendare. Nec deerat Otho, protendens manus, adorare vulgum, jacere oscula, et omnia serviliter pro dominatione. »

« A mesure qu'ils voient un nouveau compagnon accourir du dehors, c'est à qui lui prendra les mains, l'embrassera de ses armes, le placera près du tribunal, lui dictant le serment, et recommandant tour à tour l'empereur aux soldats, les soldats à l'empereur. Othon de son côté, tendant les mains vers la foule, saluait respectueusement, envoyait des baisers, faisait, pour devenir maître, toutes les bassesses d'un esclave. »
M. Burnouf.

Mais, dès qu'ils voient venir quelques autres soldats, ils leur prennent les mains, les enlacent de leurs armes, les placent près d'Othon, leur dictent le serment, recommandant tantôt l'empereur aux soldats, tantôt les soldats à l'empereur; Othon, étendant les mains, suppliait cette multitude, lui jetait des baisers, et s'abaissait comme un esclave pour devenir leur maître.
C. L. F. Panckoucke.

XXXVII. « Quæ usquam provincia, quæ castra sunt, nisi cruenta et maculata? aut, ut ipse prædicat, emendata et correcta? Nam, quæ alii scelera, hic remedia vocat: dum falsis nominibus, severitatem pro sævitia, parcimoniam pro avaritia, supplicia et contumelias vestras, disciplinam appellat. »

« Quelle province, quelle armée n'est sanglante de sa cruauté, souillée de
« sa honte, ou, s'il faut l'en croire, épurée, corrigée par ses réformes? Car ce
« qui est crime pour d'autres, est remède à ses yeux; corrupteur du langage
« qui appelle sévérité la barbarie, économie l'avarice, discipline vos supplices
« et votre humiliation. »
M. Burnouf.

Quelle province, quel camp n'a-t-il pas ensanglanté et souillé, ou, comme il s'en vante lui-même, épuré, réformé? car ce qu'on appelle des forfaits, il l'appelle des rigueurs salutaires. En son faux langage, il nomme sévérité sa barbarie, économie son avarice, vos supplices et vos outrages sa discipline.
C. L. F. Panckoucke.

XL. « Agebatur huc illuc Galba, vario turbæ fluctuantis impulsu: completis undique basilicis ac templis, lugubri prospectu: neque populi, aut plebis ulla vox; sed attoniti vultus et conversæ ad omnia aures: non tumultus, non quies: quale magni metus et magnæ iræ silentium est. Othoni tamen, armari plebem, nuntiabatur. Ire præcipites et occupare pericula jubet. Igitur milites romani, quasi Vologesen aut Pacorum avito Arsacidarum solio depulsuri, ac non imperatorem suum inermem et senem trucidare pergerent, disjecta plebe, proculcato senatu, truces armis, rapidis equis, forum irrumpunt. Nec illos Capitolii aspectus, et imminentium templorum religio, et priores et futuri principes terruere, quo minus facerent scelus, cujus ultor est, quisquis successit. »

« Galba errait à la merci du hasard, emporté par les flots d'une multitude mobile et incertaine, tandis que de toutes les basiliques, de tous les temples, une foule également pressée regardait ce lugubre spectacle. Et pas une voix ne partait du milieu des citoyens ou de la populace. La stupeur était sur les visages ; les oreilles étaient inquiètes et attentives. Point de tumulte, et cependant point de calme : c'était le silence des grandes terreurs ou des grandes colères. On n'en venait pas moins annoncer à Othon que le peuple s'armait : il ordonne aux siens de courir en toute hâte et de prévenir le danger. Aussitôt le soldat romain, du même zèle que si c'était Vologèse ou Pacorus qu'il allât renverser du trône des Arsacides, et non son empereur, un homme sans armes, un vieillard, qu'il voulût massacrer, disperse la multitude, foule aux pieds le sénat, et terrible, le fer en main, courant de toute la vitesse des chevaux, se précipite dans le Forum. Ni l'aspect du Capitole, ni la sainteté de ces temples qui dominaient sur leurs têtes, ni les princes passés ou à venir ne détournèrent ces furieux d'un crime qui a son vengeur naturel dans tout successeur à l'empire. » M. BURNOUF.

Galba est entraîné çà et là suivant l'impulsion et les fluctuations de la multitude ; toutes les basiliques, tous les temples sont remplis d'une foule qui considère ce lugubre spectacle ; ni le peuple, ni même la populace ne profère une parole. Partout les visages étonnés, les oreilles attentives aux moindres bruits, ni tumulte ni calme : tel est le silence d'une grande terreur et d'une grande colère. Cependant on annonce à Othon que le peuple s'arme ; il ordonne de fondre à l'instant et de maîtriser le péril. Alors des soldats romains, comme s'il eussent dû renverser Vologèse ou Pacorus du trône antique des Arsacides, et non pas aller égorger leur empereur, faible vieillard, sans armes, dispersent le peuple, foulent aux pieds le sénat, menacent de leurs armes, poussent leurs chevaux avec rapidité, et s'élancent dans le forum. Ni l'aspect du Capitole, ni la sainteté des temples qui s'élèvent autour d'eux, ni la pensée de leurs anciens ou de leurs futurs souverains, ne les effrayèrent à l'idée d'un forfait toujours puni par le successeur à l'empire. C. L. F. PANCKOUCKE.

XLV. « Alium crederes senatum, alium populum. Ruere cuncti in castra, anteire proximos, certare cum præcurrentibus ; increpare Galbam, laudare militum judicium, exosculari Othonis manum : quantoque magis falsa erant, quæ fiebant, tanto plura facere. Nec adspernabatur singulos Otho, avidum et minacem militum animum voce vultuque temperans. »

« Déjà tout était changé : on aurait cru voir un autre sénat, un autre peuple. Tout le monde se précipite vers le camp ; on lutte de vitesse pour se devancer ou s'atteindre ; on charge Galba d'imprécations ; on vante le choix de l'armée ; on baise la main d'Othon ; et plus le zèle est faux plus on en prodigue les vaines apparences. Othon ne rebutait personne, modérant de sa voix et de ses regards l'emportement d'une troupe avide et menaçante. »

M. Burnouf.

Vous eussiez cru qu'il existait un autre sénat, un autre peuple. Tous se précipitent vers le camp ; ils rivalisent de vitesse avec ceux qu'ils atteignent, avec ceux qui les devancent ; ils vocifèrent contre Galba ; ils prônent le discernement du soldat, ils courent baiser la main d'Othon : plus leur hommage est faux, et plus ils l'exagèrent. Othon ne repoussait personne, modérant seulement de l'œil et de la voix l'irritation des soldats avides et menaçans.

C. L. F. Panckoucke.

L. « Trepidam urbem, ac simul atrocitatem recentis sceleris, simul veteres Othonis mores paventem, novus insuper de Vitellio nuntius exterruit. »

« Rome effrayée tremblait à l'aspect du crime qui venait de l'ensanglanter, et au souvenir des anciennes mœurs d'Othon, lorsque pour surcroît de terreur elle apprit la révolte de Vitellius. » M. Burnouf.

Rome tremblait encore de l'atrocité du forfait récent d'Othon, et s'alarmait de ses anciennes mœurs, lorsque la nouvelle subite de la révolte de Vitellius vint augmenter la terreur. C. L. F. Panckoucke.

LXIII. « Isque terror Gallias invasit, ut venienti mox agmini universæ civitates cum magistratibus et precibus occurrerent, stratis per vias pueris feminisque ; quæque alia placamenta hostilis iræ, non quidem in bello, sed pro pace, tendebantur. »

« Un tel effroi s'empara des Gaules qu'à l'approche de l'armée les populations entières accouraient avec leurs magistrats pour demander grâce. On ne voyait que femmes et enfans prosternés sur la route ; et toutes les autres images qui désarment la colère d'un ennemi, ces peuples, qui n'étaient pas en guerre, les étalaient pour obtenir la paix. » M. Burnouf.

Un tel effroi saisit alors les Gaules, qu'à l'approche de l'armée, des populations entières accouraient suppliantes avec leurs magistrats ; sur les routes étaient prosternés les femmes, les enfans : tout ce qui peut apaiser une fureur ennemie leur fut présenté : la guerre n'existait pas, la paix était implorée.

C. L. F. Panckoucke.

LXVII. « Plus prædæ ac sanguinis Cæcina hausit. Irritaverant turbidum ingenium Helvetii. »

« Cécina ravit plus de dépouilles et versa plus de sang. Sa prompte et fougueuse colère s'était émue contre les Helvétiens. » M. Burnouf.

Il fallut à l'insatiabilité de Cécina plus de dépouilles et plus de sang. Son génie fougueux s'irrita contre les Helvétiens. C. L. F. Panckoucke.

LXXI. « Otho interim, contra spem omnium, non deliciis, neque desidia torpescere : dilatæ voluptates, dissimulata luxuria, et cuncta ad decorum imperii composita : eoque plus formidinis adferebant falsæ virtutes et vitia reditura. »

« Othon cependant, contre l'attente générale, ne languissait pas dans les délices ni dans la mollesse. Il remit les plaisirs à un autre temps, et, dissimulant son goût pour la débauche, il sut mettre dans toute sa conduite la dignité du rang suprême : nouveau sujet de crainte pour qui songeait que ces vertus étaient fausses, et que les vices reviendraient. » M. Burnouf.

Othon cependant, contre l'attente générale, ne languit pas dans les délices ni dans l'indolence. Il suspend ses plaisirs, dissimule ses penchans vicieux, et dispose tout pour l'honneur de l'empire. On vit avec d'autant plus d'effroi ces vertus hypocrites qui masquaient le retour de ses vices.

C. L. F. Panckoucke.

LXXIV. « Crebræ interim, et muliebribus blandimentis infectæ, ab Othone ad Vitellium epistolæ, offerebant pecuniam, et gratiam, et quemcumque quietis locum prodigæ vitæ legisset. Paria Vitellius ostentabat, primo mollius, stulta utrimque et indecora simulatione : mox, quasi rixantes, stupra et flagitia invicem objectavere : neuter falso. »

« Othon cependant écrivait coup sur coup à Vitellius des lettres toutes pleines des avances les plus humiliantes, lui offrant argent, faveurs et la retraite qu'il voudrait choisir pour s'y livrer en repos à ses profusions. Vitellius le tentait par les mêmes appâts. Bientôt aux mutuelles douceurs d'une stupide et honteuse dissimulation succédèrent les injures : ils se reprochèrent tous deux des impuretés et des crimes, et tous deux se rendaient justice. »

M. Burnouf.

Cependant Othon envoyait à Vitellius lettres sur lettres, dégoûtantes de honteuses avances, lui promettant de l'argent, sa faveur, et une retraite pour y vivre dans le repos et l'abondance. Vitellius faisait offres pareilles. D'abord, ils se ménagent l'un l'autre avec une stupide et ignoble dissimulation ; puis, comme en une rixe, ils se reprochent mutuellement leurs impuretés et leurs forfaits : l'un et l'autre disaient vrai. C. L. F. PANCKOUCKE.

LXXXI. « Erat Othoni celebre convivium, primoribus feminis virisque : qui trepidi, fortuitusne militum furor, an dolus imperatoris, manere ac deprehendi, an fugere ac dispergi, periculosius foret ; modo constantiam simulare, modo formidine detegi, simul Othonis vultum intueri : utque evenit, inclinatis ad suspicionem mentibus, quum timeret Otho, timebatur. »

« Othon donnait un repas où se trouvaient beaucoup d'hommes et de femmes du premier rang. Les convives alarmés ne savent si cette furie de la soldatesque est l'ouvrage du hasard ou une ruse de l'empereur, s'il est plus dangereux de rester et d'être enveloppés, ou de fuir et de se disperser. Tour à tour feignant la constance ou trahis par leur frayeur, ils cherchaient à lire sur le visage d'Othon ; et, comme il arrive quand les âmes sont tournées à la défiance, Othon inspirait des craintes qu'il ressentait lui-même. »

M. BURNOUF.

Othon réunissait dans un festin splendide les premières personnes de la ville des deux sexes : les convives, terrifiés, ne savent si la fureur du soldat est l'ouvrage du hasard ou de la perfidie de l'empereur, s'il est plus dangereux de rester et de se laisser arrêter, ou de fuir et de se disperser ; tantôt ils feignent de l'assurance, tantôt ils montrent leur terreur à découvert, sans cesser d'étudier la physionomie d'Othon, et, comme il arrive lorsque l'esprit est enclin aux soupçons, Othon était saisi de crainte et on le craignait lui-même. C. L. F. PANCKOUCKE.

Tum vero passim magistratus, projectis insignibus, vitata comitum et servorum frequentia, senes feminæque, per tenebras, diversa urbis itinera, rari domos, plurimi amicorum tecta, et, ut cuique humillimus cliens, incertas latebras petivere.

Alors tout fuit en désordre : des magistrats, jetant les marques de leur dignité et se dérobant aux gens de leur suite, des vieillards, des femmes erraient au milieu des ténèbres et gagnaient à la hâte des quartiers opposés. Peu rentrèrent dans leurs maisons ; la plupart se sauvèrent chez leurs amis, ou cherchèrent sous le toit du plus obscur de leurs cliens une retraite inconnue.

M. BURNOUF.

Alors on vit errer çà et là les magistrats, jetant les marques de leur dignité, évitant le cortège des gens de leur suite et de leurs esclaves ; des vieillards et des femmes gagnent, à travers les ténèbres, les quartiers opposés de la ville, peu se retirent en leurs demeures, la plupart sous le toit de leurs amis, ou cherchent des retraites ignorées chez les plus obscurs de leurs cliens.

C. L. F. PANCKOUCKE.

LXXXIV. « Ceteri abolete memoriam fœdissimæ noctis : nec illas adversus senatum voces ullus unquam exercitus audiat. Caput imperii, et decora omnium provinciarum, ad pœnam vocare, non hercle illi, quos quum maxime Vitellius in nos ciet, Germani audeant. Ulline Italiæ alumni, et romana vere juventus, ad sanguinem et cædem deposcerent ordinem, cujus splendore et gloria sordes et obscuritatem Vitellianarum partium præstringimus? Nationes aliquas occupavit Vitellius, imaginem quandam exercitus habet : senatus nobiscum est. Sic fit, ut hinc respublica, inde hostes reipublicæ constiterint. Quid? vos pulcherrimam hanc urbem domibus et tectis et congestu lapidum stare creditis? Muta ista et in anima intercidere ac reparari promiscua sunt : æternitas rerum, et pax gentium, et mea cum vestra salus, incolumitate senatus firmatur. Hunc auspicato a parente et conditore urbis nostræ institutum, et a regibus usque ad principes continuum et immortalem, sicut a majoribus accepimus, sic posteris tradamus. Nam, ut ex vobis senatores, ita ex senatoribus principes nascuntur. »

« Que le reste abolisse à jamais la mémoire d'une nuit déshonorante, et que
« nulle autre armée ne sache quelles paroles ont été proférées contre le sénat.
« Dévouer aux supplices un ordre qui est la tête de l'empire, l'élite et l'hon-
« neur de toutes les provinces, non, c'est ce que n'oseraient pas même ces
« Germains que Vitellius soulève aujourd'hui contre nous. Et des enfans de l'I-
« talie, une jeunesse vraiment romaine, demanderaient le sang et le massacre
« de ce corps glorieux dont la splendeur illustrant notre cause fait honte à l'ob-
« scure abjection du parti de Vitellius ! Ce rebelle a surpris quelques nations,
« il a une apparence d'armée; mais le sénat est avec nous, et par cela même la
« république est de ce côté, de l'autre ses ennemis. Pensez-vous que cette reine
« des cités consiste dans un assemblage de toits et de maisons, dans un amas de
« pierres? Ces ouvrages muets et inanimés périssent chaque jour et chaque
« jour on les relève. L'éternité de l'empire, la paix de l'univers, mon salut et
« le vôtre, dépendent de la conservation du sénat. Institué sous les auspices des
« dieux par le père et le fondateur de Rome, il a duré florissant et immortel
« depuis les rois jusqu'aux Césars : transmettons-le à nos descendans tel que
« nous l'avons reçu de nos ancêtres. Car si c'est de vos rangs que sortent les
« sénateurs, c'est du sénat que sortent les princes. » M. Burnouf.

Effacez le souvenir de cette nuit trop honteuse ; que nulle armée ne connaisse jamais ces cris proférés contre le sénat : le sénat ! la tête de l'empire et l'honneur de toutes nos provinces, demander son supplice, grands dieux ! Ces Germains que Vitellius soulève contre nous l'eussent-ils osé? Et vous, nourrissons de l'Italie, vous, jeunesse vraiment romaine, vous demanderiez le sang et le massacre d'un ordre dont la splendeur et la gloire font tout notre éclat auprès de la bassesse et de l'obscurité du parti de Vitellius ! Ce rebelle est devenu maître de quelques contrées, il a une apparence d'armée, mais le sénat est avec nous. C'est ainsi que, de notre côté, est la république, de l'autre les ennemis de l'état. Quoi! pensez-vous que cette Rome, si magnifique, existe par des maisons, des toits et des monceaux de pierres? ces monumens, muets et inanimés, peuvent aussi bien se détruire que se réparer. L'éternité de l'empire et la paix des nations, mon salut et le vôtre, résident dans la conservation du sénat institué, sous les auspices des dieux, par le père et le fondateur de notre ville; de ce sénat qui existe sans interruption depuis les rois jusqu'aux Césars, qui est immortel, et que nous devons transmettre à la postérité tel que nous l'avons reçu de nos ancêtres : car c'est de vous, Romains, que naissent les sénateurs, et des sénateurs vos princes.   C. L. F. Panckoucke.

LIVRE II.

XII. « Non Italia adiri, nec loca sedesque patriæ videbantur : tanquam externa litora et urbes hostium urere, vastare, rapere : eo atrocius, quod nihil usquam provisum adversum metus. Pleni agri, apertæ domus; occursantes domini juxta conjuges et liberos securitate pacis et belli malo circumveniebantur. »

« Ce n'était pas en Italie au sein de la terre natale qu'ils semblaient aborder; on eût dit qu'ils attaquaient des rivages étrangers et des villes ennemies, brûlant, ravageant, pillant, avec un succès d'autant plus affreux que nulle part on n'était en garde contre le péril. Les campagnes étaient pleines de richesses, les maisons ouvertes; les propriétaires suivis de leurs femmes et de leurs enfans accouraient au-devant des troupes avec la sécurité de la paix, et les horreurs de la guerre les enveloppaient tout à coup. »   M. Burnouf.

Il ne semblait pas qu'on fût en Italie, ni sur le sol et dans le sein de la patrie. Comme sur des rives étrangères et en des villes ennemies, on brûle, on dévaste, on pille avec d'autant plus d'atrocité que nulle part on ne s'était prémuni contre le danger. Les champs étaient en pleine récolte, les maisons ouvertes, les propriétaires accouraient, accompagnés de leurs femmes et de leurs enfans, avec la sécurité que donne la paix, et ils étaient assaillis tout autour d'eux des maux de la guerre.   C. L. F. Panckoucke.

XVI. « Nudus et auxilii inops, balineis interficitur, trucidati et comites. Capita, ut hostium, ipsi interfectores ad Othonem tulere : neque eos aut Otho præmio adfecit, aut punivit Vitellius, in multa colluvie rerum majoribus flagitiis permixtos. »

« Pacarius nu et sans défense fut tué dans le bain. Les amis de sa suite furent massacrés après lui. Les meurtriers portèrent eux-mêmes leurs têtes à Othon, comme les trophées d'une victoire. Du reste ni Othon ne les récompensa, ni Vitellius ne les punit : dans la confusion générale de toutes choses, des crimes plus grands les firent oublier. » M. Burnouf.

Il fut tué dans son bain, nu et privé de tout secours : ils égorgèrent aussi ses intimes, et leurs têtes, comme celles d'ennemis, furent portées à Othon par les meurtriers eux-mêmes ; ils ne furent ni récompensés par Othon, ni punis par Vitellius, et dans cette prodigieuse confusion de toutes choses, ils restèrent oubliés au milieu de plus grands criminels. C. L. F. Panckoucke.

XXIX. « Hæc ferociter jactando, postquam, immissis lictoribus, Valens coercere seditionem cœptabat, ipsum invadunt, saxa jaciunt, fugientem sequuntur, spolia Galliarum et Viennensium aurum et pretia laborum suorum occultare, clamitantes, direptis sarcinis, tabernacula ducis, ipsamque humum pilis et lanceis rimabantur. »

« La violence de leurs plaintes était au comble, lorsque Valens, ayant fait avancer ses licteurs pour réprimer la sédition, est assailli lui-même et poursuivi à coups de pierres. Ils l'accusent à grands cris de cacher les dépouilles des Gaules, l'or des Viennois et le prix de leurs travaux : en même temps ils pillent les bagages, fouillent dans la tente du général, remuent jusqu'à la terre avec leurs javelines et leurs lances. » M. Burnouf.

Ils poussaient insolemment ces plaintes : Valens envoie ses licteurs pour réprimer leur sédition ; alors ils fondent sur lui, l'assaillent de pierres, le poursuivent dans sa fuite, criant qu'il a caché les dépouilles des Gaules, l'or des Viennois, et le prix de leurs travaux ; ils pillent ses bagages, fouillent sa tente et la terre même avec leurs lances et leurs javelines.
C. L. F. Panckoucke.

« Addit consilium, vetitis obire vigilias centurionibus, omisso tubæ sono, quo miles ad belli munia cietur. Igitur torpere cuncti, circumspectare inter se adtoniti : et id ipsum, quod nemo regeret, paventes : silentio, patientia, postremo precibus ac lacrymis veniam quærebant. Ut vero deformis et flens et præter spem incolumis Valens processit, gaudium, miseratio, favor : versi in lætitiam (ut est vulgus utroque immodicum), laudantes gratantesque, circumdatum aquilis signisque in tribunal ferunt. »

« Il défendit aux centurions de visiter les postes, aux trompettes de sonner les exercices ordinaires. Les soldats frappés de stupeur se regardent l'un l'autre avec un muet étonnement. L'idée même d'être sans chef les épouvante. Le silence et la résignation, bientôt suivis de prières et de larmes, demandaient grâce pour eux. Mais lorsque Valens dans un indigne appareil, les yeux en pleurs, et vivant, lui qu'ils croyaient mort, parut à leurs regards, sa vue excita la joie, l'attendrissement, l'enthousiasme. La multitude va d'un excès à l'autre : dans

leurs nouveaux transports ils le louent, le félicitent, et le portent, environné des drapeaux et des aigles, sur son tribunal. »
M. Burnouf.

Il ouvre l'avis de défendre aux centurions de relever les sentinelles, et aux trompettes de sonner pour appeler aux exercices militaires. Alors les soldats sont tous frappés de stupeur ; ils se regardent entre eux, d'un œil étonné, et cela même les épouvante que personne ne les commande plus : leur silence, leur résignation, enfin leurs prières et leurs larmes demandent grâce pour eux. Dès que Valens reparut, les habits en désordre, les yeux en pleurs, et, ce qu'ils n'espéraient pas, sain et sauf, leur contentement, leur attendrissement, leur enthousiasme éclatent pour lui ; revenus à la joie (en tout le vulgaire est exagéré), ils le comblent de louanges et de félicitations, l'entourent de leurs aigles et de leurs drapeaux, et le portent sur son tribunal.
C. L. F. Panckoucke.

XLVII. « Ipse aversus a consiliis belli, Hunc, inquit, animum, hanc virtutem vestram ultra periculis objicere, nimis grande vitæ meæ pretium puto. Quanto plus spei ostenditis, si vivere placeret, tanto pulchrior mors erit.

« Othon ne goûtait pas ces conseils guerriers. « Compagnons, dit-il, ex-
« poser tant de dévouement et de courage à de nouveaux périls, ce serait mettre
« à ma vie un plus haut prix qu'elle ne vaut. Vous me montrez, si je voulais
« vivre, un avenir plein de ressources : ma mort en sera plus belle. »
M. Burnouf.

Othon lui-même se refusa à tous projets de guerre : « Tant de courage, dit-il, tant de vertus, ne doivent pas être livrés à de nouveaux périls ; ma vie ne vaut pas un si grand prix ; et plus vous me montrez d'espoir si je veux vivre, plus ma mort sera belle. »
C. L. F. Panckoucke.

XLVIII. « Mox Salvium Coccejanum, fratris filium, prima juventa, trepidum et mœrentem, ultro solatus est, laudando pietatem ejus, castigando formidinem : an Vitellium tam immitis animi fore, ut, pro incolumi tota domo, ne hanc quidem sibi gratiam redderet ? mereri se festinato exitu clementiam victoris. Non enim ultima desperatione, sed poscente prœlium exercitu, remisisse reipublicæ novissimum casum. Satis sibi nominis, satis posteris suis nobilitatis quæsitum : post Julios, Claudios, Servios, se primum in familiam novam imperium intulisse : proinde erecto animo capesseret vitam, neu, patruum sibi Othonem fuisse, aut obliviscerctur unquam, aut nimium meminisset. »

« Salvius Coccéianus, fils de son frère, d'une extrême jeunesse, s'abandonnait aux larmes et au désespoir ; il lui prodigua les consolations, louant sa ten-

dresse, blâmant ses alarmes : « Vitellius serait-il assez impitoyable pour jouir
« du salut de tous les siens, sans payer leur sauveur de quelque retour ? Et lui-
« même n'achetait-il pas en mourant si promptement la clémence du vainqueur ?
« Ce n'était pas un vaincu réduit aux abois, c'était le chef d'une armée impa-
« tiente de combattre, qui épargnait à la république une dernière catastrophe.
« Assez d'illustration était acquise à son nom, assez de noblesse à ses descen-
« dans. Le premier après les Jules, les Claudes, les Servius, il avait porté l'em-
« pire dans une nouvelle maison. Que de motifs pour Cocceianus d'embrasser
« la vie avec courage, sans oublier jamais qu'Othon fut son oncle, et sans trop
« s'en souvenir ! »   M. Burnouf.

Ensuite il s'occupa de consoler Salvius Cocceianus, fils de son frère : ce jeune
enfant tremblait et se désolait ; il loua sa tendresse et blâma sa frayeur. « Vitellius aura-t-il l'âme assez inhumaine pour ne pas m'accorder ta grâce, à moi
qui ai conservé toute sa famille ? Et ma mort, que je hâte, ne me méritera-
t-elle pas la clémence du vainqueur ? Ce n'est point dans un désespoir extrême,
c'est avec une armée qui demandait le combat, que j'ai épargné à la république
une nouvelle catastrophe. Assez de noblesse était acquise à mon nom, assez à
mes descendans. Le premier après les Jules, les Claudes, les Servius, j'ai porté
l'empire dans une nouvelle famille. Ainsi donc, Cocceianus, que ton âme s'é-
lève, profite de la vie, sans oublier jamais qu'Othon fut ton oncle, et sans trop
t'en souvenir. »   C. L. F. Panckoucke.

LV. « At Romæ nihil trepidationis : Cereales ludi ex more spectabantur.
Ut cessisse vita Othonem, et a Flavio Sabino, præfecto urbis, quod erat in
urbe militum sacramento Vitellii adactum, certi auctores in theatrum adtulerunt, *Vitellio* plausere. »

« Rome ne se sentait point du désordre : on y célébrait suivant l'usage
les jeux sacrés de Cérès. Dès qu'on eut annoncé au théâtre la nouvelle certaine
qu'Othon avait quitté la vie, et qu'à la voix de Flavius Sabinus, préfet de
Rome, tout ce qui se trouvait de soldats dans la ville venait de prêter serment
à Vitellius, le nom de Vitellius fut couvert d'applaudissemens. »

M. Burnouf.

Toutefois Rome n'était point troublée. On y célébrait, suivant l'usage,
les jeux de Cérès. Dès qu'on eut annoncé au théâtre, d'une manière certaine,
qu'Othon avait quitté la vie, et que Flavius Sabinus, préfet de Rome, avait fait
prêter serment pour Vitellius à tout ce qu'il y avait de soldats dans la ville, des
applaudissemens retentirent en faveur de Vitellius.   C. L. F. Panckoucke.

LXIII. « Sed Vitellius, adventu fratris, et irrepentibus dominationis magistris, superbior et atrocior, occidi Dolabellam jussit. »

« Cependant Vitellius fut rejoint par son frère, et il se glissa auprès de lui des maîtres dans la science du pouvoir. Devenu à leur école plus orgueilleux et plus cruel, il ordonna le meurtre de Dolabella. M. Burnouf.

Cependant Vitellius, devenu plus arrogant et plus cruel par la présence de son frère, et docile aux instituteurs en tyrannie qui se glissaient auprès de lui, ordonna la mort de Dolabella. C. L. F. Panckoucke.

LXXIV. « Esse privatis cogitationibus regressum, et, prout velint, plus minusve sumi ex fortuna : imperium cupientibus nihil medium inter summa et præcipitia. »

« Dans les projets de la condition privée, le retour était possible, et l'on avait le choix de s'intéresser plus ou moins dans les jeux de la fortune ; pour qui voulait l'empire, pas de milieu entre le trône et le précipice. »
M. Burnouf.

Il y a un retour pour les projets qui ne sortent pas de la condition privée, et l'on peut, à sa volonté, subir plus ou moins les caprices de la fortune : quiconque ambitionne l'empire ne trouvera point de milieu entre le faîte et le précipice. C. L. F. Panckoucke.

SOMMAIRES

DES HISTOIRES DE C. C. TACITE.

En établissant ces sommaires des paragraphes des *Histoires*, les commentateurs auraient dû avoir pour but de découvrir le plan de Tacite; mais il paraît qu'ils n'en ont pas même eu la pensée : aussi n'ont-ils donné des sommaires que pour les paragraphes qui leur ont paru les plus remarquables. M. Delamalle les a traduits en les laissant incomplets; M. Burnouf a rétabli des sommaires pour tous les paragraphes, mais il m'a semblé qu'il avait eu seulement l'intention d'indiquer ce que chacun d'eux contenait.

J'ai cru qu'il serait plus intéressant de chercher à retrouver dans ces sommaires le plan primitif de Tacite, celui qui a dû être sa première pensée, avant même de réunir tous ses matériaux ; celui qui lui a servi de guide, et qu'il avait sans doute conçu comme nos plus célèbres auteurs tragiques, qui d'abord établissent les divisions des actes, et ensuite y placent tous les développemens de sentimens. Car les *OEuvres de Tacite* sont des drames admirables, non-seulement par leurs détails, mais aussi par la sagesse du plan tracé par l'auteur.

LIVRE PREMIER.

Chap. I. Tacite commence son récit au consulat de T. Vinius et de S. Galba. Il y comprendra les règnes de Galba, d'Othon, de Vitellius, de Titus et de Domitien. Il parlera sans haine et sans adulation.
II. Tableau succinct des évènemens de ces règnes.
III. Vertus de ce siècle et prodiges divers.
IV. État de Rome et des provinces, à la mort de Néron.
V. Vaine tentative de Nymphidius pour être élu empe-

reur. Murmures contre la vieillesse, l'avarice et la sévérité de Galba.
VI. Vinius et Lacon, ses ministres, lui attirent la haine publique.
VII. Meurtres de Macer et de Capiton. Puissance des affranchis et des esclaves. Galba ridicule et méprisé.
VIII. Disposition des esprits à Rome, en Espagne, dans les Gaules, en Germanie,
IX. En Bretagne, en Illyrie.
X. Immobilité de l'Orient. Mucien, son portrait. Vespasien, Titus.
XI. Dispositions de l'Égypte, des deux Mauritanies, de la Rhétie, de la Norique, de la Thrace.
XII. Nouvelles de la Belgique. La révolte des légions de la Germanie supérieure détermine Galba à se choisir un successeur.
XIII. Espérances d'Othon. L'armée et la cour lui sont favorables.
XIV. Galba choisit Pison.
XV. Discours de Galba en adoptant Pison.
XVI. Suite du discours de Galba.
XVII. Calme et modestie de Pison.
XVIII. Adoption proclamée au camp au milieu d'une tempête.
XIX. Discours au sénat, toujours prêt à prostituer ses hommages.
XX. Besoin d'argent. Restitution des libéralités de Néron. Plusieurs tribuns sont cassés.
XXI. Othon n'espère que dans une révolution.
XXII. Il est encouragé par ses affranchis, par les astrologues.
XXIII. Il se prépare l'affection des soldats.
XXIV. Il les corrompt par des présens.
XXV. Othon organise son complot. Deux soldats entreprennent de disposer de l'empire du peuple romain, et ils en disposent.
XXVI. Les légions et les auxiliaires sont prêts à le seconder.
XXVII. Othon est salué empereur par vingt-trois soldats.

XXVIII. Au camp, peu de personnes osent s'associer à leur crime ; la plupart en souhaitent le succès, tous le laissent commettre.
XXIX. Galba, occupé d'un sacrifice, est surpris par la nouvelle de cet attentat.
XXX. Pison harangue la cohorte de garde au palais.
XXXI. Des tribuns se rendent au camp, ils sont repoussés.
XXXII. La populace demande la mort d'Othon. Hésitation de Galba.
XXXIII. Conseils divers.
XXXIV. Galba admet le conseil le plus honorable.
XXXV. Fausse nouvelle de la mort d'Othon.
XXXVI. Enthousiasme du camp pour Othon.
XXXVII. Harangue d'Othon.
XXXVIII. Les soldats courent aux armes.
XXXIX. Hésitation, trouble dans le conseil de Galba.
XL. Les soldats se précipitent dans le forum.
XLI. Galba est égorgé.
XLII. Vinius périt.
XLIII. Pison est assassiné.
XLIV. Cent vingt requêtes sont présentées à Othon pour obtenir des récompenses.
XLV. Un autre sénat, un autre peuple, semblent être à Rome.
XLVI. Tout se fait au gré du soldat.
XLVII. Réjouissances publiques.
XLVIII. Portrait de Pison.
XLIX. Portrait de Galba.
L. Nouvelle subite de la révolte de Vitellius.
LI. Causes de ce soulèvement.
LII. Ambition de Vitellius. Ses lieutenans Cécina et Valens.
LIII. Portrait de Cécina.
LIV. Pacte secret des légions des deux Germanies.
LV. Elles brisent les images de Galba.
LVI. Vitellius en est instruit à Cologne.
LVII. Valens proclame Vitellius.
LVIII. Les soldats demandent des victimes.

LIX. La Belgique, la Gaule Lyonnaise, la Rhétie, la Bretagne, se joignent au parti.
LX. Rebellius, gouverneur de la Bretagne, se réfugie auprès de Vitellius.
LXI. Cécina et Valens marchent sur l'Italie.
LXII. Ardeur des soldats, torpeur de Vitellius.
LXIII. Les Gaules saisies d'effroi.
LXIV. Turbulence des cohortes.
LXV. Les Lyonnais, jaloux de Vienne, poussent les soldats à la destruction de cette ville.
LXVI. Valens menace les villes, les rançonne, et s'avance ainsi jusqu'aux Alpes.
LXVII. Cécina insatiable de dépouilles et de sang.
LXVIII. Il massacre des milliers d'Helvétiens.
LXIX. Claudius Cossus, député de l'Helvétie, calme la fureur des soldats.
LXX. Milan, Novare, Ivrée, Verceilles, sont livrées à Cécina.
LXXI. Politique d'Othon. Il nomme Marius Celsus, fidèle à Galba, l'un de ses généraux.
LXXII. Il prononce la condamnation de Tigellin.
LXXIII. Il sauve Galbia Crispinella.
LXXIV. Offres mutuelles d'Othon et de Vitellius.
LXXV. Othon envoie des assassins en Germanie, Vitellius en envoie à Rome.
LXXVI. Des provinces se prononcent pour l'un ou l'autre parti.
LXXVII. Vitellius s'occupe de guerre, Othon des droits de sa puissance impériale.
LXXVIII. Othon accorde aux villes de nouveaux privilèges, sans négliger ses amours.
LXXIX. Les Sarmates profitent des circonstances, attaquent les Romains et sont battus.
LXXX. Un hasard fait naître une sédition parmi les prétoriens. Ils courent au palais.
LXXXI. Othon en est instruit dans un festin.
LXXXII. Il apaise leur fureur par des prières et des larmes.

LXXXIII. Il les harangue
LXXXIV. Il fait l'éloge du sénat.
LXXXV. Inquiétude dans Rome. Embarras et lâcheté du sénat.
LXXXVI. Des prodiges ajoutent à la terreur.
LXXXVII. Othon se dispose à passer dans la Gaule Narbonaise. Ses généraux.
LXXXVIII. Rome en proie à l'agitation. Disposition des sénateurs, des chevaliers, du peuple.
LXXXIX. L'argent est détourné, le prix des denrées augmente.
XC. Othon recommande la république au sénat. Son discours très-mesuré. Acclamations de la multitude.

LIVRE II.

Chap. I. La fortune jette dans une autre partie du monde les fondemens d'une autre domination.
II. Titus est envoyé par Vespasien, son père, vers Galba. Il visite, à Chypre, le temple de Vénus.
III. Culte de ce temple.
IV. Titus y entend l'oracle le plus favorable.
V. Portraits de Vespasien et de Mucien.
VI. Les armées d'Orient considèrent leurs forces.
VII. Elles attendent l'occasion favorable.
VIII. Alarme causée par un faux Néron.
IX. Cet aventurier est mis à mort.
X. Faustus, délateur sous Néron, est condamné.
XI. Les légions de Dalmatie et de Pannonie marchent pour Othon.
XII. La fortune semble vouloir le seconder.
XIII. Ses soldats saccagent Intemelium.
XIV. Les troupes, la flotte d'Othon battent les Vitelliens.
XV. Carnage atroce. Les deux partis rétrogradent.
XVI. Pacarius fait déclarer la Corse pour Vitellius. Il est assassiné.
XVII. Succès de Vitellius.
XVIII. Les Othoniens, renfermés dans Placentia, exigent qu'on les mène à l'ennemi.
XIX. Ils se repentent de leur témérité.

XX. Cécina traverse le Pô.
XXI. Attaque et défense de Placentia.
XXII. Cécina repoussé se rend à Crémone.
XXIII. Avantages remportés par les Othoniens.
XXIV. Cécina est consterné. Il dresse une embuscade aux Othoniens.
XXV. Elle est découverte.
XXVI. Terreur et fuite des Vitelliens.
XXVII. Indiscipline des soldats de Valens.
XXVIII. Ils ne veulent pas qu'on les sépare des Bataves, leurs auxiliaires.
XXIX. Ils se révoltent. Valens poursuivi se cache. Alphenus Varus les apaise. Ils rappellent Valens.
XXX. Rivalité de Cécina et de Valens. Ils cachent leurs haines et se prononcent hautement contre Othon.
XXXI. Leurs armées sont réunies. Othon délibère. Suetonius Paullinus l'engage à temporiser.
XXXII. Son discours.
XXXIII. Othon se retire avec ses meilleures troupes. Sa cause est perdue.
XXXIV. Les Vitelliens apprennent ces détails et feignent de vouloir passer le Pô.
XXXV. Engagement fatal aux Othoniens sur une île du fleuve.
XXXVI. Othon envoie à leur secours Spurinna avec ses cohortes.
XXXVII. Opinion de quelques auteurs, qui rapportent que les deux armées pensèrent à abandonner Othon et Vitellius, et à faire un autre choix.
XXXVIII. Digression sur les guerres civiles.
XXXIX. Campement mal choisi. Othon écrit de hâter la bataille.
XL. Impatience d'Othon.
XLI. La cavalerie de Vitellius engage le combat.
XLII. Attaque générale.
XLIII. Les légions en viennent aux mains. Les Bataves renforcent les Vitelliens.
XLIV. Les Othoniens fuient en désordre.

XLV. La paix leur est accordée.
XLVI. Attachement et dévouement des soldats pour Othon.
XLVII. Othon veut se donner la mort. Son discours.
XLVIII. Il encourage ses amis, distribue des gratifications, console son jeune neveu.
XLIX. Il se frappe d'un poignard.
L. Portrait d'Othon.
LI. Regrets et douleur des soldats.
LII. Danger et inquiétude des sénateurs.
LIII. Altercation remarquable.
LIV. Faux bruits.
LV. Jeux à Rome.
LVI. Les Vitelliens portent le désordre dans toute l'Italie.
LVII. Vitellius apprend la victoire de Bédriac et la mort d'Othon.
LVIII. Il reçoit des nouvelles favorables des provinces.
LIX. Il s'embarque sur la Saône.
LX. Les centurions dévoués à Othon sont mis à mort.
LXI. Révolte et mort du Boïen Mariccus.
LXII. Gloutonnerie de Vitellius.
LXIII. Il fait punir Dolabella.
LXIV. Caractères de la mère, de la femme et de la belle-sœur de Vitellius.
LXV. Cluvius Rufus, dénoncé, se justifie.
LXVI. Langage hostile des légions vaincues.
LXVII. Les prétoriens licenciés, les légions disséminées.
LXVIII. Deux cohortes gauloises sont massacrées par les légions.
LXIX. Députation du sénat. Les Bataves renvoyés en Germanie. On défend le recrutement.
LXX. Vitellius visite le champ de bataille. Il offre un sacrifice.
LXXI. Il se rend à Rome.
LXXII. Imposture et supplice d'un faux Scribonianus.
LXXIII. Le nom de Vespasien fait tressaillir Vitellius.
LXXIV. Vespasien médite sur son entreprise.
LXXV. Ses inquiétudes.

LXXVI. Il hésite. Ses amis l'encouragent. Discours de Mucien.
LXXVII. Suite du discours de Mucien.
LXXVIII. Prophéties rappelées.
LXXIX. Alexandrie se prononce pour Vespasien.
LXXX. Quelque peu de soldats le saluent empereur.
LXXXI. La Syrie, la Cappadoce, se déclarent pour lui.
LXXXII. Préparatifs de guerre.
LXXXIII. Marche de Mucien.
LXXXIV. Exactions multipliées.
LXXXV. Les légions de Mésie se prononcent pour Vespasien.
LXXXVI. Les troupes de Pannonie et de Dalmatie suivent leur exemple.
LXXXVII. Vitellius s'avance vers Rome.
LXXXVIII. On tremble à Rome. Entrée des soldats de Germanie.
LXXXIX. Arrivée de Vitellius.
XC. Sa harangue. Acclamations de la populace.
XCI. Sinistre présage. Vitellius cherche la popularité.
XCII. Le pouvoir aux mains de Cécina et de Valens.
XCIII. Les soldats vaguent dans toute la ville. Maladies contagieuses.
XCIV. Indiscipline de l'armée.
XCV. Cécina et Valens célèbrent l'anniversaire de la naissance de Vitellius avec un appareil extraordinaire.
XCVI. La première défection est celle de la troisième légion.
XCVII. Vitellius fait venir des renforts de diverses provinces.
XCVIII. Les dispositions de Vitellius sont connues. Celles de Vespasien restent ignorées.
XCIX. Vitellius épouvanté ordonne de hâter les préparatifs de guerre.
C. Départ de l'armée. Cécina contrarie les ordres de Valens, et prépare sa trahison.
CI. Causes probables de sa défection. Il ébranle la fidélité des centurions et des soldats dévoués à Vitellius.

HISTOIRES
DE C. C. TACITE.

C. CORNELII TACITI

HISTORIARUM

LIBER PRIMUS.

GALBA. OTHO.

I. Initium mihi operis Servius Galba iterum, Titus Vinius consules erunt. Nam, post conditam Urbem, octingentos et viginti prioris ævi annos multi auctores retulerunt, dum res populi romani memorabantur, pari eloquentia ac libertate. Postquam bellatum apud Actium, atque omnem potestatem ad unum conferri pacis interfuit, magna illa ingenia cessere: simul veritas pluribus modis infracta; primum inscitia reipublicæ ut alienæ, mox libidine adsentandi, aut rursus odio adversus dominantes: ita neutris cura posteritatis, inter infensos vel obnoxios. Sed ambitionem scriptoris facile adverseris; obtrectatio et livor pronis auribus accipiuntur. Quippe adulationi fœdum crimen servitutis, malignitati falsa species liber-

HISTOIRES
DE C. C. TACITE

LIVRE PREMIER.

GALBA. OTHON.

I. Mon récit commence au consulat de Titus Vinius et de Servius Galba, consul pour la seconde fois. Les huit cent vingt années écoulées depuis la fondation de Rome ont eu beaucoup d'historiens dont le talent égala l'indépendance tant qu'ils eurent à rapporter les propres actions du peuple romain. Après la bataille d'Actium, et depuis que toute la puissance aux mains d'un seul parut la condition de la paix, ces grands génies disparurent : dès-lors la vérité fut outragée de diverses manières, d'abord par l'inhabitude d'un gouvernement qui semblait étranger, ensuite par l'esprit de flatterie, enfin par la haine contre les maîtres de Rome : aussi nulle pensée pour la postérité chez ces esprits offensifs ou serviles. Sans doute on est facilement en garde contre l'adulation d'un écrivain ; mais l'oreille s'ouvre aisément aux discours de la médisance et de l'envie ; la flatterie répugne par son ca-

tatis inest. Mihi Galba, Otho, Vitellius, nec beneficio, nec injuria cogniti. Dignitatem nostram a Vespasiano inchoatam, a Tito auctam, a Domitiano longius provectam, non abnuerim : sed incorruptam fidem professis, nec amore quisquam et sine odio dicendus est. Quod si vita suppeditet, principatum D. Nervæ et imperium Trajani, uberiorem securioremque materiam, senectuti seposui : rara temporum felicitate ubi sentire quæ velis et quæ sentias dicere licet.

II. Opus adgredior opimum casibus, atrox prœliis, discors seditionibus, ipsa etiam pace sævum. Quatuor principes ferro interempti. Trina bella civilia, plura externa ac plerumque permixta. Prosperæ in Oriente, adversæ in Occidente res. Turbatum Illyricum : Galliæ nutantes : perdomita Britannia et statim missa : coortæ in nos Sarmatarum ac Suevorum gentes : nobilitatus cladibus mutuis Dacus. Mota etiam prope Parthorum arma, falsi Neronis ludibrio. Jam vero Italia novis cladibus, vel post longam sæculorum seriem repetitis, adflicta. Haustæ aut obrutæ urbes, fecundissima Campaniæ ora. Urbs incendiis vastata, consumptis antiquissimis delubris, ipso Capitolio civium manibus incenso : pollutæ cærimoniæ : magna adulteria : plenum exsiliis mare : infecti cædibus scopuli. Atrocius in urbe sævitum, nobi-

ractère honteux de servilité, la malignité séduit par son masque de liberté. Pour moi, Galba, Othon, Vitellius, ne me sont connus ni par un bienfait ni par une injure; je ne nierai point que Vespasien n'ait commencé ma fortune, que Titus n'y ait ajouté, que Domitien ne l'ait élevée plus haut : mais parler sans haine et sans adulation est le devoir de quiconque professe un amour inaltérable pour la vérité. Si mes jours se prolongent, j'ai réservé à ma vieillesse les règnes du divin Nerva et de Trajan, sujets plus féconds et plus paisibles, temps heureux et rares, où l'on peut librement se livrer à ses émotions et exprimer celles que l'on éprouve.

II. J'entreprends un récit fertile en grands évènemens, en guerres terribles, en discordes, en séditions, en barbaries même au sein de la paix. Quatre empereurs tombant sous le fer, trois guerres civiles, plus au dehors, et souvent les unes et les autres entremêlées. Des succès en Orient, des revers en Occident; l'Illyrie révoltée, les Gaules chancelantes, la Bretagne entièrement conquise et aussitôt délaissée; les peuples Suèves et Sarmates se levant contre nous; le Dace illustré par nos revers et par ses défaites; les Parthes près de courir aux armes, jouets d'un faux Néron; l'Italie affligée de plaies ou nouvelles ou renaissantes après une longue série de siècles; des cités englouties ou renversées sur les rivages féconds de la Campanie; Rome dévastée par le feu; nos plus anciens temples consumés par les flammes; le Capitole incendié par les mains de nos concitoyens; nos cérémonies profanées; de grandes familles flétries d'adultères; la mer couverte d'exilés, ses rochers souillés de meurtres.

litas, opes, omissi gestique honores pro crimine, et ob virtutes certissimum exitium : nec minus præmia delatorum invisa, quam scelera; quum alii sacerdotia et consulatus, ut spolia, adepti, procurationes alii et interiorem potentiam, agerent, ferrent cuncta : odio et terrore corrupti in dominos servi, in patronos liberti; et, quibus deerat inimicus, per amicos oppressi.

III. Non tamen adeo virtutum sterile sæculum, ut non et bona exempla prodiderit. Comitatæ profugos liberos matres : secutæ maritos in exsilia conjuges : propinqui audentes : constantes generi : contumax, etiam adversus tormenta, servorum fides : supremæ clarorum virorum necessitates; ipsa necessitas fortiter tolerata; et laudatis antiquorum mortibus pares exitus. Præter multiplices rerum humanarum casus, cœlo terraque prodigia et fulminum monitus et futurorum præsagia, læta, tristia, ambigua, manifesta. Nec enim unquam atrocioribus populi romani cladibus, magisve justis indiciis adprobatum est, non esse curæ deis securitatem nostram, esse ultionem.

IV. Ceterum, antequam destinata componam, repetendum videtur, qualis status urbis, quæ mens exercituum, quis habitus provinciarum, quid in toto terrarum

Dans Rome, la cruauté alla plus loin encore : biens, noblesse, dignités acceptées ou refusées, devenus des crimes, et la mort infaillible partage des vertus; les délateurs, encouragés par des récompenses non moins abominables que leurs forfaits, s'emparant comme de dépouilles, les uns des sacerdoces et des consulats, d'autres de l'administration des provinces et de la puissance intérieure, portant partout le trouble et leur rapacité; le ressentiment et la crainte suscitant les esclaves contre les maîtres, les affranchis contre les patrons, et ceux auxquels il manquait un ennemi, opprimés par leurs amis.

III. Toutefois le siècle ne fut pas tellement stérile en vertus qu'il n'ait aussi produit d'honorables exemples : des mères compagnes de leurs enfans fugitifs, des épouses suivant leurs maris en exil; des parens courageux, des gendres dévoués, des esclaves d'une fidélité à l'épreuve même des tortures; d'illustres personnages réduits aux dernières extrémités, inébranlables en ce malheur extrême, et des trépas comparables aux plus belles morts de l'antiquité. Outre cet assemblage d'évènemens humains, des prodiges parurent dans les airs et sur la terre; le ciel nous avertit par ses foudres, l'avenir nous fut annoncé par des présages, heureux, tristes, obscurs, évidens : et jamais calamités plus terribles, indices plus certains, n'apprirent au peuple romain que les dieux ne veillaient plus à sa prospérité, mais à leur vengeance.

IV. Avant de suivre ces récits, il conviendra de rappeler l'état de Rome, l'esprit des armées, la disposition des provinces; d'exposer ce qui, dans le monde entier, annonçait la force ou la faiblesse. Ainsi l'on apprendra

orbe validum, quid ægrum, fuerit; ut non modo casus eventusque rerum, qui plerumque fortuiti sunt, sed ratio etiam causæque noscantur. Finis Neronis ut lætus, primo gaudentium impetu, fuerat, ita varios motus animorum, non modo in urbe, apud patres, aut populum, aut urbanum militem, sed omnes legiones ducesque conciverat : evulgato imperii arcano, posse principem alibi, quam Romæ, fieri. Sed patres læti, usurpata statim libertate, licentius, ut erga principem novum et absentem; primores equitum proximi gaudio patrum; pars populi integra, et magnis domibus annexa, clientes libertique damnatorum et exsulum, in spem erecti : plebs sordida et circo ac theatris sueta, simul deterrimi servorum, aut qui, adesis bonis, per dedecus Neronis alebantur, mœsti et rumorum avidi.

V. Miles urbanus, longo Cæsarum sacramento imbutus, et ad destituendum Neronem arte magis et impulsu, quam suo ingenio, traductus, postquam neque dari donativum sub nomine Galbæ promissum, neque magnis meritis ac præmiis eundem in pace, quem in bello, locum, præventamque gratiam intelligit apud principem, a legionibus factum; pronus ad novas res, scelere insuper Nymphidii Sabini præfecti, imperium sibi molientis, agitatur. Et Nymphidius quidem in ipso

non-seulement les évènemens et leurs résultats, souvent effet du hasard, mais aussi leur marche et leurs causes. La mort de Néron, reçue au premier moment avec des transports de joie générale, avait toutefois agité diversement les esprits, non-seulement dans la capitale, parmi le sénat, le peuple et les soldats de la ville, mais parmi toutes les légions et leurs chefs, en révélant ce secret d'état, qu'on pouvait élire un empereur ailleurs qu'à Rome. Les sénateurs, pleins de joie, ressaisissent aussitôt leur indépendance, avec d'autant plus de hardiesse que le maître était absent et nouveau. Les principaux des chevaliers ne modèrent pas plus leurs transports; cette partie du peuple la plus saine, attachée aux grandes maisons, tous ces cliens et affranchis de personnes condamnées ou exilées, renaissent à l'espérance; la vile populace, qui fréquente le cirque et les théâtres, la lie des esclaves, et ceux là qui, ayant dévoré leurs biens, vivaient des infamies de Néron, sont consternés et avides de nouvelles.

V. Les soldats de Rome, que d'anciens sermens attachaient aux Césars, ayant abandonné Néron par une impulsion étrangère et par un artifice, et non de leur propre mouvement, voyant qu'on ne donnait point la gratification promise au nom de Galba, pressentant qu'il n'y aurait point dans la paix autant que dans la guerre d'occasions de mériter et de recevoir de grandes récompenses, et que les légions, en créant un empereur, les avaient devancés dans sa faveur, penchent à une révolution; Nymphidius, leur préfet, qui ambitionne l'empire, les y encourage et les agite. Nymphidius périt à sa première

conatu oppressus : sed, quamvis capite defectionis ablato, manebat plerisque militum conscientia; nec deerant sermones senium atque avaritiam Galbæ increpantium. Laudata olim et militari fama celebrata severitas ejus, angebat adspernantes veterem disciplinam, atque ita xiiii annis a Nerone adsuefactos, ut haud minus vitia principum amarent, quam olim virtutes verebantur. Accessit Galbæ vox, pro republica honesta, ipsi anceps, « legi a se militem, non emi. » Nec enim ad hanc formam cetera erant.

VI. Invalidum senem T. Vinius et Cornelius Laco, alter deterrimus mortalium, alter ignavissimus, odio flagitiorum oneratum, contemptu inertiæ destruebant. Tardum Galbæ iter et cruentum, interfectis Cingonio Varrone, consule designato, et Petronio Turpiliano consulari : ille, ut Nymphidii socius, hic, ut dux Neronis, inauditi atque indefensi, tanquam innocentes, perierant. Introitus in urbem, trucidatis tot millibus inermium militum, infaustus omine, atque ipsis etiam, qui occiderant, formidolosus. Inducta legione hispana, remanente ea quam e classe Nero conscripserat, plena urbs exercitu insolito : multi ad hoc numeri e Germania ac Britannia et Illyrico, quos idem Nero, electos præmissosque ad claustra Caspiarum, et bellum quod in

tentative. Mais, quoique le chef de la révolte n'existât plus, il restait à la plupart de ses soldats la conscience de leur complicité : ils se répandaient en discours contre la vieillesse et l'avarice de Galba ; sa sévérité, louée jadis, et qui lui avait mérité une réputation dans les camps, était insupportable à ces hommes qui méprisaient l'ancienne discipline, et qui avaient été habitués par Néron, pendant quatorze années, à chérir les vices des princes, plus qu'autrefois ils n'avaient vénéré leurs vertus. Ils apprirent aussi ce mot de Galba, honorable à la république, dangereux pour lui, *qu'il voulait choisir ses soldats, non les acheter*. D'ailleurs, le reste de sa conduite ne répondait pas à ces principes.

VI. Le faible vieillard, abandonné à Vinius et à Lacon, l'un le plus scélérat, l'autre le plus lâche des hommes, assumait ainsi sur lui-même toute la haine due aux forfaits, et tout le mépris qu'inspire l'incapacité. La marche de Galba fut lente et ensanglantée ; il avait fait périr Cingonius Varron, consul désigné, et le consulaire Petronius Turpilianus ; l'un comme complice de Nymphidius, l'autre comme général de Néron : ils avaient succombé sans être entendus et sans défense, et semblaient ainsi des victimes innocentes. L'entrée de Galba dans Rome fut marquée par le massacre de milliers de soldats sans armes, présage funeste, et qui faisait trembler ceux même qui en avaient été les exécuteurs. Il y avait introduit une légion d'Espagnols ; une autre, que Néron avait tirée des flottes, y était restée ; la ville était pleine de troupes qu'elle ne connaissait pas. De plus, il y avait une multitude de soldats de Germanie, de Bretagne et d'Illy-

Albanos parabat, opprimendis Vindicis cœptis revocaverat : ingens novis rebus materia, ut non in unum aliquem prono favore, ita audenti parata.

VII. Forte congruerat, ut Clodii Macri et Fonteii Capitonis cædes nuntiarentur. Macrum, in Africa haud dubie turbantem, Trebonius Garucianus, procurator, jussu Galbæ; Capitonem in Germania, quum similia cœptaret, Cornelius Aquinus et Fabius Valens, legati legionum, interfecerant, antequam juberentur. Fuere qui crederent, Capitonem, ut avaritia et libidine fœdum ac maculosum, ita cogitatione rerum novarum abstinuisse; sed a legatis, bellum suadentibus, postquam impellere nequiverint, crimen ac dolum compositum ultro : et Galbam mobilitate ingenii, an, ne altius scrutaretur, quoquo modo acta, quia mutari non poterant, comprobasse. Ceterum utraque cædes sinistre accepta : et inviso semel principe, seu bene, seu male facta premunt. Jam adferebant venalia cuncta præpotentes liberti : servorum manus subitis avidæ, et, tanquam apud senem, festinantes : eademque novæ aulæ mala, æque gravia, non æque excusata. Ipsa ætas Galbæ irrisui ac fastidio erat adsuetis juventæ Neronis, et imperatores forma ac decore corporis, ut est mos vulgi, comparantibus.

rie, que Néron avait levés et envoyés vers les portes Caspiennes, contre les Albaniens, puis rappelés pour étouffer les entreprises de Vindex. Moyens tout-puissans pour une révolution ; leur faveur n'inclinant vers personne particulièrement, était toute prête pour celui qui oserait.

VII. Par hasard, on apprit au même instant et le meurtre de Macer et celui de Capiton. Macer, dont la révolte en Afrique n'était pas douteuse, avait été mis à mort, sur l'ordre de Galba, par Trebonius Garucianus, gouverneur de la province ; Capiton, prêt à se révolter en Germanie, avait été exécuté par Cornelius Aquinus et Fabius Valens, lieutenans de légions, avant qu'il leur en fût rien ordonné. On a prétendu que Capiton, homme souillé de débauches et entaché d'avarice, n'avait pu penser à s'emparer de l'empire, mais que ces deux lieutenans, l'ayant poussé à la révolte, et n'ayant pu l'y déterminer, l'avaient supposé coupable de cette tentative, et que Galba, soit par le peu de fermeté de son caractère, soit qu'il ne voulût pas qu'on fît des recherches plus profondes sur ce fait, quel qu'il fût, dès qu'on ne pouvait plus y porter remède, avait approuvé cette exécution. La nouvelle de ces deux meurtres parut sinistre : un prince une fois odieux, ses bonnes, ses mauvaises actions lui nuisent également. Déjà les affranchis en crédit mettaient tout en vente ; les esclaves se jetaient sur tout avidement, ils se hâtaient comme auprès d'un vieillard qui va périr. Mêmes désordres que dans l'ancienne cour, aussi onéreux, moins excusables ; l'âge même de Galba le rendait ridicule et méprisable aux yeux de ceux qui étaient habitués à la jeunesse de Né-

VIII. Et hic quidem Romæ, tanquam in tanta multitudine, habitus animorum fuit. E provinciis, Hispaniæ præerat Cluvius Rufus, vir facundus et pacis artibus, bellis inexpertus. Galliæ, super memoriam Vindicis, obligatæ recenti dono romanæ civitatis, et in posterum tributi levamento. Proximæ tamen Germanicis exercitibus Galliarum civitates non eodem honore habitæ, quædam etiam finibus ademptis, pari dolore commoda aliena ac suas injurias metiebantur. Germanici exercitus, quod periculosissimum in tantis viribus, solliciti et irati, superbia recentis victoriæ, et metu, tanquam alias partes fovissent. Tarde a Nerone desciverant; nec statim pro Galba Verginius: an imperare voluisset, dubium; delatum ei a milite imperium, conveniebat. Fonteium Capitonem occisum, etiam qui queri non poterant, tamen indignabantur. Dux deerat, abducto Verginio, per simulationem amicitiæ: quem non remitti, atque etiam reum esse, tanquam suum crimen accipiebant.

IX. Superior exercitus legatum, Hordeonium Flaccum, spernebat, senecta ac debilitate pedum invalidum,

ron, et qui, suivant l'usage du vulgaire, ne jugent les princes que d'après leur figure et les grâces de leur corps.

VIII. Telles étaient à Rome, dans cette immense multitude, les dispositions des esprits. Quant aux provinces, l'Espagne était gouvernée par Cluvius Rufus, homme éloquent, doué de qualités civiles, inexpérimenté à la guerre. Les Gaules, outre le souvenir de Vindex, étaient attachées à Rome par le don récent de cité romaine, et par une diminution d'impôt pour l'avenir. Mais les cités gauloises voisines des armées de la Germanie n'avaient pas eu le même honneur : quelques-unes même, privées de portions de territoire, comparaient avec une égale douleur l'injustice qu'elles éprouvaient et l'avantage fait à leurs voisins. Les armées germaniques, et de si grandes forces étaient bien à redouter, se montraient à la fois inquiètes et irritées, orgueilleuses d'une victoire récente, et alarmées d'avoir par ce succès même favorisé un autre parti. Elles n'avaient abandonné Néron que lentement ; leur général, Verginius, ne s'était pas aussitôt déclaré pour Galba : peut-être voulut-il régner, ses soldats lui avaient sans nul doute offert l'empire. La mort de Capiton indignait ceux même qui n'avaient aucune raison de s'en plaindre. Un chef manquait : Verginius avait été rappelé par Galba sous des apparences d'amitié : ne pas le rendre à ses troupes ou le regarder comme coupable, c'était les accuser elles-mêmes.

IX. L'armée du Rhin supérieur méprisait son lieutenant Hordeonius Flaccus : sa vieillesse et la goutte le rendaient

sine constantia, sine auctoritate. Ne quieto quidem milite, regimen; adeo furentes infirmitate retinentis ultro accendebantur. Inferioris Germaniæ legiones diutius sine consulari fuere; donec, missu Galbæ, A. Vitellius aderat, censoris Vitellii ac ter consulis filius : id satis videbatur. In britannico exercitu nihil irarum. Non sane aliæ legiones, per omnes civilium bellorum motus, innocentius egerunt : seu quia procul et Oceano divisæ; seu, crebris expeditionibus doctæ, hostem potius odisse. Quies et Illyrico : quamquam excitæ a Nerone legiones, dum in Italia cunctantur, Verginium legationibus adissent. Sed longis spatiis discreti exercitus, quod saluberrimum est ad continendam militarem fidem, nec vitiis, nec viribus miscebantur.

X. Oriens adhuc immotus. Syriam et quatuor legiones obtinebat Licinius Mucianus, vir secundis adversisque juxta famosus. Insignes amicitias juvenis ambitiose coluerat : mox, adtritis opibus, lubrico statu suspecta etiam Claudii iracundia, in secretum Asiæ repositus, tam prope ab exsule fuit, quam postea a principe. Luxuria, industria, comitate, adrogantia, malis bonisque artibus mixtus. Nimiæ voluptates, quum vacaret; quoties expedierat, magnæ virtutes : palam laudes;

impotent; il était sans fermeté, sans autorité; ses soldats, même en paix, se refusaient à la discipline, et dans leur irritation, ils s'enflammaient encore plus par la faiblesse du chef qui cherchait à les contenir. Les légions de la Germanie inférieure étaient restées trop long-temps sans consulaire; enfin Galba y envoya Aulus Vitellius, dont le père avait été censeur et trois fois consul, seuls titres qu'apportait le fils. Dans l'armée britannique, aucune fermentation; jamais légions à travers tous les mouvemens des guerres civiles, ne se conduisirent d'une manière plus irréprochable, soit à cause de leur éloignement et des barrières de l'Océan, soit que, maintenues par de fréquentes expéditions, elles en eussent appris à ne plus haïr que nos ennemis. L'Illyrie était paisible, quoique les légions que Néron en avait tirées eussent envoyé une députation à Verginius pendant leur séjour en Italie. Mais ces armées isolées et à de grandes distances, moyen le plus certain de maintenir la foi du soldat, ne pouvaient se communiquer ni leurs vices ni leurs forces.

X. L'Orient était encore immobile. Mucien commandait la Syrie et quatre légions; homme également célèbre par ses disgrâces et par ses succès : jeune, il avait cultivé ambitieusement l'amitié des grands; ensuite il dissipa ses biens, son état devint précaire; menacé de la colère de Claude, il resta confiné au fond de l'Asie, aussi près alors de l'exil qu'il le fut plus tard de l'empire. C'était un mélange de mollesse, d'activité, de politesse, d'arrogance, de bonnes et de mauvaises qualités : des vices prodigieux au temps de ses loisirs; sitôt qu'il le fallait, de grandes

secreta male audiebant. Sed apud subjectos, apud proximos, apud collegas, variis illecebris potens; et cui expeditius fuerit tradere imperium, quam obtinere. Bellum Judaicum Flavius Vespasianus, ducem eum Nero delegerat, tribus legionibus administrabat. Nec Vespasiano adversus Galbam votum aut animus. Quippe Titum, filium, ad venerationem cultumque ejus miserat, ut suo loco memorabimus. Occulta lege fati et ostentis ac responsis destinatum Vespasiano liberisque ejus imperium, post fortunam credidimus.

XI. Ægyptum copiasque, quibus coerceretur jam inde a divo Augusto, equites romani obtinent loco regum. Ita visum expedire, provinciam aditu difficilem, annonæ fecundam, superstitione ac lascivia discordem ac mobilem, insciam legum, ignaram magistratuum domi retinere. Regebat tum Tiberius Alexander, ejusdem nationis. Africa ac legiones in ea, interfecto Clodio Macro, contenta qualicunque principe, post experimentum domini minoris. Duæ Mauretaniæ, Rhætia, Noricum, Thracia, et quæ aliæ procuratoribus cohibentur, ut cuique exercitui vicinæ, ita in favorem aut odium contactu valentiorum agebantur. Inermes provinciæ, atque ipsa in primis Italia, cuicunque servitio exposita, in pretium belli cessuræ erant. Hic fuit rerum romanarum

vertus : sa vie publique était louable ; secrète, mal famée : près de ses inférieurs, de ses amis, de ses collègues, un crédit puissant par une infinité de séductions : il lui aurait été plus facile de donner l'empire que de s'en emparer pour lui-même. Flavius Vespasien dirigeait la guerre de Judée avec trois légions. C'était Néron qui l'avait choisi : n'ayant ni le désir ni la pensée de s'opposer à Galba, il lui avait envoyé son fils Titus pour lui porter ses hommages et sa soumission, comme nous le rapporterons dans la suite. Mais que déjà la loi secrète des destins, les prodiges et les oracles, eussent destiné l'empire à Vespasien et à ses fils, nous ne l'avons pu croire qu'après son élévation.

XI. L'Égypte et les troupes qui la maintiennent sont gouvernées, depuis un règlement d'Auguste, par des chevaliers romains qui y tiennent lieu de rois. On crut pouvoir ainsi contenir cette province d'un abord difficile, abondante en blé, sans cesse en proie aux dissensions et à la licence, agitée par les superstitions, et ne reconnaissant ni lois, ni magistrats. Tiberius Alexander y commandait : il était de cette contrée. L'Afrique et ses légions, depuis la mort de Clodius Macer, et depuis l'expérience qu'elle avait faite d'un maître subalterne, ne voulait plus obéir qu'à Rome, quel qu'en fût le souverain. Les deux Mauritanies, la Rhétie, la Norique, la Thrace et les autres provinces, régies par des procurateurs, suivant l'esprit de l'armée qui les avoisinait, n'avaient d'affection ni de haine que d'après l'impulsion que la force leur imprimait. Quant aux provinces sans défense, et l'Italie elle-même était une des moins défendues, desti-

status, quum Servius Galba iterum, Titus Vinius, consules, inchoavere annum, sibi ultimum, reipublicæ prope supremum.

XII. Paucis post kalendas januarias diebus Pompeii Propinqui, procuratoris, e Belgica litteræ adferuntur : « superioris Germaniæ legiones, rupta sacramenti reverentia, imperatorem alium flagitare, et senatui ac populo romano arbitrium eligendi permittere;» quo seditio mollius acciperetur. Maturavit ea res consilium Galbæ, jam pridem de adoptione secum et cum proximis agitantis. Non sane crebrior tota civitate sermo per illos menses fuerat : primum licentia ac libidine talia loquendi, dein fessa jam ætate Galbæ. Paucis judicium aut reipublicæ amor : multi occulta spe, prout quis amicus vel cliens, hunc vel illum ambitiosis rumoribus destinabant, etiam in T. Vinii odium, qui in dies quanto potentior, eodem actu invisior erat. Quippe hiantes, in magna fortuna, amicorum cupiditates ipsa Galbæ facilitas intendebat : quum apud infirmum et credulum minore metu et majore præmio peccaretur.

XIII. Potentia principatus divisa in T. Vinium, consulem, et Cornelium Laconem, prætorii præfectum. Nec

nées à un joug quelconque, elles devaient être le prix de la victoire. Tel était l'état de la république, lorsque Servius Galba, consul pour la seconde fois, ouvrit avec Titus Vinius l'année qui fut la dernière de l'existence de l'un et de l'autre, et presque la dernière de Rome.

XII. Peu de jours après les kalendes de janvier, on apporte une lettre de Pompeius Propinquus, procurateur en Belgique; elle apprend que les légions de la Germanie supérieure ont trahi la foi du serment, qu'elles demandent un autre empereur, et laissent au sénat et au peuple romain la faculté de l'élection : c'était pour donner à leur révolte une couleur plus favorable. Cette nouvelle hâta le dessein de Galba, qui, dès long-temps, pensait à adopter un successeur, et en avait conféré avec ses amis : depuis quelques mois c'était le sujet des entretiens de toute la ville. La licence qui régnait, le désir de parler de telles choses, et de plus l'âge avancé de Galba les avaient fait naître. Peu de personnes étaient guidées par la raison ou par l'amour de la chose publique; beaucoup, conduits par des espérances secrètes, destinaient à l'empire ou leur ami ou leur client, et l'y portaient par leurs prédictions intéressées. Ils agissaient aussi en haine de Vinius, qui, plus puissant de jour en jour, devenait par-là même de plus en plus odieux. En effet, ces avides amis de Galba cherchaient à tout envahir dans cette grande fortune; sa facilité les encourageait, et, sous ce vieillard faible et crédule, leurs désordres leur offraient peu de danger et beaucoup de profit.

XIII. L'autorité souveraine était partagée entre le consul Vinius et Cornelius Lacon, préfet du prétoire.

minor gratia Icelo, Galbæ liberto, quem annulis donatum, equestri nomine Martianum vocitabant. Hi discordes, et rebus minoribus sibi quisque tendentes, circa consilium eligendi successoris in duas factiones scindebantur. Vinius pro M. Othone : Laco atque Icelus consensu non tam unum aliquem fovebant, quam alium. Neque erat Galbæ ignota Othonis ac T. Vinii amicitia; et rumoribus nihil silentio transmittentium, quia Vinio vidua filia, cælebs Otho, gener ac socer destinabantur. Credo et reipublicæ curam subisse, frustra a Nerone translatæ, si apud Othonem relinqueretur. Namque Otho pueritiam incuriose, adolescentiam petulanter egerat; gratus Neroni æmulatione luxus. Eoque jam Poppæam Sabinam, principale scortum, ut apud conscium libidinum, deposuerat, donec Octaviam uxorem amoliretur : mox suspectum in eadem Poppæa in provinciam Lusitaniam, specie legationis, seposuit. Otho, comiter administrata provincia, primus in partes transgressus, nec segnis, et, donec bellum fuit, inter præsentes splendidissimus, spem adoptionis, statim conceptam, acrius in dies rapiebat : faventibus plerisque militum, prona in eum aula Neronis ut similem.

XIV. Sed Galba, post nuntios Germanicæ seditionis, quanquam nihil adhuc de Vitellio certum, anxius quo-

Icelus n'avait pas une moindre puissance : affranchi de Galba, décoré de l'anneau des chevaliers, il se faisait appeler Martianus, l'un des noms de l'ordre équestre. Ces hommes en discorde, et jusque dans les moindres choses livrés chacun à ses intérêts, s'étaient divisés en deux factions pour le choix d'un successeur à l'empire. Vinius voulait Othon ; Lacon et Icelus le rejetaient d'un commun accord sans avoir de choix déterminé. L'intimité d'Othon et de Vinius n'était pas inconnue à Galba, et, suivant les discours de ceux qui ne savent rien taire, la fille de Vinius étant veuve, Othon point marié, l'un devenait gendre et l'autre beau-père. J'aime à croire que Galba n'oublia point alors la chose publique, vainement soustraite à Néron si on l'eût abandonnée à Othon ; Othon, qui avait passé son enfance sans nulle éducation, sa jeunesse dans les scandales, chéri de Néron en rivalisant de déréglemens avec lui : Néron lui avait confié, comme au complice de ses débauches, Poppée, sa concubine impériale, jusqu'à ce qu'il répudiât Octavie, son épouse ; puis, le soupçonnant d'être l'amant de Poppée, il le relégua en Lusitanie sous prétexte d'un gouvernement. Othon se fit chérir dans l'administration de cette province : il passa le premier dans le parti de Galba ; il était plein d'activité, et tant que dura la guerre, il fut celui qui déploya le plus de magnificence. Il conçut aussitôt l'espoir d'une adoption ; et chaque jour il se laissait plus vivement entraîner à cette ambition. La plupart des militaires lui étaient favorables, ainsi que la cour de Néron, qui crut le retrouver dans Othon.

XIV. Cependant Galba, depuis la nouvelle de la sédition de la Germanie, quoiqu'il ne sût encore rien de cer-

nam exercituum vis erumperet, ne urbano quidem militi confisus, quod remedium unicum rebatur, comitia imperii transigit : adhibitoque, super Vinium ac Laconem, Mario Celso, consule designato, ac Ducennio Gemino, præfecto urbis, pauca præfatus de sua senectute, Pisonem Licinianum arcessi jubet; seu propria electione, sive, ut quidam crediderunt, Lacone instante, cui apud Rubellium Plautum exercita cum Pisone amicitia : sed callide, ut ignotum, fovebat; et prospera de Pisone fama consilio ejus fidem addiderat. Piso, M. Crasso et Scribonia genitus, nobilis utrimque, vultu habituque moris antiqui, et æstimatione recta severus, deterius interpretantibus tristior, habebatur. Ea pars morum ejus, quo suspectior sollicitis, adoptanti placebat.

XV. Igitur Galba, adprehensa Pisonis manu, in hunc modum locutus fertur : « Si te privatus lege curiata apud pontifices, ut moris est, adoptarem, et mihi egregium erat, Cn. Pompeii et M. Crassi sobolem in penates meos adsciscere, et tibi insigne, Sulpiciæ ac Lutatiæ decora nobilitati tuæ adjecisse. Nunc me, deorum hominumque consensu ad imperium vocatum, præclara indoles tua et amor patriæ impulit, ut principatum de quo majores nostri armis certabant, bello adeptus, quiescenti offe-

tain sur Vitellius, s'inquiétait, ignorant jusqu'où pouvait se porter la violence de ces armées, et ne se fiant pas même aux troupes de Rome; il crut donc que le seul remède était de nommer publiquement un successeur. Il convoque Vinius, Lacon, avec eux Marius Celsus, consul désigné, et Ducennius Geminus, préfet de Rome; leur parle en peu de mots de son grand âge, et ordonne que Pison Licinianus soit appelé. On ne sait s'il fit ce choix de lui-même, ou, comme on l'a pensé, d'après les instances de Lacon, qui avait cultivé l'amitié de Pison chez Rubellius Plautus. Mais Lacon n'en avait adroitement parlé à Galba que comme d'un inconnu, et la réputation très-honorable de Pison avait fortifié sa proposition. Pison, issu de M. Crassus et de Scribonia, l'un et l'autre de famille noble, par sa physionomie et son extérieur rappelait les mœurs antiques. Le dire sévère, c'était bien l'apprécier; sombre, c'était le juger injustement; et ce caractère, dont on voulait s'inquiéter, en plaisait d'autant plus au prince qui l'adoptait.

XV. Galba, prenant donc la main de Pison, lui parla, dit-on, en ces termes : « Si, comme simple particulier, je t'adoptais, suivant l'usage, par une loi des Curies, en présence des pontifes, ce serait encore une gloire pour moi de faire entrer dans ma maison le descendant de Pompée et de Crassus, et il serait honorable pour toi d'ajouter à ton illustration la noblesse de Sulpicia et de Lutatia. Aujourd'hui que les dieux et les hommes m'ont appelé de concert à l'empire, je me détermine, d'après tes qualités éminentes et par amour pour la patrie, à t'offrir, sans qu'il t'en coûte aucun effort, une souve-

ram, exemplo divi Augusti, qui sororis filium, Marcellum, dein generum, Agrippam, mox nepotes suos, postremo Tiberium Neronem, privignum in proximo sibi fastigio collocavit. Sed Augustus in domo successorem quæsivit; ego, in republica. Non, quia propinquos aut socios belli non habeam; sed neque ipse imperium ambitione accepi : et judicii mei documentum sint non meæ tantum necessitudines, quas tibi postposui, sed et tuæ. Est tibi frater pari nobilitate, natu major, dignus hac fortuna, nisi tu potior esses. Ea ætas tua, quæ cupiditates adolescentiæ jam effugerit; ea vita, in qua nihil præteritum excusandum habeas. Fortunam adhuc tantum adversam tulisti; secundæ res acrioribus stimulis animos explorant, quia miseriæ tolerantur, felicitate corrumpimur. Fidem, libertatem, amicitiam, præcipua humani animi bona, tu quidem eadem constantia retinebis : sed alii per obsequium imminuent. Irrumpet adulatio, blanditiæ, pessimum veri adfectus venenum, sua cuique utilitas. Ego, ac tu, simplicissime inter nos hodie loquimur : ceteri libentius cum fortuna nostra, quam nobiscum. Nam suadere principi quod oporteat, multi laboris : adsentatio erga principem quemcunque sine adfectu peragitur.

XVI. « Etiam, si immensum imperii corpus stare ac

raineté que nos aïeux se disputaient les armes à la main, et que je n'ai obtenue que par des combats. Je suis l'exemple du divin Auguste, qui plaça près de lui, au faîte des grandeurs suprêmes, Marcellus, fils de sa sœur, ensuite Agrippa, son gendre, puis ses petits-fils, et enfin Tibère, fils de son épouse. Cependant Auguste chercha un successeur dans sa famille; moi, je l'ai cherché dans la république, non qu'il me manque des proches ou des compagnons de mes armes; mais je n'ai point accepté l'empire par ambition, et je le prouve en te préférant, non-seulement à mes plus proches parens, mais même aux tiens. Tu as un frère, ton égal en noblesse, ton aîné; il serait appelé à cette haute fortune, si tu n'en étais plus digne encore. Tu es dans un âge où l'on a déjà échappé aux passions de la jeunesse; ta vie fut telle, qu'aucune de tes actions ne réclame une excuse. Tu n'as encore supporté qu'une fortune contraire; la prospérité fait subir à l'âme de dangereuses épreuves : on supporte le malheur, le bonheur nous corrompt. La foi, la franchise, l'amitié, ces biens les plus précieux de l'âme, conserve-les avec une égale fermeté : on les attaquera par la flatterie. L'adulation, les soins insidieux, l'intérêt personnel, poison le plus destructeur des véritables affections, vont t'assaillir. Aujourd'hui, toi et moi nous nous parlons avec naturel et simplicité; mais les autres s'adressent plus volontiers à notre fortune qu'à nous-mêmes. Persuader un prince de ce qu'il doit faire est une grande tâche : une approbation servile ne prouve aucune affection.

XVI. « Si l'immense corps de l'état pouvait subsister

librari sine rectore posset, dignus eram, a quo respublica inciperet : nunc eo necessitatis jam pridem ventum est, ut nec mea senectus conferre plus populo romano possit, quam bonum successorem, nec tua plus juventa, quam bonum principem. Sub Tiberio et Caio et Claudio unius familiæ quasi hereditas fuimus : loco libertatis erit, quod eligi cœpimus. Et, finita Juliorum Claudiorumque domo, optimum quemque adoptio inveniet. Nam generari et nasci a principibus, fortuitum, nec ultra æstimatur : adoptandi judicium integrum; et, si velis eligere, consensu monstratur. Sit ante oculos Nero, quem, longa Cæsarum serie tumentem, non Vindex cum inermi provincia, aut ego cum una legione, sed sua immanitas, sua luxuria, cervicibus publicis depulere : neque erat adhuc damnati principis exemplum. Nos bello et ab æstimantibus adsciti, cum invidia, quamvis egregii, erimus. Ne tamen territus fueris si duæ legiones in hoc concussi orbis motu nondum quiescunt. Ne ipse quidem ad securas res accessi : et, audita adoptione, desinam videri senex; quod nunc mihi unum objicitur. Nero a pessimo quoque semper desiderabitur : mihi ac tibi providendum est, ne etiam a bonis desideretur. Monere diutius, neque temporis hujus; et impletum est omne consilium, si te bene elegi. Utilissimusque idem ac brevissimus bonarum malarumque rerum delec-

et garder l'équilibre sans maître, j'étais digne de recommencer les temps de la république : depuis longtemps nous sommes arrivés à cette nécessité que déjà ma vieillesse ne peut plus rien offrir au peuple romain, si ce n'est un bon successeur, et ta jeunesse un bon souverain. Sous Tibère, sous Caïus, sous Claude, Rome fut comme le bien héréditaire d'une seule famille : que ce mode d'élection remplace l'ancienne liberté; la maison des Jules et des Claudes n'existe plus; par l'adoption, on pourra s'assurer les meilleurs choix. Descendre ou naître des princes est l'effet du hasard, rien de plus : dans l'adoption, le jugement est entier; et si l'on veut choisir, la voix publique vous dirige. Aie toujours devant les yeux Néron, qui, si fier de la longue série des Césars ses aïeux, ne fut point renversé par Vindex et une province sans armes, ni par moi et ma seule légion, mais par sa barbarie, par ses débauches, qui le précipitèrent du faîte des grandeurs publiques. Il n'y avait point cependant encore d'exemple d'un empereur condamné. Pour nous, que les armes et le choix de Rome ont portés à l'empire, l'envie nous y poursuivra, quelles que soient nos qualités; toutefois ne sois pas épouvanté si deux légions, au milieu de l'agitation du monde ébranlé, ne sont pas encore calmées. Moi-même je n'ai pas trouvé l'empire paisible; mais, dès qu'on saura ton adoption, je cesserai de paraître trop vieux, seul reproche qu'on m'adresse maintenant. Néron doit être toujours regretté des méchans : c'est à moi, c'est à toi de faire en sorte qu'il ne soit pas regretté des gens de bien. De plus longs avis seraient déplacés, et toute ma pensée

tus est, cogitare quid aut volueris sub alio principe aut nolueris. Neque enim hic, ut in ceteris gentibus, quæ regnantur, certa dominorum domus, et ceteri servi: sed imperaturus es hominibus, qui nec totam servitutem pati possunt, nec totam libertatem. » Et Galba quidem hæc ac talia, tanquam principem faceret; ceteri tanquam cum facto loquebantur.

XVII. Pisonem ferunt, statim intuentibus, et mox conjectis in eum omnium oculis, nullum turbati aut exsultantis animi motum prodidisse. Sermo erga patrem imperatoremque reverens, de se moderatus; nihil in vultu habituque mutatum : quasi imperare posset magis, quam vellet. Consultatum inde, pro rostris, an in senatu, an in castris adoptio nuncuparetur; iri in castra placuit : honorificum id militibus fore, quorum favorem, ut largitione et ambitu male adquiri, ita per bonas artes haud spernendum. Circumsteterat interim palatium publica exspectatio, magni secreti impatiens : et male coercitam famam supprimentes augebant.

XVIII. Quartum idus januarias, fœdum imbribus diem, tonitrua et fulgura et cœlestes minæ ultra solitum turbaverant. Observatum id antiquitus comitiis dirimendis non terruit Galbam, quo minus in castra pergeret,

est accomplie si j'ai fait un bon choix. Le moyen le plus certain et aussi le plus prompt de distinguer le bien du mal, sera de considérer ce que, sous un autre prince, tu aurais ou blâmé ou approuvé; car il n'en est point ici comme chez les autres nations soumises à des rois, où tout, excepté la maison régnante, est esclave : tu vas commander à des hommes qui ne peuvent supporter ni une entière servitude ni une entière liberté. » Ainsi parlait Galba comme s'il créait un empereur; les assistans parlèrent à Pison comme si déjà il l'eût été.

XVII. On assure qu'aux regards du conseil, et lorsque toute la cour vint à le considérer, Pison ne fit apercevoir nul mouvement d'une âme ou troublée ou enorgueillie. Sa réponse à son père et à son empereur fut respectueuse et très-mesurée quant à lui-même : point de changement en ses traits ni en son maintien, et il parut ainsi doué plutôt de la capacité que de l'ambition de gouverner. On délibère ensuite si l'adoption serait proclamée au forum, ou dans le sénat, ou dans le camp : le camp fut préféré. C'était honorer les soldats dont la faveur est toujours mal acquise par les largesses et la brigue, mais doit être sollicitée par de nobles moyens. Cependant le public, dans l'attente et dans l'impatience d'un si grand secret, assiégeait le palais; et cette nouvelle, mal dissimulée, éclatait par son mystère même.

XVIII. Le 4 des ides de janvier, des tonnerres, des éclairs, et toutes les menaces célestes avaient troublé extraordinairement l'air chargé d'affreux nuages. Nos ancêtres eussent rompu l'assemblée; Galba n'en fut point épouvanté, et se rendit au camp, soit qu'il méprisât ces

contemptorem talium ut fortuitorum; seu, quæ fato manent, quamvis significata, non vitantur. Apud frequentem militum concionem, imperatoria brevitate, adoptari a se Pisonem, more divi Augusti et exemplo militari, quo vir virum legeret, pronuntiat. Ac, ne dissimulata seditio in majus crederetur, ultro adseverat, quartam et duodevicesimam legiones, paucis seditionis auctoribus, non ultra verba ac voces errasse, et brevi in officio fore. Nec ullum orationi aut lenocinium addit aut pretium. Tribuni tamen centurionesque et proximi militum grata auditu respondent : per ceteros mœstitia ac silentium tanquam usurpatam etiam in pace donativi necessitatem bello perdidissent. Constat, potuisse conciliari animos quantulacunque parci senis liberalitate. Nocuit antiquus rigor et nimia severitas, cui jam pares non sumus.

XIX. Inde apud senatum non comptior Galbæ, non longior, quam apud militem, sermo : Pisonis comis oratio; et patrum favor aderat : multi voluntate; effusius qui noluerant; medii, ac plurimi, obvio obsequio, privatas spes agitantes, sine publica cura. Nec aliud sequenti quatriduo (quod medium inter adoptionem et cædem fuit) dictum a Pisone in publico factumve. Cre-

phénomènes, comme effets du hasard, soit que les décrets du destin lui parussent inévitables quoique annoncés par des présages. Au milieu des soldats qui l'entourent en foule, il annonce, avec cette brièveté qui sied à un chef, qu'il adopte Pison à l'exemple du divin Auguste, et suivant la coutume militaire où chaque brave se choisit un second. Et pour que son silence sur la sédition ne la fît pas croire plus dangereuse, il leur assure que l'égarement des quatrième et dix-huitième légions s'était borné à des murmures et à quelques cris ; que bientôt elles seraient rentrées dans le devoir : il n'ajouta à ce discours aucune parole caressante, aucune largesse. Les tribuns toutefois, les centurions et les soldats les plus proches répondirent par des acclamations favorables ; parmi les autres régnaient la tristesse et le silence : ils croyaient perdre en temps de guerre une gratification qu'ils jugeaient obligatoire dans la paix même. Certes, ce vieillard parcimonieux eût pu se concilier les esprits par une libéralité, quelque médiocre qu'elle eût été : il les aliéna par cette inflexibilité de mœurs antiques, et par une sévérité que nous ne pouvons plus supporter.

XIX. Son discours au sénat ne fut ni plus orné ni plus long que celui qu'il venait d'adresser aux soldats. Les paroles de Pison furent pleines d'affabilité : les sénateurs les accueillirent avec enthousiasme : la plupart de plein gré, d'autres avec d'autant plus d'empressement qu'ils avaient manifesté leur opposition ; les indifférens, en grand nombre, préoccupés de leurs intérêts privés, et sans aucune pensée du bien public, prostituaient leurs

brioribus in dies germanicæ defectionis nuntiis, et facili civitate ad accipienda credendaque omnia nova, quum tristia sunt, censuerant patres, mittendos ad germanicum exercitum legatos. Agitatum secreto, num et Piso proficisceretur, majore prætextu; illi auctoritatem senatus, hic dignationem Cæsaris laturus. Placebat et Laconem, prætorii præfectum, simul mitti. Is consilio intercessit. Legati quoque, nam senatus electionem Galbæ permiserat, fœda inconstantia nominati, excusati, substituti, ambitu remanendi aut eundi, ut quemque metus vel spes impulerat.

XX. Proxima pecuniæ cura : et cuncta scrutantibus justissimum visum est, inde repeti, unde inopiæ causa erat. Bis et vicies millies sestertium donationibus Nero effuderat. Appellari singulos jussit, decuma parte liberalitatis apud quemque eorum relicta. At illis vix decumæ super portiones erant, iisdem erga aliena sumptibus, quibus sua prodegerant; quum rapacissimo cuique ac perditissimo non agri, aut fœnus, sed sola instrumenta vitiorum manerent. Exactioni xxx equites romani præpositi; novum officii genus, et ambitu ac numero onerosum. Ubique hasta et sector; et inquieta

hommages. Dans les quatre jours qui suivirent, entre son adoption et son assassinat, Pison ne fit, ne dit rien autre chose en public. De jour en jour les nouvelles de la révolte de Germanie se succédaient plus rapidement, et la capitale se montrant toujours facile à accueillir et à croire tous ces bruits plus ils étaient fâcheux, les sénateurs proposèrent d'envoyer des députés à l'armée germanique, et l'on délibéra secrètement si Pison ne partirait pas aussi pour ajouter à la dignité de cette mission : les députés eussent représenté l'autorité du sénat, et Pison la majesté de César. On voulait aussi envoyer Lacon, préfet du prétoire : il rompit tout ce projet. Les députés mêmes, dont le sénat avait laissé le choix à Galba, furent, avec l'inconstance la plus honteuse, nommés, effacés, remplacés, suivant les intrigues de ceux qui désiraient rester ou partir d'après leurs craintes ou leurs espérances.

XX. Le besoin d'argent pressait. Après l'examen de tous les moyens, on choisit comme le plus juste celui de reprendre aux individus, causes de la ruine publique, les deux milliards deux cent millions de sesterces que Néron leur avait donnés en gratification : on leur en demanda le remboursement, à l'exception de la dixième partie; mais ce dixième, à peine le possédaient-ils encore, ayant prodigué le bien d'autrui avec la même profusion que leur propre fortune? Il ne restait à ces hommes perdus et avides ni champs ni rentes, mais seulement les instrumens de leurs vices. Trente chevaliers romains sont préposés à cette restitution : nouvelle espèce de tribunal onéreux à l'état par le nombre de ses membres et par

3.

urbs auctionibus. Attamen grande gaudium, quod tam pauperes forent, quibus donasset Nero, quam quibus abstulisset. Exauctorati per eos dies tribuni, e prætorio Antonius Taurus et Antonius Naso; ex urbanis cohortibus Æmilius Pacensis; e vigiliis Julius Fronto. Nec remedium in ceteros fuit, sed metus initium : tanquam per artem et formidinem singuli pellerentur, omnibus suspectis.

XXI. Interea Othonem, cui, compositis rebus, nulla spes, omne in turbido consilium, multa simul exstimulabant : luxuria etiam principi onerosa, inopia vix privato toleranda, in Galbam ira, in Pisonem invidia. Fingebat et metum, quo magis concupisceret. « Prægravem se Neroni fuisse : nec Lusitaniam rursus, et alterius exsilii honorem exspectandum : suspectum semper invisumque dominantibus, qui proximus destinaretur. Nocuisse id sibi apud senem principem : magis nociturum apud juvenem, ingenio trucem, et longo exsilio efferatum. Occidi Othonem posse. Proinde agendum audendumque, dum Galbæ auctoritas fluxa, Pisonis nondum coaluisset : opportunos magnis conatibus transitus rerum : nec cunctatione opus, ubi perniciosior sit quies, quam temeritas. Mortem omnibus ex natura æqualem, oblivione apud posteros vel gloria distingui.

ses intrigues. Partout des encans, des enchérisseurs : les saisies jettent le trouble dans Rome. Grande joie cependant de voir ceux que Néron avait enrichis devenir aussi pauvres que ceux qu'il avait dépouillés. On cassa ces mêmes jours plusieurs tribuns, Antonius Taurus et Antonius Nason dans le prétoire, Æmilius Pacensis dans les cohortes de la ville, et Julius Fronton dans les gardes de nuit. Mesure fausse à l'égard des autres coupables, et qui commença de les alarmer : ils virent que, par crainte, on employait l'artifice pour les chasser en détail, et qu'ils étaient tous suspects.

XXI. Cependant Othon, auquel nul espoir ne s'offrait plus dans un état de choses régulier, portait toutes ses pensées vers le trouble. Mille motifs l'excitaient à la fois : son faste, onéreux même à un prince, son indigence, à peine supportable pour un particulier, sa haine contre Galba, sa jalousie contre Pison. Il se forgeait des terreurs pour accroître ses désirs ambitieux : déjà il avait été un poids pour Néron; devait-il attendre l'honneur d'un second exil, et un retour en Lusitanie? Ceux qui gouvernent ont toujours pour odieux et suspect celui qui peut prendre leur place : c'était son titre de culpabilité auprès du vieil empereur, il lui nuirait bien plus auprès d'un jeune homme d'un caractère sombre, aigri par un long exil : immoler Othon pouvait paraître nécessaire. Il faut donc agir, oser tandis que l'autorité de Galba chancelle encore, et que celle de Pison n'est pas affermie : cette transition politique est favorable à de vastes desseins : on ne doit plus hésiter lorsque l'inaction est devenue plus fu-

Ac, si nocentem innocentemque idem exitus maneat, acrioris viri esse, merito perire.

XXII. Non erat Othonis mollis et corpori similis animus. Et intimi libertorum servorumque, corruptius quam in privata domo habiti, aulam Neronis et luxus, adulteria, matrimonia, ceterasque regnorum libidines, avido talium, si auderet, ut sua ostentantes; quiescenti, ut aliena, exprobrabant : urgentibus etiam mathematicis, dum « novos motus et clarum Othoni annum, observatione siderum, » affirmant : genus hominum potentibus infidum, sperantibus fallax, quod in civitate nostra et vetabitur semper, et retinebitur. Multos secreta Poppææ mathematicos, pessimum principalis matrimonii instrumentum, habuerant : e quibus Ptolemæus, Othoni in Hispania comes, quum «superfuturum eum Neroni» promisisset, postquam ex eventu fides, conjectura jam et rumore senium Galbæ et juventam Othonis computantium, persuaserat, fore, ut in imperium adsciseeretur. Sed Otho tanquam peritia et monitu fatorum prædicta accipiebat, cupidine ingenii humani libentius obscura credendi. Nec deerat Ptolemæus, jam et sceleris instinctor, ad quod facillime ab ejusmodi voto transitur.

neste que l'audace même. Dans l'ordre de la nature, la mort est égale pour tous : le souvenir ou l'oubli de la postérité en font la différence. Si donc il lui fallait périr ou coupable ou innocent, périr en ses projets était digne d'un homme d'un grand caractère.

XXII. L'âme d'Othon n'était point efféminée comme son corps. Les plus intimes de ses affranchis et de ses esclaves, habitués à une corruption inconnue chez un simple particulier, lui parlaient avec ostentation de la cour de Néron, de son luxe, de ses adultères, de ses hyménées, de ses jouissances royales; ils offraient ces plaisirs à son avidité : ils appartiendraient, à lui s'il osait, à un autre s'il restait inactif. Des astrologues assiègent Othon, lui affirment que l'observation de nouvelles révolutions dans les astres lui annonce une année glorieuse. Il est circonvenu par cette espèce d'hommes qui abuse le puissant, qui séduit et trompe l'ambitieux, et qui, dans notre Rome, sera toujours proscrite et reviendra toujours. Poppée avait entretenu près d'elle plusieurs de ces astrologues, instrument fatal de ses intimités avec le prince. L'un d'eux, Ptolémée, accompagnant Othon en Espagne, lui avait promis qu'il survivrait à Néron; l'évènement avait accru son crédit : et d'après les conjectures et les encouragemens de ceux qui comparaient la jeunesse d'Othon et la vieillesse de Galba, Othon s'était persuadé qu'il parviendrait à l'empire : il reçut ces prédictions comme des oracles certains, comme l'arrêt des destins, par cette faiblesse de l'esprit humain, qui croit plus volontiers à tout ce qui est obscur. Ptolémée le pressait, déjà il le poussait à une

XXIII. Sed sceleris cogitatio incertum an repens : studia militum jam pridem, spe successionis, aut paratu facinoris, affectaverat; in itinere, in agmine, in stationibus, vetustissimum quemque militum nomine vocans, ac, memoria Neroniani comitatus, contubernales appellando; alios agnoscere, quosdam requirere et pecunia aut gratia juvare : inserendo sæpius querelas et ambiguos de Galba sermones, quæque alia turbamenta vulgi. Labores itinerum, inopia commeatuum, duritia imperii, atrocius accipiebantur, quum, Campaniæ lacus et Achaiæ urbes classibus adire soliti, Pyrenæum et Alpes et immensa viarum spatia ægre sub armis eniterentur.

XXIV. Flagrantibus jam militum animis velut faces addiderat Mævius Pudens, e proximis Tigellini. Is mobilissimum quemque ingenio, aut pecuniæ indigum, et in novas cupiditates præcipitem alliciendo, eo paulatim progressus est, ut per speciem convivii, quotiens Galba apud Othonem epularetur, cohorti excubias agenti viritim centenos nummos divideret : quam velut publicam largitionem Otho secretioribus apud singulos præmiis intendebat; adeo animosus corruptor, ut Cocceio Proculo, speculatori, de parte finium cum vicino

tentative criminelle dans laquelle on passe bien facilement du vœu à l'exécution.

XXIII. On ne sait si la pensée en fut subite : toutefois, Othon s'était ménagé dès long-temps l'affection des soldats, soit dans l'espoir de succéder à l'empire, soit pour s'y préparer : sur les routes, dans les marches, aux campemens, il appelait chacun des plus anciens par son nom; il leur rappelait aussi qu'ensemble ils avaient servi sous Néron, qu'ils étaient compagnons d'armes ; il reconnaissait les uns, s'informait des autres, les aidait de son argent et de son crédit, ajoutant quelques plaintes et des discours équivoques sur Galba, recourant à tous les autres moyens qui agitent la multitude. Les fatigues des marches, la disette des vivres, la dureté des commandemens irritaient d'autant plus le soldat, qu'accoutumé à voguer sur les lacs de la Campanie, ou à visiter par mer les villes de la Grèce, il lui fallait alors parcourir péniblement, sous le faix des armes, les Pyrénées, les Alpes, et des routes d'une longueur immense.

XXIV. Déjà les esprits s'échauffaient : l'embrasement y fut comme porté par Mévius Pudens, un des intimes de Tigellin; il gagne ceux que lui livre la mobilité de leur caractère, ou qu'entraînent le besoin d'argent, le désir d'une révolution : il parvint peu à peu à ce point que, toutes les fois que Galba venait souper chez Othon, il distribuait cent sesterces par tête à la cohorte qui était de garde, sous prétexte de régal, et ces largesses, presque publiques, Othon les augmentait encore par des présens plus confidentiels, au point que ce corrupteur audacieux acheta de ses deniers pour un soldat

ambigenti universum vicini agrum, sua pecunia emptum, dono dederit : per socordiam præfecti, quem nota pariter et occulta fallebant.

XXV. Sed tum e libertis Onomastum futuro sceleri præfecit, a quo Barbium Proculum, tesserarium speculatorum, et Veturium, optionem eorumdem, perductos, postquam vario sermone callidos audacesque cognovit, pretio et promissis onerat, data pecunia ad pertentandos plurium animos. Suscepere duo manipulares imperium populi romani transferendum, et transtulerunt. In conscientiam facinoris pauci adsciti. Suspensos ceterorum animos diversis artibus stimulant : primores militum, per beneficia Nymphidii ut suspectos : vulgus et ceteros, ira et desperatione dilati totiens donativi. Erant, quos memoria Neronis ac desiderium prioris licentiæ accenderet. In commune omnes metu mutandæ militiæ terrebantur.

XXVI. Infecit ea tabes legionum quoque et auxiliorum motas jam mentes, postquam vulgatum erat, labare germanici exercitus fidem. Adeoque parata apud malos seditio, etiam apud integros dissimulatio fuit, ut postero Iduum die redeuntem a cœna Othonem rapturi fuerint, nisi incerta noctis, et tota urbe sparsa militum castra,

de la garde, nommé Coccéius Proculus, tout un champ pour lequel s'élevaient des contestations de limites, et lui en fit don. Telle était la stupidité d'un préfet aussi aveugle pour les choses les plus évidentes que pour les plus obscures.

XXV. Othon alors mit à la tête du complot arrêté un de ses affranchis, nommé Onomastus : celui-ci lui amena Barbius Proculus, qui donnait le mot d'ordre aux gardes, et Veturius, qui en était lieutenant. Après les avoir reconnus, par diverses questions, pour gens rusés et audacieux, Othon les comble de présens et de promesses, et leur remet de l'argent pour acheter des complices. Deux soldats entreprirent de disposer de l'empire du peuple romain, et ils en disposèrent. Un petit nombre fut admis dans le secret du complot; les esprits des autres soldats, encore en suspens, furent stimulés par divers artifices : on disait aux principaux chefs qu'ils étaient suspects à cause des bienfaits de Nymphidius; on irritait la soldatesque, on l'assurait que jamais elle n'obtiendrait la gratification tant de fois promise; d'autres étaient enflammés par le souvenir de Néron et par le regret de leur première licence : tous étaient généralement tourmentés de la crainte de sortir des gardes prétoriennes, et de changer de corps.

XXVI. La contagion pénétra jusqu'aux légions et aux auxiliaires, dont les esprits étaient déjà agités par la nouvelle répandue que la fidélité de l'armée germanique chancelait. La sédition était tellement concertée parmi les plus mutins, ou du moins la dissimulation de ceux qui ne se prononçaient pas fut telle, qu'ils eussent transporté au camp Othon le lendemain des ides, au retour

nec facilem inter temulentos consensum, timuissent : non reipublicæ cura, quam fœdare principis sui sanguine sobrii parabant; sed ne per tenebras, ut quisque pannonici vel germanici exercitus militibus oblatus esset, ignorantibus plerisque, pro Othone destinaretur. Multa erumpentis seditionis indicia per conscios oppressa : quædam apud Galbæ aures præfectus Laco clusit, ignarus militarium animorum, consiliique quamvis egregii, quod non ipse afferret, inimicus, et adversus peritos pervicax.

XXVII. Octodecimo kalendas februarii sacrificanti pro æde Apollinis Galbæ haruspex Umbricius tristia exta et instantes insidias ac domesticum hostem prædicit : audiente Othone, nam proximus adstiterat, idque, ut lætum e contrario e suis cogitationibus prosperum, interpretante. Nec multo post libertus Onomastus nuntiat, « exspectari eum ab architecto et redemptoribus : » quæ significatio coeuntium jam militum et paratæ conjurationis convenerat. Otho, causam digressus requirentibus, quum, emi sibi prædia vetustate suspecta, eoque prius exploranda, finxisset, innixus liberto, per Tiberianam domum, in Velabrum, inde ad Milliarium

d'un souper, s'ils n'eussent redouté les incertitudes de la nuit, les corps de soldats dispersés dans toute la ville, et la difficulté de faire concourir au même but des gens plongés dans l'ivresse. Ils hésitaient, non par intérêt pour la république dont ils s'étaient préparé de sang-froid à égorger le chef, mais de crainte qu'au milieu des ténèbres le premier qui serait offert aux soldats de l'armée de Pannonie ou de Germanie, la plupart étrangers au complot, ne fût élu au lieu d'Othon. Beaucoup d'indices de la révolte qui allait éclater furent étouffés par les complices : quelques-uns vinrent jusqu'aux oreilles de Galba; ils furent repoussés par Lacon même, qui ne connaissait nullement l'esprit militaire, était ennemi de tout conseil, même excellent, s'il ne le donnait pas lui-même, et opposait toujours son obstination à l'habileté.

XXVII. Le 18 avant les kalendes de février, au moment où Galba sacrifiait devant le temple d'Apollon, l'aruspice Umbricius lui annonce de tristes présages, des embûches menaçantes, et un ennemi domestique. Othon l'entendait : il était près de l'empereur, et interprétait au contraire ces augures comme heureux et favorables à ses desseins. Un instant après, son affranchi Onomastus lui annonce qu'il est attendu par un architecte et par des entrepreneurs : c'était le signal convenu dès que les conjurés seraient rassemblés et la conspiration prête à éclater. Othon dit à ceux qui lui demandent la cause de son départ, qu'il va acheter une maison de campagne dont la vétusté lui est suspecte, et la faire avant tout examiner. Appuyé sur son affranchi, il se rend

aureum, sub ædem Saturni, pergit. Ibi tres et viginti speculatores consalutatum imperatorem, ac paucitate salutantium trepidum, et sellæ festinanter impositum, strictis mucronibus rapiunt. Totidem ferme milites in itinere aggregantur : alii conscientia, plerique miraculo; pars clamore et gladiis, pars silentio, animum ex eventu sumpturi.

XXVIII. Stationem in castris agebat Julius Martialis tribunus. Is, magnitudine subiti sceleris, an corrupta latius castra, ac, si contra tenderet, exitium metuens, præbuit plerisque suspicionem conscientiæ. Anteposuere ceteri quoque tribuni centurionesque præsentia dubiis et honestis. Isque habitus animorum fuit, ut pessimum facinus auderent pauci, plures vellent, omnes paterentur.

XXIX. Ignarus interim Galba et sacris intentus, fatigabat alieni jam imperii deos : quum affertur rumor, rapi in castra incertum quem senatorem : mox, Othonem esse, qui raperetur : simul ex tota urbe, ut quisque obvius fuerat, alii formidinem augentes, quidam minora vero, ne tum quidem obliti adulationis. Igitur consultantibus placuit, pertentari animum cohortis, quæ in palatio stationem agebat : nec per ipsum Galbam, cujus integra auctoritas majoribus remediis servabatur. Piso pro gradibus domus vocatos in hunc

par le palais de Tibère au Velabre, de là au Milliaire d'or, près du temple de Saturne ; là vingt-trois soldats le saluent empereur ; il tremble à la vue de leur petit nombre ; ils le placent en hâte dans une litière, et l'enlèvent en tirant l'épée. Presque autant de soldats les joignent en chemin, quelques-uns par complicité, d'autres par surprise. Une partie pousse des cris de joie, agite les glaives, une partie suit en silence pour se décider suivant l'évènement.

XXVIII. Le tribun Julius Martialis était chargé de la garde du camp. Frappé de l'énormité d'un attentat si subit, craignant que tout le camp ne fût corrompu, et d'être égorgé s'il faisait résistance, il fit naître par son inaction le soupçon de sa complicité. Les autres tribuns et les centurions préférèrent un présent assuré à des incertitudes et à leur honneur : tel fut enfin l'état de l'esprit de ces soldats : bien peu osèrent commettre le forfait le plus criminel, la plupart en souhaita le succès, tous le souffrirent.

XXIX. Cependant Galba, ignorant ce qui se passe, attentif au sacrifice, fatiguait les dieux d'un empire qui n'était plus à lui. Le bruit se répand que l'on conduit vers le camp on ne sait quel sénateur ; ensuite on désigne Othon. On accourt à la fois de toute la ville, comme si l'on eût été témoin des évènemens ; les uns augmentent la terreur ; d'autres, toujours fidèles à leur rôle d'adulateurs, cherchent à l'affaiblir : on délibère et l'on convient de sonder les dispositions de la cohorte qui était de garde au palais ; l'empereur ne se montrera point, on réserve son autorité entière pour de plus grands périls. Pison rassemble les soldats au bas des degrés, et leur parle en ces termes :

modum allocutus est : « Sextus dies agitur, commilitones, ex quo ignarus futuri, et sive optandum hoc nomen, sive timendum erat, Cæsar adscitus sum. Quo domus nostræ aut reipublicæ fatum in vestra manu positum est; non, quia meo nomine tristiorem casum paveam (ut qui, adversas res expertus, quum maxime discam, ne secundas quidem minus discriminis habere); patris, et senatus, et ipsius imperii vicem doleo, si nobis aut perire hodie necesse est, aut, quod æque apud bonos miserum est, occidere. Solatium proximi motus habebamus incruentam urbem, et res sine discordia translatas. Provisum adoptione videbatur, ut ne post Galbam quidem bello locus esset.

XXX. « Nihil arrogabo mihi nobilitatis aut modestiæ; neque enim relatu virtutum in comparatione Othonis opus est. Vitia, quibus solis gloriatur, evertere imperium, etiam quum amicum imperatoris ageret. Habitune et incessu, an illo muliebri ornatu mereretur imperium? Falluntur, quibus luxuria specie liberalitatis imponit. Perdere iste sciet, donare nesciet. Stupra nunc et comessationes et feminarum cœtus volvit animo : hæc principatus præmia putat; quorum libido ac voluptas penes ipsum sit, rubor ac dedecus penes omnes. Nemo enim unquam imperium, flagitio quæsitum, bonis artibus exercuit. Galbam consensus generis humani, me Galba

« Voici le sixième jour, camarades, que j'ai accepté le titre de César, sans considérer dans l'avenir si je devais le désirer ou le redouter. Les destins de la famille impériale, ceux de la république sont en vos mains. Je ne crains rien pour moi, j'ai éprouvé la mauvaise fortune, et j'ai appris combien il y a de danger dans la prospérité ; mais je déplorerai la destinée de mon père, du sénat et de l'empire, si aujourd'hui il nous faut succomber, ou, ce qui est également affreux pour des gens de bien, s'il nous faut donner la mort à nos concitoyens. Nous nous consolions de la révolution précédente, parce que Rome ne fut pas ensanglantée, et que l'empire changea de maître sans discorde ; par mon adoption, il semblait qu'on avait pourvu à ce qu'après Galba la guerre ne fût pas même possible.

XXX. « Je ne louerai ici ni ma noblesse ni la pureté de mes mœurs : il ne faut point parler de vertus pour se comparer à Othon. Ses vices, seuls titres dont il se glorifie, ont bouleversé l'état, lorsqu'il n'était que l'ami du souverain. Serait-ce son maintien, sa démarche ou sa parure efféminée qui lui mériteraient l'empire ? Ceux-là se trompent qui croient que son luxe sera de la libéralité : il saura dissiper, jamais donner. Maintenant, son esprit ne rêve que prostitutions, débauches, intrigues galantes : tels sont les privilèges que réclamera son gouvernement, licence, voluptés pour lui seul ; honte, déshonneur pour tous. Jamais pouvoir obtenu par le crime ne fut exercé vertueusement. Galba fut élu César du consentement de l'univers, et Galba m'a fait César

consentientibus vobis, Cæsarem dixit. Si respublica et senatus et populus vana nomina sunt, vestra, commilitones, interest, ne imperatorem pessimi faciant. Legionum seditio adversum duces suos audita est aliquando : vestra fides famaque illæsa ad hunc diem mansit : et Nero quoque vos destituit, non vos Neronem. Minus xxx transfugæ et desertores, quos centurionem aut tribunum sibi eligentes nemo ferret, imperium assignabunt? Admittitis exemplum? et quiescendo commune crimen facitis? transcendet hæc licentia in provincias : et ad nos scelerum exitus, bellorum ad vos, pertinebunt. Nec est plus, quod pro cæde principis, quam quod innocentibus datur : sed perinde a nobis donativum ob fidem quam ab aliis pro facinore accipietis. »

XXXI. Dilapsis speculatoribus, cetera cohors, non aspernata concionantem, ut turbidis rebus evenit, forte magis et nullo adhuc consilio, parat signa, quam, quod postea creditum est, insidiis et simulatione. Missus et Celsus Marius ad electos Illyrici exercitus, Vipsania in porticu tendentes. Præceptum Amulio Sereno et Domitio Sabino, primipilaribus, ut germanicos milites e Libertatis atrio arcesserent. Legioni classicæ diffidebatur, infestæ ob cædem commilitonum, quos primo statim introitu trucidaverat Galba. Pergunt etiam in castra prætorianorum tribuni, Cerius Severus, Subrius, Dexter,

du consentement de vous tous. Si la république, le sénat et le peuple ne sont plus aujourd'hui que de vains noms, il vous importe du moins, camarades, que les hommes les plus vils ne choisissent pas votre souverain. Sans doute on a entendu parler de légions révoltées contre leurs chefs; mais votre fidélité et votre réputation jusqu'à ce jour sont restées sans tache, et si Néron vous a trahis, vous n'avez pas trahi Néron. Moins de trente déserteurs et transfuges, auxquels personne ne laisserait se choisir un centurion ou un tribun, disposeraient-ils de l'empire? Autorisez-vous cet exemple, votre inertie va-t-elle partager ce crime; cette licence passera dans les provinces : et si nous, nous sommes les victimes de ces forfaits, vous, vous le serez des guerres qui en résulteront. L'assassinat du prince ne sera pas plus payé que votre inculpabilité; nous offrons donc à votre fidélité les récompenses qu'on vous offre pour un crime. »

XXXI. Les soldats, nommés *spéculateurs*, s'étant dispersés, le reste de la cohorte, loin d'accueillir ce discours avec mépris, lève ses enseignes, plutôt au hasard, comme il arrive en des momens de trouble, sans dessein déterminé, et non par feinte et trahison, comme on l'a cru depuis. Celsus Marius est envoyé vers les soldats d'élite d'Illyrie, campés sous le portique de Vipsanius. L'ordre est donné à Amulius Serenus et à Domitius Sabinus, primipilaires, d'amener du temple de la Liberté les soldats de Germanie. On se défiait de la légion de marine, courroucée du massacre de ses camarades, que Galba, à son entrée dans Rome, avait fait aussitôt égorger. Les tribuns Celius Severus, Su-

Pompeius Longinus; si incipiens adhuc, et necdum adulta seditio melioribus consiliis flecteretur. Tribunorum Subrium et Cerium milites adorti minis, Longinum manibus coercent exarmantque; quia non ordine militiæ, sed e Galbæ amicis, fidus principi suo, et desciscentibus suspectior erat. Legio classica, nihil cunctata, prætorianis adjungitur. Illyrici exercitus electi Celsum ingestis pilis proturbant. Germanica vexilla diu nutavere; invalidis adhuc corporibus et placatis animis, quod eos, a Nerone Alexandriam præmissos, atque inde rursus longa navigatione ægros, impensiore cura Galba refovebat.

XXXII. Universa jam plebs palatium implebat, mixtis servitiis, et dissono clamore cædem Othonis et conjuratorum exitium poscentium, ut si in circo ac theatro ludicrum aliquod postularent: neque illis judicium aut veritas: quippe eodem die diversa pari certamine postulaturis: sed tradito more, quemcunque principem adulandi, licentia acclamationum et studiis inanibus. Interim Galbam duæ sententiæ distinebant; T. Vinius, manendum intra domum, opponenda servitia, firmandos aditus, non eundum ad iratos censebat: daret malorum pœnitentiæ, daret bonorum consensui spatium: scelera impetu, bona consilia mora, valescere.

brius, Dexter et Pompeius Longinus, marchent au camp des prétoriens, pour tâcher d'apaiser par de sages conseils la sédition, qui, ne faisant que commencer, n'était point encore dans toute sa force. Les soldats repoussent par des menaces Subrius et Cerius; ils saisissent et désarment Longinus, parce que ce tribun, nommé, avant son rang, par les amis de Galba, et fidèle à son prince, était d'autant plus suspect à ces séditieux. La légion de marine, sans hésiter, se joint aux prétoriens; les soldats d'élite d'Illyrie repoussent Celsus à coups de traits. Les corps germaniques balancèrent long-temps : ils étaient encore fatigués; envoyés d'abord par Néron à Alexandrie, et revenus péniblement par une longue navigation, ils avaient reçu de Galba des soins qui calmaient leurs esprits.

XXXII. Déjà toute la populace remplissait le palais, mêlée aux esclaves, poussant des clameurs confuses, demandant la mort d'Othon et la condamnation des conjurés, comme si, dans le cirque ou le théâtre, elle eût demandé un divertissement. Il n'y avait de sa part ni jugement ni sincérité, car ce même jour elle devait demander tout le contraire avec une égale ardeur; mais le peuple suivait l'usage de flatter un prince, quel qu'il soit, par des acclamations immodérées et de vains transports. Cependant Galba balançait entre deux avis contraires : Titus Vinius prétendait qu'il fallait rester au palais, opposer les esclaves armés, fermer toute entrée, et ne pas aller vers des furieux. Ce serait donner aux factieux le temps du repentir, aux gens de

Denique eundi ultro, si ratio sit, eandem mox facultatem : regressus, si pœniteat, in aliena potestate.

XXXIII. Festinandum ceteris videbatur, antequam cresceret invalida adhuc conjuratio paucorum. Trepidaturum etiam Othonem, qui furtim digressus, ad ignaros illatus, cunctatione nunc et segnitia terentium, tempus imitari principem discat. Non exspectandum, ut, compositis castris, forum invadat, et, prospectante Galba, Capitolium adeat : dum egregius imperator, cum fortibus amicis, janua ac limine tenus domum cludit, obsidionem nimirum toleraturus. Et præclarum in servis auxilium, si consensus tantæ multitudinis, et, quæ plurimum valet, prima indignatio elanguescat. Proinde intuta, quæ indecora : vel, si cadere necesse sit, occurrendum discrimini. Id Othoni invidiosius, et ipsis honestum. Repugnantem huic sententiæ Vinium Laco minaciter invasit, stimulante Icelo; privati odii pertinacia, in publicum exitium.

XXXIV. Nec diutius Galba cunctatus, speciosiora suadentibus accessit. Præmissus tamen in castra Piso, ut juvenis magno nomine, recenti favore, et infensus T. Vinio; seu quia erat, seu quia irati ita volebant; et

bien celui de se concerter. Les forfaits réussissent par l'emportement, les sages projets par la maturité; enfin, s'il faut aller en avant, nous en aurons toujours le pouvoir; le retour, en cas de regret, dépendra de la volonté des rebelles.

XXXIII. Se hâter paraissait indispensable aux autres conseillers, avant que la conjuration, encore faible et naissante, ne se fût accrue. Othon même en serait saisi de terreur. Furtivement échappé du temple, on le porte vers des gens qui ignorent ses projets : mais déjà, grâce aux hésitations et à l'indolence de ceux qui ne savent que perdre les momens, il a le temps d'apprendre à jouer le rôle d'empereur. Faut-il attendre que, maître du camp, il s'empare du forum, et que, sous les yeux de Galba, il monte au Capitole, tandis que ce chef héroïque et ses braves amis, s'enfermant derrière les portes du palais, s'y préparent à un long siège. Les esclaves offraient encore un utile secours tant que cette immense multitude était sans accord, et que sa première fureur, toujours si puissante, n'avait pas éclaté : ce qui sera notre perte sera aussi notre honte. S'il faut succomber, marchons au devant du péril. Othon en sera plus détesté et nous plus honorés. Vinius répugnait à cet avis; Lacon l'accabla de menaces; Icelus l'animait : l'opiniâtreté de leur haine personnelle tendait à la ruine publique.

XXXIV. Galba, n'hésitant pas plus long-temps, admet le conseil le plus honorable. Pison le précède vers le camp : on espérait de sa jeunesse, de son grand nom, de son élévation récente, de son opposition même contre Vinius, réelle ou supposée par ses ennemis, et parce que

facilius de odio creditur. Vix dum egresso Pisone, occisum in castris Othonem, vagus primum et incertus rumor : mox, ut in magnis mendaciis, interfuisse se quidam et vidisse, affirmabant, credula fama inter gaudentes et incuriosos. Multi arbitrabantur, compositum auctumque rumorem, mixtis jam Othonianis, qui ad evocandum Galbam læta falso vulgaverint.

XXXV. Tum vero non populus tantum et imperita plebs in plausus et immodica studia, sed equitum plerique ac senatorum, posito metu incauti, refractis palatii foribus, ruere intus, ac se Galbæ ostentare, præreptam sibi ultionem querentes. Ignavissimus quisque, et, ut res docuit, in periculo non ausurus, nimii verbis, linguæ feroces : nemo scire, et omnes affirmare : donec inopia veri, et consensu errantium victus, sumpto thorace, Galba, irruenti turbæ, neque ætate, neque corpore sistens, sella levaretur. Obvius in palatio Julius Atticus, speculator, cruentum gladium ostentans, « occisum a se Othonem » exclamavit : et Galba, « Commilito, » inquit, « quis jussit? » insigni animo ad coercendam militarem licentiam, minantibus intrepidus, adversus blandientes incorruptus.

l'on croit plus facilement à la haine. A peine Pison était-il sorti, on annonce qu'Othon a été tué dans le camp. Ce fut d'abord une rumeur vague et incertaine; bientôt, comme en toutes les grandes impostures, plusieurs affirment qu'ils y étaient, qu'ils ont vu ; la joie et la légèreté sont crédules à ces bruits. Beaucoup de personnes craignaient qu'ils ne fussent inventés et répandus par les Othoniens, qui, déjà mêlés au peuple, répandaient faussement ces heureuses nouvelles pour attirer Galba.

XXXV. Alors non-seulement le peuple et la populace aveugle prodiguent les applaudissemens et des transports immodérés; mais des chevaliers, des sénateurs, oubliant et crainte et prudence, rompent les portes du palais, se précipitent dans l'intérieur, et à l'envi se montrent à Galba, se plaignant qu'on leur ait enlevé l'honneur de le venger; les plus lâches et ceux qui, comme le prouva l'évènement, n'eussent rien osé dans le péril, apportent dans l'exagération de leurs paroles, le langage le plus fier. On ne savait rien, et tous affirmaient. Enfin, privé de rapports véritables, vaincu par l'unanimité de ses amis trop constans dans leur erreur, Galba revêt sa cuirasse, et comme son âge et sa faiblesse ne pouvaient résister aux flots de la multitude, on l'enlève dans une litière. Au milieu du palais, vint à lui Julius Atticus, soldat de la garde, et, montrant un glaive ensanglanté, il s'écrie : « Othon a péri de ma main. — Camarade, qui t'en a donné l'ordre?» lui dit Galba, toujours remarquable par sa fermeté à réprimer la licence du soldat, par son intrépidité contre les menaces, par son incorruptibilité à la flatterie.

XXXVI. Haud dubiæ jam in castris omnium mentes : tantusque ardor, ut non contenti agmine et corporibus, in suggestu, in quo paulo ante aurea Galbæ statua fuerat, medium inter signa Othonem vexillis circumdarent. Nec tribunis aut centurionibus adeundi locus : gregarius miles caveri insuper præpositos jubebat. Strepere cuncta clamoribus et tumultu et exhortatione mutua, non tanquam in populo ac plebe, variis segni adulatione vocibus, sed, ut quemque affluentium militum aspexerant, prensare manibus, complecti armis, collocare juxta, præire sacramentum, modo imperatorem mititibus, modo imperatori milites commendare. Nec deerat Otho, protendens manus, adorare vulgum, jacere oscula, et omnia serviliter pro dominatione. Postquam universa classicorum legio sacramentum ejus accepit, fidens viribus, et, quos adhuc singulos exstimulaverat, accendendos in commune ratus, pro vallo castrorum ita cœpit :

XXXVII. « Quis ad vos processerim, commilitones, dicere non possum : quia nec privatum me vocare sustineo, princeps a vobis nominatus; nec principem, alio imperante. Vestrum quoque nomen in incerto erit, donec dubitabitur imperatorem populi romani in castris, an hostem, habeatis. Auditisne, ut pœna mea et supplicium vestrum simul postulentur? Adeo manifestum

XXXVI. Déjà, dans le camp, la disposition générale n'était plus douteuse, et l'ardeur était si grande en faveur d'Othon, que les soldats, non contens de le couvrir de leurs armes et de leurs corps, le placent au milieu des aigles sur le tertre où s'élevait peu auparavant une statue d'or de Galba, et l'entourent de leurs étendards. Il n'était possible ni aux tribuns ni aux centurions d'en approcher : le simple soldat ordonne même de se défier des chefs. Tout retentit de clameurs, de tumulte, d'exhortations mutuelles; et ce n'était pas, comme chez le peuple et la multitude, les cris bizarres d'une adulation oisive, mais, dès qu'ils voient venir quelques autres soldats, ils leur prennent les mains, les enlacent de leurs armes, les placent près d'Othon, leur dictent le serment, recommandant tantôt l'empereur aux soldats, tantôt les soldats à l'empereur; Othon, étendant les mains, suppliait cette multitude, lui jetait des baisers, et s'abaissait comme un esclave pour devenir leur maître. Dès qu'il eut reçu le serment de toute la légion de la marine, se fiant en ses forces, et voulant enflammer en commun ces esprits, qui n'étaient encore excités qu'isolément, il les harangue ainsi devant les retranchemens :

XXXVII. « Je ne puis dire, camarades, sous quel titre je parais devant vous : je ne souffrirais pas qu'on m'appelât simple particulier, puisque je fus nommé par vous César, ni empereur, puisqu'un autre règne. Votre propre dénomination sera contestée, tant qu'il ne sera pas décidé si vous avez dans votre camp le souverain du peuple romain ou son ennemi. Entendez-vous comme on demande à la fois mon châtiment et votre supplice? tant il est

est, neque perire nos, neque salvos esse, nisi una, posse. Et, cujus lenitatis est Galba, jam fortasse promisit : ut qui, nullo exposcente, tot millia innocentissimorum militum trucidaverit. Horror animum subit, quotiens recordor feralem introitum, et hanc solam Galbæ victoriam, quum, in oculis urbis, decumari deditos juberet, quos deprecantes in fidem acceperat. His auspiciis urbem ingressus, quam gloriam ad principatum adtulit, nisi occisi Obultronii Sabini et Cornelii Marcelli in Hispania, Betui Chilonis in Gallia, Fonteii Capitonis in Germania, Clodii Macri in Africa, Cingonii in via, Turpiliani in urbe, Nymphidii in castris? Quæ usquam provincia, quæ castra sunt, nisi cruenta et maculata? aut, ut ipse prædicat, emendata et correcta? Nam, quæ alii scelera, hic remedia vocat : dum falsis nominibus, severitatem pro sævitia, parcimoniam pro avaritia, supplicia et contumelias vestras, disciplinam appellat. Septem a Neronis fine menses sunt, et jam plus rapuit Icelus, quam quod Polycleti et Vatinii et Elii paraverunt. Minore avaritia ac licentia grassatus esset T. Vinius, si ipse imperasset : nunc et subjectos nos habuit, tanquam suos; et viles, ut alienos. Una illa domus sufficit donativo, quod vobis nunquam datur, et quotidie exprobratur.

XXXVIII. « Ac, ne qua saltem in successore Galbæ

évident que nous ne devons plus que périr ou vaincre ensemble; et de la douceur qui caractérise Galba, peut-être il a déjà promis notre mort, lui qui, de son propre mouvement, égorgea tant de milliers de soldats de la plus pure innocence. Mon âme est saisie d'horreur toutes les fois que je me rappelle cet avènement funeste, et cette victoire, la seule de Galba, qui, sous les yeux de Rome, fit décimer des supplians qui se livraient pleins de confiance : entré dans la capitale sous de tels auspices, quelle autre gloire a-t-il apportée au trône, sinon les assassinats d'Obultronius Sabinus et de Cornelius Marcellus en Espagne, de Betuus Chilon dans la Gaule, de Fonteius Capiton en Germanie, de Clodius Macer en Afrique, de Cingonius sur la voie publique, de Turpilianus dans Rome, et de Nymphidius dans le camp? Quelle province, quel camp n'a-t-il pas ensanglanté et souillé, ou, comme il s'en vante lui-même, épuré, réformé? car ce qu'on appelle des forfaits, il l'appelle des rigueurs salutaires. En son faux langage, il nomme sévérité sa barbarie, économie son avarice, vos supplices et vos outrages sa discipline. Sept mois sont écoulés depuis la mort de Néron, et déjà Icelus a plus pillé que les Polyclètes, les Vatinius et les Élius n'ont jamais amassé. Peut-être l'avarice et la tyrannie de Vinius eussent-elles été moindres s'il eût régné lui-même; jusqu'à ce jour, il a usé de nous comme de ses propres sujets, et de plus nous a foulés comme des étrangers. Sa seule fortune eût suffi à la gratification que jamais on ne vous donne, et qu'on vous reproche chaque jour.

XXXVIII. « Et pour qu'il ne nous restât aucun espoir

spes esset, arcessit ab exsilio, quem tristitia et avaritia sui simillimum judicabat. Vidistis, commilitones, notabili tempestate etiam deos infaustam adoptionem aversantes. Idem senatus, idem populi romani animus est. Vestra virtus exspectatur, apud quos omne honestis consiliis robur, et sine quibus, quamvis egregia, invalida sunt. Non ad bellum vos, nec ad periculum voco : omnium militum arma nobiscum sunt. Nec una cohors togata defendit nunc Galbam, sed detinet. Quum vos aspexerit, quum signum meum acceperit, hoc solum erit certamen, quis mihi plurimum imputet. Nullus cunctationi locus est in eo consilio, quod non potest laudari, nisi peractum. » Aperire deinde armamentarium jussit. Rapta statim arma, sine more et ordine militiæ, ut prætorianus aut legionarius insignibus suis distingueretur : miscentur auxiliaribus galeis scutisque. Nullo tribunorum centurionumve adhortante, sibi quisque dux et instigator : et præcipuum pessimorum incitamentum, quod boni mœrebant.

XXXIX. Jam exterritus Piso fremitu crebrescentis seditionis, et vocibus in urbem usque resonantibus, egressum interim Galbam, et foro adpropinquantem, assecutus erat : jam Marius Celsus haud læta retulerat : quum alii in palatium redire, alii Capitolium pe-

en son successeur, Galba a tiré de l'exil l'homme dont l'humeur sombre et l'avarice le fera revivre tout entier. Vous avez vu, camarades, les dieux eux-mêmes réprouver par une tempête épouvantable cette adoption funeste. Une même indignation anime le sénat, anime le peuple romain. On n'attend plus que votre courage; vous donnerez la force nécessaire à des projets honorables, qui, sans vous, seraient impuissans, quelque excellens qu'ils soient; ce n'est point à des combats, à des périls que je vous appelle : les armes de tout soldat sont pour nous; une seule cohorte en toge est auprès de Galba; elle ne le défend pas, elle l'arrête prisonnier; dès qu'elle vous aura aperçus, dès qu'elle aura reconnu mon signal, il n'y aura plus qu'un combat de zèle pour me seconder. N'hésitons pas plus long-temps dans un projet qui ne méritera d'éloge qu'après son accomplissement. » Othon ordonne d'ouvrir l'arsenal; les armes sont aussitôt enlevées, sans ordre, sans discipline qui pût faire distinguer le prétorien du légionnaire : ils se confondent avec les auxiliaires, dont ils portent au hasard les casques et les boucliers. Aucun tribun, aucun centurion ne les guide, chacun est son chef, chacun suit son inspiration, et le premier aiguillon de tous ces pervers fut la désolation des gens de bien.

XXXIX. Déjà Pison, épouvanté du tumulte de la sédition qui s'accroît et des clameurs qui retentissent jusque dans Rome, avait joint Galba, qui, sorti dans l'intervalle, s'approchait du forum. Déjà Marius Celsus avait apporté de fâcheuses nouvelles, et tandis qu'on propose tour-à-tour de retourner au palais, de monter au Capitole,

tere, plerique rostra occupanda, censerent, plures tantum sententiis aliorum contradicerent, utque evenit in consiliis infelicibus, optima viderentur, quorum tempus effugerat. Agitasse Laco, ignaro Galba, de occidendo T. Vinio dicitur, sive ut pœna ejus animos militum mulceret, seu conscium Othonis credebat, ad postremum, vel odio. Hæsitationem attulit tempus ac locus, quia, initio cædis orto, difficilis modus : et turbavere consilium trepidi nuntii ac proximorum diffugia, languentibus omnium studiis, qui primo alacres fidem atque animum ostentaverant.

XL. Agebatur huc illuc Galba, vario turbæ fluctuantis impulsu : completis undique basilicis ac templis, lugubri prospectu : neque populi, aut plebis ulla vox; sed attoniti vultus et conversæ ad omnia aures : non tumultus, non quies : quale magni metus et magnæ iræ silentium est. Othoni tamen, armari plebem, nuntiabatur. Ire præcipites et occupare pericula jubet. Igitur milites romani, quasi Vologesen aut Pacorum avito Arsacidarum solio depulsuri, ac non imperatorem suum inermem et senem trucidare pergerent, disjecta plebe, proculcato senatu, truces armis, rapidis equis, forum irrumpunt. Nec illos Capitolii aspectus, et imminentium templorum religio, et priores et futuri prin-

de s'emparer des rostres : plusieurs ne faisaient que contredire l'avis des autres, et, comme il arrive en ces catastrophes, les meilleurs projets furent ceux qu'il n'était plus temps d'exécuter. On dit que Lacon projeta, à l'insu de Galba, de faire périr Vinius, soit pour adoucir par son supplice l'irritation du soldat, soit qu'il le crût complice d'Othon, soit enfin pour satisfaire sa haine. La conjoncture et le lieu le firent hésiter : le carnage une fois commencé, l'arrêter eût été difficile. Le trouble se mit dans le conseil à l'arrivée des courriers épouvantés, à la fuite de l'entourage du prince, et tout zèle fut refroidi chez ces hommes qui avaient fait montre de fidélité et de courage dans leurs premiers transports.

XL. Galba est entraîné çà et là suivant l'impulsion et les fluctuations de la multitude; toutes les basiliques, tous les temples sont remplis d'une foule qui considère ce lugubre spectacle; ni le peuple, ni même la populace ne profère une parole. Partout les visages étonnés, les oreilles attentives aux moindres bruits, ni tumulte ni calme : tel est le silence d'une grande terreur et d'une grande colère. Cependant on annonce à Othon que le peuple s'arme; il ordonne de fondre à l'instant et de maîtriser le péril. Alors des soldats romains, comme s'ils eussent dû renverser Vologèse ou Pacorus du trône antique des Arsacides, et non pas aller égorger leur empereur, faible vieillard, sans armes, dispersent le peuple, foulent aux pieds le sénat, menacent de leurs armes, poussent leurs chevaux avec rapidité, et s'élancent dans le forum. Ni l'aspect du Capitole, ni la sainteté des temples qui s'é-

cipes terruere, quo minus facerent scelus, cujus ultor est, quisquis successit.

XLI. Viso cominus armatorum agmine, vexillarius comitatæ Galbam cohortis, Atilium Vergilionem fuisse tradunt, dereptam Galbæ imaginem solo adflixit. Eo signo manifesta in Othonem omnium militum studia, desertum fuga populi forum, districta adversus dubitantes tela. Juxta Curtii lacum, trepidatione ferentium Galba projectus e sella ac provolutus est. Extremam ejus vocem, ut cuique odium aut admiratio fuit, varie prodidere. Alii, suppliciter interrogasse, quid mali meruisset? paucos dies exsolvendo donativo deprecatum: plures, obtulisse ultro percussoribus jugulum, agerent ac ferirent, si ita e republica videretur. Non interfuit occidentium, quid diceret. De percussore non satis constat. Quidam Terentium evocatum, alii Lecanium, crebrior fama tradidit Camurium xv legionis militem, impresso gladio, jugulum ejus hausisse. Ceteri crura brachiaque, nam pectus tegebatur, fœde laniavere: pleraque vulnera feritate et sævitia trunco jam corpori adjecta.

XLII. Titum inde Vinium invasere. De quo et ipso ambigitur, consumpseritne vocem ejus instans metus, an proclamaverit, non esse ab Othone mandatum, ut occideretur. Quod seu finxit formidine, seu conscien-

lèvent autour d'eux, ni la pensée de leurs anciens ou de leurs futurs souverains, ne les effrayèrent à l'idée d'un forfait toujours puni par le successeur à l'empire.

XLI. En voyant de loin la troupe des séditieux en armes, l'enseigne de la cohorte qui accompagnait Galba, on dit que c'était Atilius Vergilion, arrache l'image de Galba et la jette contre terre. A ce signal, tous les soldats se déclarent hautement pour Othon. Le peuple fuit et déserte le forum; le fer menace ceux qui hésitent. Près du lac Curtius, Galba est renversé de sa litière par la précipitation des porteurs effrayés, et roule à terre. La haine ou l'affection ont rapporté diversement ses dernières paroles. Il demanda, dit-on, en suppliant, quel mal il avait fait, qu'on lui laissât quelques jours pour payer le don militaire. On assure généralement qu'il présenta la gorge à ses bourreaux, en leur disant : Frappez-moi, s'il est utile à la république. Ses assassins ne prêtèrent aucune attention à ses paroles. On n'a pas su au juste qui l'avait tué. On nomma le vétéran Terentius ou Lecanius. Le bruit le plus accrédité accuse Camurius, soldat de la quinzième légion, qui lui plongea son épée dans la gorge. Les soldats mirent indignement en pièces les jambes et les bras, le corps étant défendu par la cuirasse. La fureur et la barbarie se le disputèrent pour lui faire de nouvelles blessures, lorsque la tête en fut séparée.

XLII. On se précipita ensuite sur T. Vinius. On ignore si la terreur étouffa sa voix, ou s'il s'écria qu'Othon n'avait pu ordonner qu'il fût tué, soit que ce fût une suggestion de la crainte ou un aveu de sa complicité dans la conjuration : sa vie et sa réputation portent

tiam conjurationis confessus est : huc potius ejus vita famaque inclinat, ut conscius sceleris fuerit, cujus causa erat. Ante aedem divi Julii jacuit, primo ictu in poplitem, mox ab Julio Caro, legionario milite, utrumque latus transverberatus.

XLIII. Insignem illa die virum Sempronium Densum aetas nostra vidit : centurio is praetoriae cohortis, a Galba custodiae Pisonis additus, stricto pugione occurrens armatis et scelus exprobrans, ac, modo manu, modo voce, vertendo in se percussores, quanquam vulnerato Pisoni effugium dedit. Piso in aedem Vestae pervasit, exceptusque misericordia publici servi et contubernio ejus abditus, non religione, nec caerimoniis, sed latebra imminens exitium differebat : quum advenere, missu Othonis nominatim, in caedem ejus ardentes, Sulpicius Florus, e britannicis cohortibus, nuper a Galba civitate donatus, et Statius Murcus, speculator : a quibus protractus Piso in foribus templi trucidatur.

XLIV. Nullam caedem Otho majore laetitia excepisse, nullum caput tam insatiabilibus oculis perlustrasse dicitur, seu tum primum levata omni sollicitudine mens vacare gaudio coeperat : seu recordatio majestatis in Galba, amicitiae in T. Vinio, quamvis immitem animum imagine tristi confuderat : Pisonis, ut inimici et aemuli, caede laetari, jus fasque credebat. Praefixa contis capita

plutôt à croire qu'il fut complice d'un attentat dont il était la cause. Devant le temple du divin Jules, il tomba frappé d'abord d'un coup au jarret; ensuite Julius Carus, soldat légionnaire, le perça de part en part.

XLIII. Notre siècle vit en ce jour un homme honorable, Sempronius Densus, centurion de cohorte prétorienne : chargé par Galba d'escorter Pison, il court, le poignard à la main, au devant des meurtriers, leur reproche leur crime, les menace tantôt du geste, tantôt de la voix, cherche à s'attirer leurs coups, et facilite ainsi la fuite de Pison blessé. Pison se sauva dans le temple de Vesta; il y fut accueilli par la pitié d'un esclave public, qui le cacha dans sa chambre. L'obscurité de sa retraite, plus que la religion et la sainteté de l'asile, y différait sa perte prochaine, lorsque arrivèrent, par ordre d'Othon, Sulpicius Florus, soldat des cohortes britanniques, nouvellement fait citoyen par Galba, et Statius Murcus, spéculateur. Nommément désignés pour assassiner Pison, ils brûlaient de le trouver : ils le tirent du temple et l'égorgent sur le seuil.

XLIV. On dit que jamais aucun meurtre ne fut appris avec plus de joie par Othon, que jamais aucune tête ne fut considérée par lui d'un œil plus insatiable. Soit qu'alors, l'âme soulagée de toute inquiétude, il commençât à jouir de ses succès, soit que le souvenir de la majesté dans Galba, de l'amitié dans T. Vinius, eût, malgré sa férocité, frappé son âme d'une sombre tristesse : mais il crut légitime et permis de se réjouir de la mort de Pi-

gestabantur, inter signa cohortium, juxta aquilam legionis : certatim ostentantibus cruentas manus, qui occiderant, qui interfuerant, qui vere, qui falso, ut pulchrum et memorabile facinus, jactabant. Plures quam cxx libellos præmia exposcentium, ob aliquam notabilem illa die operam, Vitellius postea invenit : omnesque conquiri et interfici jussit : non honore Galbæ, sed tradito principibus more, munimentum ad præsens, in posterum ultionem.

XLV. Alium crederes senatum, alium populum. Ruere cuncti in castra, anteire proximos, certare cum præcurrentibus; increpare Galbam, laudare militum judicium, exosculari Othonis manum: quantoque magis falsa erant, quæ fiebant, tanto plura facere. Nec adspernabatur singulos Otho, avidum et minacem militum animum voce vultuque temperans. Marium Celsum, consulem designatum, et Galbæ usque in extremas res amicum fidumque, ad supplicium, expostulabant, industriæ ejus innocentiæque, quasi malis artibus, infensi. Cædis et prædarum initium et optimo cuique perniciem quæri adparebat; sed Othoni nondum auctoritas inerat ad prohibendum scelus : jubere jam poterat. Ita simula-

son, son ennemi et son rival. Les trois têtes, fixées sur des piques, furent portées au milieu des enseignes des cohortes, auprès de l'aigle de la légion. Alors accoururent à l'envi, leurs mains ensanglantées, et ceux qui avaient égorgé, et ceux qui avaient participé aux meurtres, et qui, faussement ou non, s'en glorifiaient comme d'actions belles et mémorables. Plus de cent vingt requêtes pour des récompenses de quelque notable service rendu en ce jour, tombèrent dans la suite entre les mains de Vitellius. Il ordonna que tous les auteurs en fussent recherchés et mis à mort, non point pour honorer Galba, mais pour assurer, d'après la politique des souverains, sa tranquillité présente par la crainte de châtimens futurs.

XLV. Vous eussiez cru qu'il existait un autre sénat, un autre peuple. Tous se précipitent vers le camp; ils rivalisent de vitesse avec ceux qu'ils atteignent, avec ceux qui les devancent; ils vocifèrent contre Galba; ils prônent la justice du soldat, ils courent baiser la main d'Othon : plus leur hommage est faux, et plus ils l'exagèrent. Othon ne repoussait personne, modérant seulement de l'œil et de la voix l'irritation des soldats avides et menaçans. Ils voulaient traîner au supplice Marius Celsus, consul désigné, ami fidèle de Galba jusqu'à ses derniers momens; pour eux, son mérite et son innocence étaient des crimes punissables. Il était évident qu'ils ne cherchaient qu'à commencer le carnage pour piller et perdre tous les gens de bien. Mais Othon, s'il n'avait pas encore assez d'autorité pour empêcher un crime, pouvait déjà ordonner. Simulant la colère, il fait charger

tione iræ, vinciri jussum, et majores pœnas daturum adfirmans, præsenti exitio subtraxit.

XLVI. Omnia deinde arbitrio militum acta. Prætorii præfectos sibi ipsi legere : Plotium Firmum, e manipularibus quondam, tum vigilibus præpositum, et, incolumi adhuc Galba, partes Othonis secutum. Adjungitur Licinius Proculus, intima familiaritate Othonis, suspectus consilia ejus fovisse. Urbi Flavium Sabinum præfecere, judicium Neronis secuti, sub quo eamdem curam obtinuerat : plerisque Vespasianum fratrem in eo respicientibus. Flagitatum ut vacationes præstari centurionibus solitæ remitterentur. Namque gregarius miles, ut tributum annuum, pendebat. Quarta pars manipuli sparsa per commeatus, aut in ipsis castris vaga, dum mercedem centurioni exsolveret : neque modum oneris quisquam, neque genus quæstus pensi habebat : per latrocinia et raptus, aut servilibus ministeriis, militare otium redimebant. Tum locupletissimus quisque miles labore ac sævitia fatigari, donec vacationem emeret. Ubi, sumptibus exhaustus, socordia insuper elanguerat, inops pro locuplete et iners pro strenuo, in manipulum redibat : ac rursus alius atque alius, eadem egestate ac licentia corrupti, ad seditiones et discordias, et, ad extremum, bella civilia ruebant. Sed Otho, ne vulgi largitione centurionum animos averteret, fiscum

Marius de chaînes ; il affirme qu'il lui réserve de plus grands supplices, et le soustrait ainsi à une mort certaine.

XLVI. Ensuite tout se fit au gré du soldat. Eux-mêmes se choisirent les préfets du prétoire, ils élirent Plotius Firmus, jadis simple soldat, alors commandant des gardes de nuit; il avait suivi le parti d'Othon lorsque Galba régnait encore. Ils lui associent Licinius Proculus, intime et familier d'Othon, et passant pour avoir favorisé son complot; ils donnent la préfecture de Rome à Flavius Sabinus, suivant en ceci le choix de Néron, sous lequel il avait eu le même emploi. Plusieurs regardaient en lui son frère Vespasien. Ils demandèrent instamment l'**exemption** des droits de congé que l'on payait aux centurions; car le simple soldat y était assujéti comme à un tribut annuel. Un quart de chaque compagnie se dispersait au dehors, ou errait dans le camp même, pourvu que l'on eût payé la taxe au centurion, et personne ne s'embarrassait de ce mode d'impôt ni de ce genre de profit. Des vols, des brigandages, des fonctions serviles, payaient le prix de l'oisiveté du soldat. S'il se trouvait un militaire riche, on l'accablait de travaux et de mauvais traitemens, jusqu'à ce qu'il achetât son congé. Ensuite épuisé par ces dépenses, amolli de plus par l'inaction, il retournait à sa compagnie pauvre et lâche, de riche et valeureux qu'il était; et, après cette succession de corruption, de licence et de misères, les soldats se précipitaient dans les séditions, dans les discordes, et, pour dernier excès, dans les guerres civiles. Mais Othon, pour ne point aliéner l'esprit des centurions en favorisant les soldats,

suum vacationes annuas exsoluturum promisit : rem haud dubie utilem, et a bonis postea principibus perpetuitate disciplinæ firmatam. Laco præfectus, tanquam in insulam seponeretur, ab evocato, quem ad cædem ejus Otho præmiserat, confossus. In Martianum Icelum, ut in libertinum, palam animadversum.

XLVII. Exacto per scelera die, novissimum malorum fuit lætitia. Vocat senatum prætor urbanus. Certant adulationibus ceteri magistratus. Adcurrunt patres : decernitur Othoni tribunitia potestas et nomen Augusti et omnes principum honores, adnitentibus cunctis abolere convicia ac probra, quæ, promiscue jacta, hæsisse animo ejus, nemo sensit. Omisisset offensas, an distulisset, brevitate imperii in incerto fuit. Otho, cruento adhuc foro, per stragem jacentium, in Capitolium, atque inde in palatium vectus, concedi corpora sepulturæ, cremarique permisit. Pisonem Verania uxor ac frater Scribonianus, T. Vinium Crispina filia, composuere, quæsitis redemptisque capitibus, quæ venalia interfectores servaverant.

XLVIII. Piso unum et tricesimum ætatis annum explebat, fama meliore, quam fortuna. Fratres ejus, Magnum Claudius, Crassum Nero interfecerant. Ipse diu exsul, quatriduo Cæsar, properata adoptione ad hoc

promit que sa propre caisse paierait les congés annuels. Réforme utile sans doute pour la discipline, et que, dans la suite, de sages empereurs ont confirmée à perpétuité. On feignit d'exiler le préfet Lacon dans une île; il fut poignardé par un vétéran, qu'Othon avait envoyé d'avance pour le tuer. Martianus Icelus, comme affranchi, fut exécuté publiquement.

XLVII. Ce jour passé dans le crime finit, pour comble d'horreur, par des réjouissances. Le préteur de la ville convoque le sénat; les autres magistrats rivalisent d'adulations. Les sénateurs accourent : ils décernent à Othon la puissance tribunitienne, et le nom d'Auguste, et tous les honneurs des princes. Chacun s'efforce d'effacer les insultes, les invectives; ces traits avaient été lancés dans la confusion, et personne ne s'aperçut qu'ils fussent empreints dans le cœur d'Othon. Avait-il oublié ces offenses, ou différait-il de punir? la brièveté de son règne n'a pas permis de le savoir. Othon, à travers le forum encore ensanglanté, au milieu des cadavres gisans, fut porté au Capitole et de là au palais; il permit qu'on rendît les corps à la sépulture, et qu'ils fussent brûlés. Pison fut inhumé par Verania, son épouse, et par Scribonianus, son frère; T. Vinius par Crispina, sa fille. Il fallut rechercher et payer leurs têtes aux assassins, qui les avaient conservées pour les vendre.

XLVIII. Pison terminait sa trente-unième année. Sa renommée fut plus brillante que son destin. Deux de ses frères avaient péri victimes, Magnus de Claude, Crassus de Néron. Lui-même, long-temps exilé, quatre jours César, n'eut, dans son adoption hâtive, d'avan-

tantum majori fratri prælatus est, ut prior occideretur. T. Vinius LVII annos variis moribus egit. Pater illi e prætoria familia, maternus avus e proscriptis. Prima militia infamis, legatum Calvisium Sabinum habuerat : cujus uxor, mala cupidine visendi situm castrorum, per noctem militari habitu ingressa, quum vigilias et cætera militiæ munia eadem lascivia tentasset in ipsis principiis stuprum ausa : et criminis hujus reus T. Vinius arguebatur. Igitur jussu C. Cæsaris oneratus catenis, mox, mutatione temporum, dimissus, cursu honorum inoffenso, legioni post præturam præpositus probatusque : servili deinceps probro respersus est, tanquam scyphum aureum in convivio Claudii furatus : et Claudius postera die soli omnium Vinio fictilibus ministrari jussit. Sed Vinius proconsulatu Galliam Narbonensem severe integreque rexit. Mox Galbæ amicitia in abruptum tractus, audax, callidus, promptus, et, prout animum intendisset, pravus aut industrius, eadem vi. Testamentum T. Vinii, magnitudine opum, irritum. Pisonis supremam voluntatem paupertas firmavit.

XLIX. Galbæ corpus diu neglectum et licentia tenebrarum plurimis ludibriis vexatum, dispensator Argius, e prioribus servis, humili sepultura in privatis ejus

tage sur son frère aîné que de mourir avant lui. T. Vinius vécut cinquante-sept années avec des mœurs diverses; son père était d'une famille prétorienne; son aïeul maternel fut proscrit. Il se déshonora à sa première campagne sous Calvisius Sabinus. L'épouse de ce lieutenant eut la coupable curiosité de visiter l'intérieur d'un camp; elle y pénétra la nuit en habit de soldat; après avoir osé monter la garde, et fait les autres fonctions militaires avec la même audace, elle ne craignit pas de se prostituer dans l'enceinte même des aigles, et T. Vinius fut accusé d'être son complice dans cette infamie. Chargé de fers par ordre de l'empereur Caïus, puis délivré par les révolutions des temps, il parcourut sans obstacle la carrière des honneurs. Nommé, après sa préture, commandant de légion, il se fit estimer. Ensuite, il fut accusé d'une bassesse qui eût déshonoré un esclave : soupçonné d'avoir dérobé une coupe d'or à la table de Claude, l'empereur ordonna que le lendemain Vinius fût le seul des convives servi en vaisselle de terre. Toutefois Vinius, dans son proconsulat, gouverna avec sévérité et intégrité la Gaule Narbonnaise. Enfin la faveur de Galba l'entraîna à sa perte. Audacieux, rusé, actif, il était, suivant son caprice, habile ou méchant avec une même énergie. Le testament de Vinius, à cause de l'immensité de ses richesses, fut annulé : la pauvreté de Pison maintint ses dernières volontés.

XLIX. Le corps de Galba, long-temps abandonné, fut, dans la licence des ténèbres, en butte à mille outrages : l'intendant Argius, un de ses anciens esclaves, le recueillit et lui donna une humble sépulture dans les jar-

hortis contexit. Caput, per lixas calonesque suffixum laceratumque, ante Patrobii tumulum, libertus is Neronis punitus a Galba fuerat, postera demum die repertum et cremato jam corpori admixtum est. Hunc exitum habuit Ser. Galba, tribus et septuaginta annis quinque principes prospera fortuna emensus, et alieno imperio felicior, quam suo. Vetus in familia nobilitas, magnæ opes : ipsi medium ingenium, magis extra vitia, quam cum virtutibus. Famæ nec incuriosus, nec venditator. Pecuniæ alienæ non adpetens, suæ parcus, publicæ avarus. Amicorum libertorumque, ubi in bonos incidisset, sine reprehensione patiens; si mali forent, usque ad culpam ignarus. Sed claritas natalium et metus temporum obtentui, ut, quod segnitia erat, sapientia vocaretur. Dum vigebat ætas, militari laude apud Germanias floruit. Proconsul Africam moderate; jam senior, citeriorem Hispaniam pari justitia continuit : major privato visus, dum privatus fuit, et omnium consensu capax imperii, nisi imperasset.

L. Trepidam urbem, ac simul atrocitatem recentis sceleris, simul veteres Othonis mores paventem, novus insuper de Vitellio nuntius exterruit, ante cædem Galbæ suppressus, ut, tantum superioris Germaniæ

dins que Galba possédait étant simple particulier. Sa tête, que des vivandiers et des valets d'armée avait mutilée et attachée à une pique devant le tombeau de Patrobius, affranchi de Néron, puni par Galba, fut recueillie le jour suivant, et réunie aux cendres de son corps, déjà brûlé. Telle fut la fin de Servius Galba : durant soixante et treize années, sous cinq empereurs, la fortune le seconda, et le règne d'autrui lui fut plus favorable que le sien. Il tenait de sa famille une antique noblesse et de grandes richesses; son génie était médiocre; il s'éloigna des vices plutôt qu'il ne cultiva les vertus. Curieux de la renommée sans en être passionné, point avide du bien d'autrui, économe du sien, avare de celui de la république; envers ses amis et ses affranchis, d'une indulgence qu'on ne put blâmer tant qu'elle s'adressa à des hommes de bien, mais de l'aveuglement le plus coupable lorsqu'il se livra aux méchans. L'éclat de sa naissance et les malheurs des temps firent nommer sagesse son indolence. Dans la vigueur de l'âge, il mérita en Germanie les louanges de tout le militaire; proconsul, il régit l'Afrique avec modération, et, dans un âge plus avancé, l'Espagne avec une parfaite équité; il parut au dessus d'un particulier tant qu'il fut dans la condition privée, et, de l'aveu général, digne de l'empire s'il n'eût été empereur.

L. Rome tremblait encore de l'atrocité du forfait récent d'Othon, et s'alarmait de ses anciennes mœurs, lorsque la nouvelle subite de la révolte de Vitellius vint augmenter la terreur; on l'avait dissimulée avant le meurtre de Galba, pour laisser croire qu'il n'y avait que

exercitum descivisse crederetur. Tum duos, omnium mortalium impudicitia, ignavia, luxuria deterrimos, velut ad perdendum imperium fataliter electos, non senatus modo et eques, quis aliqua pars et cura reipublicæ, sed vulgus quoque palam mœrore. Nec jam recentia sævæ pacis exempla, sed repetita bellorum civilium memoria: captam totiens suis exercitibus urbem, vastitatem Italiæ, direptiones provinciarum, Pharsaliam, Philippos, et Perusiam, ac Mutinam, nota publicarum cladium nomina, loquebantur. Prope eversum orbem, etiam quum de principatu inter bonos certaretur. Sed mansisse C. Julio, mansisse Cæsare Augusto victore, imperium: mansuram fuisse, sub Pompeio Brutoque, rempublicam. Nunc pro Othone, an pro Vitellio, in templa ituros? Utrasque impias preces, utraque detestanda vota, inter duos, quorum bello solum id scires, deteriorem fore, qui vicisset. Erant, qui Vespasianum et arma Orientis augurarentur; et, ut potior utroque Vespasianus, ita bellum aliud atque alias clades horrebant. Et ambigua de Vespasiano fama; solusque omnium ante se principum in melius mutatus est.

LI. Nunc initia caussasque motus Vitelliani expediam. Cæso cum omnibus copiis Julio Vindice, ferox præda gloriaque exercitus, ut cui sine labore ac periculo

l'armée de la Germanie supérieure de révoltée. Alors on déplora la fatalité qui avait choisi pour la ruine de l'empire les deux mortels les plus déshonorés par leur impudicité, par leur lâcheté et par leurs dissolutions; non-seulement le sénat et les chevaliers qui prennent part et intérêt à la chose publique, mais le peuple même en gémit hautement : et déjà l'on ne songeait plus aux récentes barbaries d'une paix souillée par la cruauté; le souvenir de nos guerres civiles, Rome prise tant de fois par ses propres armées, l'Italie dévastée, les provinces ravagées, Pharsale, Philippes, Perouse, Modène, noms illustrés par les désastres publics, devinrent le sujet de toutes les conversations. Le monde fut pour ainsi dire bouleversé lors même que des gens de bien se disputaient l'empire; mais enfin l'état s'était maintenu sous Jules César, s'était maintenu sous Auguste vainqueur; la république eût pu se maintenir sous Pompée et sous Brutus. Aujourd'hui, irons-nous, pour un Othon ou pour un Vitellius, porter dans les temples des prières également impies, des vœux également funestes, pour deux rivaux dont le succès dans cette lutte nous indiquera seulement le plus méchant? On portait aussi les yeux sur Vespasien et sur les armées d'Orient; mais pour lui faire obtenir la préférence, ne fallait-il pas une nouvelle guerre et de nouveaux désastres dont on frémissait? D'ailleurs, la réputation de Vespasien était équivoque; et, de tous les princes qui le précédèrent, il fut le seul que le trône ait rendu meilleur.

LI. Maintenant, je développerai l'origine et les causes du soulèvement de Vitellius. Julius Vindex avait succombé avec toutes ses troupes. Fière de sa gloire et de

ditissimi belli victoria evenisset, expeditionem quam otium, præmia quam stipendia malebat. Diu infructuosam et asperam militiam toleraverant, ingenio loci cœlique, et severitate disciplinæ, quam, in pace inexorabilem, discordiæ civium resolvunt, paratis utrimque corruptoribus et perfidia impunita. Viri, arma, equi, ad usum et ad decus supererant. Sed ante bellum centurias tantum suas turmasque noverant; exercitus finibus provinciarum discernebantur. Tum adversus Vindicem contractæ legiones, seque et Gallias expertæ, quærere rursus arma, novasque discordias : nec socios, ut olim, sed hostes et victos vocabant. Nec deerat pars Galliarum, quæ Rhenum adcolit, easdem partes secuta, ac tum acerrima instigatrix adversus *Galbianos*. Hoc enim nomen, fastidito Vindice, indiderant. Igitur Sequanis Æduisque, ac deinde, prout opulentia civitatibus erat, infensi, expugnationes urbium, populationes agrorum, raptus penatium hauserunt animo : super avaritiam et arrogantiam, præcipua validiorum vitia, contumacia Gallorum irritati, qui, remissam sibi a Galba quartam tributorum partem, et publice donatos, in ignominiam exercitus, jactabant. Accessit callide vulgatum, temere creditum, decumari legiones et promptissimum quemque centurionum dimitti. Undique atroces nuntii, sinistra ex urbe fama; infensa Lugdunensis colonia, et,

son butin, l'armée à laquelle la guerre avait livré la plus riche victoire, sans fatigues et sans périls, préférait des combats au repos, et des dépouilles à sa solde. Elle avait long-temps supporté un service ingrat, que rendaient plus pénible l'âpreté du climat, du sol, et la sévérité d'une discipline, inflexible dans la paix, relâchée par les discordes civiles, où des deux côtés les corrupteurs sont toujours prêts, et les traîtres impunis. Elle avait abondance d'hommes, d'armes, de chevaux pour l'usage et même pour la représentation. Avant la guerre, les soldats ne connaissaient que leurs centuries et leurs bataillons : les limites des provinces formaient celles des différentes armées ; mais depuis, les légions ayant été réunies contre Vindex, et ayant fait l'épreuve de leurs forces et de celles des Gaules, cherchaient de nouvelles guerres et de nouveaux troubles : elles ne nommaient plus les Gaulois, comme jadis, des alliés, mais des ennemis et des vaincus. La partie des Gaules qui longe le Rhin ne manquait pas de les exciter : elle avait embrassé la même cause que l'armée, et était alors la plus ardente à les animer contre les *Galbiens*, dénomination donnée par mépris pour Vindex. Portant aux Séquanais, aux Éduens, à d'autres cités, une haine mesurée sur leur opulence, ils repaissaient leur pensée de prises de villes, de dévastations de campagnes, de pillage des habitations. Outre cette avidité et leur arrogance, vices dominans des plus forts, ils s'irritaient encore de l'insolence des Gaulois, qui, pour insulter l'armée, se vantaient fièrement de l'exemption du quart de leur tribut accordée par Galba, et des récompenses qu'ils en avaient

pertinaci pro Nerone fide, fecunda rumoribus. Sed plurima ad fingendum credendumque materies in ipsis castris, odio, metu, et, ubi vires suas respexerant, securitate.

LII. Sub ipsas superioris anni kalendas decembres Aulus Vitellius, inferiorem Germaniam ingressus, hiberna legionum cum cura adierat. Redditi plerisque ordines, remissa ignominia, adlevatæ notæ : plura ambitione, quædam judicio : in quibus sordem et avaritiam Fontcii Capitonis, adimendis adsignandisve militiæ ordinibus, integre mutaverat. Nec consularis legati mensura, sed in majus omnia accipiebantur. Et Vitellius apud severos humilis : id comitatem bonitatemque faventes vocabant, quod sine modo, sine judicio donaret sua, largiretur aliena : simul aviditate imperandi, ipsa vitia pro virtutibus interpretabantur. Multi in utroque exercitu sicut modesti quiétique, ita mali et strenui. Sed profusa cupidine et insigni temeritate legati legionum, Alienus Cæcina et Fabius Valens : e quibus Valens, infensus Galbæ, tanquam detectam a se Verginii cunctationem, oppressa Capitonis consilia ingrate tulisset,

reçues. Le mal s'augmenta du bruit adroitement répandu, légèrement adopté, qu'on allait décimer les légions et renvoyer les plus braves centurions. De tous côtés arrivaient des nouvelles effrayantes, et de la capitale des bruits sinistres : l'irritation de la colonie de Lyon, et l'opiniâtreté de son dévouement à Néron, enfantaient mille rumeurs. Mais le mensonge et la crédulité avaient, parmi les soldats mêmes, encore plus d'alimens dans les haines, dans les craintes et surtout dans la sécurité qui naissait du sentiment de leurs forces.

LII. Entré dans la Germanie inférieure vers les kalendes de décembre de l'année précédente, Vitellius, visitant avec soin les quartiers d'hiver des légions, avait rendu les grades enlevés, remis les peines ignominieuses, adouci les notes sévères : souvent son ambition le guidait, quelquefois la justice. La sordidité, l'avarice de Fonteïus Capiton lui avait servi de règle pour donner, ôter les grades militaires : Vitellius les rétablit avec impartialité. Ces actes étaient ceux d'un lieutenant consulaire; mais on en exagérait de beaucoup le mérite. Pour des yeux sévères, Vitellius était rampant ; ses partisans appelaient libéralité et bonté de cœur son empressement à livrer sans mesure, sans justice, ses propres biens, à prodiguer ceux d'autrui ; avides de son gouvernement, ils érigeaient ses vices en vertus. Dans l'une et l'autre armée, il y avait beaucoup d'esprits modérés et paisibles, il y en avait beaucoup aussi de pervers et de turbulens ; mais une ambition effrénée et une audace sans bornes signalaient les lieutenans de légions Alienus Cécina et Fabius Valens ; celui-ci, ne pardonnant pas à

instigare Vitellium, ardorem militum ostentans. Ipsum celebri ubique fama : nullam in Flacco Hordeonio moram : adfore Britanniam : secutura Germanorum auxilia : male fidas provincias : precarium seni imperium et brevi transiturum : panderet modo sinum et venienti Fortunæ occurreret. Merito dubitasse Verginium, equestri familia, ignoto patre : imparem, si recepisset imperium; tutum, si recusasset. Vitellio tres patris consulatus, censuram, collegium Cæsaris, imponere jampridem imperatoris dignationem, auferre privati securitatem. Quatiebatur his segne ingenium, ut concupisceret magis quam ut speraret.

LIII. At in superiore Germania, Cæcina, decora juventa, corpore ingens, animi immodicus, scito sermone, erecto incessu, studia militum illexerat. Hunc juvenem Galba, quæstorem in Bætica, impigre in partes suas trangressum, legioni præposuit : mox compertum publicam pecuniam avertisse, ut peculatorem flagitari jussit. Cæcina ægre passus, miscere cuncta et privata vulnera reipublicæ malis operire statuit. Nec deerant in exercitu semina discordiæ : quod et bello adversus Vindicem universus adfuerat, nec, nisi occiso Nerone, translatus in Galbam, atque in eo ipso sacramento vexil-

Galba son ingratitude, lorsqu'il avait dénoncé les irrésolutions de Verginius, étouffé les complots de Capiton, poussait Vitellius, en l'assurant de l'ardeur des soldats : Votre renommée s'étend partout, lui disait-il ; Flaccus Hordeonius n'offre aucun obstacle, la Bretagne est prête, les auxiliaires de Germanie l'imiteront, la foi des provinces chancelle, le vieux Galba laisse échapper un pouvoir précaire; ouvrez seulement les bras à la fortune, et marchez à sa rencontre. L'hésitation convenait à Verginius : d'une famille équestre, fils d'un père inconnu, il prouvait son incapacité en acceptant l'empire, sa prudence en le refusant. Quant à Vitellius, un père, trois fois consul, censeur, collègue de César, lui imposait dès long-temps l'illustration impériale en lui ravissant la sécurité de la condition privée. Ces discours ébranlaient le génie paresseux de Vitellius, dont les désirs étaient plus grands que les espérances.

LIII. Dans la Germanie supérieure, Cécina, brillant de jeunesse, d'une taille imposante, avait, par son caractère impétueux, son élocution persuasive, sa démarche noble, gagné les cœurs des soldats. Questeur en Bétique, il passa sans retard dans le parti de Galba, qui le plaça, malgré son âge, à la tête d'une légion ; puis, ayant appris qu'il avait détourné des deniers publics, le fit poursuivre comme concussionnaire. Cécina, aigri de cette offense, résolut de tout bouleverser et de couvrir sa honte particulière par les malheurs de l'état. Les semences de discorde ne manquaient pas dans l'armée : elle avait pris part tout entière à la guerre contre Vindex, elle n'était passée du côté de Galba que lorsque

lis inferioris Germaniæ præventus erat. Et Treviri ac Lingones, quasque alias civitates atrocibus edictis aut damno finium Galba perculerat, hibernis legionum propius miscentur. Unde seditiosa colloquia, et inter paganos corruptior miles, et in Verginium favor, cuicunque alii profuturus.

LIV. Miserat civitas Lingonum, vetere instituto, dona legionibus, dextras, hospitii insigne. Legati eorum, in squalorem mœstitiamque compositi, per principia, per contubernia, modo suas injurias, modo civitatum vicinarum præmia, et, ubi pronis militum auribus accipiebantur, ipsius exercitus pericula et contumelias conquerentes, accendebant animos. Nec procul seditione aberant, quum Hordeonius Flaccus abire legatos, utque occultior digressus esset, nocte castris excedere jubet. Inde atrox rumor, adfirmantibus plerisque interfectos, ac, nisi ipsi consulerent, fore, ut acerrimi militum et præsentia conquesti, per tenebras et inscitiam ceterorum occiderentur. Obstringuntur inter se tacito fœdere legiones. Adsciscitur auxiliorum miles, primo suspectus, tanquam circumdatis cohortibus alisque impetus in legiones pararetur, mox eadem acrius volvens :

Néron n'exista plus; et lors même du serment de fidélité à Galba, elle s'était laissé prévenir par les détachemens de la Germanie inférieure; de plus, les Trévires et les Langrois, et les autres cités que Galba avait frappées d'édits rigoureux ou de diminution de leur territoire, se mêlaient très-souvent à nos légions dans leurs quartiers d'hiver. De là des entretiens séditieux : le soldat se corrompait par sa fréquentation avec les habitans, et la faveur offerte à Verginius allait servir à qui en voudrait.

LIV. La cité de Langres, suivant un ancien usage, avait envoyé en présent aux légions deux mains droites entrelacées, symbole d'hospitalité; ses députés, en habits de deuil et avec la contenance de l'affliction, allaient dans les places d'armes, dans les tentes, se plaindre tantôt des outrages qu'ils avaient reçus, tantôt des faveurs accordées aux cités voisines; et voyant les soldats leur prêter une oreille favorable, ils gémissaient sur les périls, sur les opprobres de l'armée même, et enflammaient ainsi les esprits. Une sédition allait éclater, lorsque Hordeonius Flaccus donne l'ordre aux députés de se retirer, et, pour mieux dissimuler leur départ, il les fait sortir du camp pendant la nuit. De là naissent d'affreux soupçons : on assure qu'ils sont égorgés, et que, si l'on n'y prend garde, les plus braves soldats et tous ceux qui gémiront des maux présens vont être massacrés au milieu des ténèbres, à l'insu de leurs camarades. Les légions se liguent entre elles par un pacte secret; on y admet même les auxiliaires. Ces troupes, d'abord suspectées d'être destinées à écraser les légions en les enveloppant de leurs cohortes et de leurs ailes de cavalerie,

faciliore inter malos consensu ab bellum quam in pace ad concordiam.

LV. Inferioris tamen Germaniae legiones solenni kalendarum januariarum sacramento pro Galba adactae, multa cunctatione et raris primorum ordinum vocibus; ceteri silentio proximi cujusque audaciam exspectantes: insita mortalibus natura, propere sequi quae piget inchoare. Sed ipsis legionibus inerat diversitas animorum. Primani quintanique turbidi adeo, ut quidam saxa in Galbae imagines jecerint; quintadecima ac sextadecima legiones, nihil ultra fremitum et minas ausae, initium erumpendi circumspectabant. At in superiori, quarta ac duodevicesima legiones, iisdem hibernis tendentes, ipso kalendarum januariarum die, dirumpunt imagines Galbae: quarta legio promptius, duodevicesima cunctanter, mox consensu. Ac, ne reverentiam imperii exuere viderentur, senatus populique romani obliterata jam nomina sacramento advocabant: nullo legatorum tribunorumve pro Galba nitente, quibusdam, ut in tumultu, notabilius turbantibus. Non tamen quisquam in modum concionis aut e suggestu locutus. Neque enim erat adhuc cui imputaretur.

LVI. Spectator flagitii Hordeonius Flaccus, consularis

furent bientôt les plus ardentes à la révolte : l'union des méchans est plus facile à obtenir pour le trouble que leur accord pour la paix.

LV. Cependant les légions de la Germanie inférieure, aux kalendes de janvier, se réunirent pour prêter le serment solennel à Galba. Il y eut beaucoup d'hésitation et peu d'acclamations dans les premiers rangs ; le reste, en silence, attendait que quelqu'un d'entre eux eût l'audace de se prononcer, par cet instinct naturel de suivre avec rapidité l'exemple qu'on refuserait de donner. Toutefois, dans les légions mêmes, il y avait diversité d'animosité : la première et la cinquième s'emportèrent au point que quelques soldats jetèrent des pierres contre les images de Galba. Les quinzième et seizième légions murmuraient, étaient menaçantes, et, sans oser aller au delà, cherchaient autour d'elles une occasion d'éclater. Mais, dans l'armée de la Germanie supérieure, les quatrième et dix-huitième légions, campées dans les mêmes quartiers, le jour même des kalendes de janvier, la quatrième légion sans balancer, la dix-huitième en hésitant, et bientôt d'un commun accord, brisent les images de Galba, et pour ne point paraître dépouiller tout respect à l'autorité suprême, elles invoquent dans leur serment les noms trop oubliés du sénat et du peuple romain. Pas un seul lieutenant, pas un seul tribun, ne fait un effort en faveur de Galba ; quelques-uns, comme en tous les tumultes, se montrent plus ouvertement les agitateurs. Toutefois, personne ne prononce de harangue ou ne s'élève sur une tribune, car on ne savait encore auprès de qui s'en prévaloir.

LVI. Spectateur du désordre, Hordeonius Flaccus,

legatus, aderat, non compescere ruentes, non retinere dubios, non cohortari bonos ausus : sed segnis, pavidus et socordia innocens. Quatuor centuriones duodevicesimæ legionis, Nonius Receptus, Donatius Valens, Romilius Marcellus, Calpurnius Repentinus, quum protegerent Galbæ imagines, impetu militum abrepti vinctique. Nec cuiquam ultra fides aut memoria prioris sacramenti : sed, quod in seditionibus accidit, unde plures erant omnes fuere. Nocte, quæ kalendas januarias secuta est, in coloniam Agrippinensem aquilifer quartæ legionis epulanti Vitellio nuntiat, quartam et duodevicesimam legiones, projectis Galbæ imaginibus, in senatus et populi romani verba jurasse. Id sacramentum inane visum. Occupari nutantem Fortunam et offerri principem, placuit. Missi a Vitellio ad legiones legatosque, qui descivisse a Galba superiorem exercitum, nuntiarent : proinde aut bellandum adversus desciscentes, aut, si concordia et pax placeat, faciendum imperatorem : et minore discrimine sumi principem, quam quæri.

LVII. Proxima legionis primæ hiberna erant, et promptissimus e legatis Fabius Valens. Is die postero coloniam Agrippinensem cum equitibus legionis auxiliariorumque ingressus, imperatorem Vitellium consalutavit. Secutæ ingenti certamine ejusdem provinciæ legiones : et superior exercitus, speciosis senatus populique

lieutenant consulaire, n'osait ni réprimer les furieux, ni contenir les indécis, ni exhorter les gens de bien. Il était abattu, tremblant, et sa lâcheté le justifie de trahison. Quatre centurions de la dix-huitième légion, Nonius Receptus, Donatius Valens, Romilius Marcellus, Calpurnius Repentinus, voulant protéger les images de Galba, furent écartés avec violence et chargés de fers. Dès-lors plus de fidélité, plus de souvenir du serment; mais comme il arrive dans les séditions, tous furent du parti du plus grand nombre. La nuit qui suivit les kalendes de janvier, Vitellius étant à table à Cologne, le porte-aigle de la quatrième légion vint lui annoncer que les quatrième et dix-huitième légions ont abattu les images de Galba, et prêté serment au sénat et au peuple romain. Ce serment parut sans conséquence : on convint qu'il fallait prévenir la fortune irrésolue, et offrir un empereur; que Vitellius enverrait aux légions et aux lieutenans des députés déclarer que l'armée supérieure s'est révoltée contre Galba, qu'il faut ou combattre les rebelles, ou, si l'on préfère le calme et la concorde, élire un chef à l'état : qu'on courrait moins de risque à se donner qu'à chercher un empereur.

LVII. Les quartiers les plus voisins étaient ceux de la première légion, et parmi les lieutenans le plus déterminé était Fabius Valens : le jour suivant, il entre dans Cologne avec la cavalerie de la légion et ses auxiliaires, et salue Vitellius empereur. Les légions de cette province suivent son exemple avec une grande ardeur; et l'armée du Haut-Rhin, laissant là ces noms spé-

romani nominibus relictis, III nonas januarias Vitellio accessit. Scires illum priore biduo non penes rempublicam fuisse. Ardorem exercituum Aggrippinenses, Treviri, Lingones æquabant, auxilia, equos, arma, pecunias offerentes, ut quisque corpore, opibus, ingenio validus. Nec principes modo coloniarum aut castrorum, quibus præsentia ex adfluenti, et parta victoria magnæ spes; sed manipuli quoque et gregarius miles viatica sua et balteos phalerasque, insignia armorum argento decora, loco pecuniæ tradebant, instinctu et impetu et avaritia.

LVIII. Igitur, laudata militum alacritate, Vitellius, ministeria principatus, per libertos agi solita, in equites romanos disponit : vacationes centurionibus ex fisco numerat : sævitiam militum, plerosque ad pœnam exposcentium, sæpius adprobat, partim simulatione vinculorum frustratur. Pompeius Propinquus, procurator Belgicæ, statim interfectus. Julium Burdonem, Germanicæ classis præfectum, astu subtraxit. Exarserat in eum iracundia exercitus, tanquam crimen ac mox insidias Fonteio Capitoni struxisset. Grata erat memoria Capitonis : et apud sævientes occidere palam, ignoscere non nisi fallendo, licebat. Ita in custodia habitus; et post victoriam demum, stratis jam militum odiis, dimissus est.

cieux de sénat et de peuple romain, le trois des nones de janvier, se donne à Vitellius. Jugez si deux jours avant elle était vouée à la république! L'empressement des cités de Cologne, de Trèves, de Langres, égala celui des troupes; elles offrirent des soldats, des chevaux, des armes, de l'argent; chacun voulait contribuer de sa personne, de ses richesses, de ses talens. Ce zèle éclatait, non-seulement chez les principaux chefs des colonies ou de l'armée, qui vivaient au sein de l'abondance, et fondaient encore sur la victoire de vastes espérances, mais des compagnies entières et de simples soldats livraient, au lieu d'argent, leurs étapes, leurs baudriers, leurs décorations, tous les ornemens d'argent de leurs armes : l'entraînement, l'enthousiasme, la cupidité les animaient.

LVIII. Après avoir loué le zèle des soldats, Vitellius dispose en faveur de chevaliers romains des charges du palais jusque là livrées à des affranchis : il paie aux centurions, de l'argent du fisc, le prix des congés. La barbarie du soldat lui demande des victimes : il les livre, quelquefois il en soustrait sous prétexte de les jeter dans les fers. Pompeius Propinquus, procurateur de la Belgique, fut massacré sur-le-champ. Vitellius eut l'adresse de sauver Julius Burdo, préfet de la flotte de Germanie. L'armée était enflammée de colère contre Burdo, parce qu'elle le soupçonnait d'avoir faussement accusé Fonteius Capiton, et de lui avoir ensuite dressé des embûches : la mémoire de Capiton leur était chère. Ainsi, avec ces furieux, on pouvait tuer ouvertement : il fallait les tromper pour pardonner. Burdo fut donc mis sous bonne garde, et, après la victoire, quand les haines des

Interim, ut piaculum, objicitur centurio Crispinus, qui se sanguine Capitonis cruentaverat : eoque et postulantibus manifestior et punienti vilior fuit.

LIX. Julius deinde Civilis periculo exemptus, præpotens inter Batavos, ne supplicio ejus ferox gens alienaretur. Et erant in civitate Lingonum octo Batavorum cohortes, quartædecimæ legionis auxilia, tum discordia temporum a legione digressæ, prout inclinassent, grande momentum sociæ aut adversæ. Nonium, Donatium, Romilium, Calpurnium centuriones, de quibus supra retulimus, occidi jussit, damnatos fidei crimine, gravissimo inter desciscentes. Accessere partibus Valerius Asiaticus, Belgicæ provinciæ legatus, quem mox Vitellius generum adscivit; et Junius Blæsus, Lugdunensis Galliæ rector, cum Italica legione et ala Taurina, Lugduni tendentibus. Nec in Rhæticis copiis mora, quo minus statim adjungerentur : ne in Britannia quidem dubitatum.

LX. Præerat Trebellius Maximus, per avaritiam ac sordes contemptus exercitui invisusque. Accendebat odium ejus Roscius Cælius, legatus vicesimæ legionis, olim discors, sed occasione civilium armorum atrocius proruperat. Trebellius seditionem et confusum ordinem disciplinæ Cælio, spoliatas et inopes legiones Cælius

soldats furent assoupies, on le délivra. En attendant, on leur présenta comme victime expiatoire le centurion Crispinus, qui avait trempé ses mains dans le sang de Capiton; son crime était évident aux yeux des soldats : son sacrifice coûtait moins au chef qui le fit punir.

LIX. Julius Civilis échappa au même danger : il était tout-puissant auprès des Bataves, et son supplice eut pu aliéner cette fière nation. De plus, la cité de Langres renfermait huit cohortes de Bataves, auxiliaires de la quatorzième légion, dont elles étaient séparées par les discordes des temps; et, dans la balance, elles étaient d'un grand poids pour ou contre Vitellius. Nonius, Donatius, Romilius, Calpurnius, centurions dont nous avons parlé ci-dessus, sont mis à mort par ordre de Vitellius : leur crime était leur fidélité, toujours impardonnable aux yeux de la rebellion. Le parti s'accrut des troupes de Valerius Asiaticus, lieutenant de la province Belgique, que bientôt Vitellius prit pour gendre, et de celles de Junius Blésus, gouverneur de la Gaule Lyonnaise, qui livra la légion italique et le corps de cavalerie de Turin, alors campés à Lyon. Les troupes de Rhétie se joignirent sans aucun retard aux révoltés : en Bretagne, on n'hésita même pas.

LX. Cette province était gouvernée par Trebellius Maximus, méprisé et détesté de l'armée à cause de son avarice et de ses rapines. Roscius Célius, lieutenant de la vingtième légion, et depuis long-temps son ennemi, enflammait cette haine, rendue plus violente à l'occasion des guerres civiles : Trebellius accusait Célius de sédition, et de corrompre la sévérité de la discipline; Célius

Trebellio objectabat : quum interim fœdis legatorum certaminibus modestia exercitus corrupta, eoque discordiæ ventum, ut auxiliarium quoque militum conviciis proturbatus, et, adgregantibus se Cœlio cohortibus alisque, desertus Trebellius ad Vitellium perfugerit. Quies provinciæ, quanquam remoto consulari, mansit. Rexere legati legionum, pares jure, Cœlius audendo potentior.

LXI. Adjuncto britannico exercitu, ingens viribus opibusque Vitellius, duos duces, duo itinera bello destinavit. Fabius Valens adlicere, vel, si abnuerent, vastare Gallias, et Cottianis Alpibus Italiam irrumpere; Cæcina propiore transitu, Penninis jugis degredi jussus. Valenti inferioris exercitus electi, cum aquila quintæ legionis et cohortibus alisque, ad xl millia armatorum data : xxx millia Cæcina e superiore Germania ducebat, quorum robur legio una et vicesima fuit. Addita utrique Germanorum auxilia, e quibus Vitellius suas quoque copias supplevit, tota mole belli secuturus.

LXII. Mira inter exercitum imperatoremque diversitas. Instare miles, arma poscere, « dum Galliæ trepident, dum Hispaniæ cunctentur : non obstare hiemem neque

accusait Trebellius d'avoir dépouillé et appauvri les légions. Ces débats honteux entre ces lieutenans détruisirent la subordination de l'armée, et la discorde en vint au point que Trebellius, assailli d'injures par les soldats auxiliaires, abandonné par les cohortes et la cavalerie, qui se rangeaient du côté de Célius, se réfugia auprès de Vitellius. Le calme régna dans la province malgré l'éloignement du consulaire : les lieutenans des légions la gouvernèrent, leurs droits étaient égaux, l'audace seule de Célius en fit leur chef.

LXI. Fortifié par l'armée britannique, agrandi de forces et de ressources nouvelles, Vitellius désigna deux généraux, et indiqua deux routes pour suivre la guerre. Fabius Valens eut ordre de séduire les Gaules; sur leur refus, de les dévaster et de fondre en Italie par les Alpes Cottiennes. Cécina, prenant un chemin plus court, y devait descendre par les montagnes Pennines. Valens commandait l'élite de l'armée inférieure avec l'aigle de la quinzième légion, ses cohortes et sa cavalerie, formant quarante mille hommes; Cécina conduisait trente mille soldats de l'armée de la Germanie supérieure : la vingt-unième légion en constituait la force principale. On joignit à l'une et à l'autre armée des auxiliaires de Germanie, avec lesquels Vitellius compléta aussi ses propres troupes; il devait suivre avec toute cette masse imposante de guerriers.

LXII. Il y avait entre l'armée et le général un merveilleux contraste. Les soldats pressaient, demandaient des armes. « Tandis que la Gaule tremble, disaient-ils, que l'Espagne hésite, l'hiver ne peut être un obstacle; sortons

ignavæ pacis moras : invadendam Italiam, occupandam urbem : nihil in discordiis civilibus festinatione tutius, ubi facto magis quam consulto opus esset.» Torpebat Vitellius, et fortunam principatus inerti luxu ac prodigis epulis præsumebat, medio diei temulentus et sagina gravis : quum tamen ardor et vis militum ultro ducis munia implebat, ut si adesset imperator, et strenuis vel ignavis spem metumque adderet. Instructi intentique signum profectionis exposcunt. Nomen Germanici Vitellio statim additum : Cæsarem se adpellari etiam victor prohibuit. Lætum augurium Fabio Valenti exercituique quem in bellum agebat, ipso profectionis die, aquila leni meatu, prout agmen incederet, velut dux viæ, prævolavit : longumque per spatium, is gaudentium militum clamor, ea quies interritæ alitis fuit, ut haud dubium magnæ et prosperæ rei omen acciperetur.

LXIII. Et Treveros quidem, ut socios, securi adiere. Divoduri, Mediomatricorum id oppidum est, quanquam omni comitate exceptos subitus pavor exterruit, raptis repente armis ad cædem innoxiæ civitatis : non ob prædam aut spoliandi cupidine, sed furore et rabie et causis incertis, eoque difficilioribus remediis; donec, precibus ducis mitigati, ab excidio civitatis temperavere. Cæsa

de cette paix honteuse, envahissons l'Italie, emparons-nous de Rome. Rien, dans les discordes civiles, n'est plus sûr que la célérité : il y faut des actions et non pas des conseils. » Plongé dans la torpeur, Vitellius préludait au rôle de souverain par l'inertie, le faste et des festins ruineux; tandis qu'il était ivre dès le milieu du jour, et appesanti de nourriture, l'ardeur et l'énergie du soldat suppléaient aux fonctions du général, et, comme s'il eût été présent, les braves étaient excités par l'espérance, les lâches par la crainte. En ordre et prêts au départ, ils en demandent le signal. Vitellius reçut à ce moment le surnom de Germanicus; quant à celui de César, il défendit, même après sa victoire, qu'il lui fût donné. Un heureux présage s'offrit à Fabius Valens et à l'armée qu'il menait aux combats; le jour même du départ, un aigle, planant doucement à la tête des troupes à mesure qu'elles s'avançaient, volait au devant comme pour montrer le chemin; et pendant un long espace, au milieu des cris de joie des soldats, la tranquillité de l'oiseau, nullement épouvanté, fut telle, que l'on y vit le présage certain d'un grand et heureux succès.

LXIII. Ils traversèrent avec sécurité Trèves, comme chez des alliés; mais à Divodurum, qui est une ville des Médiomatriques, malgré l'accueil le plus parfait, frappés d'une terreur subite, ils courent aux armes tout à coup, et massacrent un peuple innocent. Ce ne fut point envie de piller ni désir de s'enrichir de dépouilles, mais une fureur et une rage dont l'origine inconnue rendait le remède plus difficile; jusqu'à ce qu'enfin les soldats,

tamen ad quatuor millia hominum. Isque terror Gallias invasit, ut venienti mox agmini universæ civitates cum magistratibus et precibus occurrerent, stratis per vias pueris feminisque; quæque alia placamenta hostilis iræ, non quidem in bello, sed pro pace, tendebantur.

LXIV. Nuntium de cæde Galbæ et imperio Othonis, Fabius Valens in civitate Leucorum accepit. Nec militum animus in gaudium aut formidinem permotus: bellum volvebat. Gallis cunctatio exempta, et in Othonem ac Vitellium odium par, ex Vitellio et metus. Proxima Lingonum civitas erat fida partibus. Benigne excepti, modestia certavere; sed brevis lætitia fuit cohortium intemperie, quas, a legione quarta decima, ut supra memoravimus, digressas, exercitui suo Fabius Valens adjunxerat. Jurgia primum, mox rixa inter Batavos et legionarios, dum his aut illis studia militum adgregantur, prope in prœlium exarsere; ni Valens animadversione paucorum oblitos jam Batavos imperii admonuisset. Frustra adversus Æduos quæsita belli causa. Jussi pecuniam atque arma deferre, gratuitos insuper commeatus præbuere: quod Ædui formidine, Lugdunenses gaudio fecere. Sed legio Italica et ala Taurina abductæ.

adoucis par les prières de leur général, épargnent à cette cité sa ruine entière : toutefois, quatre mille hommes y furent égorgés. Un tel effroi saisit alors les Gaules, qu'à l'approche de l'armée, des populations entières accouraient suppliantes avec leurs magistrats ; sur les routes étaient prosternés les femmes, les enfans : tout ce qui peut apaiser une fureur ennemie leur fut présenté : la guerre n'existait pas, la paix était implorée.

LXIV. La nouvelle du meurtre de Galba et de l'élection d'Othon parvint à Valens dans la cité des Leuques ; le soldat ne montra ni joie ni crainte : il ne respirait que les combats. L'irrésolution des Gaulois fut fixée par la terreur que leur donna la présence de Vitellius : leur haine était égale pour lui ou pour Othon. La cité la plus voisine était celle de Langres, dévouée à Vitellius : accueillies généreusement, les légions y rivalisèrent de modération ; mais cette joie fut courte et troublée par la turbulence de ces cohortes, qui, comme nous l'avons dit plus haut, étaient séparées de la quatorzième légion, et que Valens avait jointes à son armée. D'abord des querelles, puis des rixes s'élevèrent entre les Bataves et les légionnaires, le reste de l'armée voulut y prendre part, et les esprits s'enflammaient au point d'en venir à un combat, si Valens, par le châtiment de quelques mutins, n'eût rappelé les Bataves à la subordination qu'ils oubliaient. Vainement on chercha contre les Éduens un prétexte de guerre : on leur avait ordonné d'apporter de l'argent et des armes, ils offrirent de plus des vivres

Cohortem duodevicesimam Lugduni, solitis sibi hibernis, relinqui placuit. Manlius Valens, legatus Italicae legionis, quanquam bene de partibus meritus, nullo apud Vitellium honore fuit. Secretis eum criminationibus infamaverat Fabius ignarum, et, quo incautior deciperetur, palam laudatum.

LXV. Veterem inter Lugdunenses Viennensesque discordiam proximum bellum accenderat. Multae invicem clades, crebrius infestiusque quam ut tantum propter Neronem Galbamque pugnaretur. Et Galba reditus Lugdunensium, occasione irae, in fiscum verterat : multus contra in Viennenses honor : unde aemulatio et invidia et uno amne discretis connexum odium. Igitur Lugdunenses exstimulare singulos militum, et in eversionem Viennensium impellere, obsessam ab illis coloniam suam, adjutos Vindicis conatus, conscriptas nuper legiones in praesidium Galbae referendo; et, ubi causas odiorum praetenderant, magnitudinem praedae ostendebant. Nec jam secreta exhortatio, sed publicae preces : irent ultores, exscinderent sedem Gallici belli. Cuncta illic externa et hostilia : se coloniam romanam et partem exercitus, et prosperarum adversarumque rerum socios : si fortuna contra daret, iratis ne relinquerentur.

gratuitement. Ce que les Éduens firent par crainte, les Lyonnais le firent par enthousiasme. On en retira la légion italique et la cavalerie de Turin, et l'on n'y laissa que la dix-huitième cohorte, qui y tenait ses quartiers ordinaires. Manlius Valens, lieutenant de la légion italique, quoique entièrement voué au parti, n'obtint aucun honneur auprès de Vitellius; Fabius Valens l'avait desservi à son insu par des délations secrètes, et, pour mieux l'abuser, il le louait publiquement.

LXV. Une ancienne inimitié régnait entre Lyon et Vienne : la nouvelle guerre la ralluma. De là des rixes et des attaques plus fréquentes et plus vives que s'ils n'eussent combattu que pour Néron ou pour Galba. Galba prit occasion de sa vengeance pour réunir au fisc les revenus de Lyon; Vienne, au contraire, fut comblé d'honneurs : il en résulta des rivalités, des jalousies et des haines toujours renaissantes entre ces peuples, séparés seulement par un fleuve. Les Lyonnais animent donc nos soldats chacun isolément, et les poussent à la destruction de Vienne; ils leur rappellent que Vienne avait assiégé leur colonie, secondé les efforts de Vindex, et formé nouvellement des légions pour soutenir Galba. Puis, ayant exposé ces motifs de haine, ils leur vantent la richesse d'une telle proie. Déjà leurs exhortations ne sont plus secrètes : ils les conjurent hautement. Marchez en vengeurs, disaient-ils, anéantissez le foyer de la guerre des Gaules : là, tout vous est étranger et ennemi; nous, nous sommes colonie romaine, une portion de votre armée, alliés de vos succès et de vos revers. Si la fortune

LXVI. His et pluribus in eundem modum, perpulerant, ut ne legati quidem ac duces partium restingui posse iracundiam exercitus arbitrarentur : quum haud ignari discriminis sui Viennenses, velamenta et infulas præferentes, ubi agmen incesserat, arma, genua, vestigia prensando, flexere militum animos. Addidit Valens trecenos singulis militibus sestertios. Tum vetustas dignitasque coloniæ valuit, et verba Fabii, salutem incolumitatemque Viennensium commendantis, æquis auribus accepta. Publice tamen armis mulctati, privatis et promiscuis copiis juvere militem. Sed fama constans fuit ipsum Valentem magna pecunia emptum. Is diu sordidus, repente dives, mutationem fortunæ male tegebat, accensis egestate longa cupidinibus immoderatus, et, inopi juventa senex prodigus. Lento deinde agmine, per fines Allobrogum et Vocontiorum ductus exercitus : ipsa itinerum spatia et stativorum mutationes venditante duce, fœdis pactionibus adversus possessores agrorum et magistratus civitatum, adeo minaciter, ut Luco, municipium id Vocontiorum est, faces admoverit, donec pecunia mitigaretur. Quotiens pecuniæ materia deesset, stupris et adulteriis exorabatur. Sic ad Alpes perventum.

se montre contraire, nous abandonnerez-vous à ces furieux ?

LXVI. Ces discours et beaucoup de semblables avaient tellement animé les esprits, que les lieutenans et les chefs du parti pensaient ne plus pouvoir éteindre la fureur de l'armée. N'ignorant pas leur danger, les Viennois, couverts, en supplians, de voiles et de bandelettes, s'avancent au passage des soldats, s'attachent à leurs armes, à leurs genoux, à leurs pas, et apaisent ainsi leur courroux. Valens fait donner à l'armée trois cents sesterces par tête. Alors l'antiquité et la dignité de la colonie sont appréciées; alors les représentations de Valens leur demandant la vie et la sûreté des Viennois, sont écoutées d'une oreille favorable. Toutefois, on les dépouilla de leurs armes, et chacun dut fournir en particulier toutes sortes de provisions au soldat; mais ce fut un bruit très-accrédité, qu'ils avaient acheté Valens lui-même par de grandes sommes. Ce chef, long-temps dans la gêne, riche tout à coup, dissimulait mal ce changement de fortune; ses désirs, irrités par une longue privation, étaient immodérés : jeune, il fut indigent, vieillard, il devint prodigue. L'armée, s'avançant lentement, traversa ensuite le territoire des Allobroges et des Voconces. Le général trafiquait des marches et des séjours, il faisait avec les possesseurs des terres et les magistrats des cités les pactes les plus honteux, qu'il appuyait de menaces terribles, au point qu'il fit approcher des torches enflammées des murs de la ville de Luc, municipe des Voconces, jusqu'à ce qu'à force d'argent on l'eût apaisé. Toutes les fois que l'argent man-

LXVII. Plus prædæ ac sanguinis Cæcina hausit. Irritaverant turbidum ingenium Helvetii, Gallica gens, olim armis virisque, mox memoria nominis clara, de cæde Galbæ ignari, et Vitellii imperium abnuentes. Initium bello fuit avaritia ac festinatio unaetvicesimæ legionis. Rapuerant pecuniam missam in stipendium castelli, quod olim Helvetii suis militibus ac stipendiis tuebantur. Ægre id passi Helvetii, interceptis epistolis, quæ nomine germanici exercitus ad pannonicas legiones ferebantur, centurionem et quosdam militum in custodia retinebant. Cæcina, belli avidus, proximam quamque culpam, antequam pœniteret, ultum ibat. Mota propere castra, vastati agri, direptus longa pace in modum municipii exstructus locus, amœno salubrium aquarum usu frequens; missi ad Rhætica auxilia nuntii, ut versos in legionem Helvetios a tergo adgrederentur.

LXVIII. Illi, ante discrimen feroces, in periculo pavidi, quanquam primo tumultu Claudium Severum ducem legerant, non arma noscere, non ordines sequi, non in unum consulere : exitiosum adversus veteranos præ-

quait, des prostitutions et des adultères y suppléaient pour le fléchir. C'est ainsi qu'on parvint jusqu'aux Alpes.

LXVII. Il fallut à l'insatiabilité de Cécina plus de dépouilles et plus de sang. Son génie fougueux s'irrita contre les Helvétiens. Cette nation gauloise s'était illustrée, d'abord par ses armes et ses guerriers, ensuite par les souvenirs de leurs faits glorieux : ignorant la mort de Galba, ils refusèrent de reconnaître Vitellius. La guerre commença par l'avarice et la précipitation de la vingt-unième légion : elle enleva l'argent envoyé pour solder la garnison d'un fort que les Helvétiens entretenaient depuis long-temps à leurs frais et avec leurs propres troupes : ceux-ci, dans leur ressentiment, s'emparent des lettres que l'on portait au nom de l'armée germanique aux légions pannoniennes, et retiennent prisonniers un centurion et quelques soldats. Cécina, avide de guerre, à la première faute, quelle qu'elle fût, et, sans attendre le repentir, courait à la vengeance. Il lève le camp aussitôt, dévaste les campagnes, livre au pillage un lieu devenu une espèce de ville à la faveur d'une longue paix, et que l'usage agréable et salutaire de ses eaux faisait fréquenter. Il envoie des courriers aux auxiliaires de Rhétie pour qu'ils viennent attaquer par derrière les Helvétiens que sa légion attaque de face.

LXVIII. Intrépides avant le danger, les Helvétiens tremblèrent au milieu du péril : dans le premier tumulte, ils avaient pris Claudius Severus pour chef; mais ils ne savaient ni se servir de leurs armes, ni garder les rangs, ni agir de concert. Un combat contre nos vieux soldats

lium; intuta obsidio, dilapsis vetustate moenibus : hinc Caecina cum valido exercitu, inde Rhaeticae alae cohortesque et ipsorum Rhaetorum juventus, sueta armis et more militiae exercita : undique populatio et caedes; ipsi in medio vagi, abjectis armis, magna pars saucii aut palantes, in montem Vocetium perfugere. Ac statim, immissa cohorte Thracum, depulsi, et, consectantibus Germanis Rhaetisque, per silvas atque in ipsis latebris trucidati. Multa hominum millia caesa, multa sub corona venundata. Quumque, dirutis omnibus, Aventicum, gentis caput, justo agmine peteretur, missi qui dederent civitatem, et deditio accepta. In Julium Alpinum, e principibus, ut concitorem belli, Caecina animadvertit : ceteros veniae vel saevitiae Vitellii reliquit.

LXIX. Haud facile dictu est, legati Helvetiorum minus placabilem imperatorem an militem invenerint : civitatis excidium poscunt; tela ac manus in ora legatorum intentant. Ne Vitellius quidem minis ac verbis temperabat : quum Claudius Cossus, unus ex legatis, notae facundiae, sed dicendi artem apta trepidatione occultans, atque eo validior, militis animum mitigavit : ut est mos vulgo; mutabile subitis, et tam pronum in misericordiam quam immodicum saevitia fuerat, effusis lacrymis,

leur eût été funeste : un siège avec des murailles tombant de vétusté, offrait peu de sécurité. Cécina menaçait d'un côté avec une armée vaillante, et de l'autre la cavalerie et les cohortes de Rhétie, suivies de cette jeune milice Rhétique, accoutumée aux armes et exercée à la discipline; de toutes parts le ravage et des massacres. Errans au milieu des ennemis, les Helvétiens jetèrent leurs armes; la plupart blessés ou dispersés, se réfugièrent sur le mont Vocetius, d'où les chassa aussitôt une cohorte de Thraces envoyée contre eux : poursuivis avec acharnement par les Germains et les Rhétiens, ils furent égorgés dans les forêts et dans leurs plus sombres retraites. Des milliers d'hommes périrent, des milliers furent vendus à l'encan. Après avoir tout détruit, on s'avança en bataillons serrés contre Avenche, capitale du pays; des députés vinrent offrir de livrer la ville à discrétion : l'offre fut acceptée. Cécina punit Junius Alpinus, l'un des principaux chefs, comme instigateur de la guerre. Il réserva les autres à la clémence ou à la sévérité de Vitellius.

LXIX. Il est difficile de dire qui fut le plus implacable envers les députés helvétiens, de l'empereur ou des soldats : ceux-ci demandent l'anéantissement de la nation, insultent les députés du geste et de leurs armes; Vitellius lui-même n'épargnait ni les menaces ni les paroles, jusqu'à ce que Claudius Cossus, l'un des députés, fameux par son éloquence, mais cachant tout l'art de ses paroles sous un effroi concerté pour leur donner plus de force, parvint à calmer la fureur des soldats. On les vit, suivant l'usage de la multitude, chan-

et meliora constantius postulando, impunitatem salutemque civitati impetravere.

LXX. Cæcina paucos in Helvetiis moratus dies, dum sententiæ Vitellii certior fieret, simul transitum Alpium parans, lætum ex Italia nuntium accipit, alam Syllanam, circa Padum agentem, sacramento Vitellii accessisse. Proconsulem Vitellium Syllani in Africa habuerant : mox a Nerone, ut in Ægyptum præmitterentur, exciti, et ob bellum Vindicis revocati, ac tum in Italia manentes, instinctu decurionum, qui, Othonis ignari, Vitellio obstricti, robur adventantium legionum et famam germanici exercitus adtollebant, transiere in partes : et, ut donum aliquod novo principi, firmissima Transpadanæ regionis municipia, Mediolanum, ac Novariam, et Eporediam, ac Vercellas, adjunxere : id Cæcinæ per ipsos compertum ; et, quia præsidio alæ unius latissima pars Italiæ defendi nequibat, præmissis Gallorum, Lusitanorum, Britannorumque cohortibus, et Germanorum vexillis, cum ala Petrina, ipse paululum cunctatus, num Rhæticis jugis in Noricum flecteret, adversus Petronium, urbis procuratorem, qui concitis auxiliis et interruptis fluminum pontibus, fidus Othoni putabatur. Sed metu ne amitteret præmissas jam cohortes alasque, simul re-

ger subitement et se rendre à la clémence. Leur compassion fut aussi vive que leur barbarie avait été excessive : ils fondent en larmes; leurs supplications, plus honorables, sont aussi plus constantes, et ils obtiennent ainsi la grâce et le salut de la nation.

LXX. Cécina, s'étant arrêté quelques jours chez les Helvétiens, pour connaître les intentions de Vitellius, et se préparer à passer les Alpes, reçut d'Italie l'heureuse nouvelle que la cavalerie Syllana, campée aux environs du Pô, venait de prêter serment à Vitellius. Lors de son proconsulat en Afrique, il l'avait commandée; détachée ensuite par Néron pour le précéder en Égypte, puis rappelée à cause du soulèvement de Vindex, elle résidait alors en Italie. Poussées par ses décurions, qui, sans connaître Othon, étaient dévoués à Vitellius, et exaltaient la force des légions qui s'avançaient et la renommée de l'armée germanique, ces troupes passèrent dans le parti, et livrèrent comme présens au nouvel empereur, les plus fortes places du pays au delà du Pô, Milan, Novare, Ivrée et Verceilles; elles-mêmes en instruisirent Cécina. Comme une seule aile de cavalerie ne suffisait pas pour défendre cette portion très-étendue de l'Italie, Cécina envoya en avant des cohortes de Gaulois, de Lusitaniens et de Bretons, et les auxiliaires Germains, avec l'aile de cavalerie Petrina, et balança s'il ne se tournerait pas vers le Norique par les montagnes de Rhétie pour attaquer Petronius. Ce procurateur avait levé des auxiliaires, rompu tous les ponts, et passait pour rester fidèle à Othon; mais Cécina craignit d'exposer les cohortes et la cavalerie

putans, plus gloriæ retenta Italia, et, ubicumque certatum foret, Noricos in cetera victoriæ præmia cessuros, Penino subsignanum militem itinere, et grave legionum agmen hibernis adhuc Alpibus traduxit.

LXXI. Otho interim, contra spem omnium, non deliciis, neque desidia torpescere : dilatæ voluptates, dissimulata luxuria, et cuncta ad decorum imperii composita : eoque plus formidinis adferebant falsæ virtutes et vitia reditura. Marium Celsum, consulem designatum, per speciem vinculorum, sævitiæ militum subtractum, acciri in Capitolium jubet; clementiæ titulus e viro claro, et partibus inviso, petebatur. Celsus, constanter servatæ erga Galbam fidei crimen confessus, exemplum ultro imputavit; nec Otho, quasi ignosceret, sed, ne hostis metum reconciliationis adhiberet, statim inter intimos amicos habuit, et mox bello inter duces delegit, mansitque Celso, velut fataliter, etiam pro Othone fides integra et infelix. Læta primoribus civitatis, celebrata in vulgus Celsi salus, ne militibus quidem ingrata fuit, eamdem virtutem admirantibus, cui irascebantur.

LXXII. Par inde exsultatio disparibus causis consecuta, impetrato Tigellini exitio. Sophonius Tigellinus obscuris parentibus, fœda pueritia, impudica senecta

envoyées en avant ; il réfléchit aussi qu'il y aurait plus de gloire à s'assurer de l'Italie ; et qu'en quelque lieu que l'on combattît, la Norique deviendrait un des prix de la victoire ; il conduisit donc par la route des Alpes Pennines, encore couverte des neiges de l'hiver, ses troupes auxiliaires et sa pesante infanterie légionnaire.

LXXI. Othon cependant, contre l'attente générale, ne languit pas dans les délices ni dans l'indolence. Il suspend ses plaisirs, dissimule ses penchans vicieux, et dispose tout pour l'honneur de l'empire. On vit avec d'autant plus d'effroi ces vertus hypocrites qui masquaient le retour de ses vices. On avait feint d'emprisonner Marius Celsus, consul désigné, pour le soustraire à la barbarie des soldats ; Othon le fait amener au Capitole : il voulait se donner un titre de clémence en sauvant un personnage illustre et odieux au nouveau parti. Celsus accepta le tort d'avoir été fidèle à Galba, et donna ainsi un noble exemple. Othon, ne voulant point paraître accorder un pardon ni une réconciliation douteuse, l'appela aussitôt dans son intimité, et bientôt après le nomma l'un de ses généraux. Celsus, comme entraîné par sa destinée, conserva à Othon une foi qui fut aussi entière et aussi malheureuse. Sa grâce, agréable aux grands, louée de la multitude, ne déplut pas aux soldats, admirateurs de cette même vertu, qui d'abord avait provoqué leurs fureurs.

LXXII. Mêmes transports éclatèrent ensuite par une cause différente, lorsqu'on obtint la condamnation de Tigellin. Sophonius Tigellin, de parens obscurs, prostitué dès son enfance, débauché dans sa vieillesse, ayant ob-

præfecturam vigilum et prætorii, et alia præmia virtutum, quia velocius erat vitiis adeptus, crudelitatem mox, deinde avaritiam, et virilia scelera exercuit, corrupto ad omne facinus Nerone, quædam ignaro ausus, ac postremo ejusdem desertor ac proditor. Unde non alium pertinacius ad pœnam flagitavere, diverso adfectu, quibus odium Neronis inerat, et quibus desiderium. Apud Galbam T. Vinii potentia defensus, prætexentis servatam ab eo filiam : et haud dubie servaverat, non clementia, quippe tot interfectis, sed effugio in futurum ; quia pessimus quisque, diffidentia præsentium mutationem pavens, adversus publicum odium privatam gratiam præparat ; unde nulla innocentiæ cura, sed vices impunitatis. Eo infensior populus, addita ad vetus Tigellini odium recenti T. Vinii invidia, concurrere e tota urbe in palatium ac fora, et, ubi plurima vulgi licentia, in circum ac theatra effusi, seditiosis vocibus obstrepere : donec Tigellinus, accepto apud Sinuessanas aquas supremæ necessitatis nuntio, inter stupra concubinarum et oscula et deformes moras, sectis novacula faucibus, infamem vitam fœdavit etiam exitu sero et inhonesto.

tenu par les vices, chemin alors le plus prompt, le commandement des gardes, celui du prétoire, et les autres récompenses dues aux vertus, se signala d'abord par sa férocité, puis par son avarice et par tous les crimes qui peuvent souiller l'âge de la virilité; corrupteur de Néron, le poussant à tous les forfaits, il osa en commettre même à son insu, et, pour dernier trait, l'abandonna et le trahit. Aucune tête ne fut réclamée avec plus d'acharnement pour le supplice, par deux sentimens opposés, et par ceux qui haïssaient Néron, et par ceux qui le regrettaient. Tigellin, sous Galba, avait été épargné par le crédit de Vinius, qui représenta qu'il avait sauvé sa fille; et il l'avait sauvée en effet, non par clémence, il comptait tant d'autres victimes, mais pour s'assurer un refuge en l'avenir; car les pervers se défiant du présent, craignent les révolutions, se préparent contre la haine publique quelque reconnaissance particulière, et, sans s'inquiéter de l'innocence, se ménagent des échanges d'impunité. Le peuple, d'autant plus implacable qu'il unissait à sa haine ancienne contre Tigellin son indignation récente contre Vinius, accourt de toutes les parties de la ville au palais et sur les places; la multitude se répand au cirque et au théâtre, où sa licence trouve moins d'obstacles, et fait éclater des cris séditieux. Tigellin reçut enfin aux eaux de Sinuesse l'ordre de terminer sa vie. Là, se livrant aux caresses de ses concubines et à leurs baisers, après de honteux délais, il se coupa la gorge avec un rasoir, et acheva ainsi de souiller son existence déshonorée par la lenteur et l'infamie de sa mort.

LXXIII. Per idem tempus expostulata ad supplicium Galvia Crispinilla variis frustrationibus, et adversa dissimulantis principis fama, periculo exempta est : magistra libidinum Neronis, transgressa in Africam, ad instigandum in arma Clodium Macrum, famem populo romano haud obscure molita, totius postea civitatis gratiam obtinuit, consulari matrimonio subnixa, et apud Galbam, Othonem, Vitellium illæsa : mox potens pecunia et orbitate, quæ bonis malisque temporibus juxta valent.

LXXIV. Crebræ interim, et muliebribus blandimentis infectæ, ab Othone ad Vitellium epistolæ, offerebant pecuniam, et gratiam, et quemcumque quietis locum prodigæ vitæ legisset. Paria Vitellius ostentabat, primo mollius, stulta utrimque et indecora simulatione : mox, quasi rixantes, stupra et flagitia invicem objectavere : neuter falso. Otho, revocatis quos Galba miserat legatis, rursus alios ad utrumque germanicum exercitum, et ad legionem italicam, easque quæ Lugduni agebant copias, specie senatus misit. Legati apud Vitellium remansere promptius quam ut retenti viderentur. Prætoriani, quos, per simulationem officii, legatis Otho adjunxerat, remissi, antequam legionibus miscerentur. Addit epistolas Fabius Valens, nomine germanici exercitus, ad prætorias et urbanas cohortes, de viribus par-

LXXIII. Ces mêmes jours, on demanda le supplice de Galvia Crispinilla : divers subterfuges et une connivence peu honorable pour le prince, la tirèrent de péril. Intendante des débauches de Néron, passée en Afrique pour exciter Clodius Macer à prendre les armes, ayant tenté visiblement d'affamer le peuple romain, elle obtint plus tard la considération de toute la ville : un mariage consulaire en fut l'origine, et sous Galba, sous Othon, sous Vitellius, nullement inquiétée, elle obtint un grand crédit, parce qu'elle était riche et sans enfans, qualités d'un même avantage dans les temps propices ou malheureux.

LXXIV. Cependant Othon envoyait à Vitellius lettres sur lettres, dégoûtantes de honteuses avances, lui promettant de l'argent, sa faveur, et une retraite pour y vivre dans le repos et l'abondance. Vitellius faisait offres pareilles. D'abord, ils se ménagent l'un l'autre avec une stupide et ignoble dissimulation; puis, comme en une rixe, ils se reprochent mutuellement leurs impuretés et leurs forfaits : l'un et l'autre disaient vrai. Othon ayant rappelé les députés de Galba, en envoya d'autres, comme de la part du sénat, aux deux armées de Germanie, à la légion d'Italie, et aux troupes campées à Lyon. Ces députés restèrent auprès de Vitellius, et même trop de leur plein gré pour y paraître retenus. Les prétoriens qu'Othon avait adjoints aux députés sous prétexte de les escorter, furent renvoyés avant d'avoir communiqué avec les légions. Fabius Valens écrivit de plus, au nom de l'armée germanique, aux cohortes de la ville et du prétoire, des lettres remplies d'éloges magnifiques sur

tium magnificas et concordiam offerentes. Increpabat ultro, quod tanto ante traditum Vitellio imperium ad Othonem vertissent. Ita promissis simul ac minis tentabantur; ut bello impares, in pace nihil amissuri : neque ideo praetorianorum fides mutata.

LXXV. Sed insidiatores ab Othone in Germaniam, a Vitellio in urbem missi : utrisque frustra fuit : Vitellianis impune, per tantam hominum multitudinem, mutua ignorantia fallentibus : Othoniani novitate vultus, omnibus invicem gnaris, prodebantur. Vitellius litteras ad Titianum, fratrem Othonis, composuit, exitium ipsi filioque ejus minitans, ni incolumes sibi mater ac liberi servarentur. Et stetit domus utraque : sub Othone, incertum an metu : Vitellius victor clementiae gloriam tulit.

LXXVI. Primus Othoni fiduciam addidit ex Illyrico nuntius, jurasse in eum Dalmatiae ac Pannoniae et Moesiae legiones. Idem ex Hispania adlatum : laudatusque per edictum Cluvius Rufus : et statim cognitum est, conversam ad Vitellium Hispaniam. Ne Aquitania quidem, quanquam a Julio Cordo in verba Othonis obstricta, diu mansit. Nusquam fides aut amor; metu ac necessitate huc illuc mutabantur. Eadem formido provinciam Narbonensem ad Vitellium vertit, facili transitu ad proxi-

les forces du parti, et d'offres de bonne union. Il leur reprochait de son chef d'avoir transféré à Othon un empire dès long-temps déféré à Vitellius; leur démontrant de plus, et par promesses et par menaces, qu'ils étaient trop faibles pour les combattre, et qu'ils ne perdraient rien à la paix. Toutefois, la fidélité des prétoriens n'en fut point ébranlée.

LXXV. Alors Othon envoya des assassins en Germanie, Vitellius en envoya à Rome, et ce fut vainement de part et d'autre. Ceux de Vitellius échappèrent au milieu d'une si grande multitude de personnes inconnues les unes aux autres; ceux d'Othon, au milieu de soldats qui tous se connaissaient, furent trahis par la nouveauté même de leur visage. Vitellius écrivit à Titianus, frère d'Othon, le menaçant de la mort lui et son fils, si on ne lui conservait pas sains et saufs sa mère et ses enfans. Les deux familles furent épargnées : de la part d'Othon, peut-être fut-ce par crainte; Vitellius, vainqueur, eut toute la gloire de cette clémence.

LXXVI. La première nouvelle d'Illyrie fortifia la confiance d'Othon : les légions de Dalmatie, de Pannonie et de Mésie lui avaient juré obéissance. Mêmes avis d'Espagne, et Cluvius Rufus en est remercié par un édit. On apprend tout à coup que l'Espagne a tourné pour Vitellius : l'Aquitaine, quoique Julius Cordus eût fait prêter serment à Othon, ne resta pas long-temps fidèle. La foi ou l'affection n'agissait plus; la crainte et la nécessité réglaient seules les changemens des esprits. Une semblable terreur livre la province Narbonaise à Vitellius. La transition était facile : il était le plus près

mos et validiores. Longinquæ provinciæ, et quidquid armorum mari dirimitur, penes Othonem manebant; non partium studio, sed erat grande momentum in nomine urbis ac prætextu senatus; et occupaverat animos prior auditus. Judaicum exercitum Vespasianus, Syriæ legiones Mucianus, sacramento Othonis adegere. Simul Ægyptus omnesque versæ in Orientem provinciæ nomine ejus tenebantur. Idem Africæ obsequium, initio a Carthagine orto. Neque exspectata Vipstani Aproniani proconsulis auctoritate, Crescens, Neronis libertus, nam et hi malis temporibus partem se reipublicæ faciunt, epulum plebi, ob lætitiam recentis imperii, obtulerat, et populus pleraque sine modo festinavit. Carthaginem ceteræ civitates secutæ.

LXXVII. Sic distractis exercitibus ac provinciis, Vitellio quidem ad capessendam principatus fortunam bello opus erat. Otho, ut in multa pace, munia imperii obibat : quædam ex dignitate reipublicæ, pleraque contra decus ex præsenti usu properando. Consul cum Titiano fratre in kalendas martias ipse; proximos menses Verginio destinat, ut aliquod exercitui germanico delinimentum. Jungitur Verginio Poppæus Vopiscus, prætextu veteris amicitiæ; plerique, Viennensium honori datum, interpretabantur. Ceteri consulatus ex destinatione Neronis aut Galbæ mansere, Cælio ac Flavio Sabinis in

et le plus fort. Les provinces lointaines et toutes les forces militaires séparées par la mer restaient attachées à Othon : ce n'était point par dévouement ; mais Rome et la présence du sénat étaient un grand poids pour son parti; son nom, d'ailleurs le premier prononcé, avait prévenu les esprits. Vespasien avait reçu pour Othon le serment de l'armée de Judée, Mucien celui des légions de Syrie. En même temps l'Égypte et toutes les provinces de l'Orient étaient gouvernées en son nom. L'Afrique n'était pas moins soumise; Carthage lui en avait donné l'exemple. Sans attendre l'ordre du proconsul Vipstanus Apronianus. Un affranchi de Néron, Crescens, car dans les temps malheureux ces hommes aussi prennent part aux affaires publiques, offrit un banquet à la multitude, en réjouissance du nouvel avènement, et le peuple précipita le reste, sans aucune mesure. Les autres villes imitèrent Carthage.

LXXVII. Au milieu de ces divisions des armées et des provinces, Vitellius avait besoin de la guerre pour saisir la souveraineté des mains de la fortune; Othon, comme dans la paix la plus assurée, remplissait les fonctions d'empereur, quelquefois avec la dignité convenable à l'état, plus souvent avec inconvenance par la précipitation qu'exigeait la conjoncture. Il se nomma lui-même consul, avec Titianus son frère, jusqu'aux kalendes de mars; il désigna, pour les deux mois suivans, Verginius : c'était pour calmer l'armée germanique. Il donna à Verginius, pour collègue, Poppéus Vopiscus, sous le prétexte de leur ancienne amitié. On pensa généralement que c'était pour flatter les Viennois. Les autres

julias; Arrio Antonino et Mario Celso in septembres : quorum honori ne Vitellius quidem victor intercessit. Sed Otho pontificatus auguratusque honoratis jam senibus cumulum dignitatis addidit : et recens ab exsilio reversos nobiles adolescentulos avitis ac paternis sacerdotiis, in solatium, recoluit. Redditus Cadio Rufo, Pedio Blæso, Sevino Pomtino senatorius locus, qui repetundarum criminibus sub Claudio ac Nerone ceciderant. Placuit ignoscentibus, verso nomine, quod avaritia fuerat, videri majestatem, cujus tum odio etiam bonæ leges peribant.

LXXVIII. Eadem largitione civitatum quoque ac provinciarum animos adgressus, Hispaliensibus et Emeritensibus familiarum adjectiones, Lingonibus universis civitatem romanam, provinciæ Bæticæ Maurorum civitates dono dedit. Nova jura Cappadociæ, nova Africæ, ostentui magis quam mansura. Inter quæ, necessitate præsentium rerum et instantibus curis excusata, ne tum quidem immemor amorum, statuas Poppææ per senatus consultum reposuit. Creditus est etiam de celebranda Neronis memoria agitavisse, spe vulgum alliciendi; et fuere, qui imagines Neronis proponerent : atque etiam Othoni quibusdam diebus populus et miles, tanquam

consulats demeurèrent à ceux pour qui Néron et Galba en avaient disposé : aux deux Sabinus, Cœlius et Flavius, jusqu'en juillet; à Arrius Antoninus et Marius Celsus, jusqu'en septembre. Vitellius, même après sa victoire, ne changea rien à ces dignités. Othon, par des pontificats, par des charges d'augure, mit le comble aux honneurs déjà accordés à plusieurs vieillards. De très-jeunes nobles, revenus récemment d'exil, obtinrent de lui, pour consolation, les sacerdoces qu'avaient eus leurs pères et leurs aïeux. On rendit à Cadius Rufus, à Pedius Blésus, à Sevinus Pomtinus, le rang de sénateurs, qu'ils avaient perdu sous Claude et sous Néron, pour crime de concussion. On voulut, en leur pardonnant, changer le nom de l'accusation, et leurs rapines furent appelées crimes de lèze-majesté, disposition en haine de laquelle on laissait périr les meilleures lois.

LXXVIII. Par des largesses semblables, Othon cherchait à séduire les villes et les provinces : les colonies d'Hispalis et d'Emerita furent accrues de nouvelles familles; tous les habitans de Langres obtinrent le droit de citoyens romains; le pays des Maures fut donné à la province de la Bétique; de nouveaux privilèges à la Cappadoce, de nouveaux à l'Afrique : faveurs plus magnifiques que durables. Au milieu de ces actes, qu'excusaient la force des circonstances et des embarras pressans, Othon n'oubliait point toutefois ses amours, et par un sénatus-consulte il fit relever les statues de Poppée. On crut aussi qu'il projeta de célébrer la mémoire de Néron, dans l'espoir de s'attacher la populace : quelques personnes en exposèrent des images; et

nobilitatem ac decus adstruerent, NERONI OTHONI adclamavit. Ipse in suspenso tenuit, vetandi metu, vel adgnoscendi pudore.

LXXIX. Conversis ad civile bellum animis, externa sine cura habebantur. Eo audentius Rhoxolani, Sarmatica gens, priore hieme caesis duabus cohortibus, magna spe ad Moesiam irruperant : novem millia equitum, ferociora successu et praedae magis quam pugnae intenta. Igitur vagos et incuriosos tertia legio, adjunctis auxiliis, repente invasit. Apud Romanos omnia proelio apta : Sarmatae, dispersi cupidine praedae, aut graves onere sarcinarum, et lubrico itinerum adempta equorum pernicitate, velut vincti caedebantur. Namque mirum dictu, ut sit omnis Sarmatarum virtus velut extra ipsos : nihil ad pedestrem pugnam tam ignavum : ubi per turmas advenere, vix ulla acies obstiterit. Sed tum humido die et soluto gelu, neque conti, neque gladii, quos praelongos utraque manu regunt, usui, lapsantibus equis et cataphractarum pondere. Id principibus et nobilissimo cuique tegmen, ferreis laminis aut praeduro corio consertum; ut adversus ictus impenetrabile, ita impetu hostium provolutis inhabile ad resurgendum : simul altitudine et mollitia nivis hauriebantur. Romanus miles facili lorica et missili pilo aut lanceis adsultans, ubi res pos-

même, durant plusieurs jours, le peuple et les soldats le saluèrent du nom de NÉRON-OTHON comme pour rehausser sa noblesse et sa gloire : quant à lui, il ne se prononça pas sur ce titre, soit par crainte de le refuser, soit par honte de le recevoir.

LXXIX. Tous les esprits étant tournés vers la guerre civile, nulle surveillance des ennemis étrangers. Les Rhoxolans en prirent de l'audace ; cette nation Sarmate, avait, l'hiver précédent, taillé en pièces deux de nos cohortes : gonflés d'espoir, ils fondent avec neuf mille de leurs cavaliers sur la Mésie ; leur orgueil s'accroît de leur succès, et ils cherchent plutôt à piller qu'à combattre. Ils se dispersent donc sans précaution ; la troisième légion, soutenue des auxiliaires, les surprend tout à coup. Du côté des Romains, tout était disposé pour l'attaque : les Sarmates, isolés par l'ardeur du pillage, ou appesantis par le butin, dans des chemins glissans qui arrêtent la rapidité de leurs coursiers, sont égorgés comme s'ils eussent été enchaînés ; car il est très-remarquable que toute la valeur des Sarmates semble être hors d'eux-mêmes : dans leurs attaques d'infanterie, rien de plus lâche ; dans leurs chocs de cavalerie, à peine nos troupes en bataille leur résistent-elles. Mais, en cette circonstance, la température était humide, les glaces fondaient ; ni leurs piques ni leurs longues épées, qu'ils tiennent des deux mains, ne purent leur servir ; leurs chevaux glissaient, et ils étaient accablés du poids de leurs cuirasses, qui sont composées de lames de fer ou de bandes de cuir extrêmement dur. Chacun de leurs princes ou nobles en est couvert : ils sont ainsi impénétrables aux blessures ;

ceret, levi gladio inermem Sarmatam, neque enim defendi scuto mos est, cominus fodiebat : donec pauci, qui prœlio superfuerant, paludibus abderentur. Ibi sævitia hiemis et vi vulnerum absumpti. Postquam id Romæ compertum, M. Aponius, Mœsiam obtinens triumphali statua, Fulvius Aurelius et Julianus Titius ac Numisius Lupus, legati legionum, consularibus ornamentis donantur : læto Othone et gloriam in se trahente, tanquam et ipse felix bello, et suis ducibus suis que exercitibus rempublicam auxisset.

LXXX. Parvo interim initio, unde nihil timebatur, orta seditio prope urbi excidio fuit. Septimam decimam cohortem, e colonia Ostiensi in urbem acciri Otho jusserat : armandæ ejus cura Vario Crispino, tribuno e prætorianis, data. Is, quo magis vacuus, quietis castris, jussa exsequeretur, vehicula cohortis, incipiente nocte, onerari, aperto armamentario, jubet. Tempus in suspicionem, causa in crimen, adfectatio quietis in tumultum evaluit; et visa inter temulentos arma cupidinem sui movere. Fremit miles, et tribunos centurionesque proditionis arguit tanquam familiæ senatorum ad perniciem Othonis armarentur, pars ignari et vino graves;

mais, s'ils sont renversés dans le choc, ils ne peuvent se relever; de plus, ils étaient engloutis sous les neiges molles et profondes. Le soldat romain, avec sa cuirasse légère, attaquait, tantôt avec le javelot, tantôt avec la lance, ou bien, se servant dans l'occasion de sa courte épée, perçait de part en part le Sarmate sans défense, et sans usage du bouclier. Un petit nombre échappé au combat se cacha dans des marais, où la rigueur de l'hiver et la gravité de leurs blessures terminèrent leur existence. Dès que ce succès fut connu à Rome, une statue triomphale fut décernée à M. Aponius, gouverneur de la Mésie, et les ornemens consulaires aux commandans de légions F. Aurelius, J. Titius, Numisius Lupus. Othon, plein de joie, s'attribuait cette gloire à lui-même : c'était lui qui venait, par son bonheur à la guerre, par ses propres généraux et ses propres armées, d'agrandir la république.

LXXX. Cependant une circonstance légère et dans une chose dont on ne devait nullement s'inquiéter, fit naître une sédition qui faillit entraîner Rome à sa ruine. La dix-septième cohorte se rendait de la colonie d'Ostie dans la capitale, sur l'ordre d'Othon. Varius Crispinus, tribun du prétoire, fut chargé de lui remettre ses armes. Pour exécuter l'ordre plus paisiblement, Crispinus fait ouvrir l'arsenal à l'entrée de la nuit, tandis que le camp repose, et charger d'armes les voitures de la cohorte. L'heure parut suspecte, le motif criminel; les précautions contre le tumulte en devinrent la cause, et la vue des armes donna au soldat, animé par l'ivresse, la pensée de s'en saisir. Il s'indigne, il accuse ses tribuns et ses centurions de trahison, d'armer les esclaves des sénateurs

pessimus quisque in occasionem prædarum : vulgus, ut mos est, cujuscunque motus novi cupidum : et obsequia meliorum nox abstulerat. Resistentem seditioni tribunum et severissimos centurionum obtruncant; rapta arma, nudati gladii, insidentes equis urbem ac palatium petunt.

LXXXI. Erat Othoni celebre convivium, primoribus feminis virisque : qui trepidi, fortuitusne militum furor, an dolus imperatoris, manere ac deprehendi, an fugere ac dispergi, periculosius foret; modo constantiam simulare, modo formidine detegi, simul Othonis vultum intueri : utque evenit, inclinatis ad suspicionem mentibus, quum timeret Otho, timebatur. Sed haud secus discrimine senatus, quam suo territus, et præfectos prætorii ad mitigandas militum iras statim miserat, et abire propere omnes e convivio jussit. Tum vero passim magistratus, projectis insignibus, vitata comitum et servorum frequentia, senes feminæque, per tenebras, diversa urbis itinera, rari domos, plurimi amicorum tecta, et, ut cuique humillimus cliens, incertas latebras petivere.

LXXXII. Militum impetus ne foribus quidem palatii

pour renverser Othon. Une partie ne sait ce qu'elle veut, et reste appesantie par le vin; les plus mauvais sujets espèrent un pillage; la multitude, suivant son usage, est avide d'agitation et de nouveautés quelles qu'elles soient. La nuit leur ôtait l'exemple de la subordination des plus raisonnables. Un tribun qui résiste à la sédition et les plus sévères des centurions périssent égorgés. Les armes sont enlevées, les épées tirées; ils s'élancent à cheval, ils courent à Rome et au palais.

LXXXI. Othon réunissait dans un festin splendide les premières personnes de la ville des deux sexes : les convives, terrifiés, ne savent si la fureur du soldat est l'ouvrage du hasard ou de la perfidie de l'empereur, s'il est plus dangereux de rester et de se laisser arrêter, ou de fuir et de se disperser; tantôt ils feignent de l'assurance, tantôt ils montrent leur terreur à découvert, sans cesser d'étudier la physionomie d'Othon, et, comme il arrive lorsque l'esprit est enclin aux soupçons, Othon était saisi de crainte, et on le craignait lui-même. Non moins épouvanté du péril du sénat que du sien propre, il envoya aussitôt les préfets du prétoire pour apaiser la fureur du soldat, et fit sortir promptement tous les conviés de la salle. Alors on vit errer çà et là les magistrats, jetant les marques de leur dignité, évitant le cortège de gens de leur suite et de leurs esclaves; des vieillards et des femmes gagnent, à travers les ténèbres, les quartiers opposés de la ville, peu se retirent en leurs demeures, la plupart sous le toit de leurs amis, ou cherchent des retraites ignorées chez le plus obscur de leurs cliens.

LXXXII. L'impétuosité des soldats ne s'arrête pas

coercitus, quominus convivium irrumperent, ostendi sibi Othonem expostulantes : vulnerato Julio Martiale, tribuno, et Vitellio Saturnino, præfecto legionis, dum ruentibus obsistunt. Undique arma et minæ, modo in centuriones tribunosque, modo in senatum universum : lymphatis cæco pavore animis, et, quia neminem unum destinare iræ poterant, licentiam in omnes poscentibus : donec Otho, contra decus imperii, toro insistens, precibus et lacrymis ægre cohibuit : redieruntque in castra inviti, neque innocentes. Postera die, velut capta urbe, clausæ domus : rarus per vias populus; moesta plebs; dejecti in terram militum vultus, ac plus tristitiæ quam poenitentiæ. Manipulatim allocuti sunt Licinius Proculus et Plotius Firmus, præfecti, ex suo quisque ingenio mitius aut horridius. Finis sermonis in eo, ut quina millia nummum singulis militibus numerarentur. Tum Otho ingredi castra ausus : atque illum tribuni centurionesque circumsistunt, abjectis militiæ insignibus, otium et salutem flagitantes. Sensit invidiam miles, et compositus in obsequium, auctores seditionis ad supplicium ultro postulabat.

LXXXIII. Otho, quanquam turbidis rebus et diversis militum animis, quum optimus quisque remedium præ-

aux portes du palais; ils se précipitent dans la salle du festin, criant qu'Othon leur soit montré. Ils avaient blessé Julius Martialis, tribun, et Vitellius Saturninus, préfet d'une légion, qui s'opposaient à leur entrée tumultueuse. De toutes parts brillent des armes, retentissent des menaces, tantôt contre les centurions et les tribuns, tantôt contre tout le sénat. Leurs esprits étaient égarés par une aveugle terreur, et leur rage ne pouvant désigner une victime, demandait à s'exercer contre tous; jusqu'à ce qu'enfin Othon, contre la dignité de l'empire, debout sur le lit du festin, par des prières et par des larmes, parvint avec peine à les contenir; ils retournèrent au camp à regret, non sans commettre quelques désordres. Le jour suivant, ainsi qu'en une ville prise d'assaut, les maisons étaient fermées, peu de personnes dans les rues, la populace était consternée; les soldats, les regards baissés vers la terre, marquaient plus de mécontentement que de repentir. Les compagnies furent haranguées par Licinius Proculus et Plotius Firmus, leurs préfets; chacun d'eux parla suivant son caractère, avec trop de douceur ou trop de rudesse; la fin du discours aboutit à ce que cinq mille sesterces seraient accordés à chaque soldat. Alors Othon ne craignit plus d'entrer dans le camp : les tribuns et les centurions l'environnent, ils jettent les insignes de leur grade, implorent de lui la vie et leur retraite; le soldat sentait sa faute, et, disposé à une entière soumission, il demanda de lui-même qu'on livrât au supplice les auteurs de la sédition.

LXXXIII. Malgré le trouble des circonstances et les dispositions opposées des troupes, il était démontré

sentis licentiæ posceret; vulgus et plures, seditionibus et ambitioso imperio læti, per turbas et raptus facilius ad civile bellum impellerentur : simul reputans, non posse principatum, scelere quæsitum, subita modestia et prisca gravitate retineri : sed discrimine urbis et periculo senatus anxius, postremo ita disseruit : « Neque ut adfectus vestros in amorem mei accenderem, commilitones, neque ut animum ad virtutem cohortarer, utraque enim egregie supersunt, sed veni postulaturus a vobis temperamentum vestræ fortitudinis, et erga me modum caritatis. Tumultus proximi initium, non cupiditate vel odio, quæ multos exercitus in discordiam egere, ac ne detrectatione quidem aut formidine periculorum : nimia pietas vestra, acrius quam consideratius, excitavit. Nam sæpe honestas rerum causas, ni judicium adhibeas, perniciosi exitus consequuntur. Imus ad bellum : num omnes nuntios palam audiri, omnia consilia cunctis præsentibus tractari, ratio rerum aut occasionum velocitas patitur? tam nescire quædam milites, quam scire, oportet. Ita se ducum auctoritas, sic rigor disciplinæ habet, ut multa etiam centuriones tribunosque tantum juberi expediat. Si, ubi jubeantur, quærere singulis liceat, pereunte obsequio etiam imperium intercidit. An et illic nocte intempesta rapientur arma? unus alterve perditus ac temulentus neque, enim

pour Othon que les plus sages réclamaient un remède
à la licence, que le peuple et le plus grand nombre
favorisant les révoltes et les intrigues qui entourent le
trône, se porteraient plus facilement à une guerre civile,
au milieu des troubles et des pillages; il réfléchit aussi
qu'une souveraineté acquise par un crime ne pouvait se
conserver ni par des réformes soudaines ni par l'antique
rigidité; inquiet toutefois des dangers de Rome et du
péril du sénat, Othon se décide à leur parler en ces termes :
« Je ne viens pas pour solliciter votre zèle en ma faveur,
compagnons d'armes, ni pour exhorter votre âme au courage, l'un et l'autre se sont noblement prononcés; mais
je vous demanderai plutôt de modérer et votre valeur et
votre affection. Le dernier tumulte ne doit point son origine à la cupidité, ou à la haine, qui, souvent, ont entraîné des armées à la discorde, ni au refus, ou à la
crainte des dangers : votre excessif attachement, plus
ardent que réfléchi, l'a fait naître; les intentions les
plus honorables sont souvent suivies des plus funestes résultats dès qu'on n'y joint pas le raisonnement. Lorsque
nous entrons en guerre, faut-il que tous les courriers
soient entendus publiquement, que les discussions aient
lieu en présence de tous : la nature des circonstances, la
fuite si rapide des occasions le permettent-elles? Il est des
choses que les soldats doivent savoir, il en est qu'il est plus
utile qu'ils ignorent. L'autorité des chefs, la rigidité de la
discipline exigent que dans beaucoup de circonstances les
centurions et les tribuns eux-mêmes n'aient que des ordres
à recevoir. Si, au moindre commandement, chacun avait le
droit de discuter, la subordination serait perdue, et avec

plures consternatione proxima insanisse crediderim, centurionis ac tribuni sanguine manus imbuet? imperatoris sui tentorium irrumpet?

LXXXIV. «Vos quidem istud pro me : sed in discursu ac tenebris et rerum omnium confusione patefieri occasio etiam adversus me potest. Si Vitellio et satellitibus ejus eligendi facultas detur, quem nobis animum, quas mentes imprecentur, quid aliud quam seditionem et discordiam optabunt? ne miles centurioni, ne centurio tribuno, obsequatur : hinc confusi, pedites equitesque, in exitium ruamus. Parendo potius, commilitones, quam imperia ducum sciscitando, res militares continentur : et fortissimus in ipso discrimine exercitus est, qui ante discrimen quietissimus. Vobis arma et animus sit : mihi consilium et virtutis vestræ regimen relinquite. Paucorum culpa fuit, duorum pœna erit. Ceteri abolete memoriam fœdissimæ noctis : nec illas adversus senatum voces ullus unquam exercitus audiat. Caput imperii, et decora omnium provinciarum, ad pœnam vocare, non hercle illi, quos quum maxime Vitellius in nos ciet, Germani audeant. Ulline Italiæ alumni, et romana vere juventus, ad sanguinem et cædem deposcerent ordinem, cujus splendore et gloria sordes et obscuritatem Vitellianarum partium præstringimus? Nationes aliquas oc-

elle toute autorité. Doit-on courir aux armes la nuit sans nul motif? un ou deux misérables, emportés par l'ivresse, car je n'en compte pas plus dans le délire du dernier tumulte, n'ont-ils pas trempé leurs mains dans le sang du centurion et du tribun, forcé la tente de leur empereur?

LXXXIV. « Vous ne l'avez fait que pour moi; mais dans ces courses en désordre, dans ces ténèbres, dans cette confusion de toutes choses, le crime peut aussi saisir une occasion contre moi. Si Vitellius et ses satellites avaient la faculté de diriger nos pensées et nos esprits, formeraient-ils, dans leurs imprécations, un autre souhait que celui de nous inspirer la sédition et la discorde, la désobéissance du soldat au centurion, du centurion au tribun, afin que tous, fantassins et cavaliers, confondus, nous nous précipitions à notre ruine? C'est en obéissant, compagnons d'armes, et non en scrutant les ordres des chefs, que l'état militaire se maintient : l'armée la plus redoutable dans l'action est celle qui, avant l'action, est la plus calme : à vous appartiennent les armes et le courage, à moi le conseil et la direction de votre valeur. Peu furent coupables! deux seront punis. Effacez le souvenir de cette nuit trop honteuse; que nulle armée ne connaisse jamais ces cris proférés contre le sénat : le sénat! la tête de l'empire et l'honneur de toutes nos provinces, demander son supplice, grands dieux! Ces Germains que Vitellius soulève contre nous, l'eussent-ils osé! Et vous, nourrissons de l'Italie, vous, jeunesse vraiment romaine, vous demanderiez le sang et le massacre d'un ordre dont la splendeur et la gloire font tout notre éclat auprès de la bassesse et de l'obscu-

cupavit Vitellius, imaginem quandam exercitus habet : senatus nobiscum est. Sic fit, ut hinc respublica, inde hostes reipublicæ constiterint. Quid? vos pulcherrimam hanc urbem domibus et tectis et congestu lapidum stare creditis? Muta ista et inanima intercidere ac reparari promiscua sunt : æternitas rerum, et pax gentium, et mea cum vestra salus, incolumitate senatus firmatur. Hunc auspicato a parente et conditore urbis nostræ institutum, et a regibus usque ad principes continuum et immortalem, sicut a majoribus accepimus, sic posteris tradamus. Nam, ut ex vobis senatores, ita ex senatoribus principes nascuntur. »

LXXXV. Ea oratio ad perstringendos mulcendosque militum animos, et severitatis modus, neque enim in plures, quam in duos animadverti jusserat, grate accepta, compositique ad præsens, qui coerceri non poterant. Non tamen quies urbi redierat : strepitus telorum et facies belli erat : militibus, ut nihil in commune turbantibus, ita sparsis per domos, occulto habitu, et maligna cura in omnes quos nobilitas aut opes aut aliqua insignis claritudo rumoribus objecerat. Vitellianos quoque milites venisse in urbem ad studia partium noscenda, plerique credebant. Unde plena omnia suspicionum, et vix secreta domuum sine formidine : sed plu-

rité du parti de Vitellius. Ce rebelle est devenu maître de quelques contrées, il a une apparence d'armée, mais le sénat est avec nous. C'est ainsi que, de notre côté, est la république, de l'autre les ennemis de l'état. Quoi! pensez-vous que cette Rome, si magnifique, existe par des maisons, des toits et des monceaux de pierres? ces monumens, muets et inanimés, peuvent aussi bien se détruire que se réparer. L'éternité de l'empire et la paix des nations, mon salut et le vôtre, résident dans la conservation du sénat, de ce sénat institué, sous les auspices des dieux, par le père et le fondateur de notre ville; de ce sénat qui existe sans interruption depuis les rois jusqu'aux Césars, qui est immortel, et que nous devons transmettre à la postérité tel que nous l'avons reçu de nos ancêtres : car c'est de vous, Romains, que naissent les sénateurs, et des sénateurs vos princes. »

LXXXV. Ce discours, qui réprimait et flattait à la fois les soldats, cette modération dans la sévérité même, car il n'y eut que deux coupables de punis, furent accueillis avec faveur, et calmèrent pour le moment des esprits que l'on ne pouvait contraindre. Toutefois le calme ne fut pas rendu à Rome : partout le tumulte des armes et l'image de la guerre ; les soldats ne formaient pas des groupes séditieux, mais ils se glissaient dans les maisons, et, sous des déguisemens, portaient leur attention perfide sur tous ceux que leur noblesse, leurs richesses ou quelque illustration exposaient aux insinuations de la malignité; on assurait même que des soldats de Vitellius étaient venus dans Rome pour connaître les dispositions des esprits. Aussi partout régnait le soupçon, à peine

rimum trepidationis in publico. Ut quemque nuntium fama adtulisset, animum vultumque conversi, ne diffidere dubiis ac parum gaudere prosperis viderentur. Coacto vero in curiam senatu, arduus rerum omnium modus, ne contumax silentium, ne suspecta libertas : et privato Othoni nuper, atque eadem dicenti, nota adulatio. Igitur versare sententias, et huc atque illuc torquere, hostem et parricidam Vitellium vocantes : providentissimus quisque vulgaribus conviciis; quidam vera probra jacere, in clamore tamen, et ubi plurimæ voces aut tumultu verborum sibi ipsi obstrepentes.

LXXXVI. Prodigia insuper terrebant, diversis auctoribus vulgata. In vestibulo Capitolii omissas habenas bigæ, cui Victoria institerat : erupisse cella Junonis majorem humana speciem : statuam divi Julii in insula Tiberini amnis, sereno et immoto die, ab Occidente in Orientem conversam : prolocutum in Etruria bovem : insolitos animalium partus : et plura alia, rudibus sæculis etiam in pace observata, quæ nunc tantum in metu audiuntur. Sed præcipuus et, cum præsenti exitio, etiam futuri pavor, subita inundatione Tiberis : qui immenso auctu, proruto ponte Sublicio, ac strage obstantis molis

l'intérieur des familles était-il à l'abri de la crainte; mais la terreur était toute-puissante en public; à chaque nouvelle qui se répandait, on changeait d'opinion et de visage, pour ne point affecter trop d'abattement pour les revers, trop peu de joie pour les succès. Quant aux sénateurs, assemblés dans leur palais, il était bien difficile de montrer une juste mesure en tous points : le silence eût paru une résistance injurieuse, la liberté eût été suspectée, et l'adulation eût été trop évidente pour Othon, qui naguère, simple particulier, en avait tenu le langage. Aussi, ils contournaient leurs pensées, les tourmentaient en tous sens pour appeler Vitellius ennemi et parricide. Les plus prévoyans se jetaient en de vagues déclamations; d'autres hasardaient quelques reproches et vérités, mais dans le tumulte, et lorsque plusieurs voix confuses et élevées, mêlées à la leur, couvraient leurs propres discours.

LXXXVI. Des prodiges annoncés par divers rapports ajoutaient à la terreur. Dans le vestibule du Capitole, une Victoire abandonna les rênes du char où elle était posée debout; il s'était élancé d'une chapelle de Junon un spectre d'une taille plus qu'humaine; dans une île du Tibre, une statue du divin César, par un jour calme et serein, s'était tournée d'Occident en Orient; en Etrurie, un bœuf avait parlé : il était né des animaux monstrueux : on racontait plusieurs autres prodiges que les siècles grossiers observaient, même en temps de paix, et dont aujourd'hui on ne parle plus qu'aux temps de terreur; mais un plus grand mal, qui était à la fois une calamité présente et une inquiétude pour l'avenir, fut le débordement subit

refusus, non modo jacentia et plana urbis loca, sed secura ejusmodi casuum implevit. Rapti e publico plerique, plures in tabernis et cubilibus intercepti. Fames in vulgus, inopia quæstus et penuria alimentorum : corrupta stagnantibus aquis insularum fundamenta, dein, remeante flumine, dilapsa. Utque primum vacuus a periculo animus fuit, id ipsum, quod paranti expeditionem Othoni, campus Martius et via Flaminia, iter belli, esset obstructum a fortuitis vel naturalibus causis, in prodigium et omen imminentium cladium vertebatur.

LXXXVII. Otho, lustrata urbe, et expensis belli consiliis, quando Penninæ Cottiæque Alpes, et ceteri Galliarum aditus Vitellianis exercitibus claudebantur, Narbonensem Galliam aggredi statuit; classe valida et partibus fida, quod reliquos cæsorum ad pontem Milvium, et sævitia Galbæ in custodiam habitos, in numeros legionis composuerat; facta et ceteris spe honoratioris in posterum militiæ. Addidit classi urbanas cohortes, et plerosque e prætorianis, vires et robur exercitus, atque ipsis ducibus consilium et custodes. Summa expeditionis Antonio Novello, Suedio Clementi, primipilaribus, Æmilio Pacensi, cui ademptum a Galba tribunatum reddiderat;

du Tibre, qui, par une crue prodigieuse, rompit le pont Sublicius, reflua contre la masse des débris qui l'arrêtaient, et couvrit non-seulement les parties basses de la ville, mais les lieux jusqu'alors à l'abri de tels évènemens : des personnes furent entraînées dans les rues; plusieurs submergées dans les boutiques et dans leurs lits. La famine affligea le peuple, et par le manque de travaux et par la pénurie des subsistances. Les fondemens des habitations, minés par les eaux stagnantes, croulèrent quand le fleuve se retira. Lorsque ce danger n'alarma plus les esprits, on remarqua qu'au moment où Othon allait partir pour son expédition, le Champ-de-Mars et la voie Flaminienne, qui étaient son chemin pour aller combattre Vitellius, lui avaient été fermés, et ces causes, naturelles ou fortuites, étaient métamorphosées en prodiges et en présages de défaites menaçantes.

LXXXVII. Après avoir purifié la ville et disposé son plan de guerre, Othon, auquel les troupes de Vitellius fermaient les Alpes Pennines et Cottiennes et les autres passages des Gaules, résolut de se rendre dans la Gaule Narbonaise. La flotte était puissante et fidèle à son parti; Othon avait formé une légion du reste des marins échappés au massacre du pont Milvius, et que la cruauté de Galba avait jetés dans les fers; et il avait donné aux autres marins l'espoir d'un service plus honorable à l'avenir. Il embarqua sur la flotte les cohortes de la ville et la plupart des prétoriens; ils étaient l'âme et le nerf de l'armée, les conseils et les surveillans des généraux mêmes. La direction de l'expédition fut donnée à Antonius Novellus, à Suedius Clemens,

permissa. Curam navium Oscus libertus retinebat, ad observandam honestiorum fidem comitatus. Peditum equitumque copiis Suetonius Paullinus, Marius Celsus, Annius Gallus, rectores destinati. Sed plurima fides Licinio Proculo, prætorii præfecto : is urbanæ militiæ impiger, bellorum insolens, auctoritatem Paullini, vigorem Celsi, maturitatem Galli, ut cuique erat, criminando, quod facillimum factu est, pravus et callidus, bonos et modestos anteibat.

LXXXVIII. Sepositus per eos dies Cornelius Dolabella in coloniam Aquinatem, neque arcta custodia, neque obscura : nullum ob crimen, sed vetusto nomine et propinquitate Galbæ monstratus. Multos et magistratibus, magnam consularium partem, Otho, non participes aut ministros bello, sed comitum specie, secum expedire jubet : in quis et L. Vitellium, eodem quo ceteros cultu, nec ut imperatoris fratrem, nec ut hostis. Igitur mota urbis cura : nullus ordo metu aut periculo vacuus. Primores senatus ætate invalidi et longa pace desides; segnis et oblita bellorum nobilitas; ignarus militiæ eques : quanto magis occultare et abdere pavorem nitebantur, manifestius pavidi. Nec deerant e contrario, qui ambitione stolida, conspicua arma, insignes equos, quidam

primipilaires, et Æmilius Pacensis, tribun destitué par Galba, réintégré par Othon. L'affranchi Oscus conservait l'inspection des navires, et fut chargé de surveiller des hommes plus honorables que lui : l'infanterie et la cavalerie eurent pour chefs Suetonius Paullinus, Marius Celsus et Annius Gallus; mais la confiance entière d'Othon était livrée à Licinius Proculus. Ce préfet du prétoire, chef vigilant de troupes urbaines, inexpérimenté à la guerre, envieux de l'autorité de Paullinus, de la vigueur de Celsus, de l'expérience de Gallus, et leur en faisant un crime, parvint, ce qui est trop facile pour la méchanceté et l'adresse, à supplanter le mérite et la vertu modeste.

LXXXVIII. Dans ces circonstances, Cornelius Dolabella fut confiné dans la colonie d'Aquinum, sans être soumis ni à une étroite ni à une obscure captivité : il n'encourait aucun reproche; mais un nom ancien et sa parenté avec Galba le mettaient en évidence. Beaucoup de magistrats, une grande partie des consulaires eurent ordre de suivre l'expédition avec Othon, non pour participer à la guerre ou la diriger, mais sous prétexte de l'accompagner. Parmi eux était aussi L. Vitellius, au même titre que les autres, et non comme frère d'un empereur, ou comme frère d'un ennemi. Rome fut donc en proie à l'agitation : aucun ordre n'était exempt de crainte ou de péril. Les principaux du sénat étaient affaiblis par l'âge et engourdis par une longue paix; la noblesse, oisive, avait oublié la guerre; les chevaliers ignoraient le service, et plus ils s'efforçaient de renfermer et de dissimuler leur frayeur, plus elle se manifestait visiblement. Il y en

luxuriosos adparatus conviviorum et irritamenta libidinum, ut instrumenta belli, mercarentur. Sapientibus quietis et reipublicæ cura : levissimus quisque et futuri improvidus, spe vana tumens : multi adflicta fide in pace, ac turbatis rebus alacres, et per incerta tutissimi.

LXXXIX. Sed vulgus, et magnitudine nimia communium curarum expers populus, sentire paulatim belli mala, conversa in militum usum omni pecunia, intentis alimentorum pretiis : quæ, motu Vindicis, haud perinde plebem adtriverant, secura tum urbe, et provinciali bello, quod inter legiones Galliasque velut externum fuit. Nam, ex quo D. Augustus res Cæsarum composuit, procul, et in unius sollicitudinem aut decus, populus romanus bellaverat. Sub Tiberio et Caio, tantum pacis adversa in rempublicam pertimuere. Scriboniani contra Claudium incepta simul audita et coercita. Nero nuntiis magis et rumoribus, quam armis depulsus. Tum legiones classesque, et, quod raro alias, prætorianus urbanusque miles in aciem deducti : Oriens Occidensque et quidquid utrimque virium est, a tergo : si ducibus aliis bellatum foret, longo bello materia. Fuere, qui proficiscenti Othoni moras religionemque nondum conditorum ancilium, adferrent. Adspernatus est omnem cunctationem,

avait, au contraire, qui, par une ridicule vanité, achetaient des armes brillantes, de superbes chevaux; d'autres de somptueux ameublemens de table, et tout l'attirail de la luxure, comme si c'eût été des instrumens de guerre : les gens sages pensaient à l'état et à leur repos; les personnes légères et sans prévoyance de l'avenir, se flattaient d'un vain espoir. Beaucoup, ayant perdu leur crédit dans la paix, étaient ravis de ces troubles, et fondaient leur plus grande sûreté dans ces hasards.

LXXXIX. Mais la multitude et le peuple, qui n'est pas à la hauteur des sollicitudes publiques, ressentit peu à peu les maux de la guerre; tout l'argent était détourné à l'usage des troupes; le prix des denrées augmentait. La révolte de Vindex ne l'avait pas ainsi frappé : alors Rome était restée paisible, et la guerre, concentrée dans une province, entre les légions et les Gaules, fut comme étrangère; car depuis que le divin Auguste eut établi l'empire des Césars, le peuple romain avait combattu au loin pour l'ambition ou la gloire d'un seul. Sous Tibère et sous Caligula, on ne craignit que les malheurs de la paix. L'entreprise de Scribonianus contre Claude avait été découverte et étouffée au même instant. Néron avait été expulsé par des messages et des bruits plutôt que par les armes. Aujourd'hui, des légions et des flottes, et, ce qu'on avait vu rarement, les soldats du prétoire et de la ville marchaient au combat; l'Orient et l'Occident apparaissaient en arrière avec toutes leurs forces : sous d'autres chefs, c'eût été des alimens pour une longue guerre. On opposa des scrupules religieux au départ d'Othon, sur ce que les boucliers sacrés

ut Neroni quoque exitiosam : et Cæcina, jam Alpes transgressus, exstimulabat.

XC. Pridie idus martias, commendata patribus republica, reliquias Neronianarum sectionum, nondum in fiscum conversas, revocatis ab exsilio concessit : justissimum donum et in speciem magnificum, sed, festinata jam pridem exactione, usu sterile. Mox vocata concione, majestatem urbis et consensum populi ac senatus pro se adtollens, adversum Vitellianas partes modeste disseruit; inscitiam potius legionum quam audaciam increpans; nulla Vitellii mentione : sive ipsius ea moderatio, seu scriptor orationis, sibi metuens, contumeliis in Vitellium abstinuit : quando, ut in consiliis militiæ, Suetonio Paullino et Mario Celso, ita in rebus urbanis Galerii Trachali ingenio Othonem uti credebatur. Et erant, qui genus ipsum orandi noscerent, crebro fori usu celebre, et ad implendas aures latum et sonans. Clamor vocesque vulgi, ex more adulandi, nimiæ et falsæ. Quasi dictatorem Cæsarem, aut imperatorem Augustum prosequerentur, ita studiis votisque certabant : nec metu aut amore, sed ex libidine servitii, ut in fami-

n'étaient pas encore replacés dans leur temple. Il rejeta les délais, comme ayant déjà causé la perte de Néron : de plus, Cécina, descendu des Alpes, l'excitait à se hâter.

XC. La veille des ides de mars, après avoir recommandé la république au sénat, il rendit aux personnes rappelées d'exil le reste des confiscations de Néron non encore réunies au fisc : restitution des plus justes et magnifique en apparence, mais qui, par les exactions rapides qui l'avaient précédée, devenait, en réalité, stérile. Ensuite, ayant convoqué l'assemblée, exaltant la majesté de Rome et l'accord du peuple et du sénat en sa faveur, il s'exprima avec mesure contre le parti de Vitellius, reprochant aux légions plutôt de l'erreur que de la révolte ; il ne fit nulle mention de Vitellius, soit que ce fût modération de son fait, soit que l'auteur du discours, craignant pour lui, se fût abstenu de toute invective ; car on croyait que, dans les affaires civiles, Othon se servait du style de Galerius Trachalus, comme dans la guerre il se servait des conseils de Suetonius Paullinus et de Marius Celsus : on y reconnaissait même le genre d'éloquence de Galerius, qui, dans l'exercice fréquent du forum, y avait acquis de la célébrité par une abondance pompeuse, dont le nombre et l'éclat remplissaient l'oreille. Les acclamations de la multitude, toujours adulatrice, furent aussi fausses qu'exagérées. Comme si l'on eût conduit en triomphe le dictateur César ou l'empereur Auguste, on rivalisait de transports et de vœux : ce n'était ni crainte ni affection, mais une passion de servitude, chacun y apportait une émulation particulière, ainsi

liis, privata cuique stimulatio; et vile jam decus publicum. Profectus Otho, quietem urbis curasque imperii Salvio Titiano fratri permisit.

que parmi les esclaves d'une maison, et l'honneur public n'y était pour rien. A son départ, le repos de la ville et le soin de l'empire furent confiés à Salvius Titianus, son frère.

LIBER II.

OTHO. VITELLIUS.

I. Struebat jam Fortuna, in diversa parte terrarum, initia causasque imperio, quod varia sorte, lætum reipublicæ aut atrox, ipsis principibus prosperum aut exitio fuit. Titus Vespasianus e Judæa, incolumi adhuc Galba, missus a patre, causam profectionis officium erga principem et maturam petendis honoribus juventam ferebat. Sed vulgus fingendi avidum disperserat accitum in adoptionem : materia sermonibus senium et orbitas principis, et intemperantia civitatis, donec unus eligatur, multos destinandi. Augebat famam ipsius Titi ingenium, quantæcumque fortunæ capax, decor oris cum quadam majestate, prosperæ Vespasiani res, præsaga responsa, et, inclinatis ad credendum animis, loco ominum etiam fortuita. Ubi Corinthi, Achaiæ urbe, certos nuntios accepit de interitu Galbæ, et ad-

LIVRE II.

OTHON. VITELLIUS.

I. Déja la fortune jetait dans une autre partie du monde les fondemens d'une domination qui, par les vicissitudes du sort, fut à la fois favorable et funeste à l'état, heureuse et fatale aux princes qui l'obtinrent. Titus, fils de Vespasien, envoyé de Judée, par son père, vers Galba qui régnait encore, paraissait n'avoir eu pour motif de son départ que de venir faire sa cour au prince, et de solliciter pour sa jeunesse les honneurs auxquels elle pouvait prétendre. Mais le vulgaire, avide de conjectures, le disait mandé pour une adoption. Ces bruits devaient leur origine à la vieillesse d'un prince sans enfans, et à cette impatience d'un public qui désigne beaucoup d'élus avant que le choix soit fixé. Ces bruits s'étaient fortifiés par le caractère même de Titus, digne de la plus haute fortune, par la beauté de ses traits unie à une certaine majesté, par les succès constans de Vespasien, par quelques prédictions et hasards qui tiennent lieu d'oracles aux esprits enclins à la crédulité. Dès qu'il

erant qui arma Vitellii bellumque adfirmarent, anxius animo, paucis amicorum adhibitis, cuncta utrimque perlustrat. Si pergeret in urbem, nullam officii gratiam in alterius honorem suscepti, ac se Vitellio sive Othoni obsidem fore. Sin rediret, offensam haud dubiam victoris: sed incerta adhuc victoria, et concedente in partes patre, filium excusatum. Sin Vespasianus rempublicam susciperet, obliviscendum offensarum de bello agitantibus.

II. His ac talibus inter spem metumque jactatum, spes vicit. Fuere, qui, accensum desiderio Berenices reginae, vertisse iter crederent. Neque abhorrebat a Berenice juvenilis animus; sed gerendis rebus nullum ex eo impedimentum. Laetam voluptatibus adolescentiam egit, suo quam patris imperio moderatior. Igitur oram Achaiae et Asiae, ac laeva maris praevectus, Rhodum et Cyprum insulas, inde Syriam, audentioribus spatiis petebat. Atque illum cupido incessit, adeundi visendique templum Paphiae Veneris, inclytum per indigenas advenasque. Haud fuerit longum, initia religionis, templi ritum, formam deae, neque enim alibi sic habetur, paucis disserere.

III. Conditorem templi regem Aerian vetus memoria, quidam ipsius deae nomen id perhibent. Fama re-

eut appris avec certitude à Corinthe, ville de l'Achaïe, la mort de Galba, et qu'on lui eut affirmé que Vitellius prenait les armes et commençait la guerre, dans son inquiétude il assemble quelques amis pour peser avec eux les conseils opposés : s'il vient à Rome, quel gré lui saura-t-on d'une démarche entreprise en l'honneur d'un autre? il y sera l'ôtage de Vitellius ou d'Othon. S'il retourne, il offense sans nul doute le vainqueur : mais la victoire est encore incertaine, et son père, en se déclarant pour un parti, obtiendrait l'excuse de son fils ; si même Vespasien prend les rênes de l'état, dans le tumulte des combats, que d'offenses sont oubliées.

II. Ces réflexions et d'autres semblables le jetaient entre l'espoir et la crainte : l'espoir l'emporta. On a cru qu'un amour brûlant pour la reine Bérénice avait causé son retour. Son jeune cœur en effet en était épris ; cependant jamais le gouvernement des affaires n'en éprouva de retards ; et s'il livra sa jeunesse à l'enchantement des voluptés, il se montra pendant son règne plus réservé que sous celui de son père. Ayant donc côtoyé les bords de l'Achaïe et de l'Asie, et laissant à gauche la mer qui les baigne, par un trajet plus hardi il gagna les îles de Rhodes et de Chypre, et ensuite la Syrie. Il céda au désir de visiter et de connaître le temple de Vénus à Paphos, célèbre par le concours des habitans et des étrangers. Je ferai en peu de mots connaître l'origine de ce culte, l'établissement du temple, la forme de la déesse, qui n'est nulle part représentée de cette manière.

III. Le fondateur du temple fut le roi Aérias, suivant une ancienne tradition ; d'autres prétendent que ce nom

centior tradit, a Cinyra sacratum templum, deamque ipsam, conceptam mari, huc adpulsam. Sed scientiam artemque haruspicum accitam, et Cilicem Tamiram intulisse; atque ita pactum, ut familiæ utriusque posteri cærimoniis præsiderent. Mox, ne honore nullo regium genus peregrinam stirpem antecelleret, ipsa, quam intulerant, scientia hospites cessere : tantum Cinyrades sacerdos consulitur. Hostiæ, ut quisque vovit, sed mares deliguntur. Certissima fides hædorum fibris. Sanguinem aræ obfundere vetitum : precibus et igne puro altaria adolentur, nec ullis imbribus, quamquam in aperto, madescunt. Simulacrum deæ non effigie humana; continuus orbis latiore initio tenuem in ambitum, metæ modo, exsurgens : et ratio in obscuro.

IV. Titus, spectata opulentia donisque regum, quæque alia lætum antiquitatibus Græcorum genus incertæ vetustati adfingit, de navigatione primum consuluit. Postquam pandi viam et mare prosperum accepit, de se per ambages interrogat, cæsis compluribus hostiis. Sostratus (sacerdotis id nomen erat), ubi læta et congruentia exsta, magnisque consultis annuere deam videt, pauca in præsens et solita respondens, petito secreto, futura aperit. Titus, aucto animo, ad patrem

est celui même de la déesse. Une opinion plus moderne veut que Cinyras ait consacré le temple dans le lieu où aborda Vénus, après avoir été conçue du sein de la mer, mais que la science et l'art des aruspices y furent introduits par Tamiras de Cilicie, et qu'il fut réglé que les descendans de ces deux familles présideraient ensemble aux cérémonies. Plus tard, pour que la maison royale ne partageât pas cet honneur avec une famille étrangère, les nouveaux hôtes renoncèrent à exercer une science qu'ils avaient importée, et le prêtre que l'on consulte est toujours un descendant de Cinyras. On offre les victimes selon le vœu qu'on a fait, mais toutes du sexe mâle; on a la plus grande foi en l'examen des entrailles des chevreaux. Répandre le sang sur l'autel est défendu : des prières et un feu pur sont les seules offrandes qu'on y reçoit; quoiqu'en plein air, jamais il n'est atteint par la pluie. Le simulacre de la déesse n'a pas une forme humaine, c'est un cône à sommet arrondi, dont le diamètre diminue de la base au sommet. La raison en est inconnue.

IV. Après avoir contemplé la richesse du temple, vu les présens des rois et toutes les autres merveilles que les peuples de la Grèce, passionnés pour les antiquités, reportent à des époques reculées et incertaines, Titus consulte d'abord l'oracle sur sa navigation; il apprend que la route lui est ouverte, et que la mer lui est favorable; ensuite il l'interroge en termes ambigus sur sa propre destinée, et fait immoler un grand nombre de victimes. Sostratus, c'était le nom du prêtre, voyant des présages heureux et qui s'accordent tous, certain que la déesse favorise un grand projet, fit une courte réponse dans

pervectus, suspensis provinciarum et exercituum mentibus, ingens rerum fiducia accessit. Profligaverat bellum Judaicum Vespasianus; oppugnatione Hierosolymorum reliqua, duro magis et arduo opere, ob ingenium montis et pervicaciam superstitionis, quam quo satis virium obsessis ad tolerandas necessitates superesset. Tres, ut supra memoravimus, ipsi Vespasiano legiones erant, exercitæ bello : quatuor Mucianus obtinebat in pace; sed æmulatio et proximi exercitus gloria repulerat segnitiam : quantumque illis roboris discrimina et labor, tantum his vigoris addiderat integra quies et inexpertus belli labor. Auxilia utrique cohortium alarumque, et classes regesque, ac nomen dispari fama celebre.

V. Vespasianus, acer militiæ, anteire agmen, locum castris capere, noctu diuque consilio, ac, si res posceret, manu hostibus obniti; cibo fortuito, veste habituque vix a gregario milite discrepans; prorsus, si avaritia abesset, antiquis ducibus par. Mucianum e contrario magnificentia et opes et cuncta privatum modum supergressa extollebant. Aptior sermone, dispositu provisuque civilium rerum peritus : egregium principatus

la forme ordinaire en présence des spectateurs, puis le prenant à l'écart, il lui dévoile l'avenir. Titus, avec ce surcroît d'espérance, rejoignit son père, et, par sa présence, donna aux esprits des provinces et des armées, déjà en suspens, une grande confiance dans les évènemens. Vespasien avait terminé la guerre de Judée, il ne lui restait que le siège de Jérusalem, entreprise plus pénible et plus périlleuse, par l'escarpement de la montagne et l'opiniâtreté du fanatisme des assiégés, que par leurs autres moyens de résistance. Il avait, comme je l'ai dit plus haut, trois légions éprouvées à la guerre. Mucien en commandait quatre. Celles-ci n'avaient point combattu, mais leur propre émulation et la gloire de l'armée voisine en avaient banni la mollesse, et autant les unes avaient acquis de force physique dans les dangers et les travaux, autant les autres avaient gagné d'énergie par un repos utile et par des exercices loin du théâtre de la guerre. Ces deux chefs avaient des auxiliaires en infanterie et en cavalerie, des flottes, des rois alliés, et un nom célèbre, quoique avec une renommée bien différente.

V. Vespasien, guerrier infatigable, toujours au premier rang, savait choisir ses campemens, la nuit et le jour opposer à l'ennemi sa prudence ou son bras, si l'occasion l'exigeait; se nourrissant au hasard, différant à peine du simple soldat par son vêtement et son extérieur : sans son avarice, il eût été l'égal de nos anciens généraux. Mucien, au contraire, par sa magnificence, par ses richesses, par son luxe, s'était placé au dessus de la condition privée. Plus apte à discourir, il savait

temperamentum, si, demptis utriusque vitiis, solae virtutes miscerentur. Ceterum hic Syriae, ille Judaeae praepositus, vicinis provinciarum administrationibus, invidia discordes, exitu demum Neronis, positis odiis, in medium consuluere; primum per amicos; dein praecipua concordiae fides Titus, prava certamina communi utilitate aboleverat; natura atque arte compositus adliciendis etiam Muciani moribus. Tribuni centurionesque et vulgus militum, industria, licentia, per virtutes, per voluptates, ut cuique ingenium, adsciscebantur.

VI. Antequam Titus adventaret, sacramentum Othonis acceperat uterque exercitus; praecipitibus, ut adsolet, nuntiis, et tarda mole civilis belli, quod longa concordia quietus Oriens tunc primum parabat. Namque olim validissima inter se civium arma, in Italia Galliave, viribus Occidentis coepta. Et Pompeio, Cassio, Bruto, Antonio, quos omnes trans mare secutum est civile bellum, haud prosperi exitus fuerant. Auditique saepius in Syria Judaeaque Caesares, quam inspecti. Nulla seditio legionum : tantum adversus Parthos minae, vario eventu. Et proximo civili bello, turbatis aliis, inconcussa ibi pax : dein fides erga Galbam. Mox, ut, Othonem ac Vitellium scelestis armis res romanas raptum ire, vul-

habilement prévoir et disposer les affaires civiles; et ils eussent formé l'ensemble le plus parfait pour gouverner, si, en retranchant les vices de chacun, on n'eût assemblé que leurs vertus. L'un commandait en Syrie, l'autre en Judée : leur voisinage d'administrations dans ces provinces avait fait naître leur jalousie et leur division; enfin, à la mort de Néron, ils déposèrent toute haine, et pensèrent à agir de concert : d'abord leurs amis s'entremirent; puis Titus, principal confident de leur rapprochement, parvint, dans leur intérêt commun, à anéantir ces honteux débats. La nature et l'art l'avaient formé pour charmer; Mucien même ne put lui résister; les tribuns, les centurions, tous les soldats étaient séduits, suivant le caractère de chacun, par son habileté, par son laisser-aller, par son amour des plaisirs et par ses vertus.

VI. Avant l'arrivée de Titus, les deux armées d'Orient avaient prêté serment pour Othon : les ordres, en pareille circonstance, parviennent rapidement, mais une guerre civile était lente à soulever dans ces contrées, plongées dans un long calme; pour la première fois, elles en avaient la pensée. En effet, les luttes les plus violentes des Romains entre eux avaient commencé en Italie ou dans la Gaule avec les forces de l'Occident; Pompée, Cassius, Brutus, Antoine, qui tous portèrent la guerre civile au delà des mers, y trouvèrent une fin funeste. La Syrie et la Judée avaient plutôt entendu les noms des Césars qu'elles n'avaient vu leurs personnes : nulle sédition parmi les légions, quelques menaces seulement contre les Parthes avec des succès partagés : dans la dernière guerre civile encore, lorsque toutes les autres contrées étaient agitées,

gatum est, ne penes ceteros imperii præmia, penes ipsos tantum servitii necessitas esset, fremere miles et vires suas circumspicere. Septem legiones statim et cum ingentibus auxiliis Syria Judæaque : inde continua Ægyptus duæque legiones : hinc Cappadocia Pontusque et quidquid castrorum Armeniis prætenditur. Asia et ceteræ provinciæ, nec virorum inopes, et pecuniæ opulentæ : quantum insularum mari cingitur, et parando interim bello secundum tutumque ipsum mare.

VII. Non fallebat duces impetus militum : sed, bellantibus aliis, placuit exspectari belli eventum. Victores victosque nunquam solida fide coalescere : nec referre, Vitellium an Othonem superstitem fortuna faceret. Rebus secundis etiam egregios duces insolescere : discordiam his, ignaviam, luxuriem : et suismet vitiis alterum bello, alterum victoria, periturum. Igitur arma in occasionem distulere, Vespasianus Mucianusque nuper, ceteri olim mixtis consiliis : optimus quisque amore reipublicæ; multos dulcedo prædarum stimulabat; alios ambiguæ domi res. Ita boni malique causis diversis, studio pari, bellum omnes cupiebant.

la paix ne fut point troublée dans l'Orient, qui conserva sa foi à Galba. Lorsque le bruit se fut répandu qu'Othon et Vitellius venaient, de leurs armes sacrilèges, envahir la puissance romaine, ces deux armées virent que pour les autres seraient les profits de la victoire, pour elles, la nécessité de se soumettre au vainqueur; elles en frémirent, et commencèrent à considérer leurs forces. Sept légions étaient prêtes, ainsi que la Syrie et la Judée, avec un grand nombre d'auxiliaires; l'Égypte qui y touche et ses deux légions n'hésiteraient pas : d'un côté, s'armeraient la Cappadoce et le Pont, et tous ces camps qui bordent les deux Arménies; d'un autre l'Asie et les provinces voisines, abondamment fournies de guerriers et d'argent; puis tout ce que la mer renferme d'îles, et, dans ces préparatifs de guerre, la mer elle-même était une protection et un abri.

VII. Les généraux ne se trompaient pas sur l'impatience du soldat; mais, pendant que les autres se battaient, ils convinrent d'attendre l'issue de la querelle. Jamais confiance entière ne rapproche vainqueurs et vaincus. Peu importait qui, de Vitellius ou d'Othon, la fortune ferait survivre. Des succès continus enivrent même les meilleurs chefs : Othon et Vitellius, livrés à la discorde, à l'inertie, aux dissolutions, devaient périr victimes de leurs propres vices, l'un par la guerre, l'autre par la victoire. On résolut donc de ne prendre les armes qu'à l'occasion favorable : telle fut alors l'opinion de Vespasien et de Mucien, opinion depuis long-temps débattue par leurs amis; les honnêtes gens l'adoptaient par amour pour l'état, un grand nombre par appât du butin,

VIII. Sub idem tempus Achaia atque Asia falso exterritae, velut Nero adventaret : vario super exitu ejus rumore, eoque pluribus vivere eum fingentibus credentibusque. Ceterorum casus conatusque in contextu operis dicemus : tunc servus e Ponto, sive, ut alii tradidere, libertinus ex Italia, citharae et cantus peritus, unde illi, super similitudinem oris, propior ad fallendum fides; adjunctis desertoribus, quos inopia vagos ingentibus promissis corruperat, mare ingreditur; ac, vi tempestatum in Cythnum insulam detrusus, et militum quosdam ex Oriente commeantium adscivit, vel abnuentes interfici jussit, et spoliatis negotiatoribus, mancipiorum valentissimum quemque armavit. Centurionemque Sisennam, dextras, concordiae insignia, Syriaci exercitus nomine ad praetorianos ferentem, variis artibus adgressus est, donec Sisenna, clam relicta insula, trepidus et vim metuens aufugeret : inde late terror, multis ad celebritatem nominis erectis, rerum novarum cupidine et odio praesentium.

IX. Gliscentem in dies famam fors discussit. Galatiam ac Pamphyliam provincias Calpurnio Asprenati regendas Galba permiserat; datae e classe Misenensi duae

d'autres par dérangement de leurs affaires. Ainsi bons et méchans, par des motifs divers, désiraient tous la guerre avec une égale ardeur.

VIII. Vers le même temps, l'Achaïe et l'Asie éprouvèrent une fausse alarme : on y crut à l'arrivée de Néron ; différens bruits avaient couru sur sa mort, et de là bien des gens supposèrent et bien des gens crurent qu'il vivait encore. Dans le cours de cet ouvrage, nous ferons connaître le sort de quelques autres imposteurs et de leurs tentatives ; mais alors ce fut un esclave du Pont, ou, suivant d'autres récits, un affranchi d'Italie, habile chanteur et joueur de cythare, ce qui, joint à la ressemblance de visage, donna plus de créance à son imposture. Il prend avec lui quelques déserteurs dont la misère avait fait des vagabonds ; ses grandes promesses les séduisent, et il se met en mer. La violence d'une tempête le jette sur l'île de Cythne ; il enrôle des soldats qui revenaient d'Orient par congés, fait égorger ceux qui s'y refusent, dépouille les négocians, arme leurs esclaves les plus intrépides. Le centurion Sisenna portait aux prétoriens, au nom de l'armée de Syrie, des mains entrelacées en signe d'alliance : il tâche, par mille artifices, de le séduire, jusqu'à ce qu'enfin Sisenna, inquiet et craignant quelque violence, quitte l'île secrètement et s'enfuit. Dès-lors la terreur se répand au loin, les esprits s'éveillent à la célébrité d'un tel nom, et par le désir d'une révolution et par haine du présent.

IX. Chaque jour l'imposture s'accréditait, un hasard la dissipa. Galba avait envoyé Calpurnius Asprenas gouverner les provinces de Galatie et de Pamphylie, en

triremes ad prosequendum, cum quibus Cythnum insulam tenuit. Nec defuere, qui trierarchos nomine Neronis accirent : is in mœstitiam compositus, et fidem suorum quondam militum invocans, ut eum in Syria aut Ægypto sisterent, orabat. Trierarchi nutantes, seu dolo, adloquendos sibi milites, et paratis omnium animis reversuros, firmaverunt. Sed Asprenati cuncta ex fide nuntiata; cujus cohortatione expugnata navis, et interfectus quisquis ille erat. Corpus, insigne oculis comaque et torvitate vultus, in Asiam atque inde Romam pervectum est.

X. In civitate discordi, et, ob crebras principum mutationes, inter libertatem ac licentiam incerta, parvæ quoque res magnis motibus agebantur. Vibius Crispus, pecunia, potentia, ingenio inter claros magis quam inter bonos, Annium Faustum, equestris ordinis, qui temporibus Neronis delationes factitaverat, ad cognitionem senatus vocabat. Nam recens, Galbæ principatu, censuerant patres ut accusatorum causæ noscerentur. Id senatus consultum varie jactatum, et, prout potens vel inops reus inciderat, infirmum aut validum retinebatur. Ad hoc terroris et propria vi Crispus incubuerat, delatorem fratris sui pervertere; traxeratque magnam senatus partem, ut indefensum et inauditum dedi ad exitium postularent. Contra apud alios nihil

lui donnant deux trirèmes de la flotte de Misène pour l'escorter ; Calpurnius se rendit avec elles à l'île de Cythne. On n'hésita pas à mander les commandans des galères au nom du faux Néron ; celui-ci, prenant un air affligé, et invoquant la foi anciennement jurée par ses soldats, les supplie de le débarquer en Syrie ou en Égypte ; les commandans, dans l'incertitude ou par artifice, l'assurent qu'ils vont haranguer les soldats et revenir après avoir disposé les esprits. Informé de tout exactement, Asprenas ordonne de prendre de vive force son vaisseau, et de mettre à mort cet aventurier, quel qu'il fût. Ses yeux, sa chevelure et son air hagard étaient très-remarquables ; son corps fut transporté en Asie, et de là à Rome.

X. Dans un état en proie aux discordes, et qui, par les changemens répétés de souverains, flottait toujours entre la liberté et la licence, les plus petites choses se menaient avec de grandes agitations. Vibius Crispus, que ses richesses, sa puissance, ses talens plaçaient entre les citoyens distingués plutôt qu'entre les gens de bien, citait, devant le sénat, Annius Faustus, de l'ordre des chevaliers, comme l'auteur, au temps de Néron, d'une foule de délations. Tout récemment, sous le règne de Galba, les sénateurs avaient ordonné qu'on mît en accusation les délateurs. Ce sénatus-consulte, par diverses vicissitudes, méprisé ou en pleine vigueur, suivant le crédit ou la faiblesse de l'accusé, subsistait encore. Ajoutant à la sévérité de la loi toute sa propre énergie, Crispus voulait perdre le délateur de son frère ; et déjà il avait entraîné une grande partie du sénat à demander que Faustus fût mis à mort sans être défendu

æque reo proderat quam nimia potentia accusatoris : dari tempus, edi crimina, quamvis invisum ac nocentem, more tamen audiendum, censebant. Et valuere primo, dilataque in paucos dies cognitio. Mox damnatus est Faustus, nequaquam eo adsensu civitatis, quem pessimis moribus meruerat; quippe ipsum Crispum easdem accusationes cum præmio exercuisse meminerant : nec pœna criminis, sed ultor displicebat.

XI. Læta interim Othoni principia belli, motis ad imperium ejus e Dalmatia Pannoniaque exercitibus. Fuere quatuor legiones, e quibus bina millia præmissa; ipsæ modicis intervallis sequebantur : septima a Galba conscripta; veteranæ undecima ac tertiadecima, et præcipua fama quartadecumani, rebellione Britanniæ compressa. Addiderat gloriam Nero, eligendo ut potissimos : unde longa illis erga Neronem fides, et erecta in Othonem studia. Sed, quo plus virium ac roboris, e fiducia tarditas inerat. Agmen legionum alæ cohortesque præveniebant. Et ex ipsa urbe haud spernenda manus, quinque prætoriæ cohortes, et equitum vexilla cum legione prima; ac deforme insuper auxilium, duo millia gladiatorum, sed per civilia arma etiam severis ducibus usurpatum. His copiis rector additus Annius

ni entendu ; mais, dans l'esprit de quelques autres sénateurs, rien ne fut plus utile à l'accusé que l'influence excessive de son accusateur. Ils dirent qu'il fallait lui donner du temps, énoncer les griefs, et quelque odieux et coupable qu'il fût, l'entendre toutefois selon l'usage. Ils l'emportèrent d'abord, et l'instruction fut différée de quelques jours. Peu après, la condamnation de Faustus fut prononcée : Rome n'y donna pas l'assentiment que méritait la perversité de son caractère. En se souvenant que ce Crispus avait fait sa fortune par ce même genre de délations, on approuvait la punition, celui qui l'avait sollicitée déplaisait.

XI. La guerre s'ouvrit sous d'heureux auspices pour Othon : à ses ordres, s'avançaient les armées de Dalmatie et de Pannonie. Elles étaient composées de quatre légions, sur lesquelles deux mille hommes prirent les devants ; elles-mêmes suivaient à peu de distance : c'était la septième, levée par Galba, et trois plus anciennes, la onzième, la treizième et la quatorzième, celle-ci, la plus renommée par la répression de la révolte de Bretagne. Néron avait rehaussé sa gloire en l'appelant des premières à son secours, comme la plus brave ; aussi conserva-t-elle un long attachement à Néron, puis se dévoua ouvertement à Othon ; mais plus elle avait de moyens et de forces, et plus cette confiance lui donnait de lenteur. Les corps des légions étaient précédés de leur cavalerie et des cohortes auxiliaires. Rome fournit aussi une troupe qui n'était pas à mépriser, cinq cohortes prétoriennes, des corps de cavalerie avec la première légion, et de plus deux mille gladiateurs, ressource honteuse qu'ont

Gallus, cum Vestricio Spurinna ad occupandas Padi ripas præmissus; quoniam prima consiliorum frustra ceciderant, transgresso jam Alpes Cæcina, quem sisti intra Gallias posse speraverat. Ipsum Othonem comitabantur speculatorum lecta corpora, cum ceteris prætoriis cohortibus, veterani e prætorio, classicorum ingens numerus. Nec illi segne aut corruptum luxu iter; sed lorica ferrea usus est, et ante signa, pedester, horridus, incomptus, famæque dissimilis.

XII. Blandiebatur cœptis fortuna, possessa per mare et naves majore Italiæ parte, penitus usque ad initium maritimarum Alpium, quibus tentandis adgrediendæque provinciæ Narbonensi, Suedium Clementem, Antonium Novellum, Æmilium Pacensem duces dederat. Sed Pacensis per licentiam militum vinctus; Antonio Novello nulla auctoritas; Suedius Clemens ambitioso imperio regebat, ut adversus modestiam disciplinæ corruptus, ita prœliorum avidus. Non Italia adiri, nec loca sedesque patriæ videbantur : tanquam externa litora et urbes hostium urere, vastare, rapere : eo atrocius, quod nihil usquam provisum adversum metus. Pleni agri, apertæ domus; occursantes domini juxta conjuges et liberos securitate pacis et belli malo circumveniebantur.

employée, dans les guerres civiles, nos généraux, même les plus sévères. Ces troupes eurent pour chef Annius Gallus, qui, avec Vestricius Spurinna, était parti d'avance pour occuper les rives du Pô, car les premiers plans étaient changés depuis que l'on n'espérait plus pouvoir contenir, dans la Gaule, Cécina, qui avait passé les Alpes. Othon était suivi des corps d'élite d'éclaireurs, du reste des cohortes prétoriennes, des vétérans du prétoire, et d'un grand nombre de soldats de marine. Sa marche ne fut ni retardée ni déshonorée par le luxe; mais couvert d'une cuirasse de fer, à pied devant les enseignes, souillé de poussière, les cheveux en désordre, il ne ressemblait plus à sa renommée.

XII. La fortune le flattait à son début : la mer et ses vaisseaux le rendaient maître de la majeure partie de l'Italie, jusqu'au pied des Alpes maritimes : il avait envoyé pour les franchir et attaquer la province Narbonnaise, ses généraux, Suedius Clemens, Antonius Novellus et Æmilius Pacensis. Mais les soldats révoltés jetèrent Pacensis dans les fers ; l'autorité d'Antonius Novellus était nulle; Suedius Clemens cherchait à leur plaire pour pouvoir les commander; corrupteur de la discipline et de ses règles, il en était d'autant plus avide de combats : il ne semblait pas qu'on fût en Italie, ni sur le sol et dans le sein de la patrie. Comme sur des rives étrangères et en des villes ennemies, on brûle, on dévaste, on pille avec d'autant plus d'atrocité que nulle part on ne s'était prémuni contre le danger. Les champs étaient en pleine récolte, les maisons ouvertes, les propriétaires accouraient, accompagnés de leurs femmes et de leurs enfans,

Maritimas tum Alpes tenebat procurator Marius Maturus. Is concita gente, nec deest juventus, arcere provinciae finibus Othonianos intendit. Sed primo impetu caesi disjectique montani, ut quibus temere collectis, non castra, non ducem noscitantibus, neque in victoria decus esset, neque in fuga flagitium.

XIII. Irritatus eo proelio Othonis miles vertit iras in municipium Albium Intemelium; quippe in acie nihil praedae; inopes agrestes et vilia arma; nec capi poterant, pernix genus et gnari locorum; sed calamitatibus insontium explcta avaritia. Auxit invidiam praeclaro exemplo femina Ligus, quae filio abdito quum simul pecuniam occultari milites credidissent, eoque per cruciatus interrogarent ubi filium occuleret, uterum ostendens, latere respondit. Nec ullis deinde terroribus aut morte constantiam vocis egregiae mutavit.

XIV. Imminere provinciae Narbonensi, in verba Vitellii adactae, classem Othonis, trepidi nuntii Fabio Valenti adtulere. Aderant legati coloniarum, auxilium orantes. Duas Tungrorum cohortes, quatuor equitum turmas, universam Treverorum alam cum Julio Classico, praefecto, misit; e quibus pars in colonia Forojuliensi

avec la sécurité que donne la paix, et ils étaient assaillis tout autour d'eux des maux de la guerre. Le procurateur Marius Maturus gouvernait alors les Alpes Maritimes; il assemble les montagnards avec toute leur jeunesse, et fait ses efforts pour chasser les Othoniens des frontières de cette province; mais, au premier choc, ces montagnards furent taillés en pièces et dispersés : rassemblés au hasard, ne connaissant ni camp ni chef, pour eux la victoire n'eût pas été un honneur, la fuite ne fut pas une honte.

XIII. Furieux de cette attaque, les soldats d'Othon tournent leur rage contre le municipe d'Albium Intemelium; car le combat n'avait offert aucun butin sur ces pauvres campagnards grossièrement armés; on ne pouvait même les réduire en servitude : leur agilité et la connaissance du pays les aidaient à s'y soustraire; l'avidité du soldat s'assouvit aux dépens de l'innocence. Le beau trait d'une femme de Ligurie accrut l'odieux de cette vengeance : elle avait caché son fils, et les soldats, croyant qu'elle avait aussi recelé de l'argent, lui demandèrent, au milieu des tortures, où était son enfant. Il est dans mes flancs, répondit-elle en leur montrant son sein, et ni les terreurs ni la mort ne la firent départir de la fermeté de ce mot sublime.

XIV. La province de Narbone, réunie au parti de Vitellius, était menacée par la flotte d'Othon; des courriers l'apprirent en hâte à Fabius Valens. Les députés des colonies étaient présens : ils imploraient des secours. Valens envoya deux cohortes de Tongres, quatre escadrons de cavalerie, et l'aile entière des Trévires avec le préfet Julius Classicus. Partie de ces forces fut laissée

retenta, ne, omnibus copiis in terrestre iter versis, vacuo mari classis accelararet. Duodecim equitum turmæ, et lecti e cohortibus, adversus hostem iere; quibus adjuncta Ligurum cohors, vetus loci auxilium, et quingenti Pannonii, qui nondum sub signis. Nec mora prœlio; sed acie ita instructa, ut pars classicorum, mixtis paganis, in colles mari propinquos exsurgeret, quantum inter colles ac litus æqui loci, prætorianus miles expleret, in ipso mari ut annexa classis, et pugnæ parata, conversa et minaci fronte prætenderetur. Vitelliani, quibus minor peditum vis, in equite robur, Alpinos proximis jugis, cohortes densis ordinibus post equitem locant. Treverorum turmæ obtulere se hosti incaute, quum exciperet contra veteranus miles, simul a latere saxis urgeret apta ad jaciendum etiam paganorum manus; qui sparsi inter milites, strenui ignavique in victoria idem audebant. Additus perculsis terror, invecta in terga pugnantium classe. Ita undique clausi; deletæque omnes copiæ forent, ni victorem exercitum adtinuisset obscurum noctis, obtentui fugientibus.

à Fréjus, de peur que, si toutes les troupes s'éloignaient par les routes de terre, la flotte d'Othon, maîtresse de la mer, ne se hâtât de s'en emparer. Douze escadrons de cavalerie et l'élite des cohortes s'avancèrent contre l'ennemi. On leur adjoignit une cohorte de Liguriens, ancienne garnison du pays, et cinq cents Pannoniens qui n'avaient pas encore été sous les enseignes; la bataille s'engagea aussitôt. L'armée était ainsi disposée : une partie des soldats de marine, mêlés avec les paysans, étaient rangés en amphithéâtre sur les collines voisines de la mer; l'espace entre ces collines et le rivage était rempli par les prétoriens; la flotte, rangée en mer, semblait s'unir à ces troupes : prête au combat, tournée contre l'ennemi, elle étendait un front menaçant. Les Vitelliens, moins forts en infanterie, mais puissans en cavalerie, placent les montagnards des Alpes sur les monts voisins, et leurs cohortes, les rangs serrés, derrière leur cavalerie. Les escadrons des Trévires s'avancèrent imprudemment vers l'ennemi : ils se heurtèrent contre de vieilles troupes, et, au même instant, ils furent sur les flancs accablés d'une grêle de pierres lancées par les montagnards, frondeurs habiles, qui, courageux ou lâches, avaient, dans la victoire, la même audace que nos soldats, avec lesquels ils étaient entremêlés. Dans leur défaite, ils furent frappés d'une nouvelle terreur par la flotte ennemie qui se portait sur leurs derrières. Ils étaient donc enfermés de toutes parts, et l'armée de Vitellius eût été anéantie, si l'obscurité de la nuit n'eût couvert sa fuite et arrêté l'armée victorieuse.

XV. Nec Vitelliani, quanquam victi, quievere. Accitis auxiliis, securum hostem ac successu rerum socordius agentem invadunt : caesi vigiles, perrupta castra trepidatum, apud naves : donec, cedente paulatim metu, occupato juxta colle defensi, mox irrupere. Atrox ibi caedes, et Tungrarum cohortium praefecti, sustentata diu acie, telis obruuntur. Ne Othonianis quidem incruenta victoria fuit, quorum improvide secutos conversi equites circumvenerunt; ac velut pactis induciis, ne hinc classis, inde eques, subitam formidinem inferrent, Vitelliani retro Antipolim, Narbonensis Galliae municipium, Othoniani Albingaunum interioris Liguriae, revertere.

XVI. Corsicam ac Sardiniam, ceterasque proximi maris insulas, fama victricis classis in partibus Othonis tenuit. Sed Corsicam prope adflixit D. Pacarii procuratoris temeritas, tanta mole belli, nihil in summam profutura, ipsi exitiosa. Namque, Othonis odio, juvare Vitellium Corsorum viribus statuit, inani auxilio, etiam si provenisset. Vocatis principibus insulae, consilium aperit; et contradicere ausos, Claudium Phirricum, trierarchum Liburnicarum ibi navium, Quinctium Certum, equitem romanum, interfici jubet. Quorum morte

XV. Les Vitelliens, quoique vaincus, ne voulurent pas de repos. Ils rassemblent des secours, et fondent sur l'ennemi, confiant et devenu trop imprévoyant par le succès. Les sentinelles sont égorgées, le camp est forcé ; la confusion règne sur la flotte, jusqu'à ce que, leur effroi se calmant peu à peu, les Othoniens occupent une colline voisine, s'y défendent, et bientôt après se précipitent sur leurs adversaires. Le carnage fut atroce : les préfets des cohortes de Tongres, après avoir long-temps maintenu leurs lignes, périrent accablés de traits. La victoire même coûta du sang aux Othoniens : quelques-uns de leurs détachemens s'étant avancés inconsidérément, furent enveloppés par la cavalerie des Vitelliens, qui fit volte-face. Ensuite, comme si l'on eût conclu un traité dans le but d'épargner des alarmes subites, causées d'un côté par la flotte, de l'autre par la cavalerie, les Vitelliens rétrogradèrent vers Antipolis, municipe de la Gaule Narbonaise, les Othoniens revinrent à Albingaunum, dans la Ligurie intérieure.

XVI. La renommée de la flotte victorieuse conserva au parti d'Othon la Corse, la Sardaigne et les autres îles de cette mer. Mais la Corse fut presque victime de la témérité du procurateur Decimus Pacarius, témérité qui, dans le choc d'une si grande guerre, ne devait rien produire en résultat, et qui fut fatale à lui-même. En effet, en haine d'Othon, il résolut d'aider Vitellius des forces de la Corse ; vain secours, même s'il se fût réalisé. Ayant convoqué les principaux de l'île, il leur expose son dessein. Claudius Phirricus, commandant des galères qui s'y trouvaient en station, et Quinctus Certus, chevalier romain, osent le contredire ; il les fait massacrer. Épou-

exterriti, qui aderant, simul ignara et alieni metus socia imperitorum turba, in verba Vitellii juravere. Sed, ubi delectum agere Pacarius, et inconditos homines fatigare militiæ muneribus cœpit, laborem insolitum perosi, infirmitatem suam reputabant : insulam esse quam incolerent, et longe Germaniam viresque legionum; direptos vastatosque classe, etiam quos cohortes alæque protegerent. Et aversi repente animi : nec tamen aperta vi, aptum tempus insidiis legere. Digressis, qui Pacarium frequentabant, nudus et auxilii inops, balineis interficitur, trucidati et comites. Capita, ut hostium, ipsi interfectores ad Othonem tulere : neque eos aut Otho præmio adfecit, aut punivit Vitellius, in multa colluvie rerum majoribus flagitiis permixtos.

XVII. Aperuerat jam Italiam, bellumque transmiserat, ut supra memoravimus, ala Syllana, nullo apud quemquam Othonis favore : nec quia Vitellium mallent; sed longa pax ad omne servitium fregerat, faciles occupantibus et melioribus incuriosos. Florentissimum Italiæ latus, quantum inter Padum Alpesque camporum et urbium, armis Vitellii, namque et præmissæ a Cæcina cohortes advenerant, tenebatur. Capta Pannoniorum co-

vantés de leur mort, ceux qui étaient présens, et toute cette multitude sans expérience, disposée à s'associer aveuglément à toutes les frayeurs, prêtèrent serment à Vitellius; mais dès que Pacarius commença à faire des levées et à fatiguer d'exercices militaires ces hommes sans civilisation, détestant ce joug inaccoutumé, ils considérèrent quelle était leur faiblesse, que c'était une île qu'ils habitaient, qu'ils étaient loin de la Germanie et de la protection des légions, que la flotte avait saccagé et dévasté des pays que protégeaient des cohortes et de la cavalerie. Leurs opinions changèrent donc tout à coup. Sans recourir toutefois à la force ouverte, ils choisirent un moment propice à leur complot : Pacarius avait éloigné sa suite : il fut tué dans son bain, nu et privé de tout secours : ils égorgèrent aussi ses intimes, et leurs têtes, comme celles d'ennemis, furent portées à Othon par les meurtriers eux-mêmes; ils ne furent ni récompensés par Othon, ni punis par Vitellius, et dans cette prodigieuse confusion de toutes choses, ils restèrent oubliés au milieu de plus grands criminels.

XVII. Déjà la cavalerie Syllana avait ouvert les portes de l'Italie, et apporté la guerre dans son sein, comme nous l'avons dit plus haut. Aucun des habitans ne favorisait Othon, non qu'ils préférassent Vitellius, mais une longue paix les avait rompus à toute espèce de joug; ils se pliaient à celui qu'on leur présentait, sans s'inquiéter quel était le plus tolérable. La portion la plus florissante de l'Italie, tout le pays et les villes entre le Pô et les Alpes, était occupée par les armes de Vitellius; les cohortes envoyées en avant par Cécina en avaient pris possession. Une

hors apud Cremonam; intercepti centum equites ac mille classici inter Placentiam Ticinumque. Quo successu Vitellianus miles non jam flumine aut ripis arcebatur. Irritabat quin etiam Batavos Transrhenanosque Padus ipse; quem repente, contra Placentiam, transgressi, raptis quibusdam exploratoribus, ita ceteros terruere, ut, adesse omnem Cæcinæ exercitum, trepidi ac falsi nuntiarent.

XVIII. Certum erat Spurinnæ (is enim Placentiam obtinebat) necdum venisse Cæcinam, et, si propinquaret, coercere intra munimenta militem, nec tris prætorias cohortes et mille vexillarios, cum paucis equitibus, veterano exercitui objicere. Sed indomitus miles et belli ignarus, correptis signis vexillisque, ruere, et retinenti duci tela intentare, spretis centurionibus tribunisque; quin proditionem, et accitum Cæcinam, clamitabant. Fit temeritatis alienæ comes Spurinna, primo coactus, mox velle simulans, quo plus auctoritatis inesset consiliis, si seditio mitesceret.

XIX. Postquam in conspectu Padus et nox adpetebat, vallari castra placuit. Is labor, urbano militi insolitus, contudit animos. Tum vetustissimus quisque

cohorte de Pannoniens fut faite prisonnière à Crémone. Cent cavaliers et mille soldats de marine furent enveloppés entre Placentia et Ticinum. A ce succès, le soldat de Vitellius ne veut déjà plus reconnaître pour barrières le fleuve et ses rives. Sa vue même irrite l'impatience des Bataves et de tous les guerriers d'au delà du Rhin; ils le traversent donc subitement en face de Placentia, enlèvent quelques éclaireurs, et frappent les autres d'une telle épouvante, qu'ils courent dans leur frayeur donner la fausse nouvelle que toute l'armée de Cécina est sur leurs pas.

XVIII. Spurinna, qui commandait dans Placentia, avait la certitude que Cécina n'était pas encore arrivé; il avait résolu, s'il approchait, de contenir ses soldats dans les forts, et de ne point exposer trois cohortes prétoriennes seulement, avec mille fantassins et quelque peu de cavaliers, contre une armée de vieilles troupes; mais ses soldats, dans leur fougue et leur inexpérience de la guerre, saisissent les enseignes et les drapeaux, s'élancent, menacent de leurs javelots le général qui veut les arrêter, bravent leurs centurions et leurs tribuns, crient qu'on les trahit, qu'on les livre à Cécina. Spurinna partagea une imprudence qui n'était pas de son fait, d'abord forcément, ensuite comme s'il l'eût approuvée : c'était afin de donner plus de poids à ses remontrances, si la sédition s'apaisait.

XIX. Comme on ne fut en vue du fleuve qu'à l'approche de la nuit, il fallut creuser les fossés du camp. Ce travail, nouveau pour des soldats habitués au séjour de Rome, calma les esprits. Alors les plus anciens mili-

castigare credulitatem suam, metum ac discrimen ostendere, si cum exercitu Caecina, patentibus campis, tam paucas cohortes circumfudisset. Jamque totis castris modesti sermones, et, inserentibus se centurionibus tribunisque, laudari providentia ducis, quod coloniam, virium et opum validam, robur ac sedem bello legisset. Ipse postremo Spurinna, non tam culpam exprobrans, quam ratione ostendens, relictis exploratoribus, ceteros Placentiam reduxit, minus turbidos et imperia accipientes. Solidati muri, propugnacula addita, auctae turres, provisa parataque non arma modo, sed obsequium et parendi amor, quod solum illis partibus defuit, quum virtutis haud poeniteret.

XX. At Caecina, velut relicta post Alpes saevitia ac licentia, modesto agmine per Italiam incessit. Ornatum ipsius municipia et coloniae in superbiam trahebant : quod versicolore sagulo, braccas, tegmen barbarum, indutus, togatos adloqueretur. Uxorem quoque ejus, Saloninam, quamquam in nullius injuriam, insigni equo ostroque veheretur, tanquam laesi gravabantur : insita mortalibus natura, recentem aliorum felicitatem aegris oculis introspicere, modumque fortunae a nullis magis exigere, quam quos in aequo videre. Caecina, Padum

taires se reprochent leur propre crédulité, reconnaissent avec effroi le danger de leur position, si Cécina, avec son armée et dans ces champs tout ouverts, fût venu envelopper des cohortes en aussi petit nombre. Déjà, dans tout le camp, la modération préside aux entretiens; les centurions et les tribuns s'y mêlent, et louent la prudence du général, qui avait choisi une colonie forte et opulente pour y centraliser la guerre; enfin Spurinna lui-même, leur démontrant leur faute par le raisonnement plutôt qu'il ne la leur reproche, laisse en arrière quelques éclaireurs, et ramène à Placentia le reste de ses troupes, moins turbulentes et plus attentives au commandement. Les murailles furent réparées, des fortifications ajoutées, des tours exhaussées, tout fut prêt et disposé, armes, obéissance, amour de la subordination, qui seule manqua à ce parti, auquel la valeur ne manqua jamais.

XX. Cependant Cécina, qui semblait avoir laissé par delà les Alpes la cruauté et la licence, poursuit sa marche avec une sévère discipline à travers l'Italie. Son costume le fit accuser d'orgueil par les municipes et les colonies : en effet, couvert d'une saye rayée et de braies gauloises, vêtement barbare, il donnait audience à des hommes en toge. De plus, son épouse Salonina, et c'était sans aucune intention injurieuse, montait un cheval superbe, couvert de pourpre; ils en parurent choqués. Tel est l'esprit humain : on considère d'un œil envieux la fortune récente d'autrui, et l'on n'exige jamais plus de modération que de ceux qu'on a vus ses égaux. Cécina, ayant

transgressus, tentata Othonianorum fide per colloquium et promissa, iisdem petitus, postquam pax et concordia speciosis et irritis nominibus jactata sunt, consilia curasque in oppugnationem Placentiæ magno terrore vertit : gnarus, ut initia belli provenissent, famam in cetera fore.

XXI. Sed primus dies impetu magis, quam veterani exercitus artibus, transactus : aperti incautique muros subiere, cibo vinoque prægraves. In eo certamine, pulcherrimum amphitheatri opus, situm extra muros, conflagravit : sive ab oppugnatoribus incensum, dum faces et glandes et missilem ignem in obsessos jaculantur; sive ab obsessis, dum regerunt. Municipale vulgus, pronum ad suspiciones, fraude illata ignis alimenta credidit à quibusdam e vicinis coloniis, invidia et æmulatione, quod nulla in Italia moles tam capax foret. Quocunque casu accidit, dum atrociora metuebantur, in levi habitum : reddita securitate, tamquam nihil gravius pati potuissent, mœrebant. Ceterum multo suorum cruore pulsus Cæcina : et nox parandis operibus absumpta. Vitelliani pluteos cratesque et vineas suffodiendis muris, protegendisque oppugnatoribus; Othoniani sudes et immensas lapidum ac plumbi ærisque moles, perfringendis obruendisque hostibus, expediunt. Utrimque pudor, utrimque gloria, et diversæ exhorta-

traversé le Pô et tenté la fidélité des Othoniens par des pourparlers et des promesses, fut attaqué par les mêmes voies; et comme la paix et la concorde n'étaient plus que des paroles vaines et spécieuses, il ne songea plus qu'aux moyens d'assiéger Placentia d'une manière formidable, sachant bien que, si les commencemens de la guerre lui étaient favorables, la renommée ferait le reste.

XXI. Le premier jour, on vit plutôt de l'impétuosité que les dispositions d'une vieille armée; les Vitelliens, à découvert et sans précaution, approchent des murailles, appesantis de nourriture et de vin. Pendant cette attaque, un amphithéâtre d'une très-belle construction, situé hors des murs, fut brûlé; l'incendie fut causé ou par les assiégeans, qui jetaient des torches, des globes et des pieux enflammés, ou par les assiégés, qui répondaient par les mêmes moyens; le peuple de ce municipe, enclin aux soupçons, crut que des citoyens des colonies voisines y avaient secrètement porté des matières inflammables par jalousie et par rivalité, parce que l'Italie ne possédait aucun monument aussi considérable. Quelle que fut la cause de cet accident, tant que les habitans redoutèrent des maux plus affreux, ils n'y firent qu'une légère attention; la sécurité rétablie, ils s'en affligèrent comme s'ils n'eussent pu éprouver de plus grand mal. Du reste, après un grand carnage des siens, Cécina fut repoussé. On employa la nuit à préparer les machines. Les Vitelliens disposent des mantelets, des claies, divers abris, tous les moyens utiles pour saper les murs et protéger les assiégeans; les Othoniens se munissent de pieux, d'énormes amas de pierres, de plomb et d'airain pour rompre et

tiones, hinc legionum et Germanici exercitus robur, inde urbanæ militiæ et prætoriarum cohortium decus adtollentium : illi ut segnem ac desidem et circo ac theatris corruptum militem; hi peregrinum et externum, increpabant : simul, Othonem ac Vitellium, celebrantes culpantesve, uberioribus inter se probris quam laudibus stimulabantur.

XXII. Vixdum orto die, plena propugnatoribus mœnia : fulgentes armis virisque campi, densum legionum agmen, sparsa auxiliorum manus, altiora murorum sagittis aut saxis incessere; neglecta, aut ævo fluxa cominus adgredi. Ingerunt desuper Othoniani pila, librato magis et certo ictu, adversus temere subeuntes cohortes Germanorum, cantu truci, et more patrio nudis corporibus, super humeros scuta quatientium. Legionarius, pluteis et cratibus tectus, subruit muros, instruit aggerem, molitur portas. Contra prætoriani dispositos ad id ipsum molares ingenti pondere ac fragore provolvunt. Pars subeuntium obruti; pars confixi et exsangues, aut laceri, quum augeret stragem trepidatio, eoque acrius e mœnibus vulnerarentur, rediere, infracta partium fama. Et Cæcina, pudore cœptæ temere oppugnationis, ne irrisus ac vanus iisdem castris adsideret, trajecto rursus Pado, Cremonam petere intendit. Tradidere sese abeunti

écraser les ennemis. Des deux côtés agissait la crainte de la honte, des deux côtés l'amour de la gloire ; les exhortations étaient diverses : les uns exaltaient la force des légions et de l'armée germanique; les autres, la dignité des troupes de Rome et des cohortes prétoriennes : ceux-là insultaient leurs ennemis en les appelant des lâches, des efféminés, corrompus par le cirque et le théâtre; ceux-ci en les nommant étrangers et barbares. Ils s'excitaient en louant Othon et Vitellius, ou en les dénigrant : les outrages étaient plus abondans que les louanges.

XXII. A peine le jour paraissait, les murailles furent couvertes de combattans, la plaine resplendit d'armes et de guerriers. Les bataillons serrés des légions, les pelotons épars des auxiliaires, attaquent les parties les plus élevées des murs à coups de traits et de pierres, et s'approchent des endroits négligés par l'ennemi, ou tombant de vétusté; les Othoniens lancent d'en haut des pieux; leurs coups, mieux dirigés et plus certains, frappent les cohortes des Germains qui s'avancent imprudemment, avec des chants barbares, et, suivant l'usage de leur pays, le corps nu, et agitant leurs boucliers au dessus de leurs épaules. Le légionnaire, couvert par les claies et les mantelets, sape les murailles, élève des terrasses, ébranle les portes. De leur côté, les prétoriens font rouler avec un affreux fracas les énormes monceaux de pierres qu'ils ont amassés; une partie des assaillans en est accablée, une partie tombe percée de traits, ou écrasée, perdant tout son sang; le trouble augmente le carnage, les assiégés en profitent pour frapper du haut des remparts avec plus d'ardeur et de promptitude ; les soldats

Turulius Cerialis cum compluribus classicis, et Julius Briganticus cum paucis equitum : hic praefectus alae, in Batavis genitus; ille primipilaris et Caecinae haud alienus, quod ordines in Germania duxerat.

XXIII. Spurinna, comperto itinere hostium, defensam Placentiam, quaeque acta et quid Caecina pararet, Annium Gallum per litteras docet. Gallus legionem primam in auxilium Placentiae ducebat, diffisus paucitate cohortium, ne longius obsidium et vim Germanici exercitus parum tolerarent : ubi pulsum Caecinam pergere Cremonam accepit, aegre coercitam legionem, et pugnandi ardore usque ad seditionem progressam, Bedriaci sistit. Inter Veronam Cremonamque situs est vicus, duabus jam romanis cladibus notus infaustusque. Iisdem diebus a Martio Macro haud procul Cremona prospere pugnatum : namque promptus animi Martius transvectos navibus gladiatores in adversam Padi ripam repente effudit. Turbata ibi Vitellianorum auxilia, et, ceteris Cremonam fugientibus, caesi qui restiterant. Sed repressus vincentium impetus, ne, novis subsidiis firmati, hostes fortunam proelii mutarent. Suspectum id Otho-

de Vitellius reculent, et leur renommée reçoit un premier échec. Cécina, honteux d'avoir entrepris témérairement ce siège, ne voulut pas rester inutilement exposé aux outrages dans ce même camp; il repasse le Pô, et gagne Crémone. A son départ, Turulius Cerialis, avec un grand nombre de soldats de marine, et Julius Briganticus, avec quelque peu de cavalerie, se livrèrent à lui. Celui-ci, préfet d'une aile de cavalerie, était né chez les Bataves; l'autre, primipilaire, n'était point étranger à Cécina : ils avaient eu le même grade en Germanie.

XXIII. Spurinna ayant deviné la marche des ennemis, informa par une lettre Annius Gallus de la résistance de Placentia, de ce qu'on avait fait et de ce que Cécina projetait. Gallus, qui conduisait la première légion au secours de Placentia, avait craint que la ville, défendue par si peu de cohortes, ne pût pas résister long-temps à un siège et aux forces de l'armée germanique; quand il sut que Cécina était repoussé et reculait vers Crémone, malgré l'impatience de sa légion et son ardeur de combattre, qui l'entraînait presqu'à une révolte, il assit son camp à Bédriac : c'est un bourg situé entre Vérone et Crémone, lieu funeste, déjà trop illustré par deux défaites des Romains. Ces mêmes jours, Martius Macer avait remporté un avantage non loin de Crémone. Ce chef, d'un esprit entreprenant, fait passer, dans des barques, les gladiateurs sur la rive opposée du Pô; ils s'y répandent tout à coup, jettent le trouble parmi les auxiliaires Vitelliens, massacrent ceux qui résistent : le reste fuit vers Crémone. Macer modéra l'impétuosité des vainqueurs, de crainte que l'ennemi, renforcé de nouvelles

nianis fuit, omnia ducum facta prave æstimantibus. Certatim, ut quisque animo ignavus, procax ore, Annium Gallum et Suetonium Paullinum et Marium Celsum, nam eos Otho quoque præfecerat, variis criminibus incessebant. Acerrima seditionum ac discordiæ incitamenta, interfectores Galbæ : scelere et metu vecordes, miscere cuncta, modo palam turbidis vocibus, modo occultis ad Othonem litteris : qui humillimo cuique credulus, bonos metuens, trepidabat; rebus prosperis incertus, et inter adversa melior. Igitur Titianum, fratrem, accitum bello præposuit. Interea Paullini et Celsi ductu res egregiæ gestæ.

XXIV. Angebant Cæcinam nequidquam omnia cœpta, et senescens exercitus sui fama. Pulsus Placentia, cæsis nuper auxiliis, etiam per concursum exploratorum, crebra magis quam digna memoratu prœlia, inferior; propinquante Fabio Valente, ne omne belli decus illuc concederet, reciperare gloriam, avidius quam consultius, properabat. Ad duodecimum a Cremona, locus Castorum vocatur, ferocissimos auxiliarium, imminentibus viæ lucis occultos, componit. Equites procedere longius jussi, et, irritato prœlio sponte refugi, festi-

troupes, ne changeât la fortune du combat. Ceci fut suspect aux Othoniens, qui interprétaient en mal tout ce que faisaient leurs chefs. Ceux dont le cœur était le plus lâche, tenaient les propos les plus audacieux; ils harcelaient à l'envi d'accusations diverses Annius Gallus, Suetonius Paullinus et Marius Celsus, tous deux aussi nommés généraux par Othon. Les plus violens instigateurs de sédition et de discorde étaient les assassins de Galba : dans le délire que leur inspirent leur crime et leurs remords, ils jettent partout le trouble, tantôt par des clameurs séditieuses, tantôt par des lettres secrètes adressées à Othon, qui, crédule aux rapports des derniers hommes de son parti, redoutant les gens de bien, vivait dans des alarmes continuelles. Indécis dans la prospérité, il trouvait plus d'énergie dans l'adversité. Il mande donc Titianus, son frère, et lui confie la direction de la guerre. Dans cet intervalle, l'armée, sous les ordres de Paullinus et de Celsus, obtint de brillans avantages.

XXIV. Cécina était consterné : toutes ses entreprises échouaient, et la renommée de son armée s'affaiblissait. Repoussé de Placentia, ayant vu naguère ses auxiliaires égorgés dans de simples rencontres d'éclaireurs, combats plus multipliés que dignes de mémoire, il avait toujours eu le dessous. Fabius Valens arrivait, et pour que tout l'honneur de cette guerre ne lui fût pas dévolu, Cécina, voulant recouvrer sa gloire, mit en ce dessein plus d'ardeur que de prudence. A douze milles de Crémone, dans un lieu nommé les Castors, il cache et dispose en bon ordre les plus intrépides de ses auxiliaires dans les bois qui dominent la route, ordonne à ses cavaliers de se porter en

nationem sequentium elicere, donec insidiæ coorirentur. Proditum id Othonianis ducibus; et curam peditum Paullinus, equitum Celsus, sumpsere. Tertiædecimæ legionis vexillum, quatuor auxiliorum cohortes et quingenti equites in sinistro locantur; aggerem viæ tres prætoriæ cohortes altis ordinibus obtinuere : dextra fronte prima legio incessit, cum duabus auxiliaribus cohortibus et quingentis equitibus. Super hos e prætorio auxiliisque mille equites, cumulus prosperis, aut subsidium laborantibus, ducebantur.

XXV. Antequam miscerentur acies, terga vertentibus Vitellianis, Celsus, doli prudens, repressit suos. Vitelliani temere exsurgentes, cedente sensim Celso, longius secuti, ultro in insidias præcipitantur : nam a lateribus cohortes, legionum adversa frons, et subito discursu terga cinxerant equites. Signum pugnæ non statim a Suetonio Paullino pediti datum : cunctator natura, et cui cauta potius consilia cum ratione, quam prospera ex casu, placerent, compleri fossas, aperiri campum, pandi aciem jubebat; satis cito incipi victoriam, ubi provisum foret, ne vincerentur. Ea cunctatione spatium Vitellianis datum, in vineas, nexu traducum impeditas, refugiendi : et modica silva adhærebat : unde rursus ausi promptissimos prætorianorum

avant, de feindre une attaque, et de se replier pour attirer l'ennemi, qui se hâterait de les poursuivre, jusqu'à ce que l'embuscade sortît pour les écraser. Ce projet fut révélé aux généraux othoniens. Paullinus se charge de conduire l'infanterie, Celsus la cavalerie. Un détachement de la treizième légion, quatre cohortes d'auxiliaires et cinq cents cavaliers sont placés sur la gauche; la chaussée est occupée par les cohortes prétoriennes formées en colonnes profondes; sur le front droit marche la première légion avec deux cohortes auxiliaires et cinq cents chevaux; outre ceux-ci, on fait avancer mille cavaliers prétoriens et auxiliaires pour couronner le succès, ou porter du renfort en cas d'échec.

XXV. Avant que les deux armées en viennent aux mains, les cavaliers vitelliens tournent le dos; Celsus, prévenu de l'embuscade, arrête les siens. L'infanterie vitellienne s'élance imprudemment hors du bois contre Celsus, qui recule lentement, le poursuit trop avant, et d'elle-même se précipite dans le piège; car elle trouve les cohortes sur ses flancs, sur son front les légions, et sur ses derrières la cavalerie, qui la cerne subitement à droite et à gauche. Le signal du combat ne fut pas donné aussitôt à l'infanterie par Suetonius Paullinus : son naturel temporiseur préférait les conseils prudens que dicte la raison aux succès que donne le hasard; il fit combler les fossés, balayer la plaine, avant de développer ses troupes; pour lui, la victoire viendrait assez tôt, lorsqu'on serait bien assuré de n'être pas vaincu. Ce délai donna le temps aux Vitelliens de se réfugier dans des vignes embarrassées de longs sarmens entrelacés aux arbres, et attenantes à un

equitum interfecere. Vulneratur rex Epiphanes, impigre pro Othone pugnam ciens.

XXVI. Tum Othonianus pedes erupit. Protrita hostium acie, versi in fugam etiam qui subveniebant; nam Caecina non simul cohortes, sed singulas acciverat: quae res in proelio trepidationem auxit, quum dispersos nec usquam validos, pavor fugientium abriperet. Orta et in castris seditio, quod non universi ducerentur. Vinctus praefectus castrorum, Julius Gratus, tanquam fratri, apud Othonem militanti, proditionem ageret; quum fratrem ejus, Julium Frontonem, tribunum, Othoniani sub eodem crimine vinxissent. Ceterum ea ubique formido fuit apud fugientes, occursantes, in acie, pro vallo, ut deleri cum universo exercitu Caecinam potuisse, ni Suetonius Paullinus receptui cecinisset, utrisque in partibus percrebuerit. Timuisse se Paullinus ferebat, tantum insuper laboris ac itineris, ne Vitellianus miles, recens e castris, fessos adgrederetur, et perculsis nullum retro subsidium foret : apud paucos ea ducis ratio probata, in vulgus adverso rumore fuit.

petit bois; de là, reprenant leur audace, ils firent une seconde attaque, et tuèrent les cavaliers prétoriens les plus avancés. Le roi Épiphanes fut blessé dans ce combat, où son ardeur se signala pour Othon.

XXVI. Alors l'infanterie othonienne s'élance, elle écrase les premières lignes ennemies, met en fuite ceux même qui venaient les soutenir; car Cécina n'avait pas fait avancer ses cohortes à la fois, mais les unes après les autres. Cette manœuvre, opérée durant l'engagement, accrut le trouble; ces corps, dispersés et ainsi toujours trop faibles, étaient entraînés par l'effroi même des fuyards. Il en résulta, dans le camp, une sédition; les troupes se plaignant de ce qu'elles ne donnaient pas toutes ensemble. Elles enchaînèrent leur préfet de camp, Julius Gratus, soupçonné de tramer une trahison avec son frère, qui combattait pour Othon; tandis que ce même frère, Julius Fronto, tribun, était chargé de fers par les Othoniens sur le même soupçon. Au reste, la terreur des Vitelliens fut telle sur tous les points, chez les fuyards et chez ceux qui venaient les soutenir, sur le champ de bataille et devant le retranchement, que Cécina aurait pu être anéanti avec son armée entière, si Suetonius Paullinus n'eût fait sonner la retraite. Les deux partis en furent persuadés. Paullinus prétendit qu'il avait craint, après un surcroît de fatigues et de marche, que le soldat Vitellien, sorti tout reposé de son camp, ne vînt assaillir ses troupes harassées, lorsqu'il ne lui restait aucune ressource en arrière en cas de défaite. Peu de personnes approuvèrent ce raisonnement, qui fut généralement blâmé.

XXVII. Haud perinde id damnum Vitellianos in metum compulit, quam ad modestiam composuit : nec solum apud Cæcinam, qui culpam in militem conferebat, seditioni magis quam prœlio paratum; Fabii quoque Valentis copiæ, jam enim Ticinum venerat, posito hostium contemptu, et recuperandi decoris cupidine, reverentius et æqualius duci parebant. Gravis alioquin seditio exarserat, quam altiore initio, neque enim rerum a Cæcina gestarum ordinem interrumpi oportuerat, repetam. Cohortes Batavorum, quas bello Neronis a quartadecima legione digressas, quum Britanniam peterent, audito Vitellii motu, in civitate Lingonum Fabio Valenti adjunctas retulimus, superbe agebant; ut cujusque legionis tentoria accessissent, coercitos a se quartadecimanos, ablatam Neroni Italiam, atque omnem belli fortunam in ipsorum manu sitam, jactantes. Contumeliosum id militibus, acerbum duci : corrupta jurgiis aut rixis disciplina : ad postremum Valens e petulantia etiam perfidiam suspectabat.

XXVIII. Igitur nuntio adlato, pulsam Treverorum alam Tungrosque a classe Othonis, et Narbonensem Galliam circumiri; simul cura socios tuendi et militari astu cohortes turbidas, ac, si una forent, prævalidas, dispergendi, partem Batavorum ire in subsi-

XXVII. Toutefois cet échec, loin de frapper de terreur les Vitelliens, les ramena à plus de discipline; et ce ne fut pas seulement dans le camp de Cécina, qui rejetait toute la faute sur ses soldats toujours plus disposés à la révolte qu'au combat, mais encore parmi les troupes mêmes de Fabius Valens, qui, arrivées à Ticinum, cessèrent de mépriser leurs ennemis, et désirant recouvrer leur honneur, montrèrent envers leur général une obéissance plus respectueuse et plus constante. Une grave sédition avait éclaté précédemment : n'ayant pas dû interrompre le récit des opérations de Cécina, j'en reprendrai la narration de plus haut. Les cohortes de Bataves, qui, dans la guerre de Vindex, s'étaient séparées de la quatorzième légion, apprirent, en se rendant en Bretagne, le soulèvement de Vitellius, et se réunirent, dans la ville de Langres, à Fabius Valens, comme nous l'avons dit plus haut : elles portèrent l'orgueil au point d'aller dans les tentes de nos légionnaires se vanter d'avoir contenu la quatorzième légion, d'avoir enlevé l'Italie à Néron, et de tenir en leurs mains le sort de la guerre. Ces paroles, injurieuses au soldat, blessaient le général, et il en résulta des querelles et des rixes qui corrompirent la discipline, au point que Valens craignit que cette insolence ne fût le prélude d'une trahison.

XXVIII. Ayant donc reçu la nouvelle que la cavalerie des Trévirs avait été repoussée, que les Tongres avaient été battus par l'armée navale d'Othon, et que la Gaule Narbonaise était envahie de tous côtés, Valens voulut à la fois protéger ses alliés, et par une ruse militaire disperser ces cohortes turbulentes, trop puissantes

dium jubet. Quod ubi auditum vulgatumque, mœrere socii, fremere legiones : orbari se fortissimorum virorum auxilio : veteres illos et tot bellorum victores, postquam in conspectu sit hostis, velut ex acie abduci : si provincia urbe et salute imperii potior sit, omnes illuc sequerentur : sin victoriæ sanitas, sustentaculum, columen in Italia verteretur, non abrumpendos, ut corpori, validissimos artus.

XXIX. Hæc ferociter jactando, postquam, immissis lictoribus, Valens coercere seditionem cœptabat, ipsum invadunt, saxa jaciunt, fugientem sequuntur, spolia Galliarum et Viennensium aurum et pretia laborum suorum occultare, clamitantes, direptis sarcinis, tabernacula ducis, ipsamque humum pilis et lanceis rimabantur : nam Valens servili veste apud decurionem equitum tegebatur. Tum Alphenus Varus, præfectus castrorum, deflagrante paulatim seditione, addit consilium, vetitis obire vigilias centurionibus, omisso tubæ sono, quo miles ad belli munia cietur. Igitur torpere cuncti, circumspectare inter se adtoniti : et id ipsum, quod nemo regeret, paventes : silentio, patientia, postremo precibus ac lacrymis veniam quærebant. Ut vero deformis et flens et præter spem incolumis Valens pro-

si elles n'étaient divisées : il commanda à une partie des Bataves de marcher au secours de la province. A peine l'ordre en est-il donné et publié, que les auxiliaires s'affligent, que les légions frémissent d'indignation; on allait les priver du secours des plus braves guerriers : ces vétérans, vainqueurs en tant de guerres, leur sont enlevés du champ de bataille même, lorsqu'on est en présence de l'ennemi. Si une province est préférable à Rome et au salut de l'empire, tous doivent s'y rendre; mais si l'assurance, la garantie, la certitude de la victoire, ne peuvent se trouver qu'en Italie, il ne fallait pas en quelque sorte priver un corps de ses membres les plus vigoureux.

XXIX. Ils poussaient insolemment ces plaintes : Valens envoie ses licteurs pour réprimer leur sédition; alors ils fondent sur lui, l'assaillent de pierres, le poursuivent dans sa fuite, criant qu'il a caché les dépouilles des Gaules, l'or des Viennois, et le prix de leurs travaux; ils pillent ses bagages, fouillent sa tente et la terre même avec leurs lances et leurs javelines, pendant que Valens, sous des habits d'esclave, se tenait caché chez un décurion de cavalerie. Alphenus Varus, préfet du camp, voyant la sédition perdre peu à peu de sa chaleur, ouvre l'avis de défendre aux centurions de relever les sentinelles, et aux trompettes de sonner pour appeler aux exercices militaires. Alors les soldats sont tous frappés de stupeur; ils se regardent entre eux, d'un œil étonné, et cela même les épouvante que personne ne les commande plus : leur silence, leur résignation, enfin leurs prières et leurs larmes demandent grâce pour eux. Dès que Valens reparut, les habits en désordre, les yeux

cessit, gaudium, miseratio, favor : versi in lætitiam (ut est vulgus utroque immodicum) laudantes gratantesque, circumdatum aquilis signisque in tribunal ferunt. Ille utili moderatione non supplicium cujusquam poposcit : ac, ne dissimulans suspectior foret, paucos incusavit : gnarus civilibus bellis, plus militibus quam ducibus licere.

XXX. Munientibus castra apud Ticinum, de adversa Cæcinæ pugna adlatum, et prope renovata seditio, tanquam fraude et cunctationibus Valentis prœlio defuissent. Nolle requiem, non exspectare ducem, anteire signa, urgere signiferos : rapido agmine Cæcinæ junguntur. Improspera Valentis fama apud exercitum Cæcinæ erat : expositos se tanto pauciores integris hostium viribus, querebantur, simul, in suam excusationem, et adventantium robur per adulationem adtollentes, ne ut victi et ignavi despectarentur. Et quamquam plus virium, prope duplicatus legionum auxiliorumque numerus erat Valenti, studia tamen militum in Cæcinam inclinabant; super benignitatem animi, qua promptior habebatur, etiam vigore ætatis, proceritate corporis et quodam inani favore. Hinc æmulatio ducibus. Cæcina ut fœdum et maculosum, ille ut vanum ac tumidum, irridebant. Sed condito odio, eamdem utili-

en pleurs, et, ce qu'ils n'espéraient pas, sain et sauf, leur contentement, leur attendrissement, leur enthousiasme éclatent pour lui; revenus à la joie (en tout le vulgaire est exagéré), ils le comblent de louanges et de félicitations, l'entourent de leurs aigles et de leurs drapeaux, et le portent sur son tribunal. Valens, par une nécessaire modération, ne réclama le supplice d'aucun d'entre eux, et pour que son silence ne parût pas suspect, il adressa des reproches à quelques-uns. Il savait que les guerres civiles permettent plus de licence aux soldats qu'à leurs chefs.

XXX. Pendant qu'ils retranchaient leur camp près de Ticinum, on leur apprit le malheureux combat de Cécina, et la révolte fut sur le point de recommencer. Ils accusent Valens de les avoir privés, par trahison et par des délais, de prendre part à ce combat : ils ne veulent plus de repos, n'attendent point le général, précèdent leurs drapeaux, pressent les porte-aigles, et, par une marche rapide, courent joindre Cécina. Valens n'avait pas une favorable réputation auprès des troupes de Cécina; elles lui reprochaient de les avoir exposées, en petit nombre, à des forces ennemies dans toute leur intégrité. C'était à la fois pour elles une excuse, un moyen de louer, de flatter les nouveau-venus et leur valeur, et de plus, de n'en pas être méprisés comme des lâches et des vaincus. Quoique Valens eût plus de troupes et presque un nombre double de légions et d'auxiliaires, l'affection des soldats penchait pour Cécina. Outre son humeur libérale, qui le faisait passer pour plus entreprenant, il avait pour lui la vigueur de l'âge, une taille élevée, et je ne sais quelle vaine prévention en sa faveur. De là rivalité entre

tatem fovere, crebris epistolis, sine respectu veniæ, probra Othoni objectantes : quum duces partium Othonis, quamvis uberrima conviciorum in Vitellium materia, abstinerent.

XXXI. Sane ante utriusque exitum, quo egregiam Otho famam, Vitellius flagitiosissimam, meruere, minus Vitellii ignavæ voluptates, quam Othonis flagrantissimæ libidines, timebantur. Addiderat huic terrorem atque odium cædes Galbæ; contra illi initium belli nemo imputabat. Vitellius ventre et gula sibi ipse hostis; Otho luxu, sævitia, audacia, reipublicæ exitiosior ducebatur. Conjunctis Cæcinæ ac Valentis copiis, nulla ultra penes Vitellianos mora, quin totis viribus certarent. Otho consultavit trahi bellum an fortunam experiri placeret. Tum Suetonius Paullinus, dignum fama sua ratus, qua nemo illa tempestate militaris rei callidior habebatur, de toto genere belli censere, festinationem hostibus, moram ipsis utilem disseruit :

XXXII. « Exercitum Vitellii universum advenisse : nec multum virium a tergo, quoniam Galliæ tumeant, et deserere Rheni ripam, irrupturis tam infestis natio-

ces deux chefs : ils se raillaient l'un l'autre : Cécina en reprochant à Valens ses vices et ses souillures, Valens en insultant à l'orgueil et à la vanité de Cécina; mais, cachant leur haine, préoccupés d'un même intérêt, ils écrivaient lettres sur lettres, et, sans se ménager de pardon, chargeaient Othon d'invectives; tandis que les chefs du parti d'Othon, quoiqu'il y eût très-ample matière contre Vitellius, se gardaient d'en mal parler.

XXXI. Toutefois, avant la mort de ces deux empereurs, mort qui fut pour Othon la source d'une renommée honorable, et pour Vitellius celle de la plus infâme réputation, on redoutait moins les lâches inclinations de Vitellius que les ardentes passions d'Othon : celui-ci avait inspiré l'effroi et la haine par l'assassinat de Galba; celui-là n'encourait pas même le reproche d'avoir fait naître cette guerre. Vitellius, par son intempérance et sa gloutonnerie, était l'ennemi de lui seul; Othon, par son luxe, sa cruauté, son audace, paraissait devoir être plus funeste à tous les citoyens. Les troupes de Cécina et de Valens s'étant réunies, aucun retard ne devait empêcher les Vitelliens de s'engager avec toutes leurs forces. Othon délibéra s'il devait traîner la guerre en longueur ou tenter la fortune. Suetonius Paullinus crut alors devoir à sa renommée, qui le désignait dans ces temps comme le plus habile dans l'art militaire, de s'expliquer sur la conduite générale de la guerre. Il représenta que, s'il était utile aux ennemis de se hâter, il l'était pour Othon de temporiser.

XXXII. « L'armée entière de Vitellius est arrivée, dit-il; elle n'a pas beaucoup d'appuis derrière elle, les Gaules fermentent : dégarnir la rive du Rhin lorsque tant de

nibus, non conducat : Britannicum militem hoste et mari distineri : Hispanias armis non ita redundare : provinciam Narbonensem incursu classis et adverso proelio contremuisse : clausam Alpibus, et nullo maris subsidio, Transpadanam Italiam atque ipso transitu exercitus vastam : non frumentum usquam exercitui, nec exercitum sine copiis retineri posse. Jam Germanos, quod genus militum apud hostes atrocissimum sit, tracto in æstatem bello, fluxis corporibus, mutationem soli cœlique haud toleraturos. Multa bella, impetu valida, per tædia et moras evanuisse. Contra ipsis omnia opulenta et fida : Pannoniam, Mœsiam, Dalmatiam, Orientem, cum integris exercitibus; Italiam et caput rerum urbem; senatumque et populum, nunquam obscura nomina, etsi aliquando obumbrentur; publicas privatasque opes et immensam pecuniam, inter civiles discordias ferro validiorem; corpora militum aut Italiæ sueta, aut æstibus : objacere flumen Padum, tutas viris murisque urbes; e quibus nullam hosti cessuram, Placentiæ defensione exploratum. Proinde duceret bellum : paucis diebus quartamdecimam legionem, magna ipsam fama, cum Mœsiacis copiis adfore : tum rursus deliberaturum, et, si proelium placuisset, auctis viribus certaturos.

peuples ennemis peuvent faire irruption, serait trop imprudent : le soldat de Bretagne est retenu par l'ennemi et par la mer, l'Espagne n'a pas trop de troupes, la Gaule Narbonaise est encore tremblante et consternée de l'arrivée subite de la flotte et des revers d'une bataille ; fermée par les Alpes et sans aucun secours du côté de la mer, l'Italie Transpadane est dévastée par le passage même de l'armée ; il n'y a plus de vivres pour elle, et sans subsistances nulle armée ne peut se maintenir ; quant aux Germains, l'espèce de soldats la plus redoutable parmi nos ennemis, si l'on prolonge la guerre jusqu'à l'été, on verra tous ces grands corps affaissés ne pouvoir supporter le changement de sol et de climat ; combien de guerres heureuses d'abord par leur impétuosité sont venues échouer devant l'ennui et des lenteurs. Pour nous, au contraire, partout sont assurées l'abondance et la fidélité ; nous avons la Pannonie, la Mésie, la Dalmatie, l'Orient avec des armées encore intactes, l'Italie et Rome, la tête de l'empire, le sénat et le peuple, noms qui jamais ne perdent tout leur éclat, quoique quelquefois obscurcis ; les richesses publiques et particulières, et une immense quantité d'or, plus puissant que le fer dans les discordes civiles ; des soldats faits aux chaleurs et au climat de l'Italie ; pour barrière protectrice, le fleuve du Pô, des villes que leurs guerriers et leurs remparts sauront bien défendre ; aucune d'elles ne se rendra à l'ennemi : la défense de Placentia nous l'a prouvé. Ainsi donc prolongeons la guerre ; sous peu de jours, la quatorzième légion, précédée de sa haute renommée, nous arrive avec les troupes de Mésie. Alors

XXXIII. Accedebat sententiæ Paullini Marius Celsus : idem placere Annio Gallo, paucos ante dies lapsu equi adflicto, missi, qui consilium ejus sciscitarentur, retulerant. Otho pronus ad decertandum; frater ejus Titianus, et præfectus prætorii Proculus, imperitia properantes, Fortunam et Deos et Numen Othonis adesse consiliis, adfore conatibus, testabantur : neu quis obviam ire sententiæ auderet, in adulationem concesserant. Postquam pugnari placitum, interesse pugnæ imperatorem, an seponi melius foret, dubitavere. Paullino et Celso jam non adversantibus, ne principem objectare periculis viderentur, iidem illi deterioris consilii auctores perpulere, ut Brixellum concederet, ac, dubiis prœliorum exemptus, summæ rerum et imperii se ipsum reservaret. Is primus dies Othonianas partes adflixit : namque et cum ipso prætoriarum cohortium et speculatorum equitumque valida manus discessit, et remanentium fractus animus : quando suspecti duces, et Otho, cui uni apud militem fides, dum et ipse non nisi militibus credit, imperia ducum in incerto reliquerat.

XXXIV. Nihil eorum Vitellianos fallebat, crebris, ut in civili bello, transfugiis : et exploratores, cura diversa sciscitandi, sua non occultabant. Quieti inten-

on pourra de nouveau délibérer ; et, si l'on veut combattre, on combattra avec des forces plus nombreuses. »

XXXIII. L'opinion de Paullinus fut appuyée par Marius Celsus ; elle eut aussi l'approbation d'Annius Gallus, qui, depuis peu de jours, blessé par une chute de cheval, fit connaître son avis à ceux qui étaient venus le recueillir. Othon penchait beaucoup pour la bataille ; son frère Titianus et le préfet du prétoire, Proculus, avec la précipitation de l'inexpérience, affirmaient que la fortune et les dieux, et le génie d'Othon, présidaient à ses desseins, qu'ils seconderaient ses efforts ; et, pour que personne n'osât s'opposer à leur avis, ils l'enveloppaient de flatterie. Lorsque la bataille fut résolue, on délibéra si l'empereur assisterait au combat, ou s'il ne serait pas mieux qu'il se tînt à l'écart. Paullinus et Celsus n'émirent aucun avis pour ne point paraître livrer le prince à des périls, et ces mêmes funestes conseillers le déterminèrent aussi à se retirer à Brixellum, afin que là, loin des hasards de la guerre, il se réservât pour dernière ressource à l'empire et aux affaires publiques. Dès ce jour, la cause d'Othon fut comme perdue ; car avec lui se retira un corps considérable de cohortes prétoriennes, de troupes légères et de cavaliers : le courage de ceux qui restaient fut anéanti. Leurs chefs leur étaient suspects, et Othon, auquel seul le soldat donnait sa confiance, puisque lui-même n'avait confiance qu'au soldat, ne leur laissa plus qu'une autorité incertaine.

XXXIV. Tous ces détails étaient exactement rapportés aux Vitelliens par de nombreux transfuges, comme en toutes les guerres civiles. Les espions, pour obtenir les

tique Cæcina ac Valens, quando hostis imprudentia rueret, quod loco sapientiæ est, alienam stultitiam opperiebantur, inchoato ponte transitum Padi simulantes, adversus oppositam gladiatorum manum, ac ne ipsorum miles segne otium tereret. Naves, pari inter se spatio, validis utrinque trabibus connexæ, adversum in flumen dirigebantur, jactis super ancoris quæ firmitatem pontis continerent. Sed ancorarum funes non extenti fluitabant, ut, augescente flumine, inoffensus ordo navium adtolleretur. Claudebat pontem imposita turris et in extremam navem educta : unde tormentis ac machinis hostes propulsarentur.

XXXV. Othoniani in ripa turrim struxerant, saxaque et faces jaculabantur. Et erat insula amne medio, in quam gladiatores navibus molientes, Germani nando, prælabebantur. Ac forte plures transgressos, completis Liburnicis, per promptissimos gladiatorum Macer adgreditur. Sed neque ea constantia gladiatoribus ad prœlia, quæ militibus; nec perinde nutantes e navibus, quam stabili gradu e ripa, vulnera dirigebant. Et, quum variis trepidantium inclinationibus, mixti remiges propugnatoresque turbarentur, desilire in vada ultro Germani, retentare puppes, scandere foros, aut cominus

secrets de l'ennemi, ne cachaient pas ceux qu'on leur avait confiés. Cécina et Valens, sans agir, et attentifs à saisir le moment où l'ennemi pourrait se perdre par son imprudence, firent ce qui tient lieu de sagesse, ils attendirent l'occasion de profiter des fautes d'autrui. Ils feignent de vouloir commencer un pont sur le Pô pour aller attaquer la troupe de gladiateurs sur la rive opposée : leur but était aussi d'empêcher le soldat de s'engourdir dans un honteux repos. Des bateaux placés à égale distance, réunis l'un à l'autre par de fortes poutres, sont dirigés contre le courant du fleuve, et sont de plus fixés par des ancres, afin d'assurer la solidité du pont ; mais les câbles des ancres flottaient sans être tendus, pour que la crue du fleuve ne pût rompre l'ordre des bateaux en les élevant. Le pont était fermé par une tour élevée sur le dernier bateau, et d'où l'on pouvait, avec des balistes et des machines, repousser les ennemis.

XXXV. Les Othoniens avaient construit sur l'autre rive une tour d'où ils lançaient des pierres et des torches. Au milieu du fleuve était une île vers laquelle les gladiateurs dirigèrent leurs bateaux ; des Germains les y devancèrent à la nage : un grand nombre y était déjà parvenu. Macer les fait attaquer par ses plus intrépides gladiateurs, dont il remplit les bateaux ; mais ils n'ont point pour le combat cette fermeté qui n'appartient qu'au soldat : vacillant sur leurs barques, ils ne dirigeaient pas leurs traits aussi bien que leur ennemi, placé sur le terrain solide du rivage. Dans les oscillations diverses causées par la terreur, les rameurs et les combattans se troublent et se mêlent ; les Germains

mergere : quæ cuncta in oculis utriusque exercitus, quanto lætiora Vitellianis, tanto acrius Othoniani causam auctoremque cladis detestabantur.

XXXVI. Et prœlium quidem, abruptis quæ supererant navibus, fuga diremptum : Macer ad exitium poscebatur. Jamque vulneratum eminus lancea strictis gladiis invaserant, quum intercursu tribunorum centurionumque protegitur. Nec multo post Vestricius Spurinna, jussu Othonis, relicto Placentiæ modico præsidio, cum cohortibus subvenit. Dein Flavium Sabinum, consulem designatum, Otho rectorem copiis misit, quibus Macer præfuerat; læto milite ad mutationem ducum, et ducibus ob crebras seditiones tam infestam militiam adspernantibus.

XXXVII. Invenio apud quosdam auctores, pavore belli, seu fastidio utriusque principis, quorum flagitia ac dedecus apertiore in dies fama noscebantur, dubitasse exercitus, num, posito certamine, vel ipsi in medium consultarent, vel senatui permitterent legere imperatorem. Atque eo duces Othonianos spatium ac moras suasisse, præcipua spe Paullini, quod vetustissimus consularium, et militia clarus, gloriam nomenque Britannicis expeditionibus meruisset. Ego, ut concesse-

s'élancent rapidement dans les ondes, saisissent les poupes, montent sur les bancs, ou submergent les bateaux. Tout cela se passait sous les yeux de l'une et de l'autre armée : autant les Vitelliens s'en réjouissaient, autant les Othoniens indignés maudissaient la cause et l'auteur de leur désastre.

XXXVI. Le combat se termina par la fuite des barques qui purent se dégager. Les soldats demandaient la mort de Macer : déjà ils l'avaient blessé de loin d'un coup de lance, et, tirant l'épée, ils se jettent sur lui, lorsque accourent entre eux les tribuns et les centurions, qui parviennent à le sauver. Peu après, Vestricius Spurinna ayant, par ordre d'Othon, laissé une faible garnison à Placentia, vint renforcer l'armée avec ses cohortes; ensuite Othon envoya Flavius Sabinus, consul désigné, pour se mettre à la tête des troupes que Macer avait commandées. Le soldat se réjouissait de ces mutations de chefs, et les chefs redoutaient, à cause des séditions fréquentes, des commandemens aussi périlleux.

XXXVII. Je trouve dans quelques auteurs que les deux armées, soit crainte de la guerre, soit dégoût pour deux princes dont la voix publique faisait plus manifestement connaître de jour en jour les infamies et le déshonneur, balancèrent si elles ne déposeraient pas les armes pour se concerter entre elles sur le choix d'un empereur, ou pour confier ce choix au sénat; que ce fut par ce motif que les chefs Othoniens conseillèrent des délais et des retards, ayant principalement en vue Suetonius Paullinus, le plus ancien des consulaires, illustre à la guerre, et qui s'était acquis un nom glorieux dans ses

rim, apud paucos tacito voto quietem pro discordia, bonum et innocentem principem pro pessimis ac flagitiosissimis expetitum : ita neque Paullinum, qua prudentia fuit, sperasse corruptissimo sæculo tantam vulgi moderationem, reor, ut, qui pacem belli amore turbaverant, bellum pacis caritate deponerent : neque aut exercitus linguis moribusque dissonos in hunc consensum potuisse coalescere, aut legatos ac duces, magna ex parte luxus, egestatis, scelerum sibi conscios, nisi pollutum obstrictumque meritis suis principem passuros.

XXXVIII. Vetus ac jam pridem insita mortalibus potentiæ cupido cum imperii magnitudine adolevit, erupitque. Nam rebus modicis, æqualitas facile habebatur : sed ubi, subacto orbe et æmulis urbibus regibusque excisis, securas opes concupiscere vacuum fuit, prima inter patres plebemque certamina exarsere : modo turbulenti tribuni, modo consules prævalidi, et in urbe ac foro tentamenta civilium bellorum. Mox e plebe infima C. Marius, et nobilium sævissimus L. Sulla, victam armis libertatem in dominationem verterunt. Post quos Cn. Pompeius occultior, non melior. Et nunquam

expéditions en Bretagne. Quant à moi, je veux bien croire que quelques citoyens, par un vœu tacite, aient préféré la paix aux discordes, et un prince bon et vertueux à des hommes infâmes et complètement déshonorés ; mais je ne puis me persuader que Paullinus, de la prudence dont il était, eût espéré, dans un siècle si corrompu, trouver généralement assez de modération pour que ceux qui avaient troublé la paix par amour de la guerre, renonçassent à la guerre par amour pour la paix; il n'était pas possible non plus que des armées, si dissemblables de langages et de mœurs, pussent se réunir dans cette même pensée, ni que des lieutenans et des généraux qui, la plupart, avaient la conscience intime de leurs crimes, de leur avidité et de leurs besoins, souffrissent un prince qui n'eût pas été souillé comme eux, et enchaîné à eux par leurs propres services.

XXXVIII. Cette passion de la puissance, si ancienne et depuis si long-temps enracinée dans le cœur des mortels, a grandi avec l'accroissement de l'empire, puis elle a éclaté; car, tant que notre domination était bornée, l'égalité se maintenait facilement ; mais dès que Rome eut subjugué le monde et anéanti les villes et les rois ses rivaux, elle n'eut plus à désirer des richesses qui lui étaient désormais assurées : alors s'enflammèrent les premières querelles entre le sénat et le peuple; on vit tantôt des tribuns factieux, tantôt des consuls tyranniques, et ce fut dans Rome, dans le forum, qu'on s'essaya aux guerres civiles. Presque aussitôt C. Marius, sorti du bas peuple, et L. Sylla, le plus cruel des patriciens, subjuguant la liberté

postea nisi de principatu quæsitum. Non discessere ab armis in Pharsalia ac Philippis civium legiones : nedum Othonis ac Vitellii exercitus sponte posituri bellum fuerint : eadem illos deum ira, eadem hominum rabies, eædem scelerum causæ in discordiam egere. Quod singulis velut ictibus transacta sunt bella, ignavia principum factum est. Sed me veterum novorumque morum reputatio longius tulit : nunc ad rerum ordinem venio.

XXXIX. Profecto Brixellum Othone, honor imperii penes Titianum fratrem, vis ac potestas penes Proculum præfectum. Celsus et Paullinus, quum prudentia eorum nemo uteretur, inani nomine ducum alienæ culpæ prætendebantur. Tribuni centurionesque ambigui, quod, spretis melioribus, deterrimi valebant : miles alacer; qui tamen jussa ducum interpretari, quam exsequi, mallet. Promoveri ad quartum a Bedriaco castra placuit; adeo imperite, ut quanquam verno tempore anni, et tot circum amnibus, penuria aquæ fatigarentur. Ibi de prœlio dubitatum : Othone per litteras flagitante, ut maturarent; militibus, ut imperator pugnæ adesset, poscentibus : plerique copias trans Padum agentes ac-

par leurs armes, lui substituèrent le despotisme. Après eux, Cn. Pompée, plus dissimulé, ne fut pas meilleur, et jamais, depuis, on n'eut d'autre but que de disputer le souverain pouvoir. A Pharsale, à Philippes, des légions composées de citoyens terminèrent leurs débats par les armes. Les satellites d'Othon et de Vitellius auraient-ils donc volontairement renoncé à la guerre ? Un même courroux de la part des dieux, une même frénésie parmi les humains, les mêmes motifs, nés de forfaits semblables, les poussaient à la discorde ; et si ces guerres se terminèrent comme d'un seul coup, la lâcheté des chefs en fut la cause. Mais le souvenir de ces anciens et de ces nouveaux évènemens m'a emporté trop loin : je reprends l'ordre des faits.

XXXIX. Depuis le départ d'Othon pour Brixellum, les honneurs du pouvoir étaient restés à son frère Titianus, la force et la puissance au préfet Proculus. Celsus et Paullinus, aux conseils desquels personne ne voulait recourir, semblaient, par leur vain nom de généraux, réservés à couvrir les fautes que les autres auraient commises ; la fidélité des tribuns et des centurions était douteuse, parce qu'au mépris des plus habiles on donnait la préférence aux moins dignes ; le soldat, trop ardent, voulait interpréter et non pas suivre les ordres de ses chefs. On résolut de porter le camp à quatre milles en avant de Bedriac, lieu si maladroitement choisi, que l'armée, entourée de tant de rivières, y souffrit, au printemps, du manque d'eau. On y délibéra s'il fallait livrer bataille. Othon, dans ses lettres, voulait qu'on se hâtât ; les soldats désiraient que l'empereur fût présent à

ciri postulabant. Nec perinde dijudicari potest, quid optimum factu fuerit, quam pessimum fuisse, quod factum est.

XL. Non ut ad pugnam, sed ad bellandum, profecti, confluentes Padi et Adduæ fluminum, XVI inde millium spatio distantes, petebant. Celso et Paullino abnuentibus, militem itinere fessum, sarcinis gravem, objicere hosti, non admissuro, quo minus expeditus, et vix quatuor millia passuum progressus, aut incompositos in agmine, aut dispersos et vallum molientes aggrederetur. Titianus et Proculus, ubi consiliis vincerentur, ad jus imperii transibant. Aderat sane citus equo Numida cum atrocibus mandatis, quibus Otho, increpita ducum segnitia, rem in discrimen mitti jubebat; æger mora et spei impatiens.

XLI. Eadem die, ad Cæcinam, operi pontis intentum, duo prætoriarum cohortium tribuni, colloquium ejus postulantes, venerunt. Audire conditiones ac reddere parabat, quum præcipites exploratores, adesse hostem, nuntiavere. Interruptus tribunorum sermo; eoque incertum fuit, insidias an proditionem, vel aliquod honestum consilium cœptaverint. Cæcina, dimissis tribunis, revectus in castra, datum jussu Fabii Valentis pugnæ signum et militem in armis invenit. Dum legio-

l'action. La plupart demandaient qu'on fît approcher les troupes campées au delà du Pô. On ne peut prononcer sur le meilleur parti qu'il fallait prendre, mais certes on prit le plus mauvais.

XL. L'armée partit, non comme pour un combat, mais comme pour une expédition; elle gagna le confluent du Pô et de l'Adda, à seize milles de distance. Celsus et Paullinus refusaient d'exposer des soldats fatigués de la route et surchargés de bagages, devant un ennemi tout prêt à accepter la bataille, et qui, ayant à peine quatre milles à faire, pouvait les assaillir dans le désordre de leur marche, ou dispersés et occupés des retranchemens. Titianus et Proculus, vaincus par ces raisons, s'en référèrent aux ordres du souverain. En effet un Numide était arrivé, de toute la vitesse de son cheval, avec des ordres très-exprès d'Othon, qui se plaignait de l'inertie de ses généraux, et ordonnait qu'on terminât d'une manière décisive. Le retard était pour lui un malaise, l'attente excitait son impatience.

XLI. Le même jour, se présentent devant Cécina, lorsqu'il s'occupait des travaux du pont, deux tribuns des cohortes prétoriennes; ils sollicitent un entretien. Cécina se préparait à entendre leurs conditions, et à y répondre, lorsque des éclaireurs, survenant avec précipitation, annoncèrent que l'ennemi paraissait; le discours des tribuns fut donc interrompu, et l'on ignore si c'était une embûche, une trahison ou bien quelque honorable dessein. Cécina les ayant congédiés, retourne au camp, trouve le signal du combat déjà donné par Valens, et le soldat sous les armes. Tandis que les lé-

nes de ordine agminis sortiuntur, equites prorupere : et, mirum dictu, a paucioribus Othonianis quo minus in vallum impingerentur, Italicæ legionis virtute deterriti sunt : ea, strictis mucronibus, redire pulsos et pugnam resumere coegit. Disposita Vitellianarum legionum acies sine trepidatione : etenim, quanquam vicino hoste, adspectus armorum densis arbustis prohibebatur : apud Othonianos, pavidi duces, miles ducibus infensus, mixta vehicula et lixæ, et, præruptis utrimque fossis, via quieto quoque agmini angusta. Circumsistere alii signa sua, quærere alii : incertus undique clamor adcurrentium, vocitantium : et, ut cuique audacia vel formido, in primam postremamve aciem prorumpebant vel revehebantur.

XLII. Attonitas subito terrore mentes falsum gaudium in languorem vertit, repertis, qui descivisse a Vitellio exercitum ementirentur. Is rumor, ab exploratoribus Vitellii dispersus, an in ipsa Othonis parte, seu dolo, seu forte surrexerit, parum compertum. Omisso pugnæ ardore, Othoniani ultro salutavere : et hostili murmure excepti, plerisque suorum ignaris, quæ causa salutandi, metum proditionis fecere, tum incubuit hostium acies, integris ordinibus, robore et numero præstantior : Othoniani, quanquam dispersi, pauciores,

gions tirent au sort leurs places dans les rangs, la cavalerie s'élance, et, ce qui est extraordinaire, elle allait être repoussée dans les retranchemens par un petit nombre d'Othoniens, si la légion Italique, par sa valeur, ne l'eût fait revenir de sa frayeur; cette légion présente la pointe de l'épée, force les cavaliers en fuite à faire volte-face et à recommencer le combat. Les légions de Vitellius se disposèrent en bataille sans confusion. Quoique l'ennemi fût proche, des arbres touffus empêchaient de l'apercevoir. Du côté des Othoniens, les chefs étaient effrayés, les soldats courroucés contre les chefs; leurs rangs entremêlés de chariots et de valets; le chemin, bordé par des fossés escarpés, eût été trop étroit même pour une armée tranquillement en marche. Les uns sont rangés autour de leurs enseignes; d'autres les cherchent. De toutes parts des clameurs confuses, de ceux qui accourent, de ceux qui s'appellent; et chacun, selon son audace ou sa frayeur, s'élance aux premiers rangs ou se cache aux derniers.

XLII. A ce saisissement d'une terreur soudaine, une fausse joie fit succéder la langueur. Le bruit se répand que l'armée de Vitellius l'abandonne. Cette nouvelle fut-elle répandue par des espions de Vitellius, ou chez les Othoniens fut-elle produite par la ruse ou le hasard? on l'ignore. Laissant là toute ardeur pour le combat, ils saluent l'ennemi, qui leur répond par un murmure menaçant, et la plupart des Othoniens, ignorant la cause de ce salut, en conçurent la crainte d'une trahison. Alors fondit sur eux toute l'armée ennemie, les rangs serrés, et avec toute la supériorité du nombre et de la force. Les Othoniens, quoique dispersés, en moindre nombre,

fessi, prœlium tamen acriter sumpsere : et per locos, arboribus ac vineis impeditos, non una pugnæ facies : cominus eminusque catervis et cuneis concurrebant : in aggere viæ collato gradu, corporibus et umbonibus niti, omisso pilorum jactu, gladiis et securibus galeas loricasque perrumpere : noscentes inter se, ceteris conspicui, in eventum totius belli certabant.

XLIII. Forte inter Padum viamque, patenti campo, duæ legiones congressæ sunt : pro Vitellio unaetvicesima, cui cognomen *Rapaci*, vetere gloria insignis : e parte Othonis, prima *Adjutrix*, non ante in aciem deducta, sed ferox et novi decoris avida. Primani, stratis unaetvicesimanorum principiis, aquilam abstulere : quo dolore accensa legio, et impulit rursus primanos, interfecto Orphidio Benigno legato, et plurima signa vexillaque ex hostibus rapuit. A parte alia, propulsa quintanorum impetu tertiadecima legio : circumventi plurium accursu quartadecimani. Et, ducibus Othonis jam pridem profugis, Cæcina ac Valens subsidiis suos firmabant. Accessit recens auxilium, Varus Alphenus cum Batavis, fusa gladiatorum manu, quam, navibus transvectam, oppositæ cohortes in ipso flumine trucidaverant : ita victores latus hostium invecti.

et fatigués, reçurent toutefois le choc vigoureusement. Dans ces lieux embarrassés d'arbres et de vignes, la bataille se présenta sous divers aspects. On s'attaquait de près et de loin, par petites troupes ou en coin : sur la chaussée du chemin, on se poussait, pied à pied, du corps et du bouclier; et sans recourir à la javeline, les soldats se frappaient du glaive et de la hache, fracassaient les casques et les cuirasses; se connaissant entre eux, en vue à leurs camarades, ils combattaient alors, chacun, pour décider le résultat de toute cette guerre.

XLIII. Le hasard mit aux prises deux légions entre le Pô et la route, dans une plaine découverte. Du côté de Vitellius, c'était la vingt-et-unième, surnommée *Rapax*, illustrée par de longs succès; du parti d'Othon, c'était la première *Adjutrix*. N'ayant pas encore paru en bataille rangée, mais fière et avide d'acquérir ses premiers trophées, elle renverse les premiers rangs de la vingt-et-unième, et lui enlève son aigle; furieuse de cet outrage, la vingt-et-unième repousse à son tour ses adversaires, tue Orphidius Benignus, leur lieutenant, et arrache plusieurs enseignes et drapeaux. Sur un autre point, l'impétuosité de la cinquième légion fit reculer la treizième; la quatorzième fut entourée d'un essaim d'ennemis. Déjà les généraux d'Othon avaient pris la fuite, tandis que Cécina et Valens faisaient avancer sans cesse de nouvelles troupes. Il leur survint un nouvel appui, Varus Alphenus avec ses Bataves. Après avoir défait la troupe de gladiateurs, qui s'étaient échappés sur les barques, les Bataves les arrêtèrent à la rive opposée

XLIV. Et, media acie perrupta, fugere passim Othoniani, Bedriacum petentes. Immensum id spatium : obstructæ strage corporum viæ : quo plus cædis fuit : neque enim, civilibus bellis, capti in prædam vertuntur. Suetonius Paullinus et Licinius Proculus diversis itineribus castra vitavere. Vedium Aquilam, tertiædecimæ legionis legatum, iræ militum inconsultus pavor obtulit multo adhuc die vallum ingressus, clamore seditiosorum et fugacium circumstrepitur : non probris, non manibus abstinent : desertorem proditoremque increpant : nullo proprio crimine ejus, sed more vulgi, suum quisque flagitium aliis objectantes. Titianum et Celsum nox juvit, dispositis jam excubiis, compressisque militibus, quos Annius Gallus precibus, consilio, auctoritate flexerat, ne super cladem adversæ pugnæ suismet ipsi cædibus sævirent : sive finis bello venisset, seu resumere arma mallent, unicum victis in consensu levamentum. Ceteris fractus animus. Prætorianus miles, non virtute se, sed proditione victum, fremebat. Ne Vitellianis quidem incruentam fuisse victoriam, pulso equite, rapta legionis aquila : superesse cum ipso Othone militum quod trans Padum fuerit : venire Mœsicas legiones : magnam exercitus partem Bedriaci remansisse : hos

du fleuve, les y massacrèrent, et vinrent, victorieux, se jeter sur le flanc des ennemis.

XLIV. Rompus dans leur centre, les Othoniens s'enfuirent en désordre et gagnèrent Bédriac. L'espace était immense, les chemins obstrués d'amas de cadavres. Comme dans les guerres civiles les prisonniers ne sont pas un butin, il y eut bien plus de carnage. Suetonius Paullinus et Licinius Proculus, par des routes diverses, évitèrent le camp; la frayeur et l'imprudence livrèrent Vedius Aquila, lieutenant de la treizième légion, à la fureur des soldats. Il faisait encore grand jour lorsqu'il rentra dans le retranchement. Les clameurs des séditieux et des fuyards retentissent autour de lui. Ils n'épargnent ni opprobres ni voies de fait, l'appellent déserteur et traître. Ce crime n'appartenait pas à lui seul; mais chacun alors, suivant l'usage du vulgaire, rejetait sur autrui sa propre faute. La nuit favorisa Titianus et Celsus. Déjà les sentinelles étaient posées, les soldats se calmaient. Annius Gallus, par ses prières, ses raisonnemens, son influence, leur persuada de ne pas ajouter au désastre d'une bataille perdue leurs fureurs et leurs propres massacres : soit que la fin de la guerre fût arrivée, soit qu'ils préférassent de reprendre les armes, leur accord était l'unique dédommagement de leur défaite. Tous les soldats étaient consternés, à l'exception des prétoriens, qui criaient en frémissant : « Que la trahison, et non la valeur, les avait vaincus; que d'ailleurs la victoire que venaient d'obtenir les Vitelliens leur avait coûté bien du sang; que leur cavalerie avait été repoussée, l'aigle d'une de leurs légions enlevée; qu'il restait encore avec Othon

certe nondum victos : et, si ita ferret, honestius in acie perituros. His cogitationibus truces, haud pavidi, extrema desperatione ad iram saepius quam in formidinem stimulabantur.

XLV. At Vitellianus exercitus, ad quintum a Bedriaco lapidem consedit, non ausis ducibus eadem die oppugnationem castrorum : simul voluntaria deditio sperabatur. Sed expeditis, et tantum ad proelium egressis, munimentum fuere arma et victoria. Postera die, haud ambigua Othoniani exercitus voluntate, et, qui ferociores fuerant, ad poenitentiam inclinantibus, missa legatio : nec apud duces Vitellianos dubitatum, quo minus pacem concederent. Legati paulisper retenti : ea res haesitationem attulit, ignaris adhuc an impetrassent. Mox remissa legatione, patuit vallum. Tum victi victoresque in lacrymas effusi, sortem civilium armorum misera laetitia detestantes. Iisdem tentoriis alii fratrum, alii propinquorum, vulnera fovebant. Spes et praemia in ambiguo : certa funera et luctus : nec quisquam adeo mali expers, ut non aliquam mortem moereret. Requisitum Orphidii legati corpus, honore solito

tout ce qu'il y avait de soldats au delà du Pô; que les légions de Mésie arrivaient; qu'une grande partie de l'armée était restée à Bédriac; que, certes, ceux-là n'étaient pas encore vaincus, et que, s'ils devaient périr, une mort plus honorable les attendait au champ de bataille. » Ces pensées les rendaient terribles : ils ne craignaient rien, et leur extrême désespoir leur inspirait de la rage plutôt que de la frayeur.

XLV. Cependant l'armée vitellienne s'arrêta à cinq milles de Bédriac. Les généraux n'osèrent entreprendre ce même jour l'attaque du camp. D'ailleurs, on espérait une reddition volontaire. L'armée, sans bagages, et venue seulement pour combattre, n'eut pour retranchemens que ses armes et ses trophées. Le jour suivant, les dispositions de l'armée othonienne ne furent plus douteuses : ceux même qui avaient été les plus furieux, inclinaient à la soumission. Une députation fut envoyée; les généraux Vitelliens n'hésitèrent point à accorder la paix, et retinrent quelque temps les députés. Cette circonstance donna de l'inquiétude aux Othoniens, qui ignoraient encore s'ils seraient écoutés. Bientôt la députation reparut, et le camp fut ouvert. Alors, vaincus et vainqueurs, fondant en larmes, déplorent, dans leur joie douloureuse, la fatalité des guerres civiles. Ils viennent sous les mêmes tentes soigner, les uns, les blessures d'un frère; les autres, celles d'un parent. Les espérances et les récompenses étaient douteuses : les funérailles et le deuil étaient certains. Aucun d'eux ne fut assez heureux pour n'avoir pas quelque mort à déplorer. On chercha le corps du lieutenant Orphidius : il fut brûlé avec les

crematur : paucos necessarii ipsorum sepelivere; ceterum vulgus super humum relictum.

XLVI. Opperiebatur Otho nuntium pugnæ, nequaquam trepidus, et consilii certus : mœsta primum fama, dein profugi e prœlio perditas res patefaciunt. Non exspectavit militum ardor vocem imperatoris : bonum habere animum jubebant : superesse adhuc novas vires, et ipsos extrema passuros ausurosque : neque erat adulatio. Ire in aciem, excitare partium fortunam, furore quodam et instinctu flagrabant : qui procul adstiterant, tendere manus, et proximi prensare genua; promptissimo Plotio Firmo. Is prætorii præfectus identidem orabat, ne fidissimum exercitum, ne optime meritos milites desereret : majore animo tolerari adversa, quam relinqui : fortes et strenuos etiam contra fortunam insistere spei; timidos et ignavos ad desperationem formidine properare. Quas inter voces, ut flexerat vultum aut induraverat Otho, clamor et gemitus. Nec prætoriani tantum, proprius Othonis miles, sed præmissi e Mœsia, eamdem obstinationem adventantis exercitus, legiones Aquileiam ingressas, nuntiabant : ut nemo dubitet, potuisse renovari bellum atrox, lugubre, incertum victis et victoribus.

honneurs accoutumés. Bien peu furent ensevelis par leurs amis, tout le reste fut laissé à l'abandon sur le terrain.

XLVI. Othon attendait la nouvelle de la bataille sans nul effroi : sa détermination était fixée. D'abord de tristes rumeurs, puis les fuyards du combat lui apprennent clairement que tout est perdu. L'ardeur des soldats n'attendit pas la voix de leur empereur : eux-mêmes lui ordonnaient d'avoir bon courage; de nouvelles forces restaient à ses ordres : ils étaient prêts à tout souffrir, à tout oser : ce n'était point là de l'adulation. Ils brûlaient de courir au combat, de ressaisir la fortune de leur parti. Une certaine fureur et l'enthousiasme les enflammaient. Ceux qui étaient trop loin lui tendaient les mains, les plus près lui embrassaient les genoux : le plus énergique était Plotius Firmus. Ce préfet du prétoire, avec des supplications répétées, lui disait de ne point quitter la plus fidèle des armées, des soldats qui avaient si bien mérité de lui; qu'il était d'une grande âme de supporter l'adversité et non de s'y soustraire. Les esprits actifs et vigoureux opposent l'espérance aux coups de la fortune; les timides et les lâches sont poussés, par la peur, au désespoir. Au milieu de ces discours, et suivant que l'empereur, par l'expression de son visage, indiquait qu'il cédait ou qu'il résistait, il s'élevait des cris de joie ou des gémissemens; et non-seulement les prétoriens, soldats plus particulièrement attachés à Othon, mais quelques détachemens de Mésie, venus en avant, lui promettaient la même résolution chez les troupes qui arrivaient, et dont les légions étaient déjà dans Aquilée, et personne ne douta qu'il n'eût pu re-

XLVII. Ipse aversus a consiliis belli, Hunc, inquit, animum, hanc virtutem vestram ultra periculis objicere, nimis grande vitæ meæ pretium puto. Quanto plus spei ostenditis, si vivere placeret, tanto pulchrior mors erit. Experti invicem sumus, ego ac fortuna : nec tempus computaveritis : difficilius est temperare felicitati, qua te non putes diu usurum. Civile bellum a Vitellio cœpit, et, ut de principatu certaremus armis, initium illic fuit : ne plusquam semel certemus, penes me exemplum erit : hinc Othonem posteritas æstimet. Fruetur Vitellius fratre, conjuge, liberis : mihi non ultione, neque solatiis opus est. Alii diutius imperium tenuerint : nemo tam fortiter reliquerit. An ego tantum Romanæ pubis, tot egregios exercitus, sterni rursus, et reipublicæ eripi patiar? Eat hic mecum animus, tanquam perituri pro me fueritis : sed este superstites : nec diu moremur, ego incolumitatem vestram, vos constantiam meam. Plura de extremis loqui, pars ignaviæ est : præcipuum destinationis meæ documentum habete, quod de nemine queror : nam incusare deos vel homines, ejus est qui vivere velit.

XLVIII. Talia locutus, ut cuique ætas aut dignitas,

nouveler cette guerre atroce, déplorable, incertaine encore pour les vaincus et les vainqueurs.

XLVII. Othon lui-même se refusa à tous projets de guerre : « Tant de courage, dit-il, tant de vertus, ne doivent pas être livrés à de nouveaux périls; ma vie ne vaut pas un si grand prix; et plus vous me montrez d'espoir si je veux vivre, plus ma mort sera belle. Nous nous sommes éprouvés, moi et la fortune. Ne comptons pas le temps de l'épreuve; il est trop difficile d'être modéré dans un bonheur dont on ne croit pas devoir jouir long-temps. La guerre civile n'est due qu'à Vitellius, et si l'on en est venu à courir aux armes pour disputer de l'empire, c'est lui qui en fut l'unique cause. Si nous n'avons combattu qu'une seule fois, c'est à moi qu'il en devra l'exemple; c'est par là que la postérité jugera Othon. Que Vitellius jouisse des embrassemens d'un frère, d'une épouse, de ses enfans; pour moi, je n'ai besoin ni de vengeance ni de consolation. D'autres auront possédé l'empire plus long-temps, personne ne l'aura quitté si courageusement. Souffrirai-je donc que tant de jeunes Romains, tant d'excellentes armées, soient encore enlevés à la république, et aillent de nouveau joncher la terre? Que votre affection courageuse me suive au tombeau, comme si vous aviez péri pour moi : mais survivez-moi; et ne retardons pas plus long-temps, moi, votre salut; vous, mon sacrifice. Parler davantage de mes derniers momens serait un reste de faiblesse. Je ne me plains de personne, preuve manifeste de ma résolution. Accuser les dieux ou les hommes, c'est vouloir vivre encore. »

XLVIII. Ayant ainsi parlé, il appela avec bonté

comiter adpellatos, irent propere, neu remanendo iram victoris asperarent : juvenes auctoritate, senes precibus movebat; placidus ore, intrepidus verbis, intempestivas suorum lacrymas coercens. Dari naves ac vehicula abeuntibus jubet : libellos epistolasque, studio erga se aut in Vitellium contumeliis insignes, abolet : pecunias distribuit, parce, nec ut periturus. Mox Salvium Cocceianum, fratris filium, prima juventa, trepidum et mœrentem, ultro solatus est, laudando pietatem ejus, castigando formidinem : an Vitellium tam immitis animi fore, ut, pro incolumi tota domo, ne hanc quidem sibi gratiam redderet? mereri se festinato exitu clementiam victoris. Non enim ultima desperatione, sed poscente prœlium exercitu, remisisse reipublicæ novissimum casum. Satis sibi nominis, satis posteris suis nobilitatis quæsitum : post Julios, Claudios, Servios, se primum in familiam novam imperium intulisse : proinde erecto animo capesseret vitam, neu, patruum sibi Othonem fuisse, aut obliviscerctur unquam, aut nimium meminisset.

XLIX. Post quæ, dimotis omnibus, paulum requievit : atque illum, supremas jam curas animo volutantem, repens tumultus avertit, nuntiata consternatione ac licentia militum : namque abeuntibus exitium mini-

chaque personne suivant son âge ou son rang, les pressa de partir, de peur qu'en restant ils exaspérassent la colère du vainqueur. Il détermina les jeunes par son autorité, les vieillards par ses prières. Le visage calme, la parole ferme, il arrêta leurs larmes inutiles; il ordonna qu'on fournît des barques et des chariots pour leur départ; il détruisit les écrits et les lettres où l'on avait témoigné l'affection pour lui, le mépris pour Vitellius; il distribua des gratifications avec économie, et non comme à ses derniers momens. Ensuite il s'occupa de consoler Salvius Cocceianus, fils de son frère : ce jeune enfant tremblait et se désolait; il loua sa tendresse et blâma sa frayeur. «Vitellius aura-t-il l'âme assez inhumaine pour ne pas m'accorder ta grâce, à moi qui ai conservé toute sa famille? Et ma mort, que je hâte, ne me méritera-t-elle pas la clémence du vainqueur? Ce n'est point dans un désespoir extrême, c'est avec une armée qui demandait le combat, que j'ai épargné à la république une nouvelle catastrophe. Assez de noblesse était acquise à mon nom, assez à mes descendans. Le premier après les Jules, les Claudes, les Servius, j'ai porté l'empire dans une nouvelle famille. Ainsi donc, Cocceianus, que ton âme s'élève, profite de la vie, sans oublier jamais qu'Othon fut ton oncle, et sans trop t'en souvenir. »

XLIX. Ensuite, lorsque tous furent retirés, il reposa quelques instans. Déjà son esprit ne s'occupait plus que de son moment suprême, lorsqu'un tumulte soudain vint l'en distraire. On lui annonce que les soldats se révoltent, qu'ils menaçaient de la mort ceux qui voulaient partir.

tabantur; atrocissima in Verginium vi, quem, clausa domo, obsidebant : increpitis seditionis auctoribus, regressus, vacavit abeuntium adloquiis, donec omnes inviolati digrederentur. Vesperascente die, sitim haustu gelidæ aquæ sedavit : tum adlatis pugionibus duobus, quum utrumque pertentasset, alterum capiti subdidit : et explorato, jam profectos amicos, noctem quietam, utque adfirmatur, non insomnem egit. Luce prima, in ferrum pectore incubuit : ad gemitum morientis ingressi liberti servique et Plotius Firmus, prætorii præfectus, unum vulnus invenere. Funus maturatum : ambitiosis id precibus petierat, ne amputaretur caput, ludibrio futurum. Tulere corpus prætoriæ cohortes, cum laudibus et lacrymis, vulnus manusque ejus exosculantes. Quidam militum juxta rogum interfecere se; non noxa neque ob metum, sed æmulatione decoris et caritate principis : ac postea promiscue Bedriaci, Placentiæ aliisque in castris, celebratum id genus mortis. Othoni sepulcrum exstructum est modicum et mansurum.

L. Hunc vitæ finem habuit septimo et tricesimo ætatis anno. Origo illi e municipio Ferentino. Pater consularis, avus prætorius; maternum genus impar, nec tamen indecorum : pueritia ac juventa, qualem monstravimus, duobus facinoribus, altero flagitiosissimo,

Verginius était le plus exposé à leur fureur, ils assiégeaient les portes de sa maison. Othon alla réprimander les auteurs de la sédition, revint, reçut encore les adieux de ses amis, jusqu'à ce qu'ils pussent tous se retirer sans danger. Vers la fin du jour, il but de l'eau glacée pour se désaltérer. Ensuite on lui apporta deux poignards : il en examina la pointe, en plaça un sous son chevet, et s'étant assuré du départ de ses amis, il passa une nuit tranquille, qui, assure-t-on, ne fut pas sans sommeil. Aux premières lueurs du jour, il se laissa tomber sur le fer. Au gémissement qu'il poussa en expirant entrèrent ses affranchis, ses esclaves, et Plotius Firmus, préfet du prétoire. Ils ne lui trouvèrent qu'une seule blessure. On hâta ses funérailles, ce qu'il avait demandé avec instance, pour que sa tête ne fût pas coupée et livrée aux outrages. Les cohortes prétoriennes portèrent son corps. Elles louaient Othon et elles le pleuraient, baisant sa blessure et ses mains. Quelques soldats se tuèrent auprès du bûcher. Ce ne fut ni par crainte ni par remords, mais par une certaine émulation héroïque, et par affection pour ce prince. Et depuis, à Bédriac, à Placentia, et dans d'autres camps, ce genre de mort eut des imitateurs. On lui éleva un tombeau dont la simplicité assura la durée.

L. Telle fut la fin de sa vie, à la trente-septième année de son âge. Il était originaire du municipe de Ferentinum. Son père avait été consul, son aïeul préteur. Son origine maternelle, moins illustre, n'était pas toutefois sans éclat. Dans son enfance et sa jeunesse il fut tel que nous l'avons montré. Deux actions, l'une des

altero egregio, tantumdem apud posteros meruit bonæ famæ, quantum malæ. Ut conquirere fabulosa, et fictis oblectare legentium animos, procul gravitate cœpti operis crediderim; ita vulgatis traditisque demere fidem non ausim. Die, quo Bedriaci certabatur, avem invisitata specie apud Regium Lepidum celebri luco consedisse, incolæ memorant, nec deinde cœtu hominum, aut circumvolitantium alitum, territam pulsamve, donec Otho se ipse interficeret : tum ablatam ex oculis; et tempora reputantibus, initium finemque miraculi cum Othonis exitu competisse.

LI. In funere ejus, novata luctu ac dolore militum seditio : nec erat, qui coerceret. Ad Verginium versi, modo, ut reciperet imperium, nunc, ut legatione apud Cæcinam ac Valentem fungeretur, minitantes orabant. Verginius, per aversam domus partem furtim degressus, irrumpentes frustratus est. Earum, quæ Brixelli egerant, cohortium preces Rubrius Gallus tulit. Et venia statim impetrata, concedentibus ad victorem, per Flavium Sabinum, iis copiis, quibus præfuerat.

LII. Posito ubique bello, magna pars senatus extremum discrimen adiit, profecta cum Othone ab urbe, dein Mutinæ relicta : illuc adverso de prœlio adlatum :

plus déshonorantes, l'autre des plus belles, lui ont mérité chez la postérité autant de bonne que de mauvaise renommée. Rechercher des traits fabuleux, et amuser de fictions l'esprit du lecteur, serait, je crois, peu digne de la gravité de cet ouvrage; toutefois je n'oserais récuser entièrement les traditions accréditées. Le jour où l'on combattait à Bédriac, un oiseau, d'une espèce inconnue, vint se poser dans un bois très-fréquenté auprès de Regium Lepidum. Les habitans assurent que, ni la foule accourue, ni les oiseaux qui voltigeaient autour, ne purent l'épouvanter, ni le faire partir, jusqu'à l'instant où Othon se frappa; qu'alors il disparut à tous les yeux. Et, en rapprochant les momens, on trouva que le commencement et la fin de ce prodige se rapportaient exactement avec la catastrophe du prince.

LI. A ses funérailles, les regrets et la douleur des soldats firent encore naître une sédition : le chef n'était plus là pour la réprimer. Ils se tournent vers Verginius, le conjurent avec menaces, tantôt d'accepter l'empire, tantôt d'être leur député auprès de Cécina et de Valens. Verginius s'échappe furtivement par une porte dérobée, et se soustrait à leurs violences. Rubrius Gallus porta les supplications des cohortes qui étaient campées à Brixellum, et le pardon fut obtenu aussitôt que Flavius Sabinus eut remis au vainqueur les troupes qu'il commandait.

LII. De toutes parts on avait posé les armes, lorsqu'un extrême danger menaça un grand nombre de sénateurs qu'Othon avait emmenés de Rome, et ensuite laissés à Modène. Ce fut là que parvint la nouvelle de la défaite;

sed milites, ut falsum rumorem adspernantes, quod infensum Othoni senatum arbitrabantur, custodire sermones, vultum habitumque trahere in deterius : conviciis postremo ac probris causam et initium cædis quærebant : quum alius insuper metus senatoribus instaret, ne, prævalidis jam Vitellii partibus, cunctanter excepisse victoriam crederentur : ita trepidi et utrimque anxii coeunt : nemo privatim expedito consilio, inter multos societate culpæ tutior. Onerabat paventium curas ordo Mutinensis, arma et pecuniam offerendo, adpellabatque patres conscriptos, intempestivo honore.

LIII. Notabile jurgium inde fuit, quo Licinius Cæcina Marcellum Eprium, ut ambigua disserentem, invasit. Nec ceteri sententias aperiebant : sed invisum memoria delationum, expositumque ad invidiam, Marcelli nomen irritaverat Cæcinam, ut novus adhuc, et in senatum nuper adscitus, magnis inimicitiis claresceret. Moderatione meliorum dirempti. Et rediere omnes Bononiam, rursus consiliaturi : simul, medio temporis, plures nuntii sperabantur. Bononiæ, divisis per itinera, qui recentissimum quemque percunctarentur, interrogatus Othonis libertus causam digressus, habere se suprema ejus mandata respondit : ipsum viventem quidem relictum, sed sola posteritatis cura et abruptis

mais les soldats la repoussèrent comme un faux bruit répandu par les sénateurs ennemis d'Othon. Ils épient leurs discours, leur physionomie, leur contenance : tout leur paraît criminel; enfin ils cherchent, dans des outrages et des insultes, le prétexte et l'occasion d'un massacre. Une autre terreur poursuivait ces mêmes sénateurs; ils craignaient que le parti déjà tout puissant de Vitellius ne les accusât d'avoir accueilli sans enthousiasme sa victoire. Tourmentés de cette double perplexité, ils forment une assemblée; car aucun d'eux n'eût ouvert d'avis isolément, mais, en nombre, la communauté de la faute en devenait la sauve-garde. Pour surcroît d'inquiétude en ces alarmes, le sénat de Modène vint leur offrir des armes et de l'argent, en les qualifiant de pères conscrits, honneur alors fort intempestif.

LIII. Il y eut dans cette assemblée une altercation remarquable : Licinius Cécina attaqua Marcellus Eprius sur l'ambiguité de ses opinions. Les autres ne s'expliquaient pas plus clairement; mais le souvenir odieux des délations de Marcellus, et son nom dévoué au mépris, avaient excité contre lui Licinius. Cet homme nouveau, et récemment admis au sénat, voulait se signaler par d'éclatantes inimitiés; la modération de gens plus sensés les calma. Ils retournèrent tous à Bologne pour s'y consulter de nouveau; et, dans l'espoir aussi d'y recevoir, dans l'intervalle, des nouvelles, ils envoyèrent sur les chemins pour recueillir les plus fraîches. Un affranchi, esclave d'Othon, interrogé sur la cause de son retour, répondit qu'il avait reçu ses dernières volontés; qu'il l'avait laissé encore vivant, mais uniquement occupé de la postérité,

vitæ blandimentis. Hinc admiratio et plura interrogandi pudor : atque omnium animi in Vitellium inclinavere.

LIV. Intererat consiliis frater ejus L. Vitellius, seque jam adulantibus offerebat, quum repente Cœnus, libertus Neronis, atroci mendacio universos perculit, adfirmans, superventu XIV legionis, junctis a Brixello viribus, cæsos victores, versam partium fortunam. Causa fingendi fuit, ut diplomata Othonis, quæ negligebantur, lætiore nuntio revalescerent. Et Cœnus quidem rapide in urbem vectus, paucos post dies jussu Vitellii pœnas luit. Senatorum periculum auctum, credentibus Othonianis militibus vera esse, quæ adferebantur. Intendebat formidinem, quod publici consilii facie discessum Mutina, desertæque partes forent. Nec ultra in commune congressi, sibi quisque consuluere : donec missæ a Fabio Valente epistolæ demerent metum. Et mors Othonis, quo laudabilior, eo velocius audita.

LV. At Romæ nihil trepidationis : Cereales ludi ex more spectabantur. Ut cessisse vita Othonem, et a Flavio Sabino, præfecto urbis, quod erat in urbe militum sacramento Vitellii adactum, certi auctores in theatrum adtulerunt, *Vitellio* plausere : populus cum

et détaché de toutes les illusions de la vie. Les sénateurs admirent Othon, n'osent en demander davantage, et toutes leurs pensées se tournent vers Vitellius.

LIV. Son frère, Lucius Vitellius, assistait à leurs délibérations, et déjà il s'offrait à leurs adulations, lorsque tout à coup un affranchi de Néron, nommé Cénus, par un impudent mensonge, vint tous les consterner. Il leur affirme que la quatorzième légion est survenue, que les forces de Brixellum s'y sont réunies, que les vainqueurs sont taillés en pièces, que la fortune a changé. Porteur d'un ordre d'Othon auquel on négligeait d'obéir, il supposa cette heureuse nouvelle pour qu'on n'arrêtât pas son message. Cénus arriva en effet rapidement à Rome, et peu de jours après, sur un ordre de Vitellius, il paya son audace par son supplice. Elle avait augmenté le péril des sénateurs, car les soldats d'Othon crurent à la vérité de ce rapport. La terreur s'augmentait encore de ce qu'on avait quitté Modène et abandonné le parti avec les formes d'une délibération publique; mais, depuis, les sénateurs ne délibérèrent plus en commun, chacun pourvut à sa sûreté, jusqu'à ce qu'une lettre, envoyée par Fabius Valens, fit cesser leurs alarmes; et d'ailleurs la mort d'Othon fut d'autant plus promptement répandue qu'elle était plus digne d'éloges.

LV. Toutefois Rome n'était point troublée. On y célébrait, suivant l'usage, les jeux de Cérès. Dès qu'on eut annoncé au théâtre, d'une manière certaine, qu'Othon avait quitté la vie, et que Flavius Sabinus, préfet de Rome, avait fait prêter serment pour Vitellius à tout ce qu'il y avait de soldats dans la ville, des applaudissemens

lauru ac floribus Galbæ imagines circum templa tulit, congestis in modum tumuli coronis, juxta lacum Curtii, quem locum Galba moriens sanguine infecerat. In senatu cuncta, longis aliorum principatibus composita, statim decernuntur. Additæ erga Germanicos exercitus laudes gratesque, et missa legatio, quæ gaudio fungeretur. Recitatæ Fabii Valentis epistolæ, ad consules scriptæ haud immoderate : gratior Cæcinæ modestia fuit, quod non scripsisset.

LVI. Ceterum Italia gravius atque atrocius, quam bello adflictabatur : dispersi per municipia et colonias Vitelliani, spoliare, rapere, vi et stupris polluere : in omne fas nefasque avidi aut venales, non sacro, non profano abstinebant. Et fuere, qui inimicos suos, specie militum, interficerent. Ipsique milites, regionum gnari, refertos agros, dites dominos, in prædam, aut, si repugnatum foret, ad excidium destinabant; obnoxiis ducibus et prohibere non ausis : minus avaritiæ in Cæcina, plus ambitionis : Valens, ob lucra et quæstus infamis, eoque alienæ etiam culpæ dissimulator. Jam pridem adtritis Italiæ rebus, tantum peditum equitumque, vis damnaque et injuriæ, ægre tolerabantur.

retentirent en faveur de Vitellius. Le peuple porte autour des temples les images de Galba, avec des lauriers et des fleurs. On entasse des couronnes en forme de tombeau près du lac Curtius, dans le lieu que Galba mourant avait teint de son sang. Le sénat décerne aussitôt tous les honneurs inventés sous les longs règnes des autres empereurs. On y joint, pour les armées germaniques, des louanges et des actions de grâces. On envoie une députation pour exprimer la joie générale. On lut publiquement les lettres de Fabius Valens aux consuls, lettres assez mesurées. Cécina n'avait point écrit, cette réserve plut davantage.

LVI. Cependant des maux plus cruels et plus affreux que la guerre affligeaient l'Italie. Dispersés dans les municipes et les colonies, les Vitelliens dépouillent, pillent, portent en tous lieux la violence et la prostitution. Avides d'une proie, pour un salaire ils étaient prêts à tous les crimes, ils ne respectaient ni le sacré ni le profane. Des habitans, sous l'habit de soldats, assassinèrent leurs ennemis particuliers. Les militaires, connaissant le pays, désignaient les riches propriétaires et les domaines productifs, pour les ravager, ou, en cas de résistance, pour les détruire entièrement. Les généraux leur étaient soumis, et n'osaient les arrêter. Cécina, moins avide que Valens, voulait obtenir plus de popularité : Valens, déshonoré par ses rapines et par ses concussions, fermait les yeux sur celles des autres; et l'Italie, dès long-temps écrasée de toutes parts, ne pouvait plus supporter les vexations, les dégâts et les outrages d'un si grand nombre de fantassins et de cavaliers.

LVII. Interim Vitellius, victoriæ suæ nescius, ut ad integrum bellum, reliquas Germanici exercitus vires trahebat. Pauci veterum militum in hibernis relicti, festinatis per Gallias delectibus, ut remanentium legionum nomina supplerentur. Cura ripæ Hordeonio Flacco permissa : ipse e Britannico delectu octo millia sibi adjunxit; et, paucorum dierum iter progressus, prosperas apud Bedriacum res, ac morte Othonis concidisse bellum accepit. Vocata concione, virtutem militum laudibus cumulat. Postulante exercitu, ut libertum suum, Asiaticum, equestri dignitate donaret, inhonestam adulationem compescit. Dein, mobilitate ingenii, quod palam abnuerat, inter secreta convivii largitur; honoravitque Asiaticum annulis, fœdum mancipium et malis artibus ambitiosum.

LVIII. Iisdem diebus, accessisse partibus utramque Mauretaniam, interfecto procuratore Albino, nuntii venere. Luceius Albinus, a Nerone Mauretaniæ Cæsariensi præpositus, addita per Galbam Tingitanæ provinciæ administratione, haud spernendis viribus agebat : novemdecim cohortes, quinque alæ, ingens Maurorum numerus aderat, per latrocinia et raptus apta bello manus. Cæso Galba, in Othonem pronus, nec Africa contentus, Hispaniæ, angusto freto diremptæ, imminebat.

LVII. Cependant Vitellius, ignorant sa victoire, traînait avec lui le reste des forces de l'armée germanique, comme au début d'une guerre. Laissant peu d'anciens soldats dans les quartiers, il avait hâté le recrutement dans les Gaules, pour reformer les légions dont il ne restait plus que le nom, et remis la défense du Rhin à Hordeonius Flaccus : quant à lui, il avait ajouté à son armée huit mille hommes d'une levée faite en Bretagne. Depuis peu de jours il était en chemin, lorsqu'il apprit les heureux succès de Bédriac, et que, par la mort d'Othon, la guerre était éteinte. Il assemble les soldats et comble de louanges leur valeur. L'armée lui demande d'honorer son affranchi Asiaticus de la dignité de chevalier; il réprime cette adulation honteuse. Ensuite, par la mobilité de son caractère, ce qu'il avait refusé publiquement, il l'accorde dans l'intimité d'un festin, et décore de l'anneau de chevalier cet Asiaticus, infâme esclave, intrigant parvenu par toutes les mauvaises voies.

LVIII. Ces mêmes jours des courriers lui apprennent que les deux Mauritanies se joignent à son parti; que leur procurateur Albinus a été assassiné. Luceius Albinus avait été préposé par Néron à la Mauritanie Césarienne. Galba lui avait donné, de plus, l'administration de la province Tingitane; il disposait de forces qu'on ne pouvait mépriser. Il avait près de lui dix-neuf cohortes, cinq ailes de cavalerie, un grand nombre de Maures, troupe toujours disposée à la guerre par l'habitude du pillage et du brigandage. Après le meurtre de Galba, inclinant pour Othon et ne se contentant plus de l'Afrique, il

Inde Cluvio Rufo metus ; et decimam legionem propinquare litori, ut transmissurus, jussit; praemissi centuriones, qui Maurorum animos Vitellio conciliarent : neque arduum fuit, magna per provincias Germanici exercitus fama. Spargebatur insuper, spreto procuratoris vocabulo, Albinum insigne regis et Jubae nomen usurpare.

LIX. Ita mutatis animis, Asinius Pollio, alae praefectus, e fidissimis Albino, et Festus ac Scipio, cohortium praefecti, opprimuntur. Ipse Albinus, dum e Tingitana provincia Caesariensem Mauretaniam petit, adpulsus litori, trucidatur : uxor ejus, quum se percussoribus obtulisset, simul interfecta est. Nihil eorum, quae fierent, Vitellio anquirente : brevi auditu quamvis magna transibat, impar curis gravioribus. Exercitum itinere terrestri pergere jubet : ipse Arare flumine devehitur, nullo principali paratu, sed vetere egestate conspicuus : donec Junius Blaesus, Lugdunensis Galliae rector, genere illustri, largus animo et par opibus, circumdaret principis ministeria, comitaretur liberaliter; eo ipso ingratus, quamvis odium Vitellius vernilibus blanditiis velaret. Praesto fuere Lugduni victricium victarumque partium duces. Valentem et Caecinam, pro concione laudatos, curuli suae circumposuit. Mox universum

méditait d'envahir l'Espagne, qu'un faible détroit en
sépare. Cluvius Rufus en fut alarmé, et donna l'ordre
à la dixième légion de s'approcher du rivage comme
pour passer au delà. Il envoya en avant des centurions
pour concilier à Vitellius l'affection des Maures; ce qui
ne fut pas difficile, tant était grande en ces provinces la
renommée de l'armée germanique; et il fit répandre de
plus qu'Albinus, méprisant le nom de procurateur, voulait usurper et le titre de roi et le nom de Juba.

LIX. Les dispositions des esprits étant ainsi changées,
Asinius Pollion, préfet de cavalerie, l'un des plus dévoués
à Albinus, ainsi que Festus et Scipion, préfets de ses cohortes, sont massacrés. Albinus lui-même, passant de
la province Tingitane dans la Mauritanie Césarienne, y
est assassiné en abordant au rivage, et son épouse, qui
s'était jetée au devant des meurtriers, est égorgée avec
lui. Vitellius ne s'enquérait nullement de tous ces évènemens ni de leurs résultats; il écoutait rapidement et
comme en passant les rapports les plus importans, tant
il était incapable des affaires graves. Il fit poursuivre
à son armée la route de terre, et quant à lui, il s'embarqua sur la Saône, sans aucun appareil de souverain : son ancienne médiocrité le fit seule remarquer,
jusqu'à ce que Junius Blésus, gouverneur de la Gaule
Lyonnaise, d'une race illustre, prodigue par caractère, et pouvant l'être par ses richesses, entoura le
prince d'un cortège, l'escorta avec magnificence, et
par-là même lui devint odieux, quoique Vitellius voilât
sa haine sous de basses caresses. A Lyon, arrivèrent
promptement les chefs des deux partis, des victorieux et

exercitum occurrere infanti filio jubet : perlatumque et paludamento opertum sinu retinens, *Germanicum* adpellavit, cinxitque cunctis fortunæ principalis insignibus : nimius honos inter secunda, rebus adversis in solatium cessit.

LX. Tum interfecti centuriones promptissimi Othonianorum : unde præcipua in Vitellium alienatio per Illyricos exercitus. Simul ceteræ legiones contactu, et adversus Germanicos milites invidia, bellum meditabantur. Suetonium Paullinum ac Licinium Proculum, tristi mora squalidos tenuit, donec auditi, necessariis magis defensionibus quam honestis uterentur. Proditionem ultro imputabant : spatium longi ante prœlium itineris, fatigationem Othonianorum, permixtum vehiculis agmen, ac pleraque fortuita, fraudi suæ adsignantes, et Vitellius credidit de perfidia, et fidem absolvit. Salvius Titianus, Othonis frater, nullum discrimen adiit, pietate et ignavia excusatus. Mario Celso consulatus servatur : sed creditum fama, objectumque mox in senatu Cæcilio Simplici, quod eum honorem pecunia mercari, nec sine exitio Celsi, voluisset : restitit Vitellius; deditque postea consulatum Simplici innoxium et inemptum. Trachalum adversus criminantes Galeria, uxor Vitellii, protexit.

des vaincus. Il loua en pleine assemblée Valens et Cécina, et les plaça de chaque côté de sa chaise curule; ensuite il voulut que l'armée entière allât au devant de son fils, encore enfant. On le lui apporte couvert de la pourpre; il le prend dans ses bras, le surnomme Germanicus, et l'environne de toute la pompe impériale. C'était trop d'honneurs dans la bonne fortune : ce ne fut bientôt plus qu'une consolation dans la mauvaise.

LX. On mit à mort les centurions les plus dévoués à Othon; ce qui aliéna principalement les troupes d'Illyrie. Déjà les autres légions, soit par leur contact avec elles, soit par jalousie contre les soldats de l'armée germanique, méditaient une révolte. Vitellius retint, par de misérables retards, dans un état d'humiliation, Suetonius Paullinus et Licinius Proculus, jusqu'à ce qu'il daigna les entendre, et leurs moyens de défense furent dictés par la nécessité plutôt que par l'honneur; ils s'imputèrent d'eux-mêmes une trahison : ils attribuaient à leurs ruses les retards de la longue marche qui avait précédé le combat, et la fatigue des Othoniens, et cette confusion des bagages dans les rangs de l'armée, et même les effets du hasard. Vitellius, persuadé de leur perfidie, pardonna à leur fidélité. Salvius Titianus ne courut aucun péril : c'était le frère d'Othon; son pieux dévouement et son incapacité furent ses excuses. Marius Celsus conserva le consulat; mais, quant à Cecilius Simplex, on crut qu'il avait marchandé cet honneur, même aux dépens de la vie de Celsus, et on le lui reprocha ensuite en plein sénat. Vitellius résista, et donna depuis à Simplex un consulat,

LXI. Inter magnorum virorum] discrimina, pudendum dictu! Mariccus quidam, e plebe Boiorum, inserere sese fortunæ et provocare arma romana, simulatione numinum ausus est. Jamque adsertor Galliarum et deus, nomen id sibi indiderat, concitis octo millibus hominum, proximos Æduorum pagos trahebat; quum gravissima civitas, electa juventute, adjectis a Vitellio cohortibus, fanaticam multitudinem disjecit. Captus in eo prœlio Mariccus, ac mox feris objectus, quia non laniabatur, stolidum vulgus inviolabilem credebat, donec, spectante Vitellio, interfectus est.

LXII. Nec ultra in defectores, aut bona cujusquam, sævitum : rata fuere eorum, qui acie Othoniana cociderant, testamenta, aut lex intestatis. Prorsus, si luxuriæ temperaret, avaritiam non timeres. Epularum fœda et inexplebilis libido : ex urbe atque Italia irritamenta gulæ gestabantur, strepentibus ab utroque mari itineribus : exhausti conviviorum apparatibus principes civitatum : vastabantur ipsæ civitates : degenerabat a labore ac virtute miles, adsuetudine voluptatum et contemptu ducis. Præmisit in urbem edictum, quo vocabulum *Augusti* differret, *Cæsaris* non reciperet, quum

qui ne fut alors acheté ni par un crime ni à prix d'argent. Trachalus fut protégé contre ses accusateurs par Galeria, épouse de Vitellius.

LXI. Au milieu de ces périls d'illustres personnages, j'ai honte de parler d'un certain Mariccus, de la nation des Boïens, qui osa se mêler aux jeux de la fortune, et provoquer les armes romaines, comme par l'ordre du ciel : et déjà ce libérateur des Gaules, ce dieu, ainsi qu'il s'en donnait le titre, avait rassemblé huit mille hommes, entraînait les cantons les plus voisins du pays des Éduens, lorsque cette cité très-importante, armant sa jeunesse, et, se joignant aux cohortes de Vitellius, dispersa cette multitude fanatique. Pris dans ce combat, Mariccus fut ensuite exposé aux bêtes féroces : comme elles ne le dévoraient pas, le vulgaire imbécille le crut invulnérable, jusqu'à ce qu'enfin, sous les yeux de Vitellius, il fut mis à mort.

LXII. On ne porta pas plus loin la rigueur contre les rebelles et contre leurs biens. On ratifia les testamens de ceux qui avaient succombé dans les rangs othoniens ; quant aux intestats, on respecta la loi. Certes, si Vitellius se fût modéré en ses débauches, son avarice n'était pas fort inquiétante; mais sa passion pour la bonne chère était dégoûtante et insatiable ; de Rome et d'Italie, on lui apportait tout ce qui pouvait irriter sa gloutonnerie, et les routes sur les bords des deux mers en retentissaient. Les commandans des cités s'épuisèrent en apprêts de festins. Les villes entières étaient dévastées; le soldat dégénérait de sa force et de sa valeur par l'habitude de la mollesse et par le mépris de son

de potestate nihil detraheret. Pulsi Italia mathematici. Cautum severe, ne equites romani ludo et arena polluerentur. Priores id principes pecunia et saepius vi perpulerant : ac pleraque municipia et coloniae aemulabantur, corruptissimum quemque adolescentium pretio inlicere.

LXIII. Sed Vitellius, adventu fratris, et irrepentibus dominationis magistris, superbior et atrocior, occidi Dolabellam jussit, quem in coloniam Aquinatem sepositum ab Othone, retulimus. Dolabella, audita morte Othonis, urbem introierat : id ei Plancius Varus, praetura functus, ex intimis Dolabellae amicis, apud Flavium Sabinum, praefectum urbis, objecit, tamquam rupta custodia, ducem se victis partibus ostentasset : addidit tentatam cohortem quae Ostiae ageret : nec ullis tantorum criminum probationibus in poenitentiam versus, seram veniam post scelus quaerebat. Cunctantem super tanta re Flavium Sabinum, Triaria, L. Vitellii uxor, ultra feminam ferox, terruit, ne periculo principis famam clementiae affectaret. Sabinus, suopte ingenio mitis, ubi formido incessisset, facilis mutatu,

chef. Vitellius se fit précéder à Rome d'un édit par lequel il différait de prendre le titre d'Auguste, et refusait celui de César ; quant au pouvoir, il le gardait tout entier Il chassa d'Italie les astrologues, défendit sévèrement aux chevaliers romains de se déshonorer sur le théâtre et dans l'arène, où les empereurs précédens les avaient fait paraître en les payant, et plus souvent par force; on avait vu beaucoup de municipes et de colonies rivaliser d'émulation pour y attirer, à prix d'argent, les jeunes gens les plus dissolus.

LXIII. Cependant Vitellius, devenu plus arrogant et plus cruel par la présence de son frère, et docile aux instituteurs en tyrannie qui se glissaient auprès de lui, ordonna la mort de Dolabella, qu'Othon avait relégué dans la colonie d'Aquinum, ainsi que nous l'avons rapporté. Dolabella, apprenant la mort d'Othon, était rentré dans Rome. Plancius Varus, ancien préteur, un des intimes amis de Dolabella, le dénonça à Flavius Sabinus, préfet de la ville, l'accusa d'avoir quitté sa prison, de s'être présenté comme chef au parti vaincu, et ajouta qu'il avait tenté de séduire la cohorte campée à Ostie. Varus ne fournit aucune preuve d'une si grande accusation, se repentit, et chercha trop tard à réparer sa faute. Sabinus hésitait dans une si grave conjoncture, lorsque Triaria, épouse de L. Vitellius, et d'une férocité monstrueuse dans une femme, l'effraya, en lui reprochant de se faire une réputation de clémence au péril de son prince. Sabinus, d'un caractère doux, mais qui se démentait facilement quand la terreur s'en emparait, trembla

et in alieno discrimine sibi pavens, ne adlevasse videretur, impulit ruentem.

LXIV. Igitur Vitellius, metu et odio, quod Petroniam, uxorem ejus, mox Dolabella in matrimonium accepisset, vocatum per epistolas, vitata Flaminiæ viæ celebritate, devertere Interamnium, atque ibi interfici jussit. Longum interfectori visum : in itinere ac taberna projectum humi jugulavit : magna cum invidia novi principatus, cujus hoc primum specimen noscebatur. Et Triariæ licentiam modestum e proximo exemplum onerabat, Galeria imperatoris uxor, non immixta tristibus : et pari probitate mater Vitelliorum, Sextilia, antiqui moris. Dixisse quin etiam, ad primas filii sui epistolas, ferebatur, non Germanicum a' se, sed Vitellium genitum. Nec ullis postea fortunæ inlecebris, aut ambitu civitatis, in gaudium evicta, domus suæ tantum adversa sensit.

LXV. Digressum a Lugduno Vitellium M. Cluvius Rufus adsequitur, omissa Hispania; lætitiam et gratulationem vultu ferens, animo anxius et petitum se criminationibus gnarus. Hilarius, Cæsaris libertus, detulerat, tamquam, audito Vitellii et Othonis principatu, propriam ipse potentiam et possessionem Hispaniarum tentasset : eoque diplomatibus nullum principem præs-

pour lui-même dans ce malheur d'autrui, et, pour ne point paraître soutenir Dolabella, le poussa dans le précipice.

LXIV. Ainsi Vitellius, et par crainte et par ressentiment, car Petronia, sa première femme, avait, après son divorce, épousé Dolabella, ordonne qu'on mande celui-ci par une lettre, qu'on évite la voie Flaminia trop fréquentée, qu'on se détourne par Interamnium, et que là il soit mis à mort. Ces délais parurent trop longs à l'assassin. Sur la route, dans une taverne, il le renversa à terre et l'égorgea. Ce crime jeta bien de l'odieux sur un nouveau règne qui s'annonçait par ce premier trait. La conduite violente de Triaria encourut d'autant plus de blâme, que celle-ci avait près d'elle un exemple de modération dans l'épouse de l'empereur, Galeria, dont le nom ne fut jamais mêlé à d'odieuses persécutions, et dans la mère des Vitellius, Sextilia, femme d'une égale vertu et de mœurs antiques. On rapporte qu'à la première lettre de son fils, qui signait Germanicus, elle dit qu'elle n'était point mère de Germanicus, mais de Vitellius. Dans la suite, ni les séductions de la fortune, ni les hommages de la capitale, ne purent ouvrir son cœur à la joie, et sa sensibilité parut réservée aux malheurs de sa maison.

LXV. Vitellius sortait de Lyon, M. Cluvius Rufus se présente à lui; il quittait l'Espagne; la joie et l'expression de la félicitation paraissaient sur son visage; l'inquiétude était dans son âme : il savait que la délation le poursuivait. Hilarius, affranchi du prince, l'avait accusé d'avoir tenté, en apprenant la rivalité de Vitellius et d'Othon, de se créer une puissance particulière, et de prendre possession de l'Espagne, et, pour cette cause,

cripsisset. Interpretabatur quædam ex orationibus ejus, contumeliosa in Vitellium, et pro se ipso popularia. Auctoritas Cluvii prævaluit, ut puniri ultro libertum suum Vitellius juberet. Cluvius comitatui principis adjectus, non adempta Hispania, quam rexit absens, exemplo L. Arruntii : eum Tiberius Cæsar ob metum, Vitellius Cluvium nulla formidine retinebat. Non idem Trebellio Maximo honos : profugerat Britannia, ob iracundiam militum; missus est in locum ejus Vettius Bolanus e præsentibus.

LXVI. Angebat Vitellium victarum legionum haudquaquam fractus animus : sparsæ per Italiam et victoribus permixtæ, hostilia loquebantur : præcipua quartadecimanorum ferocia, qui se victos abnuebant : quippe Bedriacensi acie, vexillariis tantum pulsis, vires legionis non adfuisse. Remitti eos in Britanniam, unde a Nerone exciti erant, placuit; atque interim Batavorum cohortes una tendere, ob veterem adversus quartadecimanos discordiam. Nec diu, in tantis armatorum odiis, quies fuit. Augustæ Taurinorum, dum opificem quemdam Batavus ut fraudatorem insectatur, legionarius ut hospitem tuetur, sui cuique commilitones adgregati, a conviciis ad cædem transiere : et prœlium

de n'avoir nommé aucun de ces deux princes en tête de ses édits. Il trouvait dans quelques parties des harangues de Cluvius l'intention de décrier Vitellius et de se populariser lui-même. Mais l'ascendant de Cluvius prévalut à un tel point, que Vitellius ordonna de son propre mouvement la punition de son affranchi. Depuis, Cluvius fut admis à la suite du prince ; on ne lui ôta point l'Espagne, qu'il gouverna, quoique absent, à l'exemple de L. Arruntius : Tibère ne retint Arruntius que par crainte ; Vitellius garda près de lui Cluvius, sans le craindre. Il n'accorda pas la même faveur à Trebellius Maximus, qui s'était enfui de Bretagne pour se soustraire à la colère de ses soldats ; Vettius Bolanus, un des généraux présens, fut envoyé en sa place.

LXVI. Vitellius était inquiet des légions vaincues : leur courage n'était nullement abattu. Dispersées dans l'Italie, et entremêlées aux vainqueurs, leur langage était hostile, et particulièrement celui de la quatorzième, qui refusait, dans sa fierté, d'avouer sa défaite. A la bataille de Bédriac, disait-elle, les auxiliaires ont été repoussés ; mais notre corps n'y était pas. Vitellius se détermina à la renvoyer en Bretagne, d'où Néron l'avait tirée, et, en attendant, de la faire camper avec les cohortes bataves, à cause de leur ancienne inimitié contre la quatorzième. Au milieu de ces haines de tant d'hommes armés, le calme ne dura pas long-temps. A Augusta, ville des Tauriniens, un Batave accuse un artisan de friponnerie ; un légionnaire protège l'accusé qui le logeait ; leurs compagnons d'armes s'attroupent autour de chacun d'eux ; des injures ils passent aux coups, et un combat

atrox exarsisset, ni duæ prætoriæ cohortes, causam quartadecimanorum secutæ, his fiduciam et metum Batavis fecissent : quos Vitellius agmini suo jungi, ut fidos; legionem, Graiis Alpibus traductam, eo flexu itineris ire jubet, quo Viennam vitarent : namque et Viennenses timebantur. Nocte, qua proficiscebatur legio, relictis passim ignibus, pars Taurinæ coloniæ ambusta : quod damnum, ut pleraque belli mala, majoribus aliarum urbium cladibus obliteratum. Quartadecimani postquam Alpibus degressi sunt, seditiosissimus quisque signa Viennam ferebant : consensu meliorum compressi ; et legio in Britanniam transvecta.

LXVII. Proximus Vitellio e prætoriis cohortibus metus erat : separati primum, deinde, addito honestæ missionis lenimento, arma ad tribunos suos deferebant : donec motum a Vespasiano bellum crebresceret : tum, resumpta militia, robur Flavianarum partium fuere. Prima classicorum legio in Hispaniam missa, ut pace et otio mitesceret : undecima ac septima suis hibernis redditæ : tertiadecimani struere amphitheatra jussi : nam Cæcina Cremonæ, Valens Bononiæ, spectaculum gladiatorum edere parabant : numquam ita ad curas intento Vitellio, ut voluptatum obliviscereretur.

LXVIII. Et quidem partes modeste distraxerat : apud

terrible allait s'engager si deux cohortes prétoriennes, prenant fait et cause pour la quatorzième légion, n'eussent donné à la fois de l'assurance à celle-ci et de la crainte aux Bataves. Vitellius joignit à son armée, ces derniers, dont il connaissait la fidélité, et ordonna à la légion de passer les Alpes Grecques et de prendre un détour pour éviter Vienne; car les Viennois étaient également à redouter. La nuit où l'on partit, la légion ayant laissé ses feux épars çà et là, une partie de la colonie de Turin fut incendiée. Ce désastre, comme la plupart des maux de la guerre, fut mis en oubli par des désastres plus grands qui affligèrent d'autres villes. Après être descendus des Alpes, les soldats les plus séditieux de la quatorzième dirigèrent leurs enseignes sur la route de Vienne, mais l'opposition des plus sages les retint, et la légion passa en Bretagne.

LXVII. Après cette légion, les cohortes prétoriennes étaient la terreur de Vitellius : d'abord on les sépara; ensuite on leur accorda un congé honorable pour les calmer; elles remirent donc leurs armes à leurs tribuns, jusqu'à ce que les bruits de la guerre entreprise par Vespasien fussent plus accrédités; alors elles reprirent du service, et devinrent le soutien de son parti. La première légion de marine fut envoyée en Espagne, afin que la paix et le repos calmassent sa turbulence; la onzième et la septième furent rendues à leurs quartiers; la treizième eut ordre d'élever des amphithéâtres; car Cécina se préparait à donner un spectacle de gladiateurs à Crémone et Valens un autre à Bologne : jamais Vitellius ne s'occupait assez des affaires pour oublier ses plaisirs.

LXVIII. Il venait de disséminer avec prudence le parti

victores orta seditio, ludicro initio, nisi numerus cæsorum invidiam bello auxisset. Discubuerat Vitellius Ticini, adhibito ad epulas Verginio. Legati tribunique, ex moribus imperatorum, severitatem æmulantur, vel tempestivis conviviis gaudent : perinde miles intentus, aut licenter agit. Apud Vitellium omnia indisposita, temulenta, pervigiliis ac Bacchanalibus, quam disciplinæ et castris, propiora. Igitur duobus militibus, altero legionis quintæ, altero e Gallis auxiliaribus, per lasciviam, ad certamen luctandi accensis, postquam legionarius prociderat, insultante Gallo, et iis, qui ad spectandum convenerant, in studia diductis, erupere legionarii in perniciem auxiliorum, ac duæ cohortes interfectæ. Remedium tumultus fuit alius tumultus : pulvis procul et arma adspiciebantur : conclamatum repente, XIV legionem, verso itinere, ad prœlium venire : sed erant agminis coactores : agniti dempsere sollicitudinem. Interim Verginii servus forte obvius, ut percussor Vitellii insimulatur, et ruebat ad convivium miles, mortem Verginii exposcens. Ne Vitellius quidem, quamquam ad omnes suspiciones pavidus, de innocentia ejus dubitavit : ægre tamen cohibiti, qui exitium viri consularis, et quondam ducis sui, flagitabant. Nec quemquam sæpius, quem Verginium, omnis

vaincu, lorsqu'une sédition s'éleva parmi les vainqueurs : ce n'eût été qu'un jeu dès le principe, si le nombre des victimes n'eût changé un mouvement de rivalité en un combat meurtrier. Vitellius donnait un festin à Ticinum, Verginius y était invité. Les lieutenans et les tribuns, imitateurs des mœurs de leurs généraux, affectent à l'envi de la sévérité, ou se livrent aux excès de la table; et, d'après cet exemple, le soldat se conduit avec retenue ou licence. Chez Vitellius, tout était abandonné au désordre et à l'ivresse : on se croyait plutôt au milieu des orgies et des Bacchanales que dans un camp et sous la discipline militaire. Deux soldats, l'un de la cinquième légion, l'autre auxiliaire gaulois, dans le feu de l'ivresse, se défièrent au combat de la lutte; le légionnaire avait succombé, le Gaulois l'insulte; ceux qui s'étaient attroupés à ce spectacle, prenant parti pour les lutteurs, les légionnaires se précipitent pour exterminer les auxiliaires, et les deux cohortes sont massacrées. Le remède à ce tumulte devint un autre tumulte. On aperçut au loin de la poussière et des armes : tout à coup on s'écrie que la quatorzième rebrousse chemin, et vient se mêler aux combattans; mais ce n'était que des traîneurs qu'on ramenait : une fois reconnus, tout cet effroi se dissipa. Dans l'intervalle, un esclave de Verginius ayant été rencontré par hasard, les soldats s'imaginent qu'il vient assassiner Vitellius, et ils accourent dans la salle du festin en demandant la mort de Verginius : toutefois, quoique le moindre soupçon le frappât d'épouvante, Vitellius ne douta pas de son innocence. Mais il eut grand'peine à contenir ces soldats, qui osaient lui demander la mort d'un personnage consulaire,

seditio infestavit : manebat admiratio viri et fama : sed oderant, ut fastiditi.

LXIX. Postero die, Vitellius, senatus legatione, quam ibi opperiri jusserat, audita, transgressus in castra, ultro pietatem militum collaudavit : frementibus auxiliis, tantum impunitatis atque arrogantiæ legionariis accessisse. Cohortes Batavorum, ne quid truculentius auderent, in Germaniam remissæ; principium interno simul externoque bello parantibus fatis. Reddita civitatibus Gallorum auxilia, ingens numerus, et prima statim defectione inter inania belli assumptus. Ceterum, ut largitionibus affectæ jam imperii opes sufficerent, amputari legionum auxiliorumque numeros jubet, vetitis supplementis : et promiscuæ missiones offerebantur : exitiabile id reipublicæ, ingratum militi, cui eadem munia inter paucos, periculaque ac labor crebrius redibant : et vires luxu corrumpebantur, contra veterem disciplinam et instituta majorum, apud quos virtute quam pecunia, res romana melius stetit.

LXX. Inde Vitellius Cremonam flexit, et, spectato munere Cæcinæ, insistere Bedriacensibus campis, ac vestigia recentis victoriæ lustrare oculis concupivit. Fœ-

autrefois leur général. Personne plus souvent que Verginius ne fut en butte aux excès des séditions : l'admiration pour ce grand homme et sa renommée subsistaient tout entières ; mais ils le haïssaient parce qu'il les avait dédaignés.

LXIX. Le jour suivant, Vitellius, après avoir entendu la députation du sénat, à laquelle il avait ordonné de l'attendre en ce lieu, passa dans le camp, et combla d'éloges le zèle de ses soldats : les auxiliaires frémirent de rage de ce qu'il accordait à ses légions tant d'impunité et leur permettait tant d'arrogance. Les cohortes des Bataves, de peur qu'elles ne se portassent à quelques vengeances extrêmes, furent renvoyées en Germanie : c'est ainsi que les destins nous préparèrent les commencemens d'une guerre intérieure et extérieure. On rendit aux cités des Gaules les auxiliaires, multitude immense rassemblée au début de la révolte, parmi tous les vains appareils de cette guerre : du reste, afin que les richesses de l'empire, déjà épuisées, puissent suffire à ses largesses, il ordonne que l'on réduise les cadres des légions et des auxiliaires, défend le recrutement, et prodigue aux soldats des congés : mesure funeste à la république, désagréable aux soldats, à qui, moins nombreux, mêmes charges, mêmes fatigues, mêmes périls revenaient plus fréquemment. D'ailleurs, leurs forces s'énervaient par le luxe, contre l'esprit de l'antique discipline et des maximes de nos aïeux, chez lesquels le courage fut, plutôt que l'argent, l'appui réel de la puissance romaine.

LXX. De là, Vitellius se dirigea vers Crémone, et, après avoir assisté aux jeux de Cécina, il désira ardemment fouler les plaines de Bédriac, et repaître ses yeux

dum atque atrox spectaculum! Intra quadragesimum pugnæ diem lacera corpora, trunci artus, putres virorum equorumque formæ, infecta tabo humus, protritis arboribus ac frugibus dira vastitas : nec minus inhumana pars viæ, quam Cremonenses lauro rosisque constraverant, exstructis altaribus cæsisque victimis, regium in morem : quæ, læta in præsens, mox perniciem ipsis fecere. Aderant Valens et Cæcina, monstrabantque pugnæ locos : Hinc erupisse legionum agmen, hinc equites coortos : inde circumfusas auxiliorum manus. Jam tribuni præfectique, sua quisque facta extollentes, falsa, vera, aut majora vero miscebant. Vulgus quoque militum, clamore et gaudio deflectere via, spatia certaminum recognoscere, aggerem armorum, strues corporum intueri, mirari. Et erant, quos varia sors rerum, lacrymæque et misericordia subiret : at non Vitellius flexit oculos, nec tot millia insepultorum civium exhorruit : lætus ultro, et tam propinquæ sortis ignarus, instaurabat sacrum diis loci.

LXXI. Exin Bononiæ a Fabio Valente gladiatorum spectaculum editur, advecto ex urbe cultu. Quantoque magis propinquabat, tanto corruptius iter, immixtis

des traces récentes de sa victoire, hideux et atroce spectacle ! C'était le quarantième jour après la bataille : des corps en lambeaux, des membres séparés, des cadavres d'hommes et de chevaux en putréfaction, la terre infectée de sang corrompu, les arbres renversés, les moissons détruites, une affreuse solitude. Un spectacle non moins révoltant fut celui qu'offrait une partie de la route, jonchée de roses et de lauriers par les habitans de Crémone; ils y élevaient des autels, ils sacrifiaient des victimes comme en l'honneur d'un roi. Ces démonstrations, qui leur furent alors favorables, devinrent bientôt après la cause de leur ruine. Valens et Cécina, près de Vitellius, lui montraient les positions du combat. D'ici s'élança le corps des légionnaires; ici chargea la cavalerie; là les auxiliaires enveloppèrent l'ennemi. Les tribuns et les préfets, chacun exaltant ses exploits, mêlaient à la vérité le mensonge ou l'exagération. La foule des soldats, avec des cris et des transports, quitte aussi la route, et vient reconnaître les places où l'on a combattu. Ils considèrent, admirent ces amas d'armes, ces monceaux de cadavres. Il y en eut même qui, émus de ces vicissitudes de la fortune, versèrent des larmes, et furent saisis de compassion. Toutefois Vitellius ne détourna pas les yeux, et vit sans horreur tant de milliers de citoyens non ensevelis : plein de joie au contraire, et ignorant sa destinée si prochaine, il offrit un sacrifice aux divinités du lieu.

LXXI. Ensuite, Valens lui donna à Bologne un spectacle de gladiateurs, dont tout l'appareil était venu de Rome. Plus il approchait, plus sa marche offrait le spectacle de la corruption. On voyait pêle-mêle des histrions et des

histrionibus et spadonum gregibus et cetero Neronianæ aulæ ingenio : namque et Neronem ipsum Vitellius admiratione celebrabat, sectari cantantem solitus, non necessitate, qua honestissimus quisque, sed luxu et saginæ mancipatus emptusque. Ut Valenti et Cæcinæ vacuos honoris menses aperiret, coartati aliorum consulatus, dissimulatus Martii Macri, tamquam Othonianarum partium ducis; et Valerium Marinum, destinatum a Galba consulem, distulit, nulla offensa, sed mitem et injuriam segniter laturum. Pedanius Costa omittitur, ingratus principi, ut adversus Neronem ausus, et Verginii exstimulator : sed alias protulit causas; actæque insuper Vitellio gratiæ, consuetudine servitii.

LXXII. Non ultra paucos dies, quamquam acribus initiis cœptum, mendacium valuit. Exstiterat quidam Scribonianum se Camerinum ferens, Neronianorum temporum metu in Istria occultatum, quod illic clientelæ et agri veterum Crassorum ac nominis favor manebat. Igitur deterrimo quoque in argumentum fabulæ adsumpto, vulgus credulum et quidam militum, errore veri seu turbarum studio, certatim adgregabantur : quum pertractus ad Vitellium interrogatusque quisnam mortalium esset, postquam nulla dictis fides, et a domino

troupeaux d'eunuques : c'était tout le caractère de la cour de Néron ; car Vitellius osait louer Néron avec enthousiasme, accoutumé qu'il était à le suivre fidèlement lorsqu'il chantait au théâtre ; non par cette nécessité à laquelle dûrent se plier les plus hommes de bien, mais par dissolution, étant esclave de sa gloutonnerie, et vendu à quiconque y pourvoirait. Afin de donner à Valens et à Cécina une place parmi les consuls, il abrégea la durée des consulats des autres ; il feignit d'oublier Martius Macer comme chef du parti othonien ; il remit à un autre temps Valerius Marinus, destiné au consulat par Galba ; non qu'il l'eût offensé, mais son naturel doux devait supporter patiemment une injure. Pedanius Costa fut éliminé, il était désagréable au prince parce qu'il avait osé se déclarer contre Néron, et parce qu'il avait encouragé Verginius ; mais Vitellius donna d'autres motifs ; et là-dessus on lui prodigua des actions de grâces, par habitude de servilité.

LXXII. Une imposture, qui d'ailleurs ne dura que peu de jours, eut un début menaçant : un homme se présenta, prétendant être Scribonianus Camerinus : « La terreur du règne de Néron l'avait tenu, disait-il, caché en Istrie, parce que là se trouvaient encore les cliens et les domaines des Crassus, ses ancêtres, et que ce nom y était en crédit. » Il s'était associé quelques vils scélérats pour soutenir sa fable ; et le vulgaire crédule et quelques soldats, soit par ignorance de la vérité, soit par amour du trouble, accouraient à l'envi auprès de lui, lorsqu'il fut traîné devant Vitellius, qui lui demanda qui il était. Ses réponses furent indignes de toute croyance, et comme il fut reconnu par son maître pour

noscebatur conditione fugitivus, nomine *Geta*, sumptum de eo supplicium servilem in modum.

LXXIII. Vix credibile memoratu est quantum superbiæ socordiæque Vitellio adoleverit, postquam speculatores e Syria Judæaque, adactum in verba ejus Orientem, nuntiavere. Nam, etsi vagis adhuc et incertis auctoribus, erat tamen in ore famaque Vespasianus, ac plerumque ad nomen ejus Vitellius excitabatur. Tum ipse, exercitusque, ut nullo æmulo, sævitia, libidine, raptu, in externos mores proruperant.

LXXIV. At Vespasianus bellum armaque, et procul vel juxta sitas vires, circumspectabat. Miles ipsi adeo paratus, ut præeuntem sacramentum, et fausta Vitellio omnia precantem, per silentium audierint. Muciani animus nec Vespasiano alienus, et in Titum pronior. Præfectus Ægypti, Tiberius Alexander, consilia sociaverat. Tertiam legionem, quod e Syria in Mœsiam transisset, suam numerabat : ceteræ Illyrici legiones secuturæ sperabantur. Namque omnes exercitus flammaverat arrogantia venientium a Vitellio militum; quod truces corpore, horridi sermone, ceteros, ut impares, irridebant. Sed in tanta mole belli plerumque cunctatio : et Vespasianus, modo in spem erectus, aliquando adversa reputabat : Quis ille dies foret, quo LX ætatis annos et duos

un esclave fugitif nommé Géta, on le livra au supplice des esclaves.

LXXIII. On ne saurait croire combien s'accrurent et l'orgueil et l'extravagance de Vitellius, dès que ses agens venus de Syrie et de Judée lui annoncèrent que l'Orient le reconnaissait pour maître; car, quoique ce ne fût encore que sur des rumeurs vagues et incertaines, cependant Vespasien occupait déjà les bouches de la renommée, et toujours à ce nom Vitellius tressaillait; mais alors et lui-même et son armée, n'ayant plus de rivaux, se précipitèrent dans tous les excès de la débauche, du pillage et de la cruauté, avec le caractère de vrais barbares.

LXXIV. Cependant Vespasien portait toutes ses pensées sur la guerre, sur ses armées, sur les forces à sa disposition ou éloignées. Les soldats lui étaient tellement dévoués, que lorsqu'il prononça le serment et les vœux pour Vitellius, ils l'écoutèrent dans un morne silence. Mucien n'avait pas d'éloignement pour Vespasien, et avait beaucoup de penchant pour Titus. Le préfet d'Égypte, Tiberius Alexandre, s'était associé à leurs projets. Il comptait la troisième légion comme une des siennes, parce qu'elle était passée de Syrie en Mésie. Les autres légions d'Illyrie donnaient le même espoir, car toutes ces troupes étaient enflammées de colère à cause de l'arrogance des soldats que leur envoyait Vitellius. Fiers de leur stature, dans leur affreux langage ils se raillaient des autres comme d'êtres au dessous d'eux. Mais, dans l'entreprise d'une si vaste guerre, il devait y avoir quelque hésitation, et Vespasien tantôt concevait les espérances les plus élevées, tan-

filios juvenes bello permitteret? Esse privatis cogitationibus regressum, et, prout velint, plus minusve sumi ex fortuna : imperium cupientibus nihil medium inter summa et præcipitia.

LXXV. Versabatur ante oculos Germanici exercitus robur, notum viro militari : suas legiones civili bello inexpertas; Vitellii, victrices; et apud victos plus querimoniarum quam virium : fluxam per discordias militum fidem, et periculum ex singulis. Quid enim profuturas cohortes alasque, si unus alterque præsenti facinore paratum ex diverso præmium petat? Sic Scribonianum sub Claudio interfectum ; sic percussorem ejus, Volaginium, e gregario ad summa militiæ provectum. Facilius universos impelli, quam singulos vitari.

LXXVI. His pavoribus nutantem, et alii legati amicique firmabant, et Mucianus, post multos secretosque sermones, jam et coram ita locutus : Omnes qui magnarum rerum consilia suscipiunt, æstimare debent an, quod inchoatur, reipublicæ utile, ipsis gloriosum, aut promptum effectu, aut certe non arduum sit. Simul ipse, qui suadet, considerandus est, adjiciatne consilio periculum suum; et, si fortuna cœptis adfuerit, cui summum decus adquiratur. Ego te, Vespasiane, ad

tôt méditait sur les chances contraires. Quel jour que celui où il commettrait aux hasards des combats soixante années de vie et ses deux fils jeunes encore ! Il y a un retour pour les projets qui ne sortent pas de la condition privée, et l'on peut, à sa volonté, subir plus ou moins les caprices de la fortune : quiconque ambitionne l'empire ne trouvera point de milieu entre le faîte et le précipice.

LXXV. Il développait à ses propres yeux les forces de l'armée germanique, forces bien connues d'un vieux militaire : ses légions n'avaient pas été éprouvées dans une guerre civile; celles de Vitellius y avaient triomphé; les vaincus avaient plus de mécontentement que de forces réelles. Dans les discordes, la foi du soldat est peu solide, et chacun d'eux est à redouter. A quoi serviraient des cohortes et de la cavalerie, si un ou deux meurtriers, par un attentat subit, aspirent à la récompense qu'offrira un adversaire. Ainsi périt, sous Claude, Scribonianus ; ainsi, de simple soldat, son meurtrier, Volaginius, fut élevé aux plus hauts grades : il sera plus difficile de se garantir d'un seul traître que d'agiter toute une multitude.

LXXVI. Ces craintes le rendaient chancelant : ses lieutenans et ses amis l'affermissaient, et Mucien, après plusieurs entretiens secrets, lui parla ainsi devant eux : « Celui qui conçoit quelque grande entreprise doit juger si elle est utile à la république, glorieuse pour lui-même, d'une exécution facile, ou du moins possible. De plus, il doit bien considérer si celui-là même qui en donne le conseil y participera de son propre péril, et, si la fortune est favorable, à qui appartiendra la plus haute position. C'est moi, Vespasien, qui t'appelle

imperium voco, tam salutare reipublicæ, quam tibi magnificum. Juxta deos, in tua manu positum est. Nec speciem adulantis expaveris : a contumelia, quam a laude, propius fuerit, post Vitellium eligi. Non adversus D. Augusti acerrimam mentem, nec adversus cautissimam Tiberii senectutem, ne contra Caii quidem, aut Claudii, vel Neronis, fundatam longo imperio domum exsurgimus : cessisti etiam Galbæ imaginibus : torpere ultra, et polluendam perdendamque rempublicam relinquere, sopor et ignavia videretur, etiam si tibi, quam inhonesta, tam tuta servitus esset. Abiit jam et transvectum est tempus, quo posses videri concupisse : confugiendum est ad imperium. An excidit trucidatus Corbulo? splendidior origine, quam nos sumus, fateor : sed et Nero, nobilitate natalium, Vitellium anteibat. Satis clarus est apud timentem, quisquis timetur. Et posse ab exercitu principem fieri, sibi ipse Vitellius documento; nullis stipendiis, nulla militari fama, Galbæ odio provectus. Nec Othonem quidem ducis arte, aut exercitus vi, sed præpropera ipsius desperatione victum, jam desiderabilem et magnum principem fecit. Quum interim spargit legiones, exarmat cohortes, nova quotidie bello semina ministrat : si quid ardoris ac ferociæ miles habuit, popinis et comessationibus et principis imitatione, deteritur. Tibi e Judæa

à l'empire, autant pour le salut de la république que pour l'honneur immense qui t'en reviendra. Tu as, après les dieux, l'empire dans tes mains ; et ne crains pas que je me couvre du masque de la flatterie : être choisi après Vitellius, ressemble plutôt à un affront qu'à un éloge. Ce n'est ni contre le génie actif du divin Auguste, ni contre la vieillesse astucieuse de Tibère, ni contre la maison de Caligula, de Claude, de Néron, affermie par un long pouvoir, que nous nous levons : tu as même cédé devant les images de Galba ; mais languir plus long-temps, et laisser outrager et perdre la république, serait de la léthargie et de la lâcheté, lors même que la servitude t'offrirait autant de sécurité qu'elle te laisserait de déshonneur. Il a fui, il a disparu déjà ce temps où tu pouvais paraître avoir été ambitieux : ton seul refuge c'est l'empire. As-tu oublié Corbulon égorgé? sa naissance fut plus brillante que la nôtre, je l'avoue ; mais Néron aussi, par la noblesse de ses ancêtres, surpassait Vitellius. On est toujours trop illustre pour qui nous redoute. Qu'une armée puisse faire un empereur, Vitellius le sait par sa propre expérience : sans nul exploit, sans nulle réputation militaire, il fut porté à l'empire en haine de Galba. Othon, qui ne fut vaincu ni par le talent de son adversaire, ni par la force de son armée, mais par un désespoir précipité, est devenu un prince grand et regrettable, comparé avec Vitellius ; car celui-ci disperse maintenant les légions, désarme les cohortes, prépare chaque jour quelques nouvelles semences de guerre ; et ce qui reste d'ardeur ou de fierté aux soldats va s'user dans l'ivrognerie, dans les débauches et dans les imitations

et Syria et Ægypto novem legiones integræ, nulla acie exhaustæ, non discordia corruptæ; sed firmatus usu miles, et belli domitor externi : classium, alarum, cohortium robora; et fidissimi reges; et tua ante omnes experientia.

LXXVII. Nobis nihil ultra arrogabo, quam ne post Valentem ac Cæcinam numeremur. Ne tamen Mucianum socium spreveris, quia æmulum non experiris : me Vitellio antepono, te mihi. Tuæ domui triumphale nomen, duo juvenes, capax jam imperii alter, et primis militiæ annis apud Germanicos quoque exercitus clarus. Absurdum fuerit, non cedere imperio ei, cujus filium adoptaturus essem, si ipse imperarem. Ceterum inter nos non idem prosperarum adversarumque rerum ordo erit. Nam, si vincimus, honorem, quem dederis, habebo : discrimen ac pericula ex æquo patiemur : immo, ut melius est, tu hos exercitus rege; mihi bellum et prœliorum incerta trade. Acriore hodie disciplina victi, quam victores agunt : hos ira, odium, ultionis cupiditas ad virtutem accendit : illi, per fastidium et contumaciam, hebescunt. Aperiet et recludet contecta et tumescentia victricium partium vulnera bellum ipsum. Nec mihi major in tua vigilantia, parcimonia, sapientia, fiducia est, quam in

qu'ils font des vices de leur maître. La Judée, la Syrie et l'Égypte t'offrent neuf légions complètes, qu'aucune guerre n'a épuisées, qu'aucune discorde n'a corrompues, dont les soldats sont affermis par les exercices, et déjà victorieux de l'ennemi étranger. Nous sommes forts en cavalerie, en flottes, en cohortes; nous avons des rois alliés très-fidèles, et, avant tout, ta propre expérience.

LXXVII. « Pour moi-même, je ne réclame rien de plus que de n'être pas placé au dessous de Valens et de Cécina. Tu ne mépriseras pas l'alliance de Mucien, quoique tu ne l'aies pas éprouvé comme rival. Je me place avant Vitellius, et toi avant moi. Un nom triomphal brille dans ta famille; tu as deux jeunes fils; l'un est déjà capable de régner; dès ses premières armes, il s'est distingué aussi auprès des légions germaniques : il serait hors de raison de ne pas céder l'empire à celui dont j'adopterais le fils, si je régnais moi-même. Au reste, je ne prétends pas partager entre nous, au même degré, les succès et les revers; car, si nous triomphons, je ne veux que le rang que tu m'assigneras; que les risques et les périls soient égaux entre nous; ou plutôt, et ce parti est le meilleur, dirige les mouvemens de ces armées, laisse à moi seul la guerre et les hasards des combats. Aujourd'hui les vaincus se plient à une discipline plus sévère que les vainqueurs. La colère, la haine, le désir de la vengeance enflamment le courage des premiers; l'orgueil, le dédain et l'indocilité engourdissent les autres. La guerre même va montrer et rouvrir les plaies de ces vainqueurs, plaies secrètes et envenimées. Ma confiance est dans ta vigilance, ton économie, ta sagesse; elle est aussi dans la tor-

Vitellii torpore, inscitia, sævitia. Sed et meliorem in bello causam quam in pace habemus : nam qui deliberant desciverunt.

LXXVIII. Post Muciani orationem ceteri audentius circumsistere, hortari, responsa vatum et siderum motus referre. Nec erat intactus tali superstitione, ut qui mox, rerum dominus, Seleucum quemdam, mathematicum, rectorem et præscium palam habuerit. Recursabant animo vetera omina : cupressus arbor in agris ejus, conspicua altitudine, repente prociderat; ac postera die, eodem vestigio resurgens, procera et latior virebat; grande id prosperumque, consensu haruspicum : et summa claritudo juveni admodum Vespasiano promissa. Sed primo triumphalia, et consulatus, et judaicæ victoriæ decus, implesse fidem ominis videbantur : ut hæc adeptus est, portendi sibi imperium credebat. Est Judæam inter Syriamque Carmelus, ita vocant montem deumque : nec simulacrum deo, aut templum; sic tradidere majores; aram tantum et reverentiam. Illic sacrificanti Vespasiano, quum spes occultas versaret animo, Basilides sacerdos, inspectis identidem extis : Quidquid est, inquit, Vespasiane, quod paras, seu domum exstruere, seu prolatare agros, sive ampliare servitia, datur tibi magna sedes, ingentes termini, multum hominum. Has ambages et statim exceperat fama, et tunc aperie-

peur, l'impéritie, la cruauté de Vitellius; enfin notre sort sera plus assuré dans la guerre que dans la paix; car qui délibère est déjà rebelle. »

LXXVIII. Après le discours de Mucien, les autres s'approchent avec plus de hardiesse de Vespasien, l'encouragent, lui rappellent les réponses prophétiques, les mouvemens des astres; car il n'était pas à l'abri d'une telle superstition, puisque ensuite, maître de l'État, il conserva publiquement auprès de sa personne un certain Seleucus, mathématicien, qui le dirigeait par ses prédictions. D'anciens présages revenaient à sa pensée : dans ses domaines, un cyprès d'une hauteur remarquable était tombé tout à coup, et le jour suivant, se relevant à cette même place, il reverdit et étendit plus au loin son feuillage. C'était, de l'aveu unanime des aruspices, un admirable et heureux présage, et la plus grande illustration fut promise à Vespasien, jeune encore. Ses triomphes, ses consulats et l'éclat de sa victoire en Judée paraissaient avoir déjà rempli la prédiction. Mais dès qu'il eut obtenu ces succès, il crut que l'empire lui était offert par les destins. Entre la Judée et la Syrie est situé le Carmel : c'est le nom d'une montagne et d'une divinité. Cette divinité n'a ni statue ni temple : ainsi l'a réglé une antique tradition. On n'y voit qu'un autel et des adorateurs. Vespasien y vint sacrifier, et comme son âme était agitée de ses espérances secrètes, le pontife Basilides, considérant avec soin les entrailles de la victime, lui dit : « Quel que puisse être, Vespasien, ton projet, soit d'élever une maison, soit d'étendre tes domaines, soit d'augmenter le nombre de tes esclaves, il t'est

bat; nec quidquam magis in ore vulgi : crebriores apud ipsum sermones, quanto sperantibus plura dicuntur.

LXXIX. Haud dubia destinatione discessere, Mucianus Antiochiam, Vespasianus Caesaream : illa Syriae, haec Judaeae caput est. Initium ferendi ad Vespasianum imperii Alexandriae coeptum, festinante Tiberio Alexandro, qui kal. jul. sacramento ejus legiones adegit. Isque primus principatus dies in posterum celebratus, quamvis judaicus exercitus v non. jul. apud ipsum jurasset, eo ardore, ut ne Titus quidem filius exspectaretur, Syria remeans, et consiliorum inter Mucianum ac patrem nuntius : cuncta impetu militum acta; non parata concione, non conjunctis legionibus.

LXXX. Dum quaeritur tempus locusque, quodque in re tali difficillimum est, prima vox; dum animo spes, timor, ratio, casus obversantur; egressum cubiculo Vespasianum pauci milites, solito adsistentes ordine, ut legatum salutaturi, *Imperatorem* salutavere. Tum ceteri adcurrere; *Caesarem* et *Augustum*, et omnia principatus vocabula cumulare : mens a metu ad fortunam transierat. In ipso nihil tumidum, adrogans, aut in

réservé une vaste demeure, un grand territoire, une multitude d'hommes. » La renommée avait aussitôt recueilli ces paroles ambiguës, et maintenant elle les expliquait : elles revenaient dans tous les entretiens, et plus encore dans son intimité ; car plus vous espérez et plus on vous encourage.

LXXIX. Leur décision n'était plus douteuse, lorsqu'ils se retirèrent, Mucien à Antioche, Vespasien à Césarée : l'une est la capitale de la Syrie, l'autre de la Judée. La première ville qui commença de déférer l'empire à Vespasien fut Alexandrie. Tiberius Alexandre se hâta, et fit prêter serment par ses légions dès les calendes de juillet. On célébra ce jour dans la suite comme le premier de son règne, quoique l'armée de Judée n'ait prêté son serment que le cinq des nones de juillet, et ce fut avec une ardeur telle qu'elle n'attendit pas même Titus, son fils, qui revenait de Syrie, servant d'intermédiaire aux projets de Mucien et de son père. Tout se fit par l'enthousiasme du soldat, sans qu'aucune assemblée fût convoquée, sans que les légions fussent réunies.

LXXX. Tandis qu'on cherche et l'occasion et le lieu convenables, et, ce qui est le plus difficile en de telles circonstances, une première voix qui se prononce ; tandis que les esprits pèsent les espérances, les craintes, les raisons, les chances, Vespasien, au sortir de son appartement, trouvant quelque peu de soldats rangés, suivant l'usage, comme pour saluer leur général, fut salué par eux empereur. Alors les autres accourent, le nomment César, Auguste, et lui prodiguent toutes les dénominations de la souveraineté : de la crainte, les esprits étaient

rebus novis novum fuit; ut primum tantæ vicissitudinis obfusam oculis caliginem disjecit, militariter locutus, læta omnia et adfluentia excepit : namque id ipsum opperiens Mucianus, alacrem militem in verba Vespasiani adegit. Tum Antiochensium theatrum ingressus, ubi illis consultare mos est, concurrentes et in adulationem effusos adloquitur : satis decorus etiam græca facundia, omniumque, quæ diceret atque ageret, arte quadam ostentator. Nihil æque provinciam exercitumque accendit, quam quod adseverabat Mucianus, statuisse Vitellium, ut Germanicas legiones in Syriam, ad militiam opulentam quietamque, transferret; contra Syriacis legionibus Germanica hiberna, cœlo ac laboribus dura, mutarentur. Quippe et provinciales sueto militum contubernio gaudebant, plerique necessitudinibus et propinquitatibus mixti; et militibus vetustate stipendiorum nota et familiaria castra in modum penatium diligebantur.

LXXXI. Ante idus jul. Syria omnis in eodem sacramento fuit. Accessere cum regno Sohemus, haud spernendis viribus; Antiochus, vetustis opibus ingens et inservientium regum ditissimus : mox per occultos suorum nuntios excitus ab urbe Agrippa, ignaro adhuc Vitellio, celeri navigatione properaverat : nec minore

passés à la certitude du succès. On ne vit en lui nulle vanité, nulle arrogance, rien de nouveau en sa nouvelle fortune. Dès que le nuage dont un si grand évènement avait voilé ses yeux fut dissipé, il les harangua militairement. D'heureuses nouvelles affluent de toutes parts. Déjà Mucien, qui n'attendait que ce mouvement, avait fait prêter serment à ses soldats pleins d'allégresse; ensuite, il se rendit au théâtre d'Antioche, où il est d'usage de délibérer, et y prononça une allocution au milieu des transports et des félicitations. Mucien parlait le grec avec grâce et facilité, et, dans tout ce qu'il disait ou faisait, il mettait un certain art. Rien n'enflamma autant le peuple et l'armée que l'assurance donnée par Mucien que Vitellius avait résolu de transférer les légions germaniques en Syrie pour leur procurer un service heureux et tranquille, et, au contraire, de faire passer les légions de Syrie sous le ciel âpre de la Germanie, pays si pénible pour le service; car les habitans habitués à vivre avec les soldats, se plaisaient à ces relations, la plupart même s'étaient liés par l'affection ou par des mariages, et les soldats, par leur longue résidence, chérissaient comme leurs propres pénates les camps où ils trouvaient leurs habitudes et leurs familles.

LXXXI. Avant les ides de juillet, toute la Syrie avait prononcé le serment. Des royaumes et leurs souverains se déclarent pour Vespasien : Sohemus et ses forces, qui n'étaient pas à mépriser; Antiochus, fier encore de son antique puissance, et le plus opulent des rois asservis; bientôt, prévenu par des courriers secrets, et sorti de Rome avant que Vitellius sût rien encore,

animo regina Berenice partes juvabat, florens ætate formaque, et seni quoque Vespasiano magnificentia munerum grata. Quidquid provinciarum adluitur mari, Asia atque Achaia tenus, quantumque introrsus in Pontum et Armenios patescit, juravere : sed inermes legati regebant, nondum additis Cappadociæ legionibus. Consilium de summa rerum Beryti habitum : illuc Mucianus, cum legatis tribunisque, et splendidissimo quoque centurionum ac militum, venit : et e Judaico exercitu lecta decora. Tantum simul peditum equitumque, et æmulantium inter se regum paratus, speciem fortunæ principalis effecerant.

LXXXII. Prima belli cura, agere delectus : revocare veteranos : destinantur validæ civitates exercendis armorum officinis : apud Antiochenses aurum argentumque signatur : eaque cuncta per idoneos ministros, suis quæque locis, festinabantur. Ipse Vespasianus adire, hortari, bonos laude, segnes exemplo, incitare sæpius, quam coercere; vitia magis amicorum, quam virtutes dissimulans. Multos præfecturis et procurationibus; plerosque senatorii ordinis honore percoluit, egregios viros, et mox summa adeptos; quibusdam fortuna pro virtutibus fuit. Donativum militi, neque Mucianus prima concione, nisi modice, ostenderat; ne Vespasianus qui-

Agrippa, par une navigation rapide, arriva en Syrie. La reine Bérénice seconda le parti avec non moins d'ardeur : dans la fleur de l'âge et de la beauté, elle charma même le vieux Vespasien par la magnificence de ses présens. Toutes les provinces que baigne la mer jusqu'à l'Asie, et la Grèce et tout le pays qui s'étend jusqu'au Pont et à l'Arménie, lui jurèrent obéissance ; mais des lieutenans sans armées les gouvernaient. La Cappadoce n'avait pas encore de légions. On tint conseil dans la ville de Béryte sur l'ensemble de ces graves circonstances. Mucien, avec ses lieutenans et ses tribuns, et les plus distingués de ses centurions et soldats, s'y rendit, ainsi que l'élite brillante de l'armée judaïque. Tant d'infanterie et de cavalerie réunies, et cette pompe des rois qui rivalisaient entre eux offrirent tout l'appareil de la grandeur d'un souverain de Rome.

LXXXII. Le premier soin, pour commencer la guerre, fut de faire des levées, de rappeler les vétérans ; des villes fortes furent désignées pour y établir des fabriques d'armes. A Antioche, des monnaies d'or et d'argent furent frappées : toutes ces opérations, conduites chacune en son lieu par des directeurs capables, avancèrent rapidement. Vespasien lui-même vint tout visiter : il exhorte les actifs par la louange, les paresseux par son propre exemple, anime plus souvent qu'il ne réprimande, dissimule les défauts de ses partisans, et fait ressortir leurs qualités. Plusieurs furent élevés à des postes de préfets et de procurateurs, et d'autres à la dignité sénatoriale. C'étaient des personnages de mérite, qui ensuite parvinrent au faîte des honneurs : à quelques-uns, leur fortune tint lieu de vertus. Quant aux

dem plus civili bello obtulit, quam alii in pace : egregie firmus adversus militarem largitionem, eoque exercitu meliore. Missi ad Parthum Armeniumque legati; provisumque, ne, versis ad civile bellum legionibus, terga nudarentur. Titum instare Judææ, Vespasianum obtinere claustra Ægypti placuit : sufficere videbantur adversus Vitellium, pars copiarum, et dux Mucianus, et Vespasiani nomen, ac nihil arduum fatis. Ad omnes exercitus legatosque scriptæ epistolæ, præceptumque, ut prætorianos, Vitellio infensos, reciperandæ militiæ præmio invitarent.

LXXXIII. Mucianus cum expedita manu, socium magis imperii, quam ministrum agens, non lento itinere, ne cunctari videretur, neque tamen properans, gliscere famam ipso spatio sinebat : gnarus, modicas vires sibi, et majora credi de absentibus. Sed legio sexta, et tredecim vexillariorum millia ingenti agmine sequebantur. Classem e Ponto Byzantium adigi jusserat : ambiguus consilii, num, omissa Mœsia, Dyrrachium pedite atque equite, simul longis navibus versum in Italiam mare clauderet, tuta pone tergum Achaia Asiaque :

gratifications pour les soldats, Mucien, dès la première assemblée, n'en fit qu'une légère mention, et Vespasien ne leur offrit pas plus pour cette guerre civile que l'on ne leur donnait durant la paix. Il s'opposa avec une louable fermeté à toutes ces largesses militaires, et son armée n'en valut que mieux. On envoya des députés aux Parthes et aux Arméniens, et l'on pourvut à ce que, pendant que les légions marcheraient en avant pour la guerre civile, les derrières ne restassent pas à découvert. Il fut convenu que Titus poursuivrait la guerre en Judée, que Vespasien occuperait les frontières de l'Égypte. On pensa qu'il suffirait d'avoir, contre Vitellius, seulement une partie des troupes, Mucien pour chef, le nom de Vespasien, et les destins, auxquels rien ne résiste. On écrivit des lettres à toutes les armées, à tous les lieutenans, et on leur recommanda d'attirer les prétoriens disgraciés par Vitellius, en leur offrant la perspective de rentrer dans leurs rangs.

LXXXIII. Mucien, à la tête d'une troupe légère, agissant plutôt comme associé à l'empire que comme ministre de Vespasien, sans trop ralentir sa marche, de peur de paraître irrésolu, et sans toutefois la hâter, laissait ainsi le temps nécessaire pour former et développer la renommée de son parti. Il savait que ses forces étaient médiocres, et que tout grandit dans l'éloignement; toutefois la sixième légion et treize mille vexillaires le suivaient avec un train considérable. Il avait ordonné à la flotte de passer du Pont à Byzance, balançant s'il ne laisserait pas la Mésie de côté pour gagner Dyrrachium avec son infanterie et sa cavalerie, tandis que ses

quas inermes exponi Vitellio, ni præsidiis firmarentur : atque ipsum Vitellium in incerto fore, quam partem Italiæ protegeret, si sibi Brundisium Tarentumque, et Calabriæ Lucaniæque littora infestis classibus peterentur.

LXXXIV. Igitur navium, militum, armorum paratu strepere provinciæ. Sed nihil æque fatigabat, quam pecuniarum conquisitio : eos esse belli civilis nervos, dictitans Mucianus, non jus aut verum in cognitionibus, sed solam magnitudinem opum spectabat : passim delationes; et locupletissimus quisque in prædam correpti : quæ gravia atque intoleranda, sed necessitate armorum excusata, etiam in pace mansere : ipso Vespasiano, inter initia imperii, ad obtinendas iniquitates haud perinde obstinante : donec indulgentia fortunæ et pravis magistris didicit aususque est. Propriis quoque opibus Mucianus bellum juvit, largus privatim, quod avidius de republica sumeret. Ceteri conferendarum pecuniarum exemplum secuti; rarissimus quisque eamdem in reciperando licentiam habuerunt.

LXXXV. Accelerata interim Vespasiani cœpta, Illyrici exercitus studio transgressi in partes. Tertia legio exemplum ceteris Mœsiæ legionibus præbuit. Octava erat ac septima Claudiana, imbutæ favore Othonis,

galères fermeraient la mer tout le long de l'Italie. Par là il assurait derrière lui l'Asie et la Grèce, qui, sans armées, seraient la proie de Vitellius, à moins d'y établir des forts. Ainsi Vitellius lui-même ne saurait quelle partie de l'Italie devrait être plutôt défendue, s'il était menacé à la fois par des flottes ennemies à Brindes et à Tarente, sur les rivages de la Calabre et sur ceux de la Lucanie.

LXXXIV. Les provinces retentissaient donc de préparatifs d'armes, de troupes, de flottes; mais rien ne les fatiguait autant que les demandes d'argent. Mucien disait sans cesse que c'était là le nerf de la guerre civile, et, dans ses exigences, il ne considérait ni l'équité ni le droit, mais seulement l'étendue des fortunes. Les délations naissaient de toutes parts : tout homme opulent était saisi comme une proie. Ces vexations pesantes et intolérables, excusées par les besoins de la guerre, subsistèrent même à la paix; non que Vespasien eût mis, dans les commencemens de son règne, la même ardeur à exercer ces violences, mais bientôt, gâté par la fortune et par des maîtres pervers, il apprit leurs leçons, et il osa. Mucien, de ses propres richesses, soutint la guerre; munificence particulière à payer avec usure par la république. D'autres suivirent son exemple, et fournirent leur argent, mais bien peu purent se récupérer de même que lui.

LXXXV. Cependant les succès de Vespasien furent accélérés par l'empressement de l'armée d'Illyrie à passer dans son parti. La troisième légion donna l'exemple aux autres légions de Mésie : c'étaient la huitième et la septième Claudiana, toutes remplies de zèle pour Othon,

quamvis prœlio non interfuissent Aquileiam progressæ, proturbatis, qui de Othone nuntiabant, laceratisque vexillis nomen *Vitellii* præferentibus, rapta postremo pecunia et inter se divisa, hostiliter egerant. Unde metus, et ex metu consilium : posse imputari Vespasiano, quæ apud Vitellium excusanda erant. Ita tres Mœsicæ legiones per epistolas adliciebant Pannonicum exercitum, aut abnuenti vim parabant. In eo motu Aponius Saturninus, Mœsiæ rector, pessimum facinus audet, misso centurione ad interficiendum Tertium Julianum, septimæ legionis legatum, ob simultates quibus causam partium prætendebat. Julianus, comperto discrimine, et gnaris locorum adscitis, per avia Mœsiæ, ultra montem Hæmum profugit; nec deinde civili bello interfuit, per varias moras susceptum ad Vespasianum iter trahens, et ex nuntiis cunctabundus aut properans.

LXXXVI. At in Pannonia xiii legio ac vii Galbiana, dolorem iramque Bedriacensis pugnæ retinentes, haud cunctanter Vespasiano accessere, vi præcipua Primi Antonii. Is legibus nocens et tempore Neronis falsi damnatus, inter alia belli mala, senatorium ordinem receperaverat. Præpositus a Galba septimæ legioni, scriptitasse Othoni credebatur, ducem se partibus offerens : a quo neglectus, in nullo Othoniani belli usu fuit. La-

quoiqu'elles n'eussent pas pris part à la bataille. Marchant sur Aquilée, elles avaient maltraité ceux qui annonçaient la défaite d'Othon, et déchiré les enseignes qui portaient le nom de Vitellius; enfin elles enlevèrent la caisse militaire, se la partagèrent, et se déclarèrent ainsi en pleine hostilité. De là naquit l'inquiétude, et de l'inquiétude la réflexion qu'il serait possible de faire valoir auprès de Vespasien ce qui, auprès de Vitellius, aurait besoin d'une excuse. Ces trois légions cherchèrent donc à séduire par lettres l'armée de Pannonie, ou, en cas de refus, elles se préparaient à employer la force. Dans ce mouvement, Aponius Saturninus, gouverneur de Mésie, ose se porter à la plus infâme trahison; il envoie un centurion pour assassiner Tertius Julianus, lieutenant de la septième légion, vengeance particulière qu'il couvrait de son zèle pour le parti. Julianus apprend son danger; aidé de guides qui connaissaient le pays, il s'enfuit par les chemins détournés de la Mésie, au delà du mont Hémus : depuis lors, on ne le vit plus dans cette guerre civile ; sous divers prétextes, il ralentissait sa marche vers Vespasien, et, d'après les nouvelles, s'arrêtait ou se hâtait.

LXXXVI. Cependant, en Pannonie, la treizième légion et la septième Galbiana, conservant avec rage et douleur le souvenir de Bédriac, se déclarent sans hésiter pour Vespasien : ce fut particulièrement à l'impulsion de Primus Antonius. Cet homme, coupable devant les lois et condamné pour faux du temps de Néron, avait recouvré son rang de sénateur, et ce fut là une des calamités de ces guerres. Nommé par Galba au commandement de la septième légion, il fut soupçonné d'avoir écrit à Othon

bantibus Vitellii rebus, Vespasianum secutus, grande momentum addidit; strenuus manu, sermone promptus, serendæ in alios invidiæ artifex, discordiis et seditionibus potens, raptor, largitor, pace pessimus, bello non spernendus. Juncti inde Mœsici ac Pannonici exercitus, Dalmaticum militem traxere, quamquam consularibus legatis nihil turbantibus. Titus Ampius Flavianus Pannoniam, Poppæus Silvanus Dalmatiam tenebant, divites senes. Sed procurator aderat Cornelius Fuscus, vigens ætate, claris natalibus : prima juventa, quietis cupidine, senatorium ordinem exuerat : idem pro Galba dux coloniæ suæ, eaque opera procurationem adeptus, susceptis Vespasiani partibus, acerrimam bello facem prætulit; non tam præmiis periculorum, quam ipsis periculis lætus : pro certis et olim partis, nova, ambigua, ancipitia malebat. Igitur movere et quatere, quidquid usquam ægrum foret, adgrediuntur. Scriptæ in Britanniam ad quartadecimanos, in Hispaniam ad primanos epistolæ; quod utraque legio pro Othone, adversa Vitellio fuerat : sparguntur per Gallias litteræ : momentoque temporis flagrabat ingens bellum, Illyricis exercitibus palam desciscentibus, ceteris fortunam secuturis.

pour s'offrir comme chef de son parti. Dédaigné par Othon, il n'eut aucun service dans cette guerre; la fortune de Vitellius chancèle, il suit celle de Vespasien, et y eut une grande influence. Prompt à agir, parlant avec facilité, habile à semer l'envie, acteur puissant dans les discordes et les séditions, pillard et prodigue; exécrable dans la paix, dans la guerre il n'était pas à négliger. Par leur réunion, les armées de Mésie et de Pannonie entraînèrent les soldats de Dalmatie, sans que leurs lieutenans consulaires les eussent excités. Titus Ampius Flavianus gouvernait la Pannonie, Poppéus Silvanus la Dalmatie : riches et vieux, ils avaient pour procurateur Cornelius Fuscus, dans la vigueur de l'âge, d'une naissance illustre. Dans sa première jeunesse, il avait, par amour du repos, quitté le rang de sénateur; ensuite il livra sa colonie à Galba; pour ce service devint procurateur; embrassa le parti de Vespasien; puis attisa avec la plus vive ardeur les feux de la guerre : les récompenses des périls le charmaient bien moins que les périls mêmes; à des biens certains et dès long-temps acquis, il préférait le nouveau, l'incertain, les hasards. Ces trois hommes s'appliquent donc à exciter et à émouvoir tout ce qui était mécontent et indisposé. Des lettres sont envoyées, en Bretagne, à la quatorzième légion; en Espagne, à la première; parce qu'elles avaient été pour Othon contre Vitellius. Des écrits sont répandus dans les Gaules. En un seul moment s'allume une grande guerre : les armées d'Illyrie se déclarent ouvertement en pleine révolte, les autres vont suivre l'évènement.

LXXXVII. Dum hæc per provincias a Vespasiano du cibusque partium geruntur, Vitellius contemptior in dies segniorque, ad omnes municipiorum villarumque amœnitates resistens, gravi urbem agmine petebat. Sexaginta millia armatorum sequebantur, licentia corrupta : calonum numerus amplior; procacissimis etiam inter servos lixarum ingeniis : tot legatorum amicorumque comitatus, inhabilis ad parendum, etiam si summa modestia regeretur. Onerabant multitudinem obvii ex urbe senatores equitesque : quidam metu, multi per adulationem, ceteri ac paullatim omnes, ne, aliis proficiscentibus, ipsi remanerent. Adgregabantur e plebe, flagitiosa per obsequia Vitellio cogniti, scurræ, histriones, aurigæ, quibus ille amicitiarum dehonestamentis mire gaudebat. Nec coloniæ modo, aut municipia, congestu copiarum, sed ipsi cultores arvaque, maturis jam frugibus, ut hostile solum vastabantur.

LXXXVIII. Multæ et atroces inter se militum cædes post seditionem Ticini cœptam : manente legionum auxiliorumque discordia; ubi adversus paganos certandum foret, consensu. Sed plurima strages ad septimum ab urbe lapidem : singulis ibi militibus Vitellius paratos cibos, ut gladiatoriam saginam, dividebat : et effusa ple-

LXXXVII. Tandis que, dans les provinces, Vespasien et les chefs de son parti font ces dispositions, Vitellius, chaque jour plus méprisable et plus indolent, s'arrêtant à goûter tous les plaisirs des municipes et des maisons de plaisance, s'avançait vers Rome avec son pesant cortège. Il était suivi de soixante mille soldats, tous corrompus par la licence ; d'un nombre encore plus considérable de valets d'armée, de vivandiers, l'espèce d'esclaves la plus insolente, d'un cortège prodigieux d'officiers et d'amis du prince incapables d'obéir lors même qu'eût régné la plus sévère discipline? Des sénateurs et des chevaliers venaient ajouter à l'embarras de cette multitude : ils étaient sortis de Rome pour aller à sa rencontre, quelques-uns par crainte, beaucoup par adulation, la plupart et insensiblement tous, pour ne pas rester quand les autres étaient partis. Il vint s'y joindre, sorties de la populace, des troupes de bouffons, d'histrions, de conducteurs de chars, bien connus de Vitellius par leurs infâmes obséquiosités : amitiés déshonorantes auxquelles il se complaisait singulièrement. On pilla non-seulement les colonies et les municipes pour amasser des approvisionnemens, mais même les laboureurs. Leurs champs, dont les moissons étaient en maturité, furent dévastés comme un sol ennemi.

LXXXVIII. Des rixes sanglantes et répétées avaient eu lieu entre les soldats, depuis la sédition de Ticinum. La discorde entre les légions et les auxiliaires subsistait encore ; mais s'agissait-il de s'armer contre les habitans, tous étaient d'accord. La rixe la plus meurtrière eut lieu à sept milles de Rome. Vitellius y faisait distribuer à ses soldats des rations de viandes apprêtées comme

bes totis se castris miscuerat. Incuriosos milites vernacula, ut rebantur, urbanitate, quidam spoliavere, abscisis furtim balteis, an accincti forent, rogitantes. Non tulit ludibrium insolens contumeliæ animus : inermem populum gladiis invasere : cæsus inter alios pater militis, quum filium comitaretur; deinde agnitus; et, vulgata cæde, temperatum ab innoxiis. In urbe tamen trepidatum, præcurrentibus passim militibus. Forum maxime petebant, cupidine visendi locum, in quo Galba jacuisset. Nec minus sævum spectaculum erant ipsi, tergis ferarum et ingentibus telis horrentes, quum turbam populi per inscitiam parum vitarent, aut, ubi lubrico viæ vel occursu alicujus procidissent, ad jurgium, mox ad manus et ferrum transirent. Quin et tribuni præfectique cum terrore et armatorum catervis volitabant.

LXXXIX. Ipse Vitellius, a ponte Milvio, insigni equo, paludatus accinctusque, senatum et populum ante se agens, quominus, ut captam, urbem ingrederetur, amicorum consilio deterritus, sumpta prætexta et composito agmine, incessit. Quatuor legionum aquilæ per frontem, totidemque circa e legionibus aliis vexilla, mox XII alarum signa, et post peditum ordines, eques : dein quatuor et XXX cohortes, ut nomina gentium, aut

pour engraisser des gladiateurs. Des flots de populace s'étaient répandus dans tout le camp. Des gens du peuple, par un badinage qu'ils ne crurent pas déplacé, coupèrent furtivement les baudriers des soldats sans qu'ils s'en aperçussent, et leur demandèrent s'ils avaient des épées. Ces esprits, peu habitués à un affront, s'indignent : ils se précipitent avec le fer sur cette multitude désarmée; on massacra entre autres le père d'un soldat qui accompagnait son fils; il fut reconnu aussitôt, et le bruit de ce meurtre sauva des innocens. Cependant on tremblait à Rome : des soldats devançant l'armée s'y étaient répandus ; ils couraient surtout au forum, dans le désir de voir le lieu où Galba était tombé expirant : ils n'étaient pas eux-mêmes un spectacle moins barbare. Leurs peaux de bêtes sur le dos, et leurs piques énormes, les rendaient effroyables : quand ils heurtaient la foule, qu'ils ne savaient pas éviter, et quand le chemin glissant ou la rencontre d'une personne les faisaient tomber, on éprouvait aussitôt leurs insultes, leurs coups et l'effet de leurs armes; de plus, des tribuns et des préfets avec leurs troupes d'hommes armés, voltigeant çà et là, portaient partout la terreur.

LXXXIX. Vitellius lui-même, parti du pont Milvius, monté sur un magnifique cheval, revêtu du paludamentum, ceint de l'épée, poussant devant lui et le sénat et le peuple, allait entrer dans Rome, comme en une ville prise d'assaut. Les conseils de ses amis l'arrêtèrent : il se couvrit de la prétexte, rangea son armée, et s'avança à pied, les aigles de quatre légions en tête, à leurs côtés les drapeaux de quatre autres légions, ensuite les enseignes de douze ailes de cavalerie, les corps des légionnaires, puis

species armorum forent, discretæ. Ante aquilam præfecti castrorum tribunique et primi centurionum, candida veste : ceteri juxta suam quisque centuriam, armis donisque fulgentes : et militum phaleræ torquesque splendebant : decora facies, et non Vitellio principe dignus exercitus. Sic Capitolium ingressus, atque ibi matrem complexus, Augustæ nomine honoravit.

XC. Postera die, tanquam apud alterius civitatis senatum populumque, magnificam orationem de semetipso prompsit, industriam temperantiamque suam laudibus adtollens; consciis flagitiorum ipsis, qui aderant, omnique Italia, per quam somno et luxu pudendus incesserat. Vulgus tamen, vacuum curis, et sine falsi verique discrimine solitas adulationes edoctum, clamore et vocibus adstrepebat : abnuentique nomen *Augusti*, expressere, ut adsumeret, tam frustra, quam recusaverat.

XCI. Apud civitatem, cuncta interpretantem, funesti ominis loco acceptum est, quod, maximum pontificatum adeptus, Vitellius de cæremoniis publicis xv kalendarum augustarum edixisset, antiquitus infausto die Cremerensi Alliensique cladibus : adeo omnis humani divinique juris expers, pari libertorum amicorumque socor-

la cavalerie; suivaient trente-quatre cohortes, que distinguaient les noms de leurs nations et la variété de leurs armures; devant les aigles marchaient les préfets du camp, les tribuns et les premiers centurions, vêtus de blanc; les autres, chacun près de sa centurie, brillaient de l'éclat de leurs armes et de leurs décorations; les colliers et les insignes des soldats resplendissaient : spectacle magnifique! armée digne d'un autre chef! Ce fut ainsi que Vitellius monta au Capitole; il y reçut les embrassemens de sa mère, et la décora du nom d'Augusta.

XC. Le jour suivant, comme s'il eût été devant le sénat et le peuple d'une cité étrangère, il prononça un superbe éloge de sa propre personne; il osa exalter, dans ses louanges, ses talens et sa tempérance, en présence des témoins mêmes de ses infamies, en présence de toute l'Italie, à travers laquelle il s'était traîné honteusement plongé dans l'engourdissement et la débauche. Toutefois le vulgaire, débarrassé de ses inquiétudes, et formé à l'habitude de l'adulation, sans distinguer jamais le faux et le vrai, répondit par des cris et des acclamations, et le força d'accepter, malgré sa résistance, le nom d'Auguste. Il lui était aussi inutile de le refuser que de le recevoir.

XCI. Dans une ville où tout s'interprète, on regarda comme d'un funeste augure que Vitellius, devenu souverain pontife, eût donné un édit sur le culte public le 15 des kalendes d'Auguste, jour depuis long-temps néfaste par les désastres de Crémère et de l'Allia. Telle était son ignorance de nos usages civils et religieux, telle était également la stupidité de ses affranchis et de ses amis,

dia, velut inter temulentos agebat. Sed comitia consulum cum candidatis civiliter celebrans, omnem infimæ plebis rumorem, in theatro ut spectator, in circo ut fautor, adfectavit : quæ, grata sane et popularia, si a virtutibus proficiscerentur, memoria vitæ prioris, indecora et vilia accipiebantur. Ventitabat in senatum, etiam quum parvis de rebus patres consulerentur. Ac forte Priscus Helvidius, prætor designatus, contra studium ejus censuerat. Commotus primo Vitellius, non tamen ultra quam tribunos plebis in auxilium spretæ potestatis advocavit. Mox, mitigantibus amicis, qui altiorem iracundiam ejus verebantur, nihil novi accidisse, respondit, quod duo senatores in republica dissentirent; solitum se etiam Thraseæ contradicere. Irrisere plerique impudentiam æmulationis : aliis id ipsum placebat, quod neminem ex præpotentibus, sed Thraseam, ad exemplar veræ gloriæ legisset.

XCII. Præposuerat prætorianis P. Sabinum, a præfectura cohortis; Julium Priscum, tum centurionem : Priscus Valentis, Sabinus Cæcinæ gratia pollebant. Inter discordes Vitellio nihil auctoritatis : munia imperii Cæcina ac Valens obibant : olim anxii odiis, quæ, bello et castris male dissimulata, pravitas amicorum, et fecunda gignendis inimicitiis civitas auxerat, dum ambitu, comitatu, et immensis salutantium agminibus contendunt

que ses actions semblaient celles d'un homme qui prend conseil de gens ivres. Toutefois, dans les comices consulaires, il sollicita pour ses candidats comme un simple citoyen. Il se montrait jaloux des suffrages tumultueux de la plus basse populace, au théâtre comme spectateur, au cirque comme soutien d'un des partis. Cette popularité eût été sans doute agréable si elle avait eu des vertus pour principe : le souvenir de sa vie première rendait cette conduite vile et ignoble. Il venait souvent au sénat, lors même que les sénateurs délibéraient des moindres choses. Un jour Priscus Helvidius, désigné préteur, avait opiné contre l'avis qu'il favorisait; Vitellius d'abord en fut choqué; il ne fit toutefois qu'appeler les tribuns du peuple au soutien de son autorité méprisée. Ensuite, comme ses amis cherchaient à l'adoucir, craignant que son ressentiment ne fût plus profond : « Il n'est point nouveau dans l'état, dit-il, que deux sénateurs aient différé d'avis : moi-même j'ai souvent contredit Thraseas. » On rit généralement de l'impudence de ce parallèle. D'autres lui surent gré d'avoir choisi, non pas des hommes puissans, mais Thraseas, pour modèle d'une véritable gloire.

XCII. Il avait donné le commandement des prétoriens à P. Sabinus, ancien préfet de cohorte, et à Julius Priscus, alors centurion. Priscus devait son élévation à la faveur de Valens, Sabinus à celle de Cécina. Vitellius, au centre de leurs dissensions, n'avait nulle autorité : le pouvoir impérial était aux mains de Cécina et de Valens. Depuis long-temps ils étaient tourmentés de leurs haines, mal dissimulées au milieu de la guerre et des camps, mais qu'avaient accrues de perfides amis et le séjour

comparanturque; variis in hunc aut illum Vitellii inclinationibus. Nec unquam satis fida potentia, ubi nimia est. Simul ipsum Vitellium, subitis offensis aut intempestivis blanditiis mutabilem, contemnebant metuebantque. Nec eo segnius invaserant domos, hortos, opesque imperii : quum flebilis et egens nobilium turba, quos ipsos liberosque patriæ Galba reddiderat, nulla principis misericordia juvarentur. Gratum primoribus civitatis, etiam plebes adprobavit, quod reversis ab exilio jura libertorum concessisset : quamquam id omni modo servilia ingenia corrumpebant, abditis pecuniis per occultos aut ambitiosos sinus : et quidam in domum Cæsaris transgressi, atque ipsis dominis potentiores.

XCIII. Sed miles, plenis castris, et redundante multitudine, in porticibus aut delubris, et urbe tota vagus, non principia noscere, non servare vigilias, neque labore firmari : per inlecebras urbis et inhonesta dictu, corpus otio, animum libidinibus imminuebant. Postremo, ne salutis quidem cura, infamibus Vaticani locis magna pars tetendit : unde crebræ in vulgus mortes. Et, adjacente Tiberi, Germanorum Gallorumque obnoxia morbis cor-

de Rome, bien propre à féconder des inimitiés; les intrigans, les courtisans et ces flots d'adulateurs qui font naître les prétentions et les comparaisons. Vitellius penchait tantôt pour l'un, tantôt pour l'autre. La puissance n'est déjà plus assurée dès qu'elle est sans bornes. D'ailleurs Vitellius lui-même passait avec eux des brusqueries et de l'emportement à des caresses sans motifs; aussi ils le méprisaient et le craignaient tour à tour. Ils n'en avaient pas moins rapidement envahi des palais, des jardins, et les richesses de l'empire, tandis qu'une multitude de nobles en pleurs et dans la détresse, que Galba avait rendus avec leurs familles à la patrie, n'obtenaient aucun soulagement de la compassion du prince. Vitellius s'était toutefois rendu agréable aux grands, et avait obtenu l'approbation du peuple en rétablissant les bannis, rappelés d'exil, dans leurs droits de patronage, quoique les fourberies des affranchis sussent éluder cet édit de toutes les manières, en cachant leurs trésors en des mains inconnues ou sous la protection du pouvoir. Quelques-uns même, en passant au service de César, devinrent plus puissans que leurs maîtres.

XCIII. Les soldats, dont le camp regorge et ne peut contenir la multitude excessive, placés sous les portiques ou dans les temples, vaguant dans toute la ville, ne connaissent plus leurs lieux de ralliement, ne montent plus leurs gardes, ne se fortifient plus par les exercices : livrés aux séductions de la ville et à des excès qu'on aurait honte de nommer, ils énervaient leurs corps par l'oisiveté, leurs âmes par les débauches; enfin ils ne prirent pas même soin de leur conservation. Un grand nombre campa dans les par-

pora fluminis aviditas et æstus impatientia labefecit. Insuper confusus, pravitate vel ambitu, ordo militiæ. Sedecim prætoriæ, quatuor urbanæ cohortes scribebantur, quis singula millia inessent. Plus in eo delectu Valens audebat, tanquam ipsum Cæcinam periculo exemisset: sane adventu ejus partes convaluerant, et sinistrum lenti itineris rumorem prospero prœlio verterat : omnisque inferioris Germaniæ miles Valentem adsectabatur : unde primum creditur Cæcinæ fides fluitasse.

XCIV. Ceterum non ita ducibus indulsit Vitellius, ut non plus militi liceret : sibi quisque militiam sumpsere; quamvis indignus, si ita maluerat, urbanæ militiæ adscribebatur : rursus bonis, remanere inter legionarios aut alares volentibus, permissum : nec deerant, qui vellent, fessi morbis, et intemperiem cœli incusantes. Robora tamen legionibus alisque subtracta : convulsum castrorum decus, xx millibus, e toto exercitu, permixtis magis quam electis. Concionante Vitellio, postulantur ad supplicium Asiaticus et Flavius et Rufinus, duces Galliarum, quod pro Vindice bellassent. Nec coercebat ejusmodi voces Vitellius; super insitam inerti animo ignaviam, conscius, sibi instare donativum et deesse

ties malsaines du Vatican ; de là parmi eux de fréquentes mortalités ; et comme le Tibre était proche, un usage immodéré de ses eaux, et les chaleurs, qui leur étaient intolérables, abattirent tout-à-fait chez les Gaulois et les Germains des corps déjà en proie à la maladie. Pour surcroît, la corruption et la brigue mirent la confusion dans les degrés du service. Seize cohortes prétoriennes et quatre urbaines furent formées, chacune composée de mille hommes. Dans ce choix de soldats, Valens voulut être tout-puissant, prétendant que Cécina lui devait son salut. Sans doute l'arrivée de Valens avait rétabli le parti ; les rumeurs sinistres sur la lenteur de sa marche avaient été dissipées par le succès de la bataille, et tous les soldats de la Germanie inférieure lui étaient attachés. On croit que, depuis lors, la foi de Cécina commença de chanceler.

XCIV. Au reste, quelle que fût la faiblesse de Vitellius pour ces chefs, il laissait encore plus de licence aux soldats. Chacun choisit lui-même son service : quelque indigne qu'on en fût, si on le préférait ainsi, on se faisait inscrire dans la milice de la ville. Il fut de nouveau permis aux meilleurs soldats de rester à leur volonté dans les légionnaires ou dans la cavalerie : beaucoup même le désirèrent, se trouvant fatigués par les maladies, et accusant l'intempérie du climat. Toutefois les légions et la cavalerie en perdirent toute leur énergie : l'honneur du prétoire fut détruit par le mélange de vingt mille hommes pris confusément plutôt que choisis dans toute l'armée. Tandis que Vitellius haranguait, les soldats lui demandèrent le supplice d'Asiaticus, de Flavius et de Rufinus, chefs gaulois qui avaient

pecuniam, omnia alia militi largiebatur. Liberti principum, conferre pro numero mancipiorum, ut tributum, jussi. Ipse, sola perdendi cura, stabula aurigis exstruere : circum gladiatorum ferarumque spectaculis opplere : tanquam in summa abundantia, pecuniæ inludere.

XCV. Quin et natalem Vitellii diem Cæcina ac Valens, editis tota urbe vicatim gladiatoribus celebravere, ingenti paratu et ante illum diem insolito. Lætum fœdissimo cuique, apud bonos invidiæ fuit, quod, exstructis in campo Martio aris, inferias Neroni fecisset : cæsæ publice victimæ cremataeque : facem Augustales subdidere : quod sacerdotium, ut Romulus Tatio regi, ita Cæsar Tiberius Juliæ genti, sacravit. Nondum quartus a victoria mensis, et libertus Vitellii, Asiaticus, Polycletos, Patrobios et vetera odiorum nomina æquabat. Nemo in illa aula probitate aut industria certavit : unum ad potentiam iter, prodigis epulis, et sumptu ganeaque satiare inexplebiles Vitellii libidines. Ipse abunde ratus, si præsentibus frueretur, nec in longius consultans, novies millies sestertium, paucissimis mensibus, intervertisse creditur. Magna et misera civitas, eodem anno Otho-

combattu pour Vindex. Vitellius ne réprimait pas de telles clameurs : outre la lâcheté innée en son cœur, comme il sentait le moment de la gratification approcher, et que l'argent lui manquait, il abandonnait au soldat tout le reste. Les affranchis du palais furent soumis à une sorte de contributions d'après le nombre de leurs esclaves. Lui-même, sans autre motif que celui de dissiper, fit élever des écuries pour les conducteurs de chars, multiplia dans le cirque les spectacles de gladiateurs et de bêtes féroces, et, comme au sein d'immenses richesses, il se jouait de l'argent.

XCV. Mais bien plus, Cécina et Valens célébrèrent le jour de la naissance de Vitellius par des spectacles de gladiateurs dans tous les quartiers de Rome, avec un appareil extraordinaire et inconnu jusqu'à ce jour. Ce fut une grande joie pour la plus vile populace, et un scandale pour les gens honnêtes, de voir Vitellius élever dans le champ de Mars des autels pour sacrifier aux mânes de Néron. Des victimes furent immolées publiquement et brûlées sur le bûcher. Les prêtres d'Auguste, une torche à la main, y mirent le feu. Romulus avait fondé un semblable collège de prêtres pour le roi Tatius; à son exemple, l'empereur Tibère avait consacré ce sacerdoce à la famille des Jules. Quatre mois n'étaient pas encore écoulés depuis la victoire, et la haine que déjà s'était attirée l'affranchi de Vitellius, Asiaticus, égalait celle qu'on portait aux Polyclète, aux Patrobius, et à tous ces noms depuis si long-temps voués à l'exécration publique. Personne, dans cette cour, ne rivalisait de probité ou de zèle. Le seul chemin du pouvoir

nem Vitelliumque passa, inter Vinios, Fabios, Icelos, Asiaticos, varia et pudenda sorte agebat; donec successere Mucianus et Marcellus, et magis alii homines, quam alii mores.

XCVI. Prima Vitellio tertiæ legionis defectio nuntiatur, missis ab Aponio Saturnino epistolis, antequam is quoque Vespasiani partibus adgregaretur. Sed neque Aponius cuncta, ut trepidans re subita, perscripserat, et amici adulantes mollius interpretabantur : unius legionis eam seditionem, ceteris exercitibus constare fidem. In hunc modum etiam Vitellius apud milites disseruit, prætorianos nuper exauctoratos insectatus, a quibus falsos rumores dispergi, nec ullum civilis belli metum, adseverabat, suppresso Vespasiani nomine, et vagis per urbem militibus, qui sermones populi coercerent : id præcipuum alimentum famæ erat.

XCVII. Auxilia tamen e Germania Britanniaque et Hispaniis excivit, segniter, et necessitatem dissimulans. Perinde legati provinciæque cunctabantur : Hordeonius

était d'assouvir par des repas somptueux, par des prodigalités, des orgies, les insatiables appétits de Vitellius. Quant à lui, intimement persuadé que c'était bien assez de jouir du présent, il ne portait pas sa pensée plus loin. On dit qu'il engloutit ainsi en très-peu de mois neuf cent millions de sesterces. Cette grande et malheureuse cité fut, la même année, prostituée à un Othon et à un Vitellius, et eut le sort honteux d'être tour-à-tour livrée à des Vinius, à des Fabius, à des Icelus, à des Asiaticus, jusqu'à ce qu'un Mucien et un Marcellus leur succédèrent : c'étaient d'autres hommes et non d'autres mœurs.

XCVI. La première défection annoncée à Vitellius fut celle de la troisième légion : Aponius Saturninus l'en instruisit avant de passer lui-même dans le parti de Vespasien. Mais Aponius, dans le trouble d'un évènement inattendu, ne lui avait pas tout écrit, et les amis de Vitellius, toujours flatteurs, le rassuraient par leurs interprétations. « Cette sédition, disaient-ils, est celle d'une seule légion ; les autres armées sont constantes en leur fidélité. » Vitellius en parla en ces termes aux soldats. Il se plaignit avec aigreur des prétoriens licenciés depuis peu, et auteurs de ces fausses rumeurs, et assura qu'on ne devait nullement craindre la guerre civile. Il supprima le nom de Vespasien, et fit répandre, dans la ville, des soldats pour imposer silence au peuple : c'était donner à la renommée un plus grand aliment.

XCVII. Il fit venir toutefois des renforts de Germanie, de Bretagne et d'Espagne, mais avec lenteur, et en dissimulant leur urgente nécessité. Aussi les lieutenans et les provinces ne se pressaient point. Hordeonius Flac-

Flaccus, suspectis jam Batavis, anxius proprio bello, Vectius Bolanus, nunquam satis quieta Britannia; et uterque ambigui. Neque ex Hispaniis properabatur, nullo tum ibi consulari : trium legionum legati, pares jure, et, prosperis Vitellii rebus, certaturi ad obsequium, adversam ejus fortunam ex æquo detrectabant. In Africa legio cohortesque, delectæ a Clodio Macro, mox a Galba dimissæ, rursus jussu Vitellii militiam cepere : simul cetera juventus dabat impigre nomina : quippe integrum illic ac favorabilem proconsulatum Vitellius, famosum invisumque Vespasianus egerat : perinde, socii de imperio utriusque conjectabant; sed experimentum contra fuit.

XCVIII. Ac primo Valerius Festus, legatus, studia provincialium cum fide juvit : mox nutabat, palam epistolis edictisque Vitellium, occultis nuntiis Vespasianum, fovens, et hæc illave defensurus, prout invaluissent. Deprehensi cum litteris edictisque Vespasiani, per Rhætiam et Gallias, militum et centurionum quidam, ad Vitellium missi, necantur : plures fefellere, fide amicorum, aut suomet astu occultati. Ita Vitellii paratus noscebantur, Vespasiani consiliorum pleraque ignota, primum socordia Vitellii; deinde Pannonicæ Alpes, præsidiis

cus, déjà inquiet des Bataves, craignait une guerre pour lui-même; Vectius Bolanus était dans la Bretagne, pays toujours prêt à la révolte; d'ailleurs, ces deux chefs étaient d'une fidélité équivoque. On ne se hâtait pas davantage en Espagne, où il n'y avait point de consulaire. Les lieutenans des trois légions, égaux en droits, eussent rivalisé d'obséquiosité pour Vitellius dans ses succès : ils voulurent également se soustraire à sa mauvaise fortune. En Afrique, une légion et les cohortes levées par Clodius Macer, ensuite licenciées par Galba, reprirent les armes sur l'ordre de Vitellius. Au même temps, toute la jeunesse du pays s'inscrivait avec ardeur. En effet, le proconsulat de Vitellius lui avait acquis une réputation d'intégrité, tandis que Vespasien s'y était déshonoré et rendu odieux. Les alliés en tiraient des conjectures sur le gouvernement de l'un ou de l'autre; mais l'expérience donna un résultat contraire.

XCVIII. D'abord le lieutenant Valerius Festus seconda avec franchise le zèle de la province; bientôt il chancela : ses lettres et ses édits étaient pour Vitellius, ses dépêches secrètes secondaient Vespasien, et il était prêt à soutenir l'un ou l'autre parti, suivant leurs succès. Quelques centurions et soldats, porteurs de lettres et d'édits de Vespasien, furent saisis dans la Rhétie et dans les Gaules, envoyés à Vitellius et mis à mort; mais un plus grand nombre échappèrent : des amis fidèles ou leur propre habileté les sauvèrent. Les préparatifs de Vitellius étaient connus, la plupart des projets de Vespasien restaient ignorés : ce fut d'abord grâces à l'indolence stupide de Vitellius; ensuite les Alpes

insessæ, nuntios retinebant : mare quoque Etesiarum flatu in Orientem navigantibus secundum, inde adversum erat.

XCIX. Tandem, irruptione hostium, atrocibus undique nuntiis exterritus, Cæcinam et Valentem expedire ad bellum jubet. Præmissus Cæcina; Valentem, e gravi corporis morbo tum primum adsurgentem, infirmitas tardabat. Longe alia proficiscentis ex urbe Germanici exercitus species : non vigor corporibus, non ardor animis : lentum et rarum agmen, fluxa arma, segnes equi : impatiens solis, pulveris, tempestatum : quantumque hebes ad sustinendum laborem miles, tanto ad discordias promptior. Accedebat huc Cæcinæ ambitio vetus, torpor recens, nimia fortunæ indulgentia soluti in luxum; seu perfidiam meditato, infringere exercitus virtutem, inter artes erat. Credidere plerique, Flavii Sabini consiliis concussam Cæcinæ mentem, ministro sermonum Rubrio Gallo, rata apud Vespasianum fore pacta transitionis : simul odiorum invidiæque erga Fabium Valentem admonebatur, ut impar apud Vitellium, gratiam viresque apud novum principem pararet.

C. Cæcina complexu Vitellii multo cum honore digressus, partem equitum ad occupandam Cremonam præ-

de Pannonie étaient couvertes de garnisons qui fermaient le passage aux courriers, et la mer, où soufflaient les vents Étésiens, favorable pour passer en Orient, était contraire pour en revenir.

XCIX. Enfin, épouvanté de l'irruption des ennemis et des nouvelles sinistres qui venaient de toutes parts, Vitellius ordonne à Cécina et à Valens de hâter leurs préparatifs de guerre. Cécina est envoyé en avant; Valens, relevant alors d'une grave maladie, était retenu par sa faiblesse. Combien fut différent l'aspect de l'armée Germanique à son départ de Rome : des corps sans vigueur, des âmes sans énergie, une troupe éparse s'avançant lentement, tenant à peine ses armes; des chevaux sans ardeur; des soldats ne sachant supporter ni le soleil, ni la poussière, ni les intempéries, et d'autant plus disposés à l'insubordination qu'ils étaient moins capables de soutenir la fatigue. Ajoutez à cela l'ancienne ambition de Cécina, sa torpeur présente, les faveurs trop grandes de la fortune, qui l'avait énervé dans le luxe : peut-être, méditant une trahison, entrait-il dans ses vues artificieuses de détruire l'énergie de l'armée? On a cru que sa fidélité fut ébranlée par les instigations de Flavius Sabinus, et que Rubrius Gallus se chargea de le déterminer en l'assurant que Vespasien ratifierait toutes les conditions du traité; rappelant en même temps sa haine et sa jalousie contre Valens, il lui offrait auprès du nouveau prince une faveur et une puissance dont Vitellius ne lui laissait qu'une indigne part.

C. Cécina quitta, en l'embrassant, Vitellius, qui le combla d'honneurs : il envoya en avant une partie de sa cava-

misit. Mox vexilla quartædecimæ et sextædecimæ legionum; dein quinta et duodevicesima secutæ; postremo agmine unaetvicesima Rapax et prima Italica incessere, cum vexillariis trium Britannicarum legionum et electis auxiliis. Profecto Cæcina, scripsit Fabius Valens exercitui, quem ipse ductaverat, ut in itinere opperiretur; sic sibi cum Cæcina convenisse : qui præsens, eoque validior, immutatum id consilium finxit, ut ingruenti bello tota mole occurreretur. Ita accelerare legiones Cremonam, pars Hostiliam petere jussæ : ipse Ravennam devertit, prætexto classem adloquendi : mox Patavii secretum componendæ proditionis quæsitum. Namque Lucilius Bassus, post præfecturam alæ, Ravennati simul ac Misenensi classibus a Vitellio præpositus, quod non statim præfecturam prætorii adeptus foret, iniquam iracundiam flagitiosa perfidia ulciscebatur : nec sciri potest, traxeritne Cæcinam, an, quod evenit inter malos, ut et similes sunt, eadem illos pravitas impulerit.

CI. Scriptores temporum, qui, potiente rerum Flavia domo, monumenta belli hujusce composuerunt, curam pacis et amorem reipublicæ, corruptas in adulationem causas, tradidere. Nobis, super insitam levitatem, et, prodito Galba, vilem mox fidem, æmulatione etiam invidiaque, ne ab aliis apud Vitellium anteirentur, perver-

lerie occuper Crémone ; ensuite s'avancèrent les vexillaires des quatorzième et seizième légions, puis la cinquième et la dix-huitième, et enfin la vingt-et-unième Rapax et la première Italique, avec les vexillaires des trois légions britanniques et des auxiliaires d'élite. Après le départ de Cécina, Valens écrivit aux troupes qu'il avait commandées en personne, de s'arrêter pour l'attendre, que Cécina et lui en étaient ainsi convenus. Cécina, présent, et par conséquent plus influent, dit que ce projet avait été changé afin de se montrer, au début de la guerre, avec toute la masse des troupes. Les légions eurent donc ordre d'accélérer leur marche, une partie vers Crémone, une autre vers Hostilie ; et, quant à lui, il se détourna vers Ravenne, sous le prétexte de s'aboucher avec la flotte. Puis il gagna secrètement Padoue, afin de tout disposer pour sa trahison avec Lucilius Bassus : celui-ci, après avoir été préfet de cavalerie, avait reçu de Vitellius le commandement des flottes de Ravenne et de Misène ; mais n'ayant pas aussitôt obtenu la préfecture du prétoire, il voulait satisfaire son injuste ressentiment par une honteuse perfidie. On n'a pu savoir si ce fut lui qui entraîna Cécina, ou, ainsi qu'il arrive entre méchans, comme ils se ressemblent, si une même perversité ne les poussa pas au même but.

CI. Les écrivains de ces temps qui, lorsque la maison des Flavius fut maîtresse de l'État, ont retracé les évènemens de cette guerre, lui ont donné pour prétexte le désir de la paix et l'amour de la république ; l'adulation corrompit leur langage. Pour nous, outre la légèreté naturelle de ces chefs, outre leur foi déjà avilie par leur trahison envers Galba, il nous semble qu'ils furent ani-

tisse ipsum videntur. Cæcina, legiones adsecutus, centurionum militumque animos, obstinatos pro Vitellio, variis artibus subruebat : Basso eadem molienti minor difficultas erat, lubrica ad mutandam fidem classe, ob memoriam recentis pro Othone militiæ.

més par l'ambition et la jalousie; pour qu'il n'y eût point d'autres qu'eux dans la faveur de Vitellius, ils l'ont précipité lui-même. Cécina, ayant rejoint ses légions, travailla, par divers artifices, à ébranler la fidélité des centurions et des soldats dévoués à Vitellius. Bassus, dans la même tentative, éprouva moins de difficulté : la flotte était disposée à changer de maître par le souvenir des combats qu'elle venait de livrer pour Othon.

NOTES.

LIVRE PREMIER.

Cap. 1. *Initium mihi operis.* Tacite avait déjà composé la *Vie d'Agricola*, son beau-père, et les *Mœurs des Germains,* quand il entreprit l'histoire des Romains, depuis la mort de Néron jusqu'à celle de Domitien. Sa narration, qui commence au temps où il était sorti de l'enfance, comprenait vingt-huit années très-fertiles en évènemens; mais ce qui nous en reste ne comprend que ceux d'une année et une partie de la suivante.

Galba iterum. Galba ayant déjà été consul, il y avait quarante-sept ans, l'était alors pour la seconde fois. Vinius l'était pour la première. Galba était en Espagne lors de la mort de Néron, arrivée le 11 juin, l'an de Rome 821, et de J.-C. 68, et avait été dès ce moment reconnu empereur par le sénat; il fut tué le 15 janvier de l'année suivante, quinze jours après avoir pris possession du consulat avec Vinius.

T. Vinius. Le manuscrit de Bude porte *Titus Junius;* et c'est ainsi qu'on l'appelle ordinairement. La même leçon se trouve dans Suétone, *Aug.* 27, où on lit *T. Junius Philopœmen,* ou *Vinius,* d'après Dion, XLVII, 4, quoique le texte d'Appien, liv. IV, 44, confirme la leçon commune. Mais nous avons cru devoir suivre l'inscription suivante, trouvée sur un ancien marbre au pied du mont Cœlius : SER. GALBA. II. T. VINIO. COSS., avec laquelle s'accorde d'ailleurs Plutarque, qui nomme ce consul Τίτον Ὀβίνιον ou Οὐίνιον.

Octingentos et viginti prioris ævi annos. Tacite met le nombre 820 au lieu de 821. *Prioris ævi,* dit M. Burnouf, ainsi que Ferlet, désigne tout le temps qui s'est écoulé depuis la fondation de

Rome jusqu'à l'époque où il commence son histoire. Ce temps se divise en deux parts : les 723 ans qui ont précédé la bataille d'Actium, et pendant lesquels l'histoire fut celle du peuple romain et non de ses maîtres (*res populi Romani memorabantur*), et les années qui séparent cette bataille du deuxième consulat de Galba.

Pari eloquentia ac libertate. Nous pensons qu'il fait ici allusion à Salluste et à Tite-Live.

Omnem potestatem ad unum. Il importa, il fut nécessaire pour la paix publique, le repos de la cité, de réunir sur une seule tête toutes les magistratures, tous les pouvoirs qui étaient divisés sous la république : « On voit, dit Ferlet, que Tacite convient qu'un chef unique pouvait seul donner la paix à l'État. C'était convenir que la république ne pouvait plus subsister, et que la nature des choses la réprouvait. »

Simul veritas pluribus modis infracta. M. Burnouf a traduit : *Plusieurs causes d'ailleurs altérèrent la vérité.* Tacite dit : *Que la vérité fut outragée de plusieurs manières ;* ce qui n'est pas, je crois, la même chose.

Ita neutris cura posteritatis. M. Burnouf a traduit : *Tous oubliaient également la postérité.* Peut-on *oublier* une chose *à venir ?* Tacite m'a semblé vouloir dire : *Ils n'avaient aucun souci, aucune pensée de la postérité.*

Primum inscitia reipublicæ, ut alienæ. La traduction de M. Burnouf porte : « *D'abord l'ignorance d'intérêts politiques où l'on n'avait plus de part.* » Ce ne peut être là le sens de Tacite. L'historien a voulu, selon nous, exprimer le *défaut d'habitude*, chez les Romains du temps d'Octave, plutôt que *l'ignorance d'intérêts politiques ;* car les Romains, tombés nouvellement sous son joug, n'avaient pas encore eu le temps de se ployer aux formes de son gouvernement, qui devait ainsi leur paraître *étranger*, *alienum*.

Obnoxios. Obnoxii, selon M. Burnouf, signifie *dépendans*. Je pense qu'il signifie plus que cela : il a ici et dans bien d'autres auteurs, dans Plaute, dans Pline, etc., le sens de soumis, de dévoués, de serviles. « *Obnoxii*, dit très-bien Ferlet, signifie ordinairement dans Tacite, des gens esclaves et bas valets de ceux à qui ils veulent plaire. » C'est donc l'opposé d'*infensi*.

Vespasiano inchoatam. Juste-Lipse pense que c'est en effet

Vespasien qui a commencé par élever Tacite aux honneurs, en le faisant questeur et sénateur. Il est constant, selon Brotier, qu'il fut créé vigintivir sous Vespasien, tribun militaire et questeur sous Titus. « On conjecture, dit M. Dureau-Delamalle, que Tacite obtint le vigintivirat sous Vespasien ; sous Titus, le tribunat militaire et la questure ; et sous Domitien, le sacerdoce quindécimviral et la préture. » Il atteste lui-même (*Annal*. II, 11,) que, sous Domitien, il fut quindécemvir et préteur.

Sed incorruptam fidem professis.... M. Burnouf : *Mais un historien qui se consacre à la vérité...* N'est-ce pas s'écarter du sens de Tacite que de traduire ainsi *incorruptam fidem professis*. De plus, dit-on *se consacrer à la vérité*, comme l'on dit *se consacrer à l'étude des sciences ?* On peut se consacrer à la recherche de la vérité, mais je ne sache pas qu'on dise *se consacrer à la vérité*. J'ai cru devoir traduire : « quiconque *professe* un amour inaltérable pour la vérité. »

Divi Nervæ. On ne donnait, comme le remarque Ferlet, le titre de *Divus* à un empereur qu'après sa mort, lorsqu'il avait reçu les honneurs de l'apothéose. « Je sens que je deviens Dieu », disait plaisamment Vespasien sur le point de mourir. De là, Juste-Lipse conclut avec raison que Tacite écrivit ses Histoires après la mort et l'apothéose de Nerva.

CAP. II. *Opus adgredior..... ipsa etiam pace sævum.* M. Burnouf : *J'aborde une époque.... cruelle même durant la paix.* Tacite dit : *Opus aggredior*, qui ne signifie pas *une époque*. Mais d'ailleurs peut-on dire *aborder une époque ?* une époque peut-elle être cruelle même dans la paix ? J'ai traduit : J'entreprends un récit..... *Opus* signifie un travail, un ouvrage...

Opimum casibus. Cette leçon est fondée sur l'autorité du manuscrit du Vatican, le meilleur de tous, et sur la plus ancienne édition de Rome. Celui d'Agr. présente aussi *opimum casibus*, et Pichena l'a suivi dans l'édition *princeps*. Nous nous sommes donc bien gardés de rejeter cette leçon. C'est ainsi que Tite-Live, l. III, c. 7, a dit élégamment : *ager opimus copiis*.

Ipsa etiam pace sævum. A cause des délateurs.

Quatuor principes. Galba, Othon, Vitellius, Domitien. Tacite conduit en effet son histoire jusqu'à la mort de ce dernier. Il ne faut donc pas mettre Pison de ce nombre, qui n'était encore que César.

Trina bella civilia. Celles d'Othon contre Vitellius, de celui-ci contre Flavius, et de L. Antoine contre Domitien, dont font mention Suétone et Dion. Juste-Lipse lit *tria*, mais les manuscrits du roi, n° 6118, de Florence, de Bude, de Guelfe et l'édition *princeps* ont *terna*.

Permixta. Des guerres civiles et étrangères en même temps, comme celle de *Civilis*, liv. IV.

Missa. « J'ai corrigé, dit Juste-Lipse, cette phrase (en mettant *amissa* pour *missa*); et ce n'est point m'écarter de l'histoire, puisqu'elle nous apprend que la Bretagne fut soumise, ce qui arriva sous l'empire de Domitien; que notre auteur dans la vie d'Agricola, son beau-père, lui donne cette louange, au chap. X : *Britanniæ situm non in comparationem curæ ingeniique referam, sed quia tum primum perdomita est;* et que bientôt par la lâcheté ou la dissension des chefs, elle fut en partie perdue, *amissa*, ou, si l'on aime mieux, *omissa* : ce que je crois vrai pour les dernières années du règne de Domitien, qui alors s'occupait peu d'une domination étrangère. De plus, Spartien, chap. V, dit au commencement de l'empire d'Hadrien : *teneri Britanniam sub Romana ditione non potuisse;* et ajoute, chap. XI, que ce même prince pénétra dans la Bretagne, sans pouvoir toutefois la subjuguer en entier, mais que *per octoginta quinque millia passuum murum duxisse, qui Barbaros Romanosque divideret;* mur dont fait aussi mention Dion, dans la vie de Commode, 72, 8. Il existe une autre muraille ou plutôt un rempart que l'empereur Sévère fit construire dans une longueur de 35,000 pas, comme dit Eutrope 8, 19; ou de 32,000, selon Victor, *Épit.* 20. Beda 1, 5, en parle assez au long et pertinemment. » « Chacun convient, dit Ernesti, que Juste-Lipse a corrigé ce passage avec justesse; si ce n'est que Savilius, Mercier, Ryckius, J. Gronovius, veulent que l'on conserve le mot *missa*, parce que la Bretagne n'a pas été perdue, *amissa*, mais seulement négligée, *neglecta*. Ce qu'a bien senti Juste-Lipse lui-même, et ce qui lui a fait dire qu'on pouvait aussi lire *omissa*, comme aux Annales, VI, 36 : *Armenia omissa*, mais *missa* est la même chose. C'est pourquoi Pichena, qui le premier a admis la correction de Juste-Lipse, devait commencer par établir ce que portaient tous les manuscrits et les premières éditions; c'est ce que nous avons fait avec Rickius et J. Gronovius. » D'après l'opinion motivée de ces savans, nous avons cru devoir aussi conserver *missa.*

Haustæ aut obrutæ urbes. Il s'agit ici des villes d'Herculanum et de Pompeii, voisines de Naples, qui ont été englouties ou ensevelies sous les cendres du Vésuve dans l'éruption qui eut lieu sous Titus, l'an 79 de notre ère. C'est dans ce désastre épouvantable que périt Pline, ce grand historien de la nature. Pline le jeune, son neveu, en a donné une description très-intéressante, dans les lettres 16 et 20 du livre VI. Stace, Sylv. IV, l. IV, v. 81, et Plutarque, au chap. 42, de ce qui avait été révélé à Thespé, en font aussi mention. Les rues de ces villes pavées de lave, prouvent que cette éruption n'était pas la première, ce qui explique *post longam sæculorum seriem repetitis.* Voy. Winckelmann et Hamilton. On sait que ces deux villes ont été exhumées de nos jours, et qu'on y a retrouvé, outre un grand nombre de manuscrits, une multitude de monumens, d'objets, qui font connaître, mieux que toutes les descriptions des auteurs anciens, les usages domestiques et les mœurs de la vie civile dans l'antiquité.

Incendiis. Ces incendies doivent s'entendre de celui du Capitole qui fut consumé par les flammes, sous Vitellius (*Hist.*, III, 71), et de l'incendie de Rome, sous Titus, lequel dura trois jours, et réduisit en cendres un grand nombre d'édifices profanes et sacrés. *Voyez* Dion LXV, 17, et LXVI, 24.

Pollutæ cærimoniæ. Par l'inceste de quelques vestales qui avaient profané les saintes cérémonies de Vesta, en rompant leur vœu de chasteté, et qui en furent punies par Domitien. Outre les historiens, Stace y fait aussi allusion, lorsqu'il représente ce prince se repaissant les yeux de leur supplice, Silv. I, l. I, v. 35 :

...... An tacita vigilet face Troicus ignis,
Atque exploratas jam laudet Vesta ministras.

Tacite met cette profanation au nombre des malheurs effroyables dont il fait la description ou plutôt qu'il annonce.

Magna adulteria. Des hommes et des femmes des plus illustres familles se déshonorant par des adultères éclatans et scandaleux.

Infecti cædibus scopuli. Des écueils, des rochers déserts, comme ceux de Sériphe et de Gyare, où l'on jetait de malheureux exilés, et où l'on envoyait ensuite des meurtriers pour les y mettre à mort, ainsi qu'on le voit dans les *Annales,* de notre auteur.

Atrocius in urbe sævitum. Quoiqu'on exerçât de grandes cruautés, et qu'on multipliât les meurtres dans les îles désertes et dans les provinces éloignées, la barbarie alla encore bien plus loin dans Rome.

Et ob virtutes certissimum exitium. M. Burnouf : *Et la vertu devenue le plus irrémissible de tous* (*les crimes*). Tacite ne dit point, et personne n'a jamais pu dire que la vertu fût un crime. Un crime peut être irrémissible, et entraîner toute autre peine que la mort. Ce n'était pas ici, je crois, le lieu de prendre la cause pour l'effet. J'ai traduit : *La mort, partage infaillible des vertus.*

Procurationes. Les places de procurateurs, qui administraient dans les provinces les biens et les revenus que les empereurs y avaient, et qui, de simples régisseurs ou intendans particuliers du prince qu'ils étaient dans l'origine, en étaient devenus les gouverneurs.

Interiorem potentiam. Le pouvoir des favoris des princes qui s'exerçait dans l'intérieur du palais, par opposition, comme le remarque M. Burnouf, à celui des procurateurs qui s'exerçait au dehors et au loin. Tel était celui de Mécène sous Auguste, de Salluste sous Tibère, et d'une foule de vils affranchis sous les empereurs suivans.

Agerent, ferrent cuncta. Quelques-uns, dit M. Burnouf, joignent à ces mots les suivans : *odio et terrore.* C'est à tort : *agere, ferre,* est une locution presque proverbiale, qui signifie : *disposer de tout en maître, tout conduire, tout bouleverser,* et qui n'a pas besoin de complément indirect. Primitivement elle signifiait *piller.* Elle vient de ce qu'en pillant, on emmenait (*agebant*) les animaux et les hommes, on emportait (*ferebant*) les denrées et les meubles. Ces raisons me font préférer, avec Gronovius et M. Dureau-Delamalle, *agerent, ferrent,* à la leçon *agerent, verterent,* suivie par Oberlin et admise dans l'édition de M. Lemaire. Les mots *agunt feruntque cuncta* se retrouvent dans le même sens qu'ici, *Dial. de Orat.* 11.

Odio et terrore. Les esclaves ou domestiques sont en effet facilement corrompus par la crainte, *terrore*, ou par la haine naturelle qu'ils portent à leur maître, *odio*; deux mobiles puissans pour les trahir et les perdre. Juste-Lipse croit que par le mot *odio*, Tacite entend son aversion personnelle, et par celui de *terrore*, l'effroi de Domitien, parce que ce prince se servit d'ordinaire des délations et des menées de ses esclaves ; et que Pline le Jeune le donne à entendre dans son panégyrique de Trajan, chap. 42 : *Non enim jam servi principis nostri amici, sed nos sumus; nec pater patriæ alienis se mancipiis cariorem, quam civibus suis, credit. Omnes accusatore domestico liberasti; unoque salutis publicæ signo, illud, ut sic dicam, servile bellum sustulisti.* Gronovius pense de même.

Cap. III. *Supremæ.... necessitates.* Ces mots ne signifient point, comme le croit J.-J. Rousseau et quelques autres, les malheurs, les adversités de la vie, encore moins les nécessités, l'extrême indigence, comme le prétend Ferlet : ils signifient la mort, nommée aussi *supremæ necessitatis*, ci-dessous LXXII, et *ultimam necessitatem*, *Annales* XV, 61, ainsi que le remarque M. Burnouf. Toutefois ils disent ici quelque chose de plus que *mortes*. Car il n'y a en soi aucun mérite à être forcé de mourir ; Tigellin le fut, et c'était un lâche. Tacite entend ici une mort non méritée, attendue avec constance, et que l'on décore volontiers, d'après l'admiration qu'elle inspire, du beau nom de mort héroïque, comme Sénèque en a donné l'exemple, XV, 16.

Justis indiciis. « Avec Ryckius et J. Gronovius, j'ai mis, dit Ernesti, *indiciis* déjà indiqué par Gruter, d'après la première édition, et qui se trouve aussi dans les manuscrits de Florence, d'Agr., de Guelf., et dans les éditions de Putéol. et de Beroald. Le mot *judiciis* s'est glissé dans celle de Rhenanus ; mais, sans contredit, c'est une faute typographique, qui s'est propagée dans toutes, par la négligence des éditeurs qui ont suivi, lors même qu'ils pouvaient la reconnaître, sans avoir besoin de consulter aucun livre. » « Si, au lieu de *judiciis*, dit M. Burnouf, qui, ainsi que J.-J. Rousseau, M. Durcau-Delamalle et Ferlet, préfère cette leçon, on veut lire *indiciis*, avec beaucoup d'éditeurs, ce dernier mot signifiera *la manifestation de la puissance et de la volonté divine*, et le sens restera le même. Il semble toutefois que l'épithète *justis* convient mieux à *judiciis* qu'à *indiciis*. Les manuscrits étant altérés en cet endroit, il est permis de choisir. Celui de la Biblioth. du Roi, n° 6118, porte *magis vetustis indiciis*, leçon évidemment corrompue. » C'est celle du manuscrit de Bude et de l'édition de Rome. Oberlin lit *magisve justis indiciis* : nous avons traduit d'après cette leçon. Comparez aussi ce que dit Arntzen, sur le Panégyrique de Pline, ch. 3.

Non esse curæ, etc. : littéralement, que les dieux ne s'occupaient point de notre sécurité, de nous protéger, mais de leur vengeance, de notre châtiment; en appliquant le mot *nostram*, non à tout l'empire romain, mais à Rome, qui semblait alors par sa corruption et sa servilité, mériter son sort. Juste-Lipse se récrie ici sur la prétendue impiété de Tacite ; mais plusieurs autres éditeurs le justifient de ce reproche. L'idée au reste qui en fait l'objet, se retrouve dans ce passage de Lucain, *Phars.* IV, 107 :

> Felix Roma quidem, civesque habitura beatos,
> Si libertatis superis tam cura placeret,
> Quam vindicta placet!.....

M. Burnouf a rendu : *Non esse curæ deis securitatem nostram, esse ultionem*, par : *Si les dieux ne veillent pas à notre sécurité, ils prennent soin de notre vengeance.* Version toute contraire à la nôtre, et qui m'a semblé éloignée du sens de Tacite. Le lecteur décidera.

CAP. IV. *Urbanum militem.* Pichena a rétabli ainsi le texte, d'après le manuscrit de Florence, tandis que Rhenanus, d'après celui de Bude, avait fait deux fois *apud* de *aut*. Le manuscrit de Guelfe et les éditeurs avant *Rhenanus* sont d'accord avec le manuscrit de Florence. Les mots *urbanum militem* sont pris ici d'une manière générale, et comprennent les différentes milices qui résidaient habituellement à Rome, sous les noms de *Prætorii*, d'*Urbani*, de *Vigiles*. Car, indépendamment des cohortes prétoriennes, Auguste en avait établi trois autres (*Annal.* IV, 5), plus spécialement destinées à la garde de la ville, et qui pour cela s'appelaient *Urbanæ*. De plus, il avait formé, sous le nom de *Vigiles* (*Suét.*, Aug. 30; *Dion*, LV, 26), une espèce de guet composé de sept cohortes, dont l'emploi particulier était de faire des rondes pendant la nuit, afin d'empêcher ou d'éteindre les incendies, et de protéger les citoyens contre les vols et les meurtres.

Principem alibi quam Romœ fieri. Telle était en effet anciennement l'opinion : *Rem mali exempli esse, imperatores legi ab exercitibus, et solemne auspicatorum comitiorum in castra et provincias, procul ab legibus magistratibusque, ad militarem temeritatem transferri,* comme l'observe très-bien Tite-Live, XXVI, 2. C'était donc un des secrets de l'empire, c'est-à-dire un de ses moyens politiques et adroits pour le conserver et le défendre; Rome étant le siège de l'empire, devait être aussi la résidence de l'empereur. Galba, nommé par ses soldats, est le premier qui ait été élevé à l'empire hors de Rome. Quoique le suffrage libre du sénat, qui était, dit Ferlet, le seul corps représentatif du peuple romain, eût légitimé cette élection, lorsque Galba était encore en Espagne, ce n'était pas moins dire aux autres armées : *Vous en pouvez faire autant;* comme elles firent.

Usurpata statim libertate. Usurpare signifie se mettre en possession, reprendre l'usage de ce qui a été ravi, et est pris ici en bonne part, par conséquent; mais il n'est point composé de *usu capere,* comme le croit Ferlet avec bien d'autres : il a été formé par contraction de *usum rapere.* Le sénat se remit en effet alors en possession de son ancienne autorité, et se déclara de nouveau, ainsi que le remarque le même critique, unique et légitime souverain, avec d'autant plus de confiance qu'il avait affaire à un prince, non-seulement nouveau, non-seulement absent, comme le dit Tacite, mais encore revêtu par lui, et préférablement à tout autre, du pouvoir exécutif, en quoi consistait la prérogative impériale. Sur deux médailles de Galba, frappées à Alexandrie, on voit au revers la liberté debout, vêtue de la *stola,* tenant une couronne de la main droite et la haste pure de la gauche, le coude gauche appuyé sur une colonne, avec le mot ΕΛΕΥΘΕΡΙΑ pour inscription. *Voyez* MIONNET, *Descr. de méd.,* tom. VI, p. 74 et 75, n⁰ˢ 256 et 267.

CAP. V. *Arte magis et impulsu.* Par les artifices et l'impulsion de Nymphidius, préfet du prétoire, qui avait persuadé à Néron qu'il était abandonné par les prétoriens, et aux prétoriens qu'ils étaient abandonnés par Néron, qu'il s'était enfui en Égypte : ce qui détermina leur défection, et porta le sénat à rendre ce sénatus-consulte, qui condamnait un empereur à périr du supplice des esclaves.

Donativum. Le don militaire, la gratification faite aux soldats par les empereurs : Nymphidius, suivant Plutarque, *Vie de Galba*, avait promis, au nom de Galba, 7,500 drachmes à chaque prétorien, et 1250 à chacun des autres soldats, somme si exorbitante, que tous les trésors de l'empire auraient eu peine à l'acquitter. Les prétoriens abandonnèrent Néron, dans l'espoir de recevoir ce salaire de son successeur ; ils mirent à mort Galba, parce qu'ils ne le reçurent point. Dès lors, l'empire fut à l'encan.

In ipso conatu. Après la mort de Néron, Nymphidius, devenu seul chef de la terrible milice des prétoriens, se croyant sûr d'être proclamé par eux empereur, arriva au camp, tenant à la main une harangue de remerciemens. Mais un tribun militaire, éloquent et vertueux, étant parvenu enfin à faire rougir l'armée de son indigne choix, au lieu de l'empire, ce vil bâtard d'une prostituée reçut la mort. *Voy.* PLUTARQUE, *Vie de Galba*, et CREVIER.

Laudata olim et militari fama celebrata. M. Burnouf : « *Sa sévérité, célébrée jadis dans les camps par tous les éloges de la renommée,* etc. » Sans prétendre provoquer de parallèle, nous rétablissons ici notre version : « *Sa sévérité, louée jadis, et qui lui avait mérité une réputation dans les camps,* etc. »

Galbæ vox pro republica honesta. Un mot de Galba, qui faisait honneur à son amour pour la république, pour le bien public. « Sous la république, dit très-bien Ferlet, les consuls et consulaires commandaient les armées composées de citoyens choisis par eux et payés par l'état. Les empereurs qui leur succédèrent, quoique, dans le fond, ils ne fussent que les généraux permanens des troupes de l'état, comme le nom même d'*imperator* l'indique, les levaient en leur nom, les payaient de leurs deniers, se les attachaient par des gratifications, faisant de cette espèce de propriété usurpée le fondement et le soutien de leur puissance. Refuser, comme fait ici Galba, de faire des présens aux soldats, déclarer qu'il les veut choisir, comme on faisait autrefois, et non pas les acheter, comme on faisait depuis, c'était avouer un gouvernement et des principes républicains; c'était annoncer qu'il ne reconnaissait d'autre régime que l'ancien, et qu'il voulait se conduire en conséquence. Mais Galba s'exposait beaucoup, en irritant, par un refus, des soldats de qui dépendait en quelque sorte la vie des empereurs; et nous allons voir en effet que ce fut ce qui le perdit. Il aurait du moins fallu qu'il soutînt cette fermeté de propos, par une fermeté de conduite qui le fît respecter, et c'est ce qu'il ne fit pas. »

Legi a se militem.

> Mais il a mieux aimé hautement protester
> Qu'il savait les choisir, et non les acheter.
>
> Corn., *Othon*, act. iv, sc. 2.

Allusion, dans Tacite et dans Corneille, à la manière dont les *légionnaires* étaient choisis, levés et enrôlés du temps de la république. Le consul, comme on le voit dans Polybe, après avoir convoqué tous les citoyens de l'âge militaire, les appelait du haut de son tribunal, et l'on *choisissait* parmi eux les plus propres au service. C'est de cette *élection*, de ce *choix*, que vient le nom de *legio*.

Accessit Galbæ vox pro republica honesta, ipsi anceps, legi a se militem, non emi. M. Burnouf a traduit ainsi ce passage : « *Ajoutons ce que dit Galba : « Qu'il choisissait les soldats et ne les achetait point : »* parole qui honorait *ses principes politiques aux dépens de sa sûreté.* » Version élégante sans doute : il nous a semblé plus littéral, et peut-être plus dans le sens de Tacite, de traduire : « *Ils apprirent un mot de Galba, honorable à la république, dangereux pour lui-même : « Qu'il voulait choisir ses soldats, non les acheter. »*

Cap. vi. *Oneratum.* C'est ainsi qu'on lit dans les manuscrits de Florence, de Guelfe, de Bude, etc., dans les anciennes et les nouvelles éditions, et dans les *Annales* ii, 3. Pichena l'avait déjà rétabli dans le texte avant Rhenanus. Acidalius s'est prononcé pour *onerabant*, et Ferlet l'a admis dans son texte. Le sens est que la haine des désordres de l'un était retombée sur Galba, et que la lâcheté de l'autre avait attiré à celui-ci le mépris, et avait ensuite causé sa perte. « Dans cette phrase, dit Ferlet, *odio flagitiorum* se rapporte à *deterrimus*, et par conséquent à

Vinius, et *contemptu inertiæ* à *ignavissimus*, et par conséquent à *Laco*. Ils perdaient le prince en faisant rejaillir sur lui, l'un la haine de ses crimes, l'autre le mépris de sa nullité. »

Tardum Galbæ iter. Le voyage tardif de Galba, d'Espagne à Rome.

Cingonio Varrone. C'est ainsi que ce mot est écrit dans le manuscrit du Vatican, et dans les *Annales* même de Tacite, XIV, 45, où on lit dans tous les exemplaires connus : *Censuerat Cingonius Varro*. Plutarque, *Vie de Galba*, ch. 14, ne le nomme pas autrement : Κινγώνιος Βάῤῥων. Les manuscrits de Bude et de Guelfe, ainsi que les éditions incunables, portent *Ciconio*. C'était lui qui, selon Plutarque, avait composé la harangue que Nymphidius devait prononcer après avoir été proclamé empereur par les prétoriens. Personne n'avait mis plus d'ardeur dans cette conspiration pour lui faire donner l'empire.

Petronio Turpiliano. Avant la défaite de Vindex, Néron, qui avait mandé des troupes de l'Illyrie, de la Bretagne, de l'Albanie, etc., avait nommé, pour les commander, ce consulaire, vieillard presque décrépit, qui avait été consul l'an de Rome 814.

Dux Neronis. Dux, que nous traduisons par *général*, avec Crévier, est selon M. Burnouf, opposé ici à *socius*, et signifie *guide, celui qui conduit, qui dirige par ses conseils*. Nous ne sommes pas de cet avis ; et cela pour deux raisons, la première, c'est que *dux* ne signifie guide qu'au physique et non pas au moral, comme on le voit dans ces exemples : *dux itineris, dux astrorum, dux gregis, dux belli*, etc. ; la seconde, c'est qu'en effet *Petronius Turpilianus*, dont il s'agit ici, était un général de Néron, et non pas son guide ni son conseil.

Tanquam innocentes perierant. Muret voulait que l'on mît *tanquam nocentes*; Acidalius *quanquam innocentes*. Mais notre leçon est la seule qui convienne : un homme qui n'a pas été condamné légalement, est réputé innocent, et sa mort un assassinat. « On croira difficilement, dit M. Burnouf, qu'un commentateur ait voulu substituer à ces deux mots, *tanquam nocentes*, et un autre *quanquam innocentes*..... De Sacy se trompe de même, quand il lit *tanquam nocens*, dans cette phrase où Pline le jeune (*Ép.* IV, 11) parle du supplice de la vestale Cornelia, que Domitien fit enterrer vive, sans l'avoir entendue : *dixit, donec ad supplicium, nescio an innocens, certe tanquam innocens, ducta est.* Le peuple pensa que si cette vestale eût été coupable, on aurait pris la peine de la juger. » *Voy.* la note sur *pollutœ cœrimoniœ*, cap. II.

M. Burnouf traduit : « *Tous deux périrent avec les honneurs de l'innocence.* » Tacite dit simplement : *Tanquam innocentes.* Ils n'avaient point été jugés, entendus, alors le public les regardait *comme parfaitement innocens*, comme des victimes innocentes.

Trucidatis tot millibus. Il s'agit ici des soldats de marine, dont Néron avait eu le projet de former une légion. Cette milice étant presque toute composée d'esclaves, de criminels condamnés à mort, les Romains en faisaient un grand mépris; tandis que les légionnaires qui étaient ou devaient être des citoyens romains, obtenaient à cause de ce titre une très-grande considération. Lorsque Galba fut arrivé aux portes de Rome, les soldats de la flotte allèrent à sa rencontre jusqu'au pont Milvius, pour réclamer l'exécution de la promesse de Néron. Galba, ayant rejeté la demande qu'ils faisaient avec trop d'opiniâtreté d'une aigle et des étendards, ils s'emportèrent en murmures, en menaces, et quelques uns osèrent même tirer l'épée. C'est alors que Galba les fit charger par sa cavalerie; mais le carnage une fois commencé, il ne fut plus possible de l'arrêter. Dion, LXIV, 3, dit qu'il en périt d'abord sept mille, et qu'ensuite on décima le reste. *Voy.* aussi SUÉTONE, *Vie de Galba*, 12.

Legione hispana. Sans doute la sixième, dont il est dit liv. v, ch. 16, que c'était cette sixième légion d'Espagne qui avait fait Galba empereur, et à laquelle il fait allusion dans son discours à Pison, liv. I, ch. 16, ce qui prouve que ce fut elle qui accompagna Galba à Rome; mais il paraît qu'il la renvoya bientôt en Espagne, puisqu'il ne sera plus question d'elle dans la révolte prétorienne qui fit perdre l'empire et la vie à Galba; que Tacite, liv. III, ch. 44, parle de cette légion comme étant en Espagne; et liv. IV, ch. 68, comme rappelée de cette province pour faire la guerre à Civilis. « Il y a apparence, dit avec raison Ferlet, que, si Galba eût gardé cette légion auprès de lui, le malheur qui lui arriva n'aurait pas eu lieu. Les troupes de Germanie, qui étaient bien disposées pour lui, se seraient déclarées en sa faveur; la cohorte prétorienne même, qui était de garde au palais, se voyant appuyée par de si grandes forces, serait restée fidèle. Les prétoriens et Othon n'auraient osé remuer. »

Quam e classe Nero conscripserat. Cette légion est appelée liv. II, ch. 42, *prima adjutrix*, et liv. II, ch. 67, *prima classicorum*. Son nom entier était donc *Legio prima adjutrix classicorum*. Nous verrons dans la suite beaucoup de soldats servant sur terre, comme ceux-ci, et appelés *classici* de même. La légion dont il s'agit ici est différente du corps de troupes de marine qui avait été destiné par Néron à former aussi une légion, qui avait été dissous à coups de sabre par la cavalerie de Galba, et dont les débris furent recueillis et organisés par Othon (*voy.* liv. I, ch. 87). Si le savant Tillemont, dit M. Burnouf, avait fait cette distinction, il n'aurait pas trouvé dans ce passage une difficulté insoluble : on voit qu'il a pris deux corps très-distincts pour un seul et même corps.

Multi ad hoc numeri. Avant Juste-Lipse, on lisait *multi ad hoc et innumeri*. Le manuscrit de Florence et l'édition *princeps* confirment sa judicieuse correction. « Je pense, dit-il, que la vraie leçon, d'après Furnes, est : *multi ad hoc numeri*. *Ad hoc* est dans le genre de Salluste, et est bon, même sans cette autorité. Quant à *numeri*, j'entends par là les cohortes, les bandes de soldats armés, les enseignes. On trouve fréquemment ce mot employé dans ce sens du temps de Tacite. Pline, ép. x, 38, en parlant des nouveaux soldats, dit : *nondum distributi in numeros erant*. Ulpien, liv. I. D. De ceux qui sont notés d'infamie : *exercitum non unam cohortem neque alam dicimus, sed numeros multos militum*. Le même L. un. Dig. de bon. poss. ex test. mil. : *si quis militum ex alio numero translatus sit in alium*. Suétone, *Vespas.*, ch. 6 : *et tunc quidem compressa res est, revocatis ad officium numeris, parumper*. Claudien, *Epithalam. Pallad.*, 86 :

> Regnorum tractat numeros, cuneosque recenset.

Et ce ne fut point seulement les cohortes à qui on donna ce nom, mais peu à peu, on le donna même aux légions, si j'en juge d'après Sozomène, I, 18. Bien plus, Tacite lui-même s'est servi une seconde fois de ce mot, *Vita Agric.* 18 : *Quanquam transacta æstas, sparsi per provinciam numeri*. Rien donc de mieux prouvé ni de plus constant. » Ajoutons aussi que rien de plus fréquent que le mot *numeri* pris dans le sens d'un nombre, d'un rang, d'une file de soldats, dans la Notice des dignités de l'empire, mais jamais dans celui de légion, ni même de cohorte, qui en sont bien distinctes au contraire.

Ad claustra Caspiarum, sous-entendu *portarum*. On appelait portes Caspiennes un passage fort étroit dans les montagnes de l'Albanie, près de la mer Caspienne.

Bellum quod in Albanos parabat. Néron avait levé pour cette guerre qu'il méditait contre l'Albanie, une légion d'Italiens de la plus grande taille ; il l'appelait la phalange d'Alexandre-le-Grand. *Voyez* SUÉTONE, *Néron*, 19.

Audenti parata. Tous ces différens corps n'avaient point de chef qu'ils favorisassent particulièrement, mais ils paraissaient disposés à suivre celui qui oserait se faire proclamer.

CAP. VII. *Clodii Macri*. Clodius Macer était gouverneur d'Afrique. Il est question de lui, au sujet d'une médaille, dans Guy-Patin sur Suétone, *Galba*, ch. II. Fonteius Capito commandait l'armée de la Germanie inférieure. Il était consul, cette année-là, avec C. Julius Rufus : Cassiodore et les Fastes de la Grèce en font foi. Dion raconte de Capito un trait qui annonce une hauteur et une dureté extraordinaires. Un Romain condamné à son tribunal, en ayant appelé à César, Capito monta sur un siège plus élevé, et lui dit : « Plaide maintenant ton appel devant César. » Il instruit de nouveau son procès, le force de se défendre, et le condamne à mort !

Legati legionum. Il est nécessaire de bien fixer le sens du mot *legatus*. Il se dit en général de tout homme chargé d'une mission ou exerçant un pouvoir délégué. « De là dérivent, dit M. Burnouf d'après Ferlet, trois emplois différens de ce terme : 1° *député, ambassadeur ;* 2° *gouverneur* de province ou *général* d'armée (et alors on y joint ou sous-entend *consularis*) ; 3° *commandant* d'une légion (en y joignant ou sous-entendant *legionis* ou *prætorius*). Le mot *lieutenant* est reçu en français dans les deux dernières acceptions. Un gouverneur, un général, sont les lieutenans du sénat ou de l'empereur ; le commandant d'une légion est le lieutenant du général. » « C'est Auguste, dit Lebeau, 15ᵉ mém. sur la légion romaine, *Acad. des inscr.*, tome XXXVII, p. 140, qui le premier établit des lieutenans pour chaque légion en particulier. Il leur conféra un pouvoir supérieur à celui des tribuns, et, afin que ce pouvoir se soutînt par leur considération personnelle, il les choisissait d'ordinaire entre ceux qui avaient passé par la préture. De là vient la distinction entre *legati consulares* et *legati prætorii*. Les premiers commandaient une armée entière, les autres seulement une légion. »

Crimen ac dolum compositum. « Je ne crois pas, avec Savilius et Ferlet, dit avec raison M. Burnouf, que *dolum* signifie le guet-à-pens où fut tué Capito. Quand Tacite, liv. I, ch. 58, a voulu exprimer cette idée, il a dit : *Tanquam crimen ac mox insidias Fonteio Capitoni struxisset*, où *ac mox* divise parfaitement les deux choses. *Crimen ac dolum* me paraissent au contraire indivisibles. C'est l'accusation calomnieuse (*crimen*) qui elle-même est le piège (*dolum*) où ils prennent leur victime. »

Et inviso. La particule *et* est ici explicative, selon Ferlet. On fit un crime à Galba de cette double mort, par la raison que quand un gouvernement s'est une fois rendu odieux, on prend en mauvaise part tout ce qui se fait, le bien comme le mal.

Jam adferebant. « Un écrivain, dit le même commentateur, n'est excellent qu'autant qu'il est bon peintre. Ici l'on croit voir ces affranchis, comme d'avides trafiquans, ne pas attendre qu'on vienne visiter leur marchandise dans leur boutique, mais aller la montrer et l'offrir aux passans. »

Liberti. Ferlet assigne cette différence entre *libertus* et *libertinus*, qui signifient également *affranchis* : le dernier marque, dit-il, uniquement l'état, indépendamment de toute relation avec l'ancien maître ; au lieu que le premier indique toujours cette relation exprimée ou sous-entendue. Ainsi, ajoute-t-il, *liberti* signifie ici les affranchis de Galba.

Servorum manus subitis avidæ.... pour enlever ce que la fortune avait donné tout à coup, comme l'explique Pichena. L'axiome dit : *Ab assuetis non fit passio*, comme le remarque Ferlet. Par la raison contraire, ces troupes d'esclaves, se voyant tout d'un coup et comme par enchantement transportés au milieu des richesses, en sentent naître dans leur cœur la soif la plus ardente, et ils se hâtent de la satisfaire, sachant bien que la vieillesse de Galba ne leur en laissera pas long-temps l'occasion et les moyens. Ils dévorent avec avidité, comme dit Corneille, ce règne d'un moment.

Tanquam apud senem festinantes.

> On les voyait tous trois se hâter sous un maître
> Qui, chargé d'un long âge, a peu de temps à l'être,
> Et tous trois à l'envi s'empresser ardemment
> A qui dévorerait ce règne d'un moment.
>
> *Othon*, act. 1, sc. 1.

M. Burnouf a traduit : *D'avides esclaves dévoraient à l'envi une fortune soudaine, et se hâtaient sous un vieillard.* J'ai cru indispensable de rendre le mot *tanquam;* ceci est une comparaison : les esclaves ne considéraient plus Galba comme un souverain, un empereur, mais seulement *comme un vieillard.* Tacite lui a déjà donné cette qualification au commencement du chap. VI : *Invalidum senem;* nous avons donc traduit : *Ils se hâtaient comme auprès d'un vieillard qui va périr.*

Eademque novæ aulæ mala. C'est-à-dire qu'il régnait les mêmes désordres dans la nouvelle cour de Galba que dans l'ancienne ou celle de Néron. Comme Néron, dit Juste-Lipse, était né prince, et comptait des aïeux illustres, comme il était jeune et même agréable au peuple, on pensait qu'il lui était permis certains travers, et on les lui passait. Mais il n'en était pas de même pour Galba : il devait l'empire à une simple élection; vieillard, il devait par là même être prudent; homme sordide et chagrin, il ne plaisait qu'à un bien petit nombre.

Cap. VIII. *Tanquam in tanta multitudine.* Autant qu'on peut juger de la disposition générale des esprits dans une si grande multitude de personnes.

Hispaniæ præerat.... sous-entendu *Tarraconensi.* Voy. liv. IV, chap. 39.

Cluvius Rufus. Voyez PLINE, *Ép.* IX, 19.

Pacis artibus. La phrase équivaut à celle-ci, comme le remarque M. Burnouf, d'après Ferlet et autres : *pacis artibus, non bellis expertus.*

Dono romanæ civitatis. Tacite nous apprend (*Annal.*, XI, 23) que les principaux de la Gaule Chevelue, *primores Galliæ, quæ Comata appellatur,* avaient, dès le règne de Claude, obtenu le droit de cité romaine. Galba l'accorda indistinctement à tous les Gaulois qui avaient servi sous Vindex, dont il regardait la cause comme la sienne. Plutarque (*Vie de Galba*, chap. 18) s'en explique très-clairement.

Tributi levamento. C'était le quart du tribut. Voyez chap. 51.

Proximæ... civitates. Les cités voisines, du nombre desquelles étaient les Trévires, les Lingons, etc. Cf. avec le chap. 53.

Sollíciti et irati. — *Solliciti* se rapporte à *metu*, *irati* à *superbia.* Tantôt ils tremblaient dans la crainte que Galba ne les punît; tantôt, irrités par l'orgueil de leur victoire récente (remportée sur Vindex), sous le commandement de Verginius, ils prétendaient punir eux-mêmes Galba.

Verginius. Il était surnommé Rufus. Il ne voulut pas donner le mauvais exemple de ne tenir l'empire que du choix des soldats. La gloire et le bonheur l'accompagnèrent jusqu'à la fin de sa vie; et il recommanda qu'on gravât sur son tombeau ce distique, qui est, dit très-bien M. Burnouf, une protestation contre les vues ambitieuses que quelques-uns lui avaient prêtées :

> Hic situs est Rufus, pulso qui Vindice quondam,
> Imperium asseruit non sibi sed patriæ.

Voyez l'éloge que fait Pline le Jeune (*Ep.* II, 1, et VI, 10) de ce grand citoyen, digne des beaux temps de la république.

Conveniebat. On s'accordait à dire que, etc.

Etiam qui queri non poterant. Ils ne pouvaient pas se plaindre de Galba pour le meurtre de Capiton, puisqu'il ne l'avait pas ordonné, comme Tacite le dit, chap. 7.

Suum. Passivement comme s'il y avait *in se, erga se.* Ils regardaient comme intentée contre eux l'accusation portée contre leur général.

CAP. IX. *Hordeonium Flaccum.* Il avait succédé à Verginius.

Regimen. Comme s'il y avait *rectorem* : incapable de gouverner des soldats qui même auraient été tranquilles.

Diutius. Plus long-temps que celles de la Germanie Supérieure.

Sine consulari.... sous-entendu *legato :* sans lieutenant consulaire, c'est-à-dire sans commandant de province et de l'armée qui y était, depuis le meurtre de Fonteius Capiton, qui commandait dans la Germanie Inférieure.

Missu Galbæ. Le manuscrit de Bude porte *jussu Galbæ*, mais *missu* se trouve ailleurs. Le manuscrit du roi a *missum*, qui s'en rapproche davantage.

Id satis videbatur. « Les soldats attendaient, pour commencer la révolte, un chef qui eût quelque illustration. Celle de Vitellius leur parut assez grande. Ce sens est confirmé par un passage de Suétone (*Vitellius*, 7) ». Comme si les soldats, dit Juste-Lipse, n'avaient en vue que les images de ses ancêtres, et que les vertus de ses aïeux lui eussent tenu lieu de celles qu'il aurait dû avoir. » C'est donc à tort que quelques-uns, comme Gruter, font rapporter *id satis videbatur* à Galba. Voyez sur Vitellius le père, *Annal.,* xi, 32 ; et Suétone, *Vitellius*, 2. Galba, qui craignait les armées de Germanie, ne voulait leur donner que des fantômes de chefs. Cependant cette politique lui fut inutile.

Innocentius. Elles prirent ensuite parti pour Vitellius, le reconnurent pour empereur, et lui envoyèrent même des secours.

Adissent. Elles avaient envoyé offrir l'empire à Verginius qui l'avait refusé.

Cap. x. *In secretum Asiæ repositus.* Dans la Lycie, sans autre délégation. Juste-Lipse infère cela de Pline (xii, 1 (5) : *Licinius Mucianus ter consul, et nuper provinciæ hujus* (Lyciæ) *legatus.* On lit *repositus* dans tous les manuscrits. Acidalius préférait *sepositus.*

Et cui expeditius fuerit. « Il fut plus court pour lui, il trouva plus expéditif, plus facile, plus commode de donner l'empire que de le garder. » En vain Ferlet, dit M. Burnouf, avoue ne pas entendre ce membre de phrase, et voudrait, d'après le conseil de Juste-Lipse, mettre *nec* au lieu de *et*, changer l'affirmative en négative, afin de faire dire à Tacite que Mucien aurait pu aussi aisément garder l'empire pour lui-même, qu'il lui fut aisé de le donner à un autre. Avec notre interprétation, et sans rien changer, la phrase contient cette idée. Et ce n'est pas seulement un fait que l'auteur exprime, c'est un dernier trait de caractère qui achève de peindre Mucien. Cet homme aurait pu garder l'empire : sa dédaigneuse et hautaine insouciance trouva moins embarrassant de le donner. Cette pensée domine dans toute la seconde partie de son discours à Vespasien (II, 77) : *nobis nihil ultra arrogabo*, etc.

Ostentis ac responsis. Voyez plus bas, sur ces prétendus présages, II, 78; IV, 81; Suétone, *Vespas.*, 7 ; Dion, LXVI, 1.

Post fortunam credidimus. C'est-à-dire il a fallu que nous vissions la fortune de Vespasien, qu'il fût devenu empereur, pour le croire. Ce passage prouve que c'est à tort qu'on a accusé Tacite de crédulité.

Cap. XI. *Annonæ fecundam.* C'est ainsi qu'on lit dans le manuscrit de Bude, dans les anciennes éditions, dans les éditions de Brotier, de Ferlet, de M. Lemaire et de M. Burnouf; et c'est évidemment à tort que l'édition *variorum*, Ernesti et le père Dotteville remplacent *fecundam* par *secundam;* que M. Dureau-Delamalle pense que les deux leçons peuvent être admises indifféremment. *Annona* n'a jamais signifié disette, cherté de grains ; par conséquent *annonæ secundam* ne peut pas signifier favorable pour amener une cherté, une disette dans les grains, comme il le croit. Au reste, il a préféré lui-même admettre la leçon *fecundam*. L'Égypte était le grenier de Rome, et sa fertilité en grains a été célèbre de toute antiquité.

Insciam legum, ignaram magistratuum domi retinere. « Auguste, dit très-bien M. Dureau-Delamalle, réduisant l'Égypte en province romaine, ne voulut pas y conserver la forme de gouvernement que les Romains introduisaient dans leurs nouvelles conquêtes, et qui avait quelque chose de républicain. Il ne voulut point qu'il y eût de sénat ni de conseil public à Alexandrie, quoique presque toutes les villes de l'empire jouissent de cette prérogative. » Mais il ne suit pas de là que l'Égypte était une « province qui, dans sa propre constitution, n'avait ni lois ni magistrats, » comme il traduit. Tacite veut seulement dire qu'elle ne connaissait ni lois ni magistrats, parce qu'Auguste crut devoir retenir cette province dans ses mains, et que c'est pour cela, comme le remarque M. Burnouf, qu'il la faisait administrer comme une dépendance du palais, une possession domestique, par ses intendans, par des hommes d'un rang inférieur, et qui ne pussent songer à se rendre indépendans. « *Leges*, dit Ferlet, est souvent opposé, dans les bons auteurs à *regnum*, et *magistratus* à *reges*, et c'est ainsi qu'ils sont pris ici. M. Dureau-Delamalle s'appuie d'Ernesti contre Dotteville et Brotier, pour dire qu'il faut faire rapporter *domi* à *magistratuum*; il est clair que c'est à *retinere* que Tacite le joint. L'Egypte avait eu jusqu'à Auguste ses lois et ses magistrats; Auguste crut devoir les lui ravir. Au reste on voit, dans Dion (LI, 17), qu'il n'ôta le sénat qu'à la ville d'Alexandrie, et, dans Spartien (*Sever.* 17), que Sévère le lui rendit.

Tiberius Alexander. Je pense, dit Juste-Lipse, que c'est celui qui était dans le camp et dans la faveur de Corbulon (xv, 28), le même qui était gouverneur de la Judée (JOSÈPHE, XX, 5). Il avait pour père Tiberius Alexander, qui était alabarque (receveur de péage) à Alexandrie, et était frère du Juif Philon dont nous avons encore les écrits. Il est dit de la même nation, ajoute Ernesti, parce qu'il était né en Égypte, d'une famille juive à la vérité, mais qui avait à Alexandrie le siège de sa fortune, quoiqu'elle jouît depuis long-temps du droit de bourgeoisie à Rome, et qu'elle eût obtenu le rang de chevalier. Voy. *Hist.*, II, 74 et 79.

Contenta. Nous avons adopté la leçon d'Oberlin, *contenta*, d'après plusieurs manuscrits.

Domini minoris. Savilius, Brotier, Lallemant, les éditeurs de Deux-Ponts entendent *dominus minor* de Macer, par opposition à *dominus major* ou l'empereur, maître de tout l'empire : sa tyrannie est attestée par Plutarque (chap. 6). *Minor* ne signifie donc point que Macer avait été trop faible pour se rendre indépendant, comme le croit Ferlet.

Duce Mauretaniæ. La Tingitane et la Césarienne. Pline admet cette division, et l'attribue à Caligula (v, 1). Mais Dion, au contraire, l'attribue à Claude, LX, 9.

Procuratoribus. Voyez Guther (*de Officiis domus Augustæ*, III, 34), sur ces procurateurs des empereurs.

Inermes provinciæ. Les provinces sans troupes, sans légions

pour les défendre, par opposition à celles qui en avaient, et dont
Tacite a parlé plus haut.

Cap. xii. *Superioris Germaniæ.* La Germanie Supérieure ou Première, et la Germanie Inférieure ou Seconde, étaient deux des
dix-sept provinces romaines de la Gaule; elles étaient bornées
l'une et l'autre par le Rhin, et elles en tiraient les noms de Supérieure et d'Inférieure qui les distinguaient. Mayence était la métropole de la première, Cologne de la seconde.

Rupta sacramenti reverentia. « Les soldats, dit Ferlet, ne prêtaient serment qu'à l'empereur, comme ils le prêtaient, du temps
de la république, au général élu pour un temps limité par le
sénat et par le peuple. Ceux de la Germanie Supérieure et du
Haut Rhin l'avaient prêté à Galba, et refusent de le renouveler,
suivant l'usage, le premier jour de janvier. Ainsi les armées ne
prêtant qu'un serment annuel aux empereurs, ceux-ci étaient
électifs et amovibles, comme les généraux sous la république.
Elles reconnaissent que le sénat a le droit de déposséder un
empereur; le sénat était donc le souverain. Si elles s'adressent
à lui, ce n'est pas une grâce qu'elles lui font; c'est une prérogative à laquelle elles rendent hommage. Quoique le peuple romain
se trouve joint ici au sénat, il n'en faut pas conclure qu'il partageât encore avec lui la souveraineté. C'est l'ancienne formule
républicaine que l'on conservait dans le style comme sur les drapeaux, mais qui n'avait plus la même signification, depuis que
Tibère ayant fait passer les comices au sénat, celui-ci était devenu le corps représentatif de la nation. »

Senatui ac populo romano. Cette circonstance est remarquable,
dit M. Burnouf. Près de cent ans écoulés depuis que le pouvoir
était aux mains d'un seul, n'avaient pas encore effacé de l'esprit
des soldats les traditions de l'ancienne république. Ils connaissent
qu'ils peuvent faire un empereur; mais un vieux respect pour les
formes républicaines, ou plutôt cette influence que les mots
continuent d'exercer long-temps après que les choses n'existent
plus, leur en fait renvoyer le choix au sénat et au peuple. Ajoutons cette formalité du serment qui, se renouvelant chaque année,
témoigne assez que si les empereurs étaient par le fait des chefs
inamovibles, ils ne l'étaient nullement par le droit.

Ambitiosis rumoribus. On ne peut s'empêcher, dit Juste-Lipse, de reconnaître qu'*ambitiosis* est la vraie leçon. Avant cet éditeur, toutes les éditions portent *ambitionis*, d'après la plupart des manuscrits, du nombre desquels est celui de Bude. Le manuscrit d'Agr. porte *ambitiosis*, et on a eu raison, dit Ernesti, de l'admettre. Il est question ici, dit Ferlet, de bruits que l'on répandait dans le public en faveur de ses amis, dont on disait le plus de bien possible pour leur rendre la multitude favorable.

Odium.... Nous avons retranché *diverterant* avec les derniers éditeurs, d'après Juste-Lipse, Pichena, Ernesti et Ferlet, et surtout d'après les anciens manuscrits et toutes les éditions avant Rhenanus qui n'ont point ce mot. C'est Rhenanus qui l'avait rétabli, et qui lisait *et jam* au lieu d'*etiam*.

Eodem actu. Juste-Lipse préfèrerait *eodem auctu*, qui est une conjecture de J. Lectius. M. Burnouf pense qu'*actus* venant d'*agere*, faire marcher, faire avancer, est susceptible du même sens; et que *eodem actu* signifie suivant la même progression.

Cap. xiii. *Icelo, Galbæ liberto.* On trouve écrit différemment le nom de cet affranchi. Ici c'est Hycellus, là Icellus, dans le manuscrit de Bude Ycelo, dans celui du Vatican Icelus. (*Voyez* Suétone sur *Golba*, 22.)

Quem annulis donatum. Suétone (14) dit sur le même : *Icelus paullo ante annulis aureis et Martiani cognomine ornatus, ac jam summæ equestris gradus candidatus.* Des savans entendent par la première dignité de l'ordre équestre la préfecture du prétoire. Ils peuvent avoir raison. Cependant je l'entendrais plutôt de la *procuration*, qui est une dignité propre de l'ordre équestre. Mais qu'un affranchi ait été élevé à la préfecture du prétoire, et cela sous Galba, c'est ce que je ne croirai jamais (Juste-Lipse). Quant aux anneaux d'or qui étaient la marque distinctive des chevaliers, *voyez* Pline, xxxiii, 2; et Paul, liv. v, *De jure aur. annul.*

Rebus minoribus. Muret et Acidalius ajoutent *in* devant ces mots; il suffit de le sous-entendre : « dans des affaires moins importantes que celle-ci. »

Vinius. Le manuscrit de Bude met partout Junius. C'est ainsi qu'on le trouve écrit au chap. 32 et suivant.

Pro M. Othone. Les éditeurs qui ont suivi Juste-Lipse ont omis le prénom. J. Gronovius l'a restitué d'après toutes les éditions antérieures et les manuscrits de Flor., de Bude, d'Agr. et de Guelfe.

Et rumoribus nihil silentio transmittentium. M. Burnouf a traduit : *Et ceux à qui nulle remarque n'échappe.* Ce n'est pas là, à notre avis, le sens de Tacite. Les mots *rumoribus* et *silentio* font bien voir qu'il ne s'agit pas seulement ici d'une simple remarque, qui souvent n'est pas manifestée au dehors, mais bien des discours de gens qui ne savent point garder le silence. Nous croyons nous être plus rapprochés du texte en traduisant : *Et suivant les discours de ceux qui ne savent rien taire.*

Poppæam Sabinam. Voyez *Ann.*, XIII, 45, où le même fait est raconté d'une manière un peu différente et peut-être plus vraisemblable, dit Ferlet. Les *Annales* furent composées après les *Histoires*, et Tacite pouvait avoir alors des renseignemens plus exacts, comme le remarque M. Burnouf.

Principale scortum. Appartenant au prince ; la même chose que *meretrix augusta* de Juvénal. Gordon traduit *his beloved mistress*, sa principale maîtresse, sa maîtresse favorite ; ce qui, suivant Ferlet, est un contre-sens.

Octaviam uxorem amoliretur. Dans la même circonstance, Tacite s'est servi des mêmes expressions (*Ann.*, XIV, 59). Cependant les manuscrits de Covarruvias et de Bude ont *Octavia uxor amoveretur*, ce qui est également bon, selon Juste-Lipse. Ceux de Flor., de Guelfe et toutes les éditions portent *amoliretur*.

In provinciam Lusitaniam. Suétone (*Othon*, 3) se sert des mêmes termes : *sepositus est per causam legationis in Lusitaniam.* Mais il faut faire voir ici, dit Juste-Lipse, la division et les préfectures de l'Espagne, parce qu'il en est souvent question. Elle fut divisée par Auguste en deux provinces, l'Espagne Citérieure et l'Espagne Ultérieure. La Citérieure s'appelait aussi Tarraconnaise, dont Galba fut gouverneur. Aujourd'hui c'est Cluvius Rufus. L'Ultérieure fut divisée en deux provinces, la Bétique et la Lusitanie. La Bétique tomba au pouvoir des Romains, et on y envoya un proconsul. *Voyez* notre auteur (IV, 13), où il dit que Vibius Serenus était proconsul de l'Espagne Ultérieure. Ce n'est pas que toute l'Espagne Ultérieure ait eu un proconsul, mais c'est que la Bétique en formait la plus grande partie. C'est pourquoi on les confondait. Pline (III, 1, 2) : *prima Hispania terrarum est, Ulterior appellata, eadem Bœtica.* Toutefois ce ne fut pas en les gouvernant ; car si les deux provinces appartinrent à César, la Bétique n'appartint qu'au peuple. Strabon le dit positivement, liv. III ; il ajoute ensuite qu'il n'y avait qu'un lieutenant pour présider à la place du préteur, dans la Lusitanie, et que c'était un consulaire qui présidait le reste avec trois gouverneurs et autant de légions. Dion le dit aussi expressément, LIII, 12 : « Il assigne la Bétique au peuple, la Lusitanie et la Tarraconnaise à César. » Strabon semble également, à la fin de son ouvrage, compter deux Espagnes qui appartenaient au peuple.

Legationis. Gouvernement de province.

Ainsi je fus banni sous un titre d'honneur,
Et pour ne plus me voir on me fit gouverneur.

CORN., *Othon*, act. 1, sc. 3.

In partes. Sous-entendu *Galbæ*.

Inter præsentes. Non-seulement Othon reconnaît Galba pour empereur le premier ; il quitte son gouvernement et se rend auprès de lui, grossissant la foule de ses courtisans, et se faisant principalement remarquer par son zèle et son activité.

CAP. XIV. *Comitia imperii.* Comices de l'empire, c'est-à-dire des conseillers du palais pour élire un empereur, par opposition à *comitia consularia*, comices consulaires, où, du temps de la république, on désignait les consuls pour l'année suivante. Tacite, dit M. Burnouf, transporte cette expression à une autre forme de gouvernement, et ennoblit en quelque sorte l'action de Galba, en appelant *comices impériaux* le choix qu'il va faire d'un successeur. Il caractérise en même temps par ces deux mots le nouvel établissement politique. Un seul homme va consommer, dans un conseil privé, une élection qui demandait autrefois le concours du peuple entier assemblé par centuries. Encore le peuple romain n'élisait-il qu'un magistrat annuel et d'une autorité bornée ; et Galba va donner à l'empire un maître absolu et héréditaire.

Mario Celso. On verra plus bas (xv, 25) que Marius Celsus fut consul pendant les mois de juillet et d'août de cette année, qu'il fut toujours fidèle à ses princes, et toujours infructueusement.

Ducennio Gemino. C'est celui dont on lit (xv, 18) : *exin Nero tres consulares, L. Pisonem, Ducennium Geminum, Pompeium Paullinum vectigalibus præposuit.*

Arcessi. On lit *accersiri* dans le manuscrit du roi, ce que Gronovius condamne avec raison.

Rubellium Plautum. Une des victimes de Néron. Voyez *Annal.*, XIII, 19; XIV, 22, 58.

M. Crasso. Juste-Lipse pense que c'est ce M. Crassus Frugis qui fut consul avec C. Lecanius Bassus, l'an 816, sous Néron, qui lui-même passa des Calpurnius Frugis dans la famille Licinia par adoption, comme il paraît par le surnom; de même que celui dont nous parlons maintenant, passa de nouveau chez les Calpurnius. Quant à ce qu'il ajoute de Scribonia, *voyez* ce qu'en dit Plutarque par erreur, *Galba,* chap. 23. Ryckius aime mieux croire que c'est Crassus qui fut consul avec Pison, l'an 780 ; or il prend pour frère de Pison celui que Juste-Lipse pensait en être le père : ce qu'Ernesti croit vrai. Rupertus le croit de même, p. 679 sur Reinesius.

Quo suspectior. Au lieu de *quo*, qui est dans le manuscrit de Bude, l'édit. *princeps* et le manuscrit d'Agric. et celui du roi portent *quæ*, leçon que Ryckius a admise. La leçon ordinaire paraît à Ernesti plus conforme au style de Tacite. Mais en adoptant *quo*, il faut sous-entendre *eo magis* devant *adoptanti*, par une ellipse très-fréquente dans Tacite.

CAP. XV. *Lege curiata apud pontifices.* L'adoption d'une personne qui s'appartenait, *sui juris*, avait lieu dans les comices par curies, *lege curiata*, et c'est dans une sorte de conseil d'état, en présence du consul Vinius, que Galba, son collègue, adopte Pison. Quand un particulier en adoptait un autre, il fallait qu'il se présentât devant les pontifes qui examinaient ses raisons. Lorsqu'ils les avaient trouvées bonnes, c'est-à-dire lorsqu'il était prouvé, 1° que le père adoptif était plus âgé que la personne qu'il adoptait, et incapable d'avoir des enfans, suivant le cours ordinaire de la nature; 2° que les deux familles étaient d'un rang à peu près égal; 3° qu'on agissait de bonne foi de part et d'autre, et non avec l'intention de frauder la loi : alors, on indiquait une assemblée du peuple par curies, c'est-à-dire composée des seuls citoyens domiciliés à Rome; et en vertu de la loi qui était faite par le peuple ainsi assemblé (*lege curiata*), l'adoption avait lieu. La différence entre les assemblées par comices ou par curies, et les assemblées par tribus, était que, dans les premières, il n'y avait que des citoyens romains domiciliés à Rome qui fussent convoqués; au lieu que, dans les comices par tribus, tous ceux de la campagne, des villes municipales, des colonies, avaient aussi le droit de voter. Une autre différence, c'est que les tribuns du peuple pouvaient convoquer les comices par tribus, et non les comices par curies. Au reste, ces comices par curies n'étaient plus qu'une pure formalité. Du temps de Cicéron, le peuple ne s'y rendait pas. On envoyait seulement à leur place trente licteurs, par une vaine représentation des trente curies de Rome. Au motif politique de l'adoption se joignait, dit M. Burnouf, un motif religieux. Chaque maison avait son culte privé, ses autels domestiques, ses jours fériés (MACROB., *Saturn.*, I, 16); or la loi des Douze-Tables disait impérativement : *sacra privata perpetua manento*; et cette perpétuité n'aurait pas eu lieu, si une famille se fût éteinte. On avait recours à l'adoption, pour prévenir ce malheur. Comme l'adopté quittait les rites sacrés de sa famille pour ceux de la maison où il entrait, l'intervention des pontifes était nécessaire. Celle du peuple l'était aussi, parce que l'adoption changeait l'état d'un citoyen; ce qui ne se pouvait faire, d'après la neuvième des lois décemvirales, que par l'autorité des comices. *Voyez* HEINECCIUS, *Syntagm.* I, tit. XI, *de Adoptionibus.*

Sulpiciæ ac Lutatiæ. Le nom de famille de Galba était Sulpicius, et il descendait de ce Servius Sulpicius Galba, qui est marqué par Cicéron (*Brut.* 21) comme le premier Romain qui ait connu toutes les ressources de l'art oratoire. L'empereur Galba eut pour mère Mummia Achaïca, petite-fille de Q. Lutatius Catulus, consul en 675. M. BURNOUF.

Nunc me, deorum hominumque consensu ad imperium vocatum, præclara indoles tua et amor patriæ impulit, ut principatum, de quo majores nostri armis certabant, bello adeptus, quiescenti offeram.....
M. Burnouf a traduit : « Mais la volonté des dieux et des hommes m'ayant fait empereur, tes grandes qualités et l'amour de la patrie m'ont décidé à t'appeler du sein du repos à ce rang suprême que nos ancêtres se disputaient par les armes, et que la guerre m'a donné. »

Il y a dans Tacite une antithèse bien marquée entre les mots *quiescenti* et *de quo armis certabant... bello adeptus*. Nous ne la retrouvons pas dans la traduction de M. Burnouf, qui, en traduisant *quiescenti* par *du sein du repos*, nous a paru s'éloigner un peu du sens de Tacite, et faire perdre ainsi à la phrase une partie de sa force et de sa beauté. Nous avons cru être mieux entrés dans l'esprit de notre auteur en traduisant : « Aujourd'hui que les dieux et les hommes m'ont appelé de concert à l'empire, je me détermine, d'après tes qualités éminentes et par amour pour la patrie, à t'offrir, *sans qu'il t'en coûte aucun effort*, une souveraineté que nos aïeux se disputaient les armes à la main, et que je n'ai obtenue que par des combats. »

Hominumque consensu. Le sénat l'avait librement élu empereur, lorsqu'il était encore en Espagne.

Principatum. Du temps de la république, dit Ferlet, le citoyen le plus distingué du sénat, surtout par sa vertu, était mis le premier sur la liste du cens, et appelé *princeps senatus*. C'est ce titre modeste et républicain qu'Auguste s'était fait donner, et sous lequel il couvrit son ambition. Ses successeurs lui donnèrent une signification beaucoup plus étendue.

Ego, in republica.

>Jule et le grand Auguste ont choisi dans leur sang
>Ou dans leur alliance à qui laisser ce rang ;
>Moi, sans considérer aucun nœud domestique,
>J'ai fait ce choix comme eux, mais dans la république.
>Je l'ai fait de Pison.
>
> Corn., *Othon*, act. III, sc. 3.

Socios belli. Ceux qui à la guerre m'ont aidé de leurs conseils et de leurs exploits, comme autrefois Agrippa à l'égard d'Auguste.

Neque ipse imperium ambitione accepi. Cette phrase me paraît signifier : « Je n'ai point accepté l'empire par ambition. » Et j'ai cru devoir adopter ce sens contre l'opinion de M. Burnouf.

Est tibi frater. Celui dont il est question plus bas, IV, 39 et 47 : *ferebatur Antonius Scribonianum Crassum, egregiis majoribus et fraterna imagine fulgentem, ad capessendam rempublicam hortatus.*

Per obsequium imminuent. Cette leçon de Juste-Lipse est confirmée par les manuscrits du Vatican, de Florence, de Guelfe, par l'édition *princeps* et par Béroald. Mais ce passage a été singulièrement tourmenté : la plupart des traducteurs l'ont entendu comme s'il y avait *imminuent tuam fidem*, au lieu, dit M. Dureau-Delamalle, qu'il faut sous-entendre *suam*, comme l'a très-bien remarqué le père Dotteville. Ferlet l'explique comme s'il y avait *apud alios per obsequium imminuentur* : « supérieur par votre état même à toute espèce de considération étrangère, vous serez toujours fidèle à la probité, à la vérité, à l'amitié. Mais les courtisans regarderont la complaisance comme leur premier devoir, et lui sacrifieront tout, jusqu'à la vertu. »

Irrumpet. Tout le monde, dit Ferlet, sent la force pittoresque de ce mot. Vous aurez beau opposer mille obstacles à la flatterie, elle franchira, elle brisera tout, pour pénétrer jusqu'à vous.

Cum fortuna nostra. Expression hardie, comme tant d'autres, dont Tacite est rempli. Ce n'est pas, dit très-bien Ferlet, à la personne que parlent les courtisans, c'est à la place.

Cap. XVI. *Etiam, si immensum imperii corpus, etc.* Telle est la leçon d'Oberlin qui, en revanche, supprime *etiam* à la phrase précédente, *etiam ego ac tu, etc.* M. Burnouf croit que ce changement est inutile, et n'est pas suffisamment autorisé. *Voyez* Heinsius *sur* VELL. PAT., II, 109. *Voyez* aussi l'imitation de ce passage par Corneille, tragédie d'*Othon*, acte III, scène 3, et en général, dans toute cette tragédie, une foule d'autres imitations de Tacite :

Mais cet empire immense est trop vaste pour elle, etc.

Loco libertatis. Après l'expulsion des rois, le sénat, d'abord seul, ensuite joint au peuple, qui, mécontent de son représentant, avait voulu exercer par lui-même ses droits, choisissait les magistrats et les généraux. C'est ce temps que Galba appelle *libertas*. Or cet empereur venait d'être élu librement par le sénat, redevenu seul souverain; et ce droit d'élection, dont le sénat s'était ressaisi, semblait, dit Ferlet, retracer et rappeler l'ancienne république.

Quod eligi cœpimus. Si Galba est le premier qui ait été élu, tous ses prédécesseurs, depuis César inclusivement, ne l'avaient donc pas été ; leur nomination fut donc illégale ou forcée ; ils furent donc tous des usurpateurs.

Nam generari et nasci a principibus, fortuitum, nec ultra œstimatur. M. Burnouf traduit : « Naître du sang des princes est une chance du hasard, devant laquelle tout examen s'arrête. » Il nous semble que ce savant professeur s'éloigne un peu du sens de Tacite, et que *nec ultra œstimatur* ne veut pas dire *devant laquelle tout examen s'arrête...* *Generari et*, non plus, ne sont pas rendus, et il n'a pas dû trouver ces mots superflus. On lit dans notre traduction : « Descendre ou naître des princes est l'effet du hasard, rien de plus. »

Consensu. Par le consentement unanime de la nation.

Sit ante oculos Nero, quem longa Cœsarum serie tumentem, non Vindex cum inermi provincia, aut ego cum una legione, sed sua immanitas, sua luxuria, cervicibus publicis depulere. « Que Néron (dit M. Burnouf dans sa traduction) soit devant tes yeux : *ce superbe héritier de tant de Césars*, ce n'est pas Vindex à la tête d'une province désarmée, ce n'est pas moi avec une seule légion, c'est sa barbarie, *ce sont ses débauches qui l'ont renversé de dessus nos têtes.* » Cette métaphore nous a semblé un peu hardie ; il y a, il est vrai, dans le texte, *sua luxuria cervicibus publicis depulere*, et *publicis* n'est pas rendu, parce que le traducteur ne pouvait dire *nos têtes publiques ;* mais *cervicibus* n'a-t-il pas ici plutôt le sens de *verticibus publicis ?* C'est au moins celui que nous avons adopté en traduisant : *qui le précipitèrent du faîte des grandeurs publiques.* De plus, *quem longa Cœsarum serie tumentem*, ne veut pas dire, selon nous, *ce superbe héritier de tant de Césars.* Nous avons espéré nous approcher davantage du texte en mettant « Aie toujours devant les yeux ce Néron, *qui, si fier de la longue série de Césars, ses aïeux*, etc. »

Non Vindex. Julius Vindex, dans les Gaules, avait le premier levé l'étendart contre Néron. Il périt sous les murs de Besançon, dans une bataille engagée entre ses troupes et les légions de Verginius, sans la participation des chefs. Toutefois l'impulsion était donnée; et pendant que Galba se mettait en possession de l'empire, les soldats de Verginius, rebutés de la vertu d'un général qui se refusait à leurs vœux, se tournèrent du côté de Vitellius, et le proclamèrent empereur.

Cum una legione. Quoi! avec une seule? dit Juste-Lipse; mais nous avons vu précédemment qu'il y en avait trois dans cette partie de l'Espagne, et τρία τάγματα, trois légions; c'est ainsi qu'aurait dû traduire l'interprète, et non *cohortes*. Strabon, liv. III, l'indique ainsi sous Auguste, et notre auteur, sous Tibère (*Ann.*, IV, 5) : *Hispaniæ*, dit-il, *recens perdomitæ tribus habebantur*. Mais par ces paroles mêmes, il fait entendre que cela a changé, et que les légions furent diminuées, quand, avec le temps, le courage de cette nation a été affaibli et abattu. C'est pourquoi, dans la Tarraconnaise, dont Galba fut gouverneur, il n'y avait alors qu'une légion. Suétone, dans *Galba*, X, dit que l'armée était *legionis unius, alarum duarum, trium cohortium*. Nous apprenons cependant, *Hist.*, v, 16, qu'il y a eu une sixième légion.

Duæ legiones. Il désigne la quatrième et la dix-huitième, comme on le verra, chap. XVIII.

Desinam videri senex. Cette politique, comme le remarque M. Burnouf, après Ferlet, est celle qui dirigeait Nerva quand il adopta Trajan. Mais Trajan était le plus grand capitaine de l'empire, et Pison un jeune homme sans expérience. Pourquoi Galba n'eût-il pas l'idée ou le pouvoir d'adopter Verginius, qui était un homme aussi imposant par sa réputation militaire et par ses vertus. La vie de Verginius ayant été aussi longue que glorieuse, puisqu'il ne mourut que sous Nerva, s'il avait été adopté par Galba, et qu'il eût fourni la même carrière, il n'y aurait eu de place ni pour Othon, ni pour Vitellius, ni pour Domitien.

Certa dominorum domus, et ceteri servi. C'est-à-dire les lois n'ont pas établi ici, comme chez les nations asservies à des rois, un despotisme héréditaire d'un côté, et de l'autre l'esclavage.

Ceteri tanquam cum facto loquebantur. « Les autres s'exprimèrent comme si cet empereur était déjà sur le trône, » a traduit M. Burnouf. Pison n'a pu même un seul instant recevoir le titre d'empereur. Tacite a voulu dire, je crois, « Ils parlèrent à Pison comme si déjà il eût été empereur. »

Cap. XVII. *In castris.* Le camp des prétoriens, qui était placé aux portes de Rome. *Voyez* Suét., *Claud.*, XXI.

Cap. XVIII. *Quartum idus januarias.* Le quatre avant les ides de janvier, c'est-à-dire le 10 de janvier, les ides étant le 13 de ce mois.

Fœdum imbribus diem, tonitrua et fulgura et cœlestes minæ ultra solitum turbaverant. Nous voyons dans la traduction de M. Burnouf : « La journée du 10 janvier fut des plus orageuses : la pluie, le tonnerre, les éclairs, toutes les menaces du ciel la troublèrent à l'envi. » Nous croyons que M. Burnouf n'a pas saisi le sens de *fœdum imbribus diem*, et qu'il a manqué la couleur de Tacite, en mettant cette pâle expression : *journée des plus orageuses*, qui, d'ailleurs, est plus employée aujourd'hui pour rappeler des causes morales que des causes physiques. Enfin, *à l'envi*, pour *ultra solitum*, est, selon nous, un contre-sens. Notre traduction porte : « Le 4 des ides de janvier, des tonnerres, des éclairs, et toutes les menaces célestes avaient troublé extraordinairement l'air chargé d'affreux nuages. »

Observatum id. Cela était observé de tout temps dans les comices qui devaient être dissous, c'est-à-dire de pareils orages n'avaient jamais manqué de faire rompre les assemblées ; celui-ci n'empêcha pas Galba de.... etc. *Voyez*, à ce sujet, Cicéron, *de Divin.*, II, 18. Ferlet et Ernesti.

Non vitantur. Les manuscrits et les diverses éditions flottent entre *vitantur*, *vitentur*, *vitarentur* et *vertantur* ; et, parmi les commentateurs et les traducteurs, les uns regardent cette pensée comme venant de Galba, les autres comme venant de Tacite ; M. Burnouf est du nombre de ces derniers. « Ces paroles, dit-il, ne sont pas le jugement de Galba, mais celui de Tacite. Elles ne signifient pas, comme on pourrait le croire, que « les arrêts du destin, pour être annoncés, n'en sont pas moins inévitables. » Cela va sans dire : dans l'opinion des anciens, Jupiter lui-même ne pouvait changer les destins. Tacite veut faire entendre que, non-seulement on ne peut fuir sa destinée, mais qu'en général on ne l'essaie pas même. Il semble qu'on soit dominé par un ascendant secret et invincible, et qu'on se laisse entraîner sciemment à la fatalité. Peut-être, en écrivant ces mots, l'historien pensait-il à César et aux ides de mars. »

Imperatoria brevitate. On lit dans M. Burnouf : « avec la brièveté du commandement. » Galba alors ne commandait pas, il haranguait. Nous avons traduit : « avec cette brièveté qui sied à un chef. »

Quo vir virum legeret. Tite-Live, dit M. Burnouf, rapporte deux exemples de cette pratique, un chez les Étrusques, IX, 39 ; un autre chez les Samnites, X, 38. Ce moyen paraît avoir été usité dans les armées romaines, quand on voulait former un corps d'élite pour quelque expédition dangereuse. Au moins Galba y fait ici allusion, et la même allusion à cet usage se trouve dans Cicéron, *Pro Milone,* 21. Il est vrai toutefois de dire que, lorsqu'on formait une légion, les six tribuns désignés d'avance pour la commander choisissaient réellement, homme par homme, entre les citoyens appelés au recrutement. Peut-être n'est-il ici question que de cet usage. *Voyez* AURELIUS VICTOR, V, L, 18, 19.

Duodevicesimam. On voit, liv. V, ch. 1, que la vingt-deuxième légion était en Égypte et non en Germanie. *Duodevicesimam* est la leçon de tous les manuscrits, et c'est ainsi qu'on lit aussi ch. 55. Le P. Brotier et bien d'autres, avec Pichena, ont donc eu tort de mettre *duoetvicesimam.*

Donativi necessitatem. Du temps d'Auguste, de Tibère, et même de Caligula, on ne connaissait point encore ces libéralités qui furent, depuis, connues sous le nom de *donativum,* et, dans le Bas-Empire, sous celui d'*Augustiaticum.* Elles dûrent leur origine à Claude. *Le premier des Césars,* dit Suétone, *il acheta la fidélité du soldat* (DELAMALLE). « C'était une ancienne coutume des Romains, que celui qui triomphait distribuait quelques deniers à chaque soldat; c'était peu de chose : dans les guerres civiles, on augmenta ces dons. On les faisait autrefois de l'argent pris sur les ennemis : dans ces temps malheureux, on donna celui des citoyens, et les soldats voulaient un partage là où il n'y avait pas de butin. Ces distributions n'avaient lieu qu'après une guerre : Néron les fit pendant la paix. Les soldats s'y accoutumèrent, et ils frémirent contre Galba, qui leur disait avec courage, « qu'il ne savait pas les acheter, mais qu'il savait les choisir. » Voyez *Annales*, XII, 41; MONTESQUIEU, *Grand. des Rom.*, ch. 15.

CAP. XIX. *Majore prœtextu.* Je pense, dit Ernesti, que cela doit s'entendre de l'éclat et de la dignité d'une telle députation, comme notre auteur le dit ailleurs (*Voyez* ch. 76 et autres; *voy.* aussi GRONOVIUS, *sur Sénèque*, ep. 71). Voici donc le sens : « afin que la députation ait plus de dignité. » Et cette délibération secrète fut de Galba, et non du sénat, et fut prise entre amis. M. Burnouf l'entend de même, et l'explique ainsi : *ut majorem speciem ac dignitatem prœ se ferret legatio.*

Consilio intercessit. Lacon s'opposa au dessein d'envoyer Pison, afin de n'être pas obligé de l'accompagner. Du reste, l'ambassade partit, mais elle fut rappelée par Othon, qui nomma d'autres députés. *Voyez* ch. 74.

CAP. XX. *Proxima pecuniæ cura.* Tillemont fait sur ce chapitre cette note judicieuse : « Tacite met l'ordre de retirer les libéralités de Néron après l'adoption de Pison, c'est-à-dire quatre jours au plus avant la mort de Galba. Mais les suites que Tacite même et Plutarque donnent à cette ordonnance, et qui s'étendirent jusque dans la Grèce, selon Dion, ne permettent point de croire qu'elle ait été faite si tard. » Il n'est pas aisé de concevoir, dit Ferlet, comment toutes ces recherches et toutes ces ventes ont pu se faire dans l'espace de quatre jours, depuis celui où Galba adopta Pison, jusqu'à celui où ils périrent l'un et l'autre; ni comment Galba, naturellement avare, a pu attendre si long-temps pour se procurer de l'argent, malgré l'extrême besoin qu'il en avait. Il faut que Tacite se soit trompé de date sur un fait d'ailleurs véritable. Il faut, ajoute M. Burnouf, que Tacite ait jeté ici un fait qui n'avait pu trouver place ailleurs, sa narration ne commençant qu'au 1er janvier.

Unde. On lit ainsi dans le manuscrit du roi et dans l'édition *princeps;* d'autres lisent *ubi.*

Bis et vicies millies. On sait qu'après *decies, vicies, centies, millies,* il faut toujours sous-entendre *centena millia.* Par conséquent, c'est comme s'il y avait ici : *Bis et vicies millies centena millia sestertiorum,* c'est-à-dire deux milliards deux cents millions de sesterces. Or, d'après les savantes recherches de M. Letronne sur l'évaluation des monnaies grecques et romaines (Paris, 1817), cent sesterces valaient, de Galba à Domitien, 17 francs 79 centimes. Les prodigalités de Néron s'élevaient donc à la somme énorme de 391,380,000 francs de notre monnaie.

Appellari singulos jussit. Chacun de ceux à qui Néron avait donné. On les cita pour les sommer de rendre ce qu'ils avaient reçu, avec la permission seulement d'en garder le dixième. Suivant la grammaire, le nominatif de *jussit* est *Nero* qui précède, et, suivant le sens, c'est Galba, que les copistes ont peut-être passé.

Erga aliena. Ils avaient dépensé leurs biens propres et patrimoniaux, *sua;* Néron leur avait ensuite donné les biens d'autrui, *aliena,* et ils avaient englouti et leurs biens et ceux d'autrui, et n'avaient déjà plus rien, quoiqu'il y eût peu de mois que Néron fût mort.

Instrumenta vitiorum. Les plus corrompus de ces anciens courtisans de Néron, pour fournir à leurs plaisirs, avaient vendu les terres et les rentes dont il leur avait fait présent. Il ne leur restait plus que tous les vains et honteux objets de luxe qui servirent à satisfaire et à entretenir leurs vices.

Ambitu ac numero onerosum. A cause des perquisitions, dit Ferlet, que faisait de tous côtés cette espèce de comité des recherches, et à cause du grand nombre de membres dont il était composé. Comme ils étaient trente (cinquante, selon Suétone, ch. 15), et qu'ils s'étaient partagé les différens quartiers de Rome, il n'y en avait aucun (*ubique*) où l'on ne vît la pique fatale qui annonçait les ventes publiques, et qui ne retentît du bruit et des cris des enchères. Le mot *attamen*, qui vient ensuite, prouve qu'*onerosum* doit se rapporter à la ville et non aux commissaires, comme dit Ernesti, ni aux prévenus qui étaient forcés de leur faire leur cour, comme traduit M. Dureau-Delamalle. Cette commission, ajoute M. Burnouf, était onéreuse à la ville, et par le nombre de ses membres, qui portaient leurs investigations dans tous les quartiers à la fois, et par l'*ambition* qu'ils mettaient à se surpasser l'un l'autre pour plaire à Galba. C'était à qui lui ferait le mieux sa cour par l'activité de ses poursuites.

Hasta. Une pique dressée était le signe, l'annonce d'une vente à l'encan ; de là, dans Plaute, *sub hasta subire*, être vendu à l'encan.

CAP. XXI. *Nec Lusitaniam rursus.* Ce que Dureau-Delamalle a traduit : « Irait-il encore dans sa Lusitanie, avec les honneurs d'un second exil ? » C'est le sens que Dotteville et J.-J. Rousseau ont donné aussi à ce passage, que Gordon traduit ainsi : « Qu'il n'en serait pas quitte pour être renvoyé en Lusitanie, et pour avoir l'honneur d'un second exil. » Ce qui affirme qu'Othon serait tué, tandis que Tacite dit plus bas *occidi Othonem posse*.

Occidi Othonem posse. Antoine Augustin, selon Ursin, lisait *Pisonem*, ainsi que Groslotius, qui croyait que rien n'était plus sûr.

Transitus rerum. Les changemens de scène politique, comme traduit Ferlet ; les renversemens, les changemens de l'empire, lorsqu'il passe de l'un à l'autre, ainsi que l'explique Ernesti ; ou les époques de transition, comme M. Burnouf n'a pas craint de traduire : « L'état présent, dit-il, était un *passage*, une transition à un état que l'on se figurait plus fixe et plus durable. » C'est ainsi au reste qu'on lit, ch. 29, *res translatæ*.

Acrioris viri esse. Je ne sais pourquoi Freinshemius suspecte *acrioris*, et pourquoi Ernesti trouve qu'on ferait bien de le retrancher. On trouve ce mot dans tous les manuscrits. Sénèque emploie aussi *acres viros* en parlant de la mort de Claude, et Tacite lui-même dit plus bas, II, 5 : *Vespasianus, acer militiæ*.

CAP. XXII. *Aulam Neronis, et luxus, adulteria, matrimonia....*

ostentantes. M. Burnouf a traduit : « Étalaient à ses regards la cour de Néron et ses délices, les adultères, les mariages... » Ce n'est point, je pense, ce que veut dire Tacite : *ostentantes* veut dire ici : *ils lui parlaient avec ostentation de la cour de Néron.* Les affranchis, les esclaves d'Othon n'étaient pas assez riches pour *étaler* à ses regards *la cour de Néron*, ils lui en parlaient seulement pour le pousser à se faire empereur, et devenir assez riches pour étaler à leur tour le luxe de la cour de Néron.

Adulteria, matrimonia. Juste-Lipse voulait qu'on lût *adultera matrimonia*, et il y avait ainsi dans le manuscrit de Bude; mais la leçon commune est meilleure. Tacite fait ici allusion à Poppée, qui vécut d'abord en adultère avec le fils d'Agrippine, et ensuite devint son épouse. Néron formait et rompait ses mariages suivant sa passion, comme auparavant avait fait Claude.

Mathematicos. « Les intrigues secrètes de Poppée avaient été secondées par beaucoup d'astrologues, fatal instrument de son mariage avec un empereur. » Cette phrase, qui est du nouveau traducteur (Dureau-Delamalle), ne serait-elle pas un contre-sens perpétuel? dit Ferlet, qui la rend ainsi : « Poppée avait eu des relations intimes et secrètes avec un grand nombre d'astrologues, tristes et funestes confidens d'une impératrice, » et critique longuement la traduction qu'il cite. M. Burnouf approuve cette critique. *Matrimonii*, dit-il, comme le remarque très-bien Ferlet, signifie ici *ménage* et non *mariage;* de même que *matrimonii sui ignarus (Ann.* XI, 13) signifie que Claude ignorait ce qui se passait dans son ménage... On ne voit pas d'ailleurs que les astrologues aient contribué en rien au mariage de Poppée avec Néron. Dotteville est plus près du sens quand il traduit : *instrument bien dangereux entre les mains d'une impératrice;* mais ce n'est pas encore la pensée de Tacite. Ferlet propose : *tristes et funestes confidens d'une impératrice;* ce qui n'est aussi qu'un équivalent. Nous ajouterons que *secreta Poppææ* ne signifie pas *les intrigues secrètes de Poppée*, mais son *intérieur*, comme dans la phrase, *specie artis frequens secretis (Ann.* IV, 3).

Tanquam peritia. Othon prenait pour connaissance réelle de l'avenir ce qui n'avait été que le fruit des conjectures, et le résultat des raisonnemens que le public se permettait.

Credendi. Au lieu de *credi* qu'on lisait, Pichena avait proposé *credendi*, et Juste-Lipse était pour cette leçon, que nous avons aussi adoptée. Petau et Huet ont corrigé *credentis*, ce que Brotier a admis; mais, au lieu d'être un homme profond, il pense que c'est un esprit qui se plaît à croire ce qui est obscur et les rêves de son imagination. *Cf.* PLINE, 30, 1.

Ptolemæus. Suétone, ch. 4, l'appelle *Seleucus*. Oudendorp a démontré que c'était la même personne.

Sceleris instinctor. La mort de Galba.

CAP. XXIII. *An repens.* Acidalius aimerait mieux *an recens*.

CAP. XXIV. *Centenos nummos.* Suétone ajoute *aureos*; en effet l'*aureus* valut toujours 25 deniers ou 100 sesterces. Sous Othon, la valeur de l'*aureus* était de 17 fr. 79 cent. selon M. Letronne.

Speculatori. Puteol., Bernecc., etc., ont *spiculatori;* mais tous les manuscrits et l'édition Princeps donnent l'orthographe que nous suivons, comme les inscriptions lapidaires et les médailles de Marc-Antoine, qui font mention, les premières, d'une *schola speculatorum*, les secondes, d'une *cohortis speculatorum*. Dans Suétone, *Calig.*, 52, on lit *caliga speculatoria*. Juste-Lipse croit que les spéculateurs étaient des gardes du corps de l'empereur, qui veillaient à sa sûreté, et que c'est ce qui leur a fait donner ce nom. Suidas explique σπεκουλάτωρα par τὸν δορυφόρον; et on les trouve, dans Tacite et dans Suétone, parmi les premiers gardes. Ils avaient pour arme la lance, comme l'indique le nom que leur donne Suidas, d'après Josèphe, *Guerre des Juifs*, 3, 6, où le mot λογχοφόρους signifie les lanciers, et, d'après ce qu'en dit Suétone, *Claud.*, 35, et *Galba*, 18. « Ce sont eux que le siècle suivant paraît avoir nommés *scultatores*, pour *auscultatores*, comme, à mon avis, dit Juste-Lipse, l'a très-bien remarqué Cujas, *Obs.* 6, 33. » C'est plutôt par contraction de *speculatores;* par conséquent, c'est le même nom altéré, et non pas un nom différent. D'après l'étymologie du mot, dit M. Burnouf, on appelait *speculatores* des soldats qui servaient d'éclaireurs en campagne, et d'espions dans le camp ennemi ou dans les villes assiégées. Sous les premiers empereurs, un corps de *spéculateurs* était attaché à la garde du prince; et il paraît, d'après une inscription de l'an 228 de J.-C., que cite Lebeau, *dix-septième Mémoire sur la légion romaine*, qu'il y en avait dix par légion.

Præfecti. De Cornelius *Lacon*, préfet du prétoire.

Cap. xxv. *Tesserarium.* Les *tesserarii milites* étaient des soldats qui portaient et faisaient passer à toute la légion l'ordre ou le mot du guet, tracé sur une *tessère* ou tablette de métal ou de bois, nommée ainsi du grec τέσσαρες, quatre, parce qu'elle était carrée. L'emploi de *tesséraire* était permanent. *Voyez* Lebeau, *dix-septième Mémoire.*

Optionem. Soldat, selon Végèce, II, 7, qui distribuait les munitions de bouche à la chambrée, ou, selon Varron, soldat surnuméraire, dans une cohorte ou dans une légion, pour remplir la place d'un autre. *Optiones ab optando appellati*, dit Végèce, qui ajoute que les *optiones* tenaient la place des centurions en cas de maladie, *tanquam adoptati atque eorum vicarii.* L'*option* était le grade immédiatement au dessous de celui de centurion ; il répond à peu près à celui de *lieutenant* parmi nous. L'*option* était placé à la queue de la centurie, le centurion à la tête. *Voyez* Lebeau, *dix-septième Mémoire sur la légion*, Acad. inscr., XXXVII, 171. En effet, il paraît qu'il y en avait dans chaque centurie, à en juger d'après une inscription du Picenum. *Voy.* Gruter, p. 551. On lit *optionem* dans les manuscrits de Florence, de Bude et dans l'édition Princeps ; mais le manuscrit de Guelfe, l'édition de Puteol. et les suivantes, jusqu'à Juste-Lipse, portent *othonem.*

Manipulares. Simples soldats. Le P. Brotier dit que *tesserarius* et *optio* étaient des officiers, et répondaient à nos *majors* et *aide-majors.* Suivant Tacite, ce n'étaient que de simples soldats, *manipulares*, et voilà ce qui rendait la chose plus étonnante.

Per beneficia Nymphidii. On appelait, dit Ferlet, *beneficiarius*, un soldat ou un officier, relativement au général qui lui avait donné de l'avancement. Il était aisé de faire croire que Galba voulait destituer ceux que Nymphidius avait avancés dans le service, comme étant ses créatures et ses complices.

Mutandæ militiæ. Ces mots, comme le dit Dureau-Delamalle, ne signifient pas *la crainte d'une réforme, d'un changement* dans la milice; mais le passage d'un service dans un autre : c'était une des punitions, une espèce de dégradation qu'on infligeait aux soldats, de les faire passer d'un corps dans un autre qui était moins considéré. Or, le service dans la flotte était le moindre de tous, tandis que celui des prétoriens était le plus recherché, ensuite celui des légionnaires, puis celui des auxiliaires.

Terrebantur. D'autres lisent *exterrebantur*, mais sans autorité.

CAP. XXVI. *Et auxiliorum.* Des légions et des auxiliaires qui étaient alors à Rome, comme nous l'avons vu, ch. 6.

Postero iduum die. Le P. Brotier, à l'imitation de Juste-Lipse, dit Ferlet, veut qu'on efface *die;* j'y consens, pourvu qu'on le sous-entende : mais, ce que ne propose pas Juste-Lipse, le P. Brotier veut qu'on mette *pridie* à la place de *postero die*, la veille à la place du lendemain, le 12 au lieu du 14, et il est suivi par le nouveau traducteur. Je vois encore moins la nécessité de ce second changement que du premier. « C'est inutilement, je crois, dit aussi M. Burnouf, que plusieurs commentateurs veulent changer ce texte, et que Dureau-Delamalle traduit comme s'il y avait *pridie iduum*, c'est-à-dire le 12 janvier au lieu du 14. Au reste, on peut comparer ce récit avec ce que raconte Suétone, *Othon,* VI.

Sed ne per tenebras, ut quisque pannonici vel germanici exercitus militibus oblatus esset, ignorantibus plerisque, *pro Othone destinaretur.* M. Burnouf a traduit : « Mais ils voulaient éviter que le premier qui serait offert aux soldats du Rhin et de Pannonie ne fût, dans les ténèbres, proclamé pour Othon, *que la plupart ne connaissaient pas.* » Ce n'est point là, à notre avis, le sens de Tacite : nous avons cru devoir traduire *ignorantibus plerisque* par *étrangers au complot,* d'abord parce que c'est la signification naturelle du verbe latin *ignorare,* dont l'objet est plutôt une chose qu'une personne; ensuite, par la place qu'occupent les mots *per tenebras,* que Tacite aurait certainement plus rapprochés des mots *ignorantibus plerisque,* dont ils seraient le complément. Ce qui précède nous a confirmés encore dans le sens que nous avons adopté. *Nisi incerta noctis, et tota urbe sparsa militum castra, nec facilem inter temulentos consensum :* tout cela justifie les craintes qu'ils avaient qu'au milieu de tant d'obstacles, au milieu de l'ivresse d'un grand nombre de soldats, le premier qui serait offert ne fût proclamé. C'est l'ignorance des soldats et la difficulté de s'entendre dans l'ivresse qui les auraient portés à élire le premier venu, plutôt qu'une erreur qui leur eût fait prendre pour Othon le premier qui se fût offert.

Cap. XXVII. *Octodecimo kalendas februarii.* Le 15 janvier.

Per Tiberianam domum. « Othon, dit Ferlet, pour qu'on ne s'aperçoive pas qu'il va au camp des prétoriens, prend une route opposée, gagnant *la maison de Tibère*, placée sur les derrières du palais, et descendant ensuite au *Velabrum*, près du Tibre; mais bientôt il remonte vers le temple de Saturne, en traversant le *forum*, et vers le *Milliaire d'Or*, pour se rendre par la voie haute, *alta semita*. » Le *Velabrum* était dans l'origine un marais que l'on passait en bateau, entre le forum et le mont Aventin. Quand il fut desséché, la place en conserva toujours le nom. Son nom vient de *velum* et *fero*, porte-voile, *veliferum stagnum*. Properce, IV, 9, 5, fait allusion à cette étymologie dans ce distique :

> Qua *Velabra* suo stagnabant flumine, quaque
> Nauta per urbanas *velificabat* aquas.

Milliarium aureum. Colonne milliaire dorée que l'empereur Auguste fit élever à l'entrée du forum, et de laquelle on comptait les distances sur toutes les voies. *Voyez* Plutarque, *Galba*, ch. 24, et Dion, 54, 8. *Voyez* aussi Pline, qui dit qu'il la plaça *in capite romani fori.* Victor, dans sa *Description de Rome*, la met près de la rue Jugarienne : *ædes Opis et Saturni in vico jugario, Milliarium aureum.*

Conscientia. Parce qu'ils étaient complices.

Miraculo. Par étonnement.

Pars clamore et gladiis. Gladiis se trouve dans tous les manuscrits, y compris celui de Bude, et celui du roi, n° 6118. Faerne, Muret, Acidalius, Deux-Ponts, Oberlin et d'autres, corrigent *gaudiis* en *gaudio*, comme Pichena; mais, dit très-bien M. Burnouf, le sens de *gladiis* est fort clair, et il est inutile de changer ce mot.

Cap. XXVIII. *Julius Martialis.* Ryckius soupçonne que ce Julius Martialis est celui sur la bibliothèque duquel il existe une épigramme de Martial.

Cap. xxix. *Pertentari.* C'est ainsi qu'on lit dans presque tous les manuscrits. Juste-Lipse en a fait *prætentari.* Rhenanus a mis *tentari*, d'après le manuscrit de Bude. Les manuscrits de Florence, de Guelfe, et les éditions de Putéol., de Ber., portent *pertentari*, que Pichena a rétabli; mais l'édition Princeps met *prætentari*, comme l'a voulu depuis Juste-Lipse. C'est aussi la leçon que les éditeurs de Deux-Ponts préfèrent.
Fato. D'autres lisent *fatum.*
Maxime. Comme s'il y avait *quam maxime.*

Cap. xxx. *Minus triginta transfugæ.* Voyez le ch. 27.
Datur pour *dabitur.* « Nous vous donnerons, comme l'explique Ferlet énergiquement, si vous ne nous tuez pas, autant qu'on veut vous donner pour nous tuer. » Pison a dit au commencement de son discours que le sort de la maison impériale et celui de l'état étaient dans les mains des soldats. Il marchande ici avec eux pour sa vie et pour celle de son père adoptif. Transaction tardive, ajoute M. Burnouf, avec des gens auxquels on avait dit qu'on ne savait pas les acheter.
Sed perinde a nobis donaticum ob fidem quam ab aliis pro facinore accipietis. M. Burnouf a traduit : « Vous recevrez de nous le don militaire comme prix de la fidélité, aussi bien que des rebelles comme salaire du crime. » En rendant ce même passage de Tacite, nous avons essayé aussi de lutter de clarté avec notre auteur ; nous avons mis : « Nous offrons donc à votre fidélité les récompenses qu'on vous offre pour un crime. »

Cap. xxxi. *Dilapsis speculatoribus.* Chaque cohorte avait donc, dit Ferlet, un certain nombre de spéculateurs.
Evenit, forte. Ce passage est corrompu. Le manuscrit de Bude porte *evectior ire*, celui de Florence et celui du Roi *eventior te*, corruption manifeste, dit avec raison M. Burnouf, de *evenit forte*, comme lit Pichena, et comme l'approuvent J. Gronovius et Ernesti. Guelfe lit *timore*, comme tous les éditeurs jusqu'à Pichena, si ce n'est l'édition Princeps, qui a *evectior re*. Freinshemius pro-

pose et Ferlet adopte *more*, qu'il traduit par l'habitude d'obéir, par routine.

Missus et Celsus Marius. Juste-Lipse pense que c'est parce qu'il était connu d'eux, et qu'il avait fait la guerre en Illyrie. Tacite dit, XV, 25 : *Legio decima quinta ducente Mario Celso e Pannonia adjecta est.* Il paraît donc avoir été le lieutenant de cette légion. *Conférez* le ch. 14.

Vipsania in porticu. Ce portique, qui tirait sans doute son nom de Vipsanius Agrippa, et qui était nommé aussi le portique de Neptune ou des Argonautes, était dans la neuvième région de Rome, dans le Champ-de-Mars, hors de la ville; car il n'y avait pas de casernes à Rome. Les soldats hors des rangs avaient coutume d'habiter les portiques ou les temples. Tacite dit plus bas, II, 93 : *Sed miles in porticibus aut delubris.* Les soldats de la garde prétorienne couchaient eux-mêmes sous les portiques du palais.

Primipilaribus. Qui avaient été centurions de la première centurie d'une légion. *Voyez* LE BEAU.

Libertatis atrio. Il était sur le mont Aventin.

Legioni classicæ. C'est celle appelée *prima legio Adjutrix classicorum*, dont nous avons parlé plus haut. C'était donc réellement une légion, au lieu que les *classici* n'en formaient point une, comme on le verra.

Commilitonum. Les meurtriers de Galba, en qualité de soldats de marine, étaient les camarades de ceux-ci (*commilitonum*), quoique n'appartenant pas au même corps.

Celsum. Bude : *Festum Celsum.*

Ingestis pilis. Nous avons adopté cette leçon, qui est celle des manuscrits de Bude, d'Agr., du Roi, de Lall. et de l'édition Princeps; et *incestis*, dans le manuscrit de Florence, semble appuyer cette leçon; mais Brotier, les édit. de Deux-Ponts et les autres ont mis *infestis*.

Placatis, pour *placidis.* Ces soldats étaient bien disposés en faveur de Galba, parce que, etc.

A Nerone Alexandriam præmissos. Tacite a dit, ch. 6, que Néron avait aussi envoyé des détachemens de ces mêmes légions de Germanie en Albanie. *Voyez* SUÉTONE, *Néron*, 19.

Cap. xxxii. *Exitium.* C'est ainsi que lisent Acidalius, Ernesti, Brotier, Lall. et Deux-Ponts. On lisait auparavant *exilium.* La correction est autorisée par le chap. 72, où l'on a obtenu *exitium*, et par le ch. 37, où Othon dit qu'on demande des supplices, *supplicia.*

Sed tradito more, quemcunque principem adulandi, etc. M. Burnouf a rendu : *quemcunque principem* par *indistinctement tous les princes.* Suivant nous, c'est trop généraliser le sens de Tacite, et nous avons traduit : *un prince, quel qu'il soit.*

Eundi ultro. Ryck. l'explique par *sponte se offerendi*, les édit. de Deux-Ponts par *domo procedendi.*

Cap. xxxiii. *Trepidaturum etiam Othonem, qui furtim digressus, ad ignaros illatus, cunctatione nunc et segnitia terentium tempus, imitari principem discat.* M. Burnouf a traduit : « Que l'épouvante saisirait même Othon, qui, furtivement échappé du temple, porté dans le camp sans y être attendu, profitait maintenant, pour étudier le rôle d'empereur, de tout le temps perdu dans ces lâches délais. » Nous avons essayé, en étant plus littéral, de n'être pas moins exact. Notre traduction porte : « Othon même en serait saisi de terreur. Furtivement échappé du temple, on le porte vers des gens qui ignorent ses projets ; mais déjà, grâce aux hésitations et à l'indolence de ceux qui ne savent que perdre les momens, il a le temps d'apprendre à jouer le rôle d'empereur. »

Non exspectandum. Freinshemius pense que la harangue aurait plus de force si on lisait *an*, comme l. ii, ch. 77 des *Ann.* ; ce qui est vrai, dit Ernesti, mais *num* eût été plus coulant, comme l'a remarqué J. Gronovius, et j'ajouterai qu'il s'éloigne moins de *non*, qui a bien pu être écrit pour *num*.

Et præclarum in servis auxilium, si consensus tantæ multitudinis, et, quæ plurimum valet, prima indignatio elanguescat. M. Burnouf a traduit : « Quel merveilleux secours on tirerait des esclaves, si l'ardeur d'une immense multitude et sa première indignation, toujours si redoutable, venaient à languir et à s'éteindre. » Nous avons cru voir dans Tacite un sens différent de celui qu'a adopté M. Burnouf, et nous avons traduit : « Les esclaves offraient encore un utile secours, tant que cette immense multitude était sans accord, et que sa première fureur, toujours si puissante, n'avait pas éclaté. » Ceux qui donnaient ces avis étaient ceux auxquels il paraissait indispensable de se hâter : *Festinandum ceteris videbatur*. Ils doivent donc dire qu'il faut agir avant que la première fureur de la multitude n'ait éclaté. Tacite n'a pu leur faire dire que « *les esclaves seraient d'un grand secours sitôt que la fureur de la multitude viendrait à languir et à s'éteindre*. Si telle eût été la pensée de Tacite, il eût dit : *Si.... elanguescet*. Il a dit au contraire : *Si.... elanguescat*, comme d'une chose présente, qui signifie ici *si* quidem *elanguescat*, et devrait en français se traduire littéralement par ces mots : *Puisque l'accord et la première indignation de la multitude est encore languissante*, c'est-à-dire n'a pas encore pris toute sa force. *Languescere* ne suppose pas toujours la perte et l'extinction des forces, mais il signifie également l'absence ou la non-acquisition de ces mêmes forces; et c'est là, à notre avis, le sens de Tacite. Et d'ailleurs cette expression, *elanguescat*, qui s'applique également aux mots *consensus multitudinis*, nous confirme entièrement dans le sens que nous avons adopté. En effet, Othon ayant été, comme il est dit plus haut, porté dans un camp où il n'était pas attendu, *ad ignaros illatus*, les conjurés ne se composant que d'une trentaine de déserteurs et de transfuges, *minus triginta transfugæ et desertores*, l'accord ne pouvait être unanime, *si.... elanguescat*. Tacite ne peut donc faire dire aux conseillers de Pison : si cet accord vient à languir et s'éteindre; il dit au contraire : puisque cet accord est encore *languissant*. Il ne pouvait en effet que s'accroître de plus en plus. M. Burnouf a senti la difficulté; aussi a-t-il cherché à l'éluder en traduisant *consensus multitudinis* par *l'ardeur de la multitude*. De plus, il est dit au commencement de ce chapitre : *Festinandum ceteris videbatur, antequam cresceret invalida adhuc conjuratio paucorum*. Tacite a-t-il pu dire dans le même chapitre ce que M. Burnouf lui fait dire dans le passage que nous avons traduit d'une manière si différente de la sienne ?

Indignatio elanguescat. Le manuscrit de Florence a *indignatio languescat* : mais Gronovius a corrigé *indignatio elanguescat*, ce qu'approuve Ernesti, et ce qu'ont reçu Lall., Dotteville et Oberlin, qui remarque qu'on lit de même au chap. 46, et IV, 42.

Cap. XXXIV. *Facilius de odio creditur.* Le P. Dotteville a traduit comme si cette phrase se rapportait uniquement à la haine de Pison contre Vinius. C'est une maxime générale puisée dans une profonde connaissance de la malignité du cœur humain. Dureau-Delamalle a bien saisi le sens de cette phrase, et le P. Dotteville y est revenu dans sa seconde édition.

Credula fama. Ferlet pense, avec Ernesti, que l'adjectif *credula* est pris passivement. M. Burnouf ne le croit pas. Ici, et très souvent dans Tacite, dit-il, *fama* n'est point simplement une *nouvelle* que l'on raconte, c'est la renommée qui accueille les bruits et qui les répète ; c'est l'*opinion* qui écoute les récits et qui les juge. Elle est crédule quand l'évènement annoncé la flatte, elle l'est encore quand elle n'y prend pas assez d'intérêt pour en vérifier la réalité. Or, de ces deux espèces de gens, ajoute-t-il avec Ferlet, qu'était composée toute cette multitude, les amis de Galba désiraient qu'il eût le dessus ; quant aux autres, cela leur était indifférent.

Mixtis jam Othonianis. Par des partisans d'Othon, qui s'étaient venus mêler dans la foule. Heinsius lit *immissis clam Othonianis*, et cite *immissis percussoribus*, *Ann.*, III, 16, pour appuyer cette leçon.

Vulgaverint. C'est ainsi qu'on lit dans les manuscrits et dans l'édition Princeps. D'autres ont *vulgaverant*.

Cap. XXXV. *Irruenti turbæ.* Rhenanus, en suivant le manuscrit de Bude, a lu *irruente turba;* ce qu'approuve Ferlet, dans ce sens que, la foule se précipitant sur Galba, il ne pouvait se soutenir à cause de son grand âge.

Neque ætate. Ces deux mots sont omis dans le manuscrit de Bude.

Sistens. Le manuscrit d'Agric., celui du Roi et l'édition Princeps ont *insistens.* Juste-Lipse aimerait mieux *resistens*, et Ernesti aussi.

Cap. XXXVI. *Aurea Galbæ statua.* On voit également, *Ann.*, XV, 29, la statue de Néron placée entre les enseignes, sur le tribunal du lieutenant consulaire : *medio tribunal sedem curulem et sedes effigiem Neronis sustinebat.* C'était l'usage dans les camps.

Ainsi, dit très-bien M. Burnouf, les empereurs, chefs suprêmes des armées, semblaient toujours présens au milieu d'elles.

Cap. xxxvii. *Auditisne.* On pouvait en effet entendre du camp des prétoriens, placé près de la porte Nomentane, aujourd'hui la porte Pie, les clameurs du peuple qui était sur le *Forum*, et qui demandait la mort d'Othon et des conjurés. Voy. *supra*, ch. 32.

Lenitatis. Se lit dans les manuscrits de Flor., de Bude, d'Agr., de Guelfe; et Oberlin le trouve plus mordant que *levitatis*, qu'on trouve dans toutes les éditions avant Rick. et J. Gronov.

Promisit. Se rapporte à *pœna* et à *supplicium* qui sont trois lignes plus haut.

Militum. Se lit dans Bude, Flor., Agr. et l'édit. Princeps: mais Guelfe et les éditions depuis Putéol. jusqu'à Pichena, ont *civium*. Tacite entend les *classici*, dont Néron s'était proposé de faire une légion, à l'instar de celle appelée *legio prima Adjutrix classicorum*, qui joue un rôle actif dans cette scène. Ce qui ferait penser que la leçon *civium* pourrait bien être la véritable : les cohortes prétoriennes étaient composées de citoyens, et dans Rome tous les soldats, comme les citoyens, étaient en toge. *Voy.* ch. 38, *cohors togata*.

Decumari deditos. Il paraît, dit Ferlet, que Galba, après avoir fait sabrer cette légion classique qui lui demandait une aigle, l'avait encore fait *décimer*, malgré sa soumission.

Obultronii Sabini. J.-Lipse, qui a rétabli ces deux noms, en place desquels on lisait avant lui *ab Ultroniis Albini*, soupçonne que c'est celui dont parle Tacite, *Ann.* xiii, 28. Guelfe a cependant *Obultronii Albini*.

Cornelii Marcelli. Il en est mention, *Ann.* xvi, 8, et dans Suét., *Galba*, 9.

Betui Chilonis. Ernesti prétend que c'est la vraie leçon, et que J. Gronov. l'a démontré. C'est celle des manuscrits, dont celui de Bude, et des anciennes éditions. Mais Rhenanus lit *Vettii* et sa correction a été approuvée de J.-Lipse, et admise par Freinsh. et par ceux qui l'ont suivi.

Polycleti et Vatinii et Helii. Tous affranchis de Néron. *Voyez* sur Polyclète, *Ann.* xiv, 39; sur Vatinius, xv, 34; sur Helius,

XIII, 1. *Dion*, LXIII, 12 et LXIV, 3, l'appelle Ἥλιος, ce qui justifie l'orthographe d'*Helius*. *Helius* était préteur de la ville de Rome, pendant que Néron alla chanter en Grèce. Après *et Elii*, on lisait dans les manuscrits *et Alii*, dans les imprimés *et Egii*. Gronovius avait proposé de lire en place, *et Tigellini*; J. Gronovius, en place de *et Ægi* qui est dans Flor., Guelfe, etc., *Cethegi*, qui ne sont pas connus d'ailleurs dans l'histoire de Néron. Ryckius a mis *et Haloti*, d'après XII, 66, et d'après Suétone, *Galba*, 15, ce qu'a reçu Brotier. Halotus est celui qui donna le poison à Claude, *Ann.* XII, 60.

Nunc et subjectos nos habuit, tanquam suos, et viles, ut alienos. M. Burnouf a traduit : « *Régnant en sous-ordre*, il a usé de nous comme de sa chose, abusé comme de celle d'autrui. » Le *nunc* du latin n'est point rendu, à moins qu'on ne le cherche dans ces mots, *régnant en sous-ordre*, qui à leur tour ne sont point dans le texte. Le reste de la phrase offre un sens un peu différent de celui de Tacite. Nous avons cru être plus clairs, sans rien perdre de la précision et du mouvement de notre auteur, en traduisant ainsi : « *Jusqu'à ce jour*, il a usé de nous comme de ses propres sujets, et de plus nous a foulés comme des étrangers. »

Cap. XXXVIII. *Cohors togata.* La cohorte même de la garde de l'empereur était vêtue de la toge et non du *sagum*, par un reste de l'ancien usage qui ne permettait pas d'être en armes ou en habit militaire à Rome, au milieu des citoyens désarmés.

Quis mihi plurimum imputet. A la lettre : « Ils se disputeront à qui comptera le plus de choses pour moi, à qui se fera plus de titres à ma reconnaissance. »

Quod non potest laudari, nisi peractum. Ce que Racine a rendu ainsi :

> Et pour être approuvés,
> De semblables projets veulent être achevés.

Cap. XXXIX. *Haud læta retulerat.* Voy. *supra*, ch. 31, comment il avait été reçu.

Cap. XL. *Huc illuc.* On lit dans Bude *huc et illuc*, et cette leçon me paraît bonne.

Agebatur huc illuc Galba, vario turbæ fluctuantis impulsu. M. Burnouf : « Galba errait à la merci du hasard, emporté par les flots d'une multitude mobile et incertaine. » Errer suppose la solitude, le silence et l'absence des hommes. Il suppose encore des marches longues et pénibles. Il n'y a rien ici de semblable *agebatur huc illuc.* On n'erre plus du moment qu'on est emporté par les flots de ceux qui nous entourent. *A la merci du hasard* rend-il bien *huc illuc ?* Ce n'est pas errer à la merci du hasard, que d'être entraîné par l'impulsion et les fluctuations de la multitude.

Basilicis. On appelait ainsi de grands et vastes édifices d'une magnificence royale, élevés autour du *forum*, où se tenaient certains tribunaux, et où les négocians s'assemblaient pour traiter de leurs affaires, comme chez nous à la Bourse. Ce nom de *basilique* est passé à quelques églises métropolitaines.

Templis. Qui étaient le long et au bas du Capitole, et d'où la vue s'étendait sur toute la longueur du *forum* qu'ils dominaient.

Proculcato. Le manuscrit du roi a *perconculcato*, celui de Bude, *concultato.*

Cap. XLI. *Comitatæ Galbam cohortis.* Cette leçon, qui est celle de Florence, a été adoptée par Ernesti, Ryck. et Gronovius, tandis que Rhenanus, d'après le manuscrit de Bude, préfère *comitantis... cohortis.*

Atilium. C'est ainsi qu'on lit dans Bude. Florence a *Adilium.* Plutarque, ch. 26, l'appelle Ἀιτίλλιον.

Vergilionem. C'est la leçon de tous les manuscrits; mais Plutarque l'appelle *Servilio.*

Solo adflixit. On lit dans le manuscrit de Bude et dans celui du Roi *solo affixit.* La cohorte dont il s'agit ici était celle qui était de garde au palais, et qui avait suivi Galba.

Curtii lacum. Marais de Rome où s'enfonça Metius *Curtius*, général des Sabins, et où, plus tard, s'ouvrit un gouffre qui ne put être rempli que quand M. *Curtius* s'y fut précipité à cheval et tout armé, si l'on en croit ces deux traditions fabuleuses. *Voyez* Tite-Live, I, 12, et VII, 6.

Ita e republica. Le manuscrit d'Agric. et l'édition Princeps ont *ita reipublicæ.*

Non interfuit occidentium, quid diceret. M. Burnouf : « Les meurtriers trouvèrent que ses paroles étaient indifférentes. » Nous avons traduit ainsi ce passage : « Ses assassins ne prêtèrent aucune attention à ses paroles. » Et en effet, que veut dire ici Tacite ? Il tient à rapporter les dernières paroles de Galba. Les uns ont prétendu qu'il avait dit avant d'expirer : *quel mal ai-je donc fait ?* On assure plus généralement qu'il dit à ses bourreaux : *Frappez-moi, s'il est utile à la république*. Auquel de ces deux sentimens doit-on se rendre ? Ne sont-ce pas les meurtriers de Galba qui ont pu savoir plus au juste les dernières paroles de ce prince ? Tacite prévient cette objection des lecteurs, et y répond ainsi : « *Ses assassins ne prêtèrent aucune attention à ses paroles,* » occupés uniquement de leur projet et de son exécution.

Evocatum. On nommait *evocati*, dit M. Burnouf, d'après Le Beau, *dix-septième Mémoire*, les soldats qui, ayant fini leur temps de service, consentaient à s'enrôler de nouveau. Galba (Suét., 10) forma, pour la garde de sa personne, un corps d'*évocats*, tout composé de chevaliers romains qui faisaient, comme nos gardes-du-corps, le service de simples soldats, et montaient la garde à la porte de l'appartement de l'empereur. Ils s'appelaient *evocati Augusti*, et ne doivent pas être confondus avec les autres soldats émérites.

Alii Lecanium. Plutarque, *Galba*, 27, ne nomme point ces deux-ci, mais en cite d'autres, comme *Arcadius* et *Fabius Fabulus*.

Quintædecimæ legionis. Cette légion était alors sur le Rhin inférieur, mais il y avait à Rome des détachemens des armées de Germanie. *Voyez* ch. 6.

Pectus tegebatur. Agr. porte *pectus thorax tegebat*.

Cap. XLII. *Conscientiam.* Acidalius et Heinsius pensent qu'il faut ainsi lire. Ernesti, Lall. et Oberlin approuvent cette correction ; M. Burnouf la regarde comme inutile.

Cap. XLIII. *Centurio is prætoriæ cohortis, a Galba custodiæ Pisonis additus.* On lit dans les manuscrits de Farnèse, de Guelfe et de Bude, dans l'édition Princeps, et dans toutes les anciennes éditions, *ac Galbæ custodiæ a Pisone*. Juste-Lipse penchait à lire *prætorii, a Galba custodiæ Pisonis additus.* Pichena et ceux qui l'ont suivi ont mis, à cause de la leçon du manuscrit de Florence, qui ne s'en éloigne pas beaucoup : *a Galba custodi et a Pisonis additus.* Galba avait chargé Sempronius Densus, centurion de la cohorte qui était de garde au palais, laquelle s'était d'abord déclarée pour cet empereur, d'accompagner Pison au camp des prétoriens. Plutarque, *Vie de Galba,* et Dion, LXIV, 6, nomment aussi Sempronius Densus, et disent qu'il fut tué en défendant Galba.

Publici servi. Esclave appartenant à l'état, et payé par lui pour avoir soin du temple. On voit dans Cicéron *pro Cluentio*, 15, et *in Cæcilium*, 17, d'autres exemples de ces esclaves publics, qui remplissaient dans les temples les mêmes fonctions que les esclaves domestiques dans les maisons particulières.

In cædem ejus ardentes. Dureau-Delamalle lit *ardentis*, et le rapporte à Othon plutôt qu'aux soldats, parce que c'était à lui qu'importait la mort de Pison, et que Tacite ajoute, chap. 44, qu'aucun meurtre ne lui fit plus de plaisir. Mais, dit M. Burnouf, cette conjecture, qui peut être heureuse, n'est ni autorisée par les manuscrits ni indispensable.

CAP. XLIV. *Vacare gaudio.* N'avoir rien qui empêche de se livrer à la joie. C'est la leçon de tous les manuscrits, excepté de celui du Vatican, qui a *vagare gaudio*, que Juste-Lipse approuve.

Confuderat. On voit qu'Othon, dit Ferlet, n'était pas méchant par caractère, puisque la mort de Vinius et celle de Galba jettent dans son âme un sentiment de tristesse involontaire. Dion, 64, 7, peint les terreurs et les remords qui l'affligèrent dès qu'il eut consommé ses desseins et son crime.

Aquilam legionis. C'était la première Secourable des classiques (*prima Adjutrix classicorum*), la seule qui fût alors à Rome. Saville et tous les autres, excepté Ferlet et M. Burnouf, la confondent avec les *classici*.

Qui vere, qui falso. C'est ainsi qu'on lit dans le manuscrit de Rome et dans une copie de Covarruvias, ainsi que dans l'édition Princeps. Les manuscrits de Florence, de Bude, de Guelfe, ont *quive vere*, *quive falso;* d'où Acidalius propose de lire *qui vere*, *quive falso*.

Præmia. Florence, Bude et Agr. ont *præmium*, que Gronovius a reçu.

Honore Galbæ, pour *in* ou *erga Galbam*.

Munimentum ad præsens, *in posterum ultionem*. *Munimentum* et *ultionem* sont à l'accusatif, attirés par l'accusatif *omnes* qui précède, et qui est régi par *interfici jussit*. Ces accusatifs d'attraction, dit Ferlet, sont familiers à notre écrivain, dont ils secondent merveilleusement la rapidité. Tacite distingue ici clairement deux choses, *munimentum* et *ultionem*, *ad præsens* et *in posterum*. On voit la même pensée dans les *Annales*, XIII, 32, *ultioni juxta et securitati*, et XIV, 44. Aucun de nos nouveaux traducteurs n'a entendu cette phrase et n'a distingué les deux objets. Il veut parler de Dureau-Delamalle, de Dotteville et de Brotier. M. Burnouf pense de même, et cite, comme le meilleur commentaire de cette phrase, celle de Dion, XLVII, 18. « Ainsi, dit-il, le sang appelle le sang, et les supplices présens ne sont qu'un engagement à de nouveaux supplices. » Il y a plus de vingt-deux siècles que Thucydide a éloquemment démontré (III, 45) que jamais la peine de mort n'a prévenu aucune conspiration.

Cap. XLV. *In castra*. Où Othon était resté.

Exosculari. Bude a *et osculari*.

Simulatione iræ. Sénèque explique ce passage, *de Ira*, 3, 19.

Cap. XLVI. *Vacationes*. Vacances, congés ou exemptions de service. Ici c'est l'argent qu'on donnait pour les obtenir : *Pretia vacationum munerum*, comme le dit Tacite, *Ann.*, l. 1. C'étaient les centurions qui accordaient ces exemptions, et elles formaient un de leurs principaux revenus. Les soldats se plaignaient, dès l'avènement de Tibère, *Ann.* I, 17, du haut prix que les centurions mettaient à ces faveurs.

Remitterentur. Qu'on leur fît grâce de l'argent qu'il fallait donner pour ces *vacationes*; que ces exemptions fussent gratuites.

Quarta pars manipuli sparsa per commeatus, aut in ipsis castris vaga, dum mercedem centurioni exsolveret; neque modum oneris quisquam, neque genus quæstus pensi habebat. M. Burnouf traduit:

« Le quart de chaque manipule était épars loin des drapeaux, ou promenait son oisiveté dans le camp même, pourvu que le centurion eût reçu le prix des congés : *et l'on ne mettait ni proportion dans les charges, ni scrupule dans les moyens d'y suffire.* » La dernière phrase de ce passage, dans Tacite, nous a présenté un sens tout différent du sens de M. Burnouf; nous croyons cependant avoir bien saisi celui de notre auteur. Selon nous, sa phrase est le dernier trait dont il achève de peindre le caractère du soldat, en tous temps et partout le même, parce que sa condition a toujours été à peu près égale partout. Incurie, voilà le fond de son caractère; exemption de service, son plus grand désir. Le soldat romain a payé pour être libre un moment, il l'est; que lui importe le reste? Personne, parmi eux, *neque quisquam,* ne s'embarrassait de ce mode d'impôt, *pensi habebat modum oneris,* ni de ce genre de profit, *neque genus quæstus.* »

Vacationem emeret. Bien plus, on forçait, par une dureté affectée, ceux qui ne demandaient pas de ces congés, à en acheter lorsqu'ils étaient riches. Un vice si contraire à la discipline régnait déjà sous Auguste, et peut-être sous la république, comme on le voit par les plaintes des soldats, *Ann.,* I, 17. Il doit paraître étonnant qu'un prince si sage ait toléré cet abus, et que ce soit Othon qui l'ait supprimé.

Insuper. C'est la leçon du manuscrit de Florence, que Pichena a admise. Guelfe a *miser;* Juste-Lipse préférerait *misere*.

Bella civilia ruebant. Heinsius ajoute *in,* et tire cette leçon de la dernière lettre du mot précédent : ce qu'adopte Oberlin; mais il est clair, dit M. Burnouf, que *bella* est régi par le premier *ad,* comme les deux autres substantifs.

Vulgi. Pour *in* ou *erga vulgum :* par cette grâce accordée aux soldats.

Libertinum. Nous avons suivi Ernesti et Oberlin; cependant nous croyons devoir mettre sous les yeux de nos lecteurs les raisons que Ferlet donne en faveur de la leçon *libertum*. L'auteur, dit-il, présente dans ce mot la double idée d'affranchi, et d'affranchi de Galba; sans cela il faudrait *libertinum*. On fit subir publiquement à Icelus, affranchi de Galba, le genre de mort réservé à ces sortes de personnes (aux esclaves); c'est-à-dire qu'on le punit du supplice de la croix. *Voyez* IV, 3 et 11. Mais M. Burnouf, qui approuve la distinction que fait Ferlet de *libertus* et *libertinus*, d'après la remarque d'Ernesti, qui reproche à Brotier de ne l'avoir pas sentie, préfère le sens de Dureau-Delamalle, parce que la principale opposition lui paraît tomber sur ce que Lacon fut tué secrètement, et Icelus livré à un supplice public.

Cap. XLVII. *Vocat senatum prætor urbanus*. Par la mort de Galba et de Vinius, il n'y avait plus de consuls; alors c'était au préteur de la ville à convoquer le sénat. On en verra d'autres exemples dans Tacite et dans Tite-Live. *Voyez* aussi Cicéron, *Ep. ad famil.*, X, 12.

Decernitur. Voyez *Hist.* II, 55.

Quæsitis redemptisque capitibus. Plutarque nous apprend que Crispina, fille de Vinius, paya la tête de son père 1945 livres.

Venalia. Pour être vendus.

Cap. XLVIII. *Explebat*. Ernesti voudrait *explerat*.

Crassum. Sénèque et Pline, *Epist.* I, 5, disent que Néron tua aussi Crassus, selon Juste-Lipse; mais Ernesti pense que ce fut un autre Crassus. *Voyez* ch. 40.

Quatriduo. Quatre jours pleins, depuis le dix jusqu'au quinze.

E proscriptis. Sous les triumvirs : c'est ce qu'ajoute M. Burnouf pour être clair. En latin, dit-il, le mot *proscripti* porte sa date avec lui; car, quoiqu'il y eût eu bien des exils, des spoliations et des meurtres depuis le triumvirat, il n'y avait point eu ce que les Romains appelaient *proscription*, c'est-à-dire liste publiquement affichée de ceux qui devaient périr.

Legatum. Commandant de la légion dans laquelle Vinius servait en qualité d'officier.

Situm castrorum. « Ces mots ne signifient point, comme le dit très-bien M. Burnouf, la situation, mais pour ainsi dire la *topographie* d'un camp, sa distribution; j'ajouterai pourtant et son assiette. Il en est de même de *templi situm*, l. II, ch. 3.

Cujus uxor, mala cupidine visendi situm castrorum, per noctem militari habitu ingressa, quum vigilias et cetera militiæ munia eadem lascivia tentasset. M. Burnouf a traduit : « La femme de ce chef, follement curieuse de voir l'intérieur du camp, s'y glissa de nuit en habit de soldat, et après avoir, avec la même indiscrétion, affronté les gardes, et porté sur tous les détails du service des regards téméraires, etc. » Nous avons adopté un sens différent, et nous avons traduit ainsi ce passage : « L'épouse de ce lieutenant eut la coupable curiosité de visiter l'intérieur d'un camp; elle y pénétra la nuit en habit de soldat. Après avoir osé monter la garde et fait les autres fonctions militaires avec la même audace, etc. Nous avons d'abord traduit le *mala cupidine* du texte par *curiosité coupable*, sens que confirment les mots qui viennent après : *stuprum ausa*. *Mala cupidine* ne peut donc se traduire ici par *follement curieuse*. Tacite dit que cette femme osa de nuit pénétrer dans le camp en habit de soldat. Les gardes, *vigiliæ*, étaient à la porte du camp. Si cette femme est déjà dans le camp, *ingressa*, on ne peut dire ensuite qu'*elle affronta les gardes*. De plus, je n'ai pas admis la leçon *militiæ munia temerare*, qui, dans tous les cas, voudrait dire *profaner les fonctions militaires* ou *les remplir sans en avoir le droit*, et non pas *jeter sur les détails du service des regards téméraires*. J'ai préféré la leçon *tentasset*, qui signifie *toucher avec curiosité... Tentavit pollice chordas* (Ovid.), et je ne crois pas que *temerare*, qui signifie *profaner les choses saintes*, puisse s'appliquer à *vigilias*.

Tentasset. Le manuscrit du roi et celui de Bude portent *temperasset*, dont Rhenanus a fait *temerasset*, ce que Freinshemius a approuvé, ainsi que Ryck., Brotier, Lall. et Dotteville. Tous les autres ont imprimé *tentasset* pour *temptasset*, de *temperasset*. Heinsius a pris leur défense, et Ernesti a rétabli la leçon commune, qui a été conservée aussi par les éditeurs de Deux-Ponts.

Stuprum ausa. Ernesti pense que le contexte semble demander *passa*.

In abruptum tractus. Il fut enfin entraîné dans le précipice par la faveur de Galba.

Cap. XLIX. *Dispensator*. Intendant de sa maison.

E prioribus servis. Les esclaves qu'il avait avant d'être empereur; comme *in privatis ejus hortis* signifie les jardins qu'il avait dans la condition privée. Telle est la leçon de tous les manuscrits et de toutes les éditions. Faerne et Saville voudraient *primoribus*, ses principaux esclaves, comme on lit *primores ministros*, *Ann.*, IV, 10 ; mais cette correction est inutile.

Lixas calonesque. Des vivandiers et des goujats.

Venditator. Le manuscrit de Bude et celui du Roi ont *vendicator* (pour *vindicator*), leçon, dit Oberlin, qui n'est pas à mépriser, quoiqu'on ne rencontre point ce mot ordinairement ; mais qui n'est pas préférable, dit M. Burnouf, à celle qui est reçue.

Sine reprehensione patiens. C'était alors un aveuglement ou une lâcheté coupable ; car Heinsius lit *ignavus* au lieu d'*ignarus*.

Claritas natalium. On attribuait l'indolence d'un homme d'une aussi grande naissance à une sage politique, qui lui faisait cacher ses talens, de peur de choquer des princes jaloux et ennemis de tout mérite.

Obtentui. Cette leçon est de Rhenanus, qui l'a prise des manuscrits de Bude, de Florence et d'Agr. ; d'autres manuscrits, tels que celui de Guelfe et les éditions antérieures à Rhenanus ont *obtinuit*; mais il faudrait alors *claritate et metu*, comme le dit Ernesti.

CAP. L. *Descivisse.* Voyez *supra*, ch. 12 et 18.

Duos. Othon et Vitellius.

Exercitibus. C'est la leçon des manuscrits de Florence, de Guelfe, de toutes les éditions avant Rhenanus ; c'est celle que préfèrent Juste-Lipse et Pichena. Rhenanus, au contraire, a préféré *civibus*, qui est dans Bude.

Sub Pompeio. Il faut remarquer que c'est la multitude qui parle ainsi ; un petit nombre de gens éclairés, tels que Cicéron et Tacite lui-même, *Hist.*, II, 38, pensaient bien différemment au sujet de Pompée.

CAP. LI. *Sine labore ac periculo.* Pendant que Vindex parlementait avec Verginius, les légions romaines surprirent les Gaulois et les taillèrent en pièces sous les murs de *Vesuntio* ou Besançon, ce qui termina la guerre.

Expeditionem quam otium. Nous avons adopté cette variante, proposée par Juste-Lipse, et admise par Acidalius, Ernesti et

Oberlin. Les éditeurs de Deux-Ponts aimeraient mieux *expeditionem quam facilia*.

Diu... toleraverant. Ernesti dit *Diuque... toleraverat*.

Ad usum et ad decus. C'est-à-dire que les armes, les chevaux, ne servaient pas seulement au besoin, mais encore au luxe. Quelques manuscrits, dont celui de Bude et celui du Roi, ont *dedecus*, et omettent *ad usum*; mais Florence, Agr., Guelfe et toutes les éditions portent *decus*, et on ne lit peut-être *dedecus* dans Bude que par la confusion de l'initiale *de* avec la préposition *ad*, qui n'est pas nécessaire.

Discernebantur. Avant cette guerre, les armées de la Germanie supérieure et de la Germanie inférieure étaient séparées par les limites de leurs provinces respectives.

Seque et Gallias expertœ. C'est-à-dire ayant appris par expérience à se connaître et à connaître ce que valaient les Gaulois, qu'elles avaient vaincus, comptant sur une nouvelle victoire, elles voulaient avoir une nouvelle guerre avec eux.

Vocabant. Sous-entendu *Gallos*.

Pars Galliarum. Voyez *supra*, ch. 8.

Galbianos. Ç'eût été faire trop d'honneur, dit Ferlet, à un Gaulois (à Vindex), que de donner son nom à un parti qui, réellement, avait été celui de *Galba*.

Hauserunt animo. Ils se repaissaient l'imagination.

Super. Pichena, Ryck. et Gron. ont imprimé *super*, d'après le manuscrit de Florence; mais les autres manuscrits, tels que celui de Bude, celui du Roi et toutes les éditions, ont *secundum*.

Et publice donatos. Selon Juste-Lipse, Brotier, Dotteville et Dureau-Delamalle, il s'agit ici des terres que Galba avait enlevées aux Trévirs et à d'autres peuples qui marchaient contre Vindex : *aut damno finium perculerat*, comme Tacite le dit plus bas, ch. 53. Selon Ferlet et M. Burnouf, c'est comme s'il y avait : *donatos romana civitate*, et *publice donatos* ne veut pas dire que Galba eût donné aux Éduens et aux Séquanois les terres qu'il avait enlevées aux Trévirs. Il est bien vrai, dit Ferlet, qu'il leur enleva des terres, *finibus ademptis*, mais il ne les donna pas pour cela aux Éduens. Qu'auraient-ils fait d'un territoire situé sur le Rhin, et séparé d'eux par d'autres peuples? En effet Tacite, en parlant ci-dessus, ch. 8, de ces cités de la Gaule, dit : *obligatæ recenti dono romanæ civitatis.* C'est donc bien certainement de ce droit de cité romaine que se vantent ici les Gaulois. Oberlin et les éditeurs de Deux-Ponts, d'après leur propre conjecture, lisent *eos publice damnatos.* Mais à quoi bon changer un texte aussi clair ?

Decumari legiones. On décimait les troupes qui avaient perdu leurs enseignes ou qui s'étaient révoltées, et les légions de Germanie pouvaient être regardées comme rebelles, parce qu'en combattant Vindex elles avaient combattu le parti de Galba. La réputation de sévérité qu'avait cet empereur pouvait encore contribuer à accréditer ce bruit, tout ridicule qu'il était.

Infensa. Sous-entendu *Galbæ*. La colonie de Lyon, opiniâtrément fidèle à Néron, qui avait réparé les désastres d'un horrible incendie, *Ann.*, XVI, 13, s'était déclarée contre Vindex, et Galba l'avait punie par la saisie de ses revenus.

Cap. LII. *Sub.* Pour *circa* : vers les kalendes.

Ordines. Les grades militaires.

Imperandi. Après ce mot, Oberlin met un point, et écrit de suite *interpretabantur multi.*

In utroque exercitu. Tacite, après avoir envisagé séparément les armées du Haut et du Bas-Rhin, entre dans le détail des moyens mis en œuvre pour les réunir et les faire révolter ensemble.

Alienus Cæcina. Il commandait une légion dans la Haute Germanie, comme Valens dans la Basse.

Detectam. Voy. ch. 8.

Flacco Hordeonio. Il avait succédé à Verginius dans le gouvernement de la Haute-Germanie.

Germanorum auxilia. Les auxiliaires des deux Germanies, supérieure et inférieure.

Imparem. Dans le sens de *domini minoris* du ch. 11.

Collegium Cæsaris. Collegium signifie ici la qualité de collègue. Vitellius, père de celui-ci, avait été deux fois collègue de l'empereur Claude dans le consulat, et une fois dans la censure. *Voy.* Suét., *Vitell.* 2.

Cap. LIII. *Scito sermone.* Malgré les manuscrits et les éditions où l'on lit *cito*, et, quoi qu'en dise Ferlet, je pense comme Juste-Lipse, Groslot., Acidal., Brotier, Oberlin, Dureau-Delamalle, Burnouf, etc., que *scito* est la vraie leçon, et que si on lit *cito* c'est que l'*s* initiale de *scito* a été absorbée par l'*s* finale du mot précédent. *Citus sermo* exprime un défaut. Je n'ignore pas cependant qu'on trouve *promptus* (et non pas *prompto*) *sermone, Hist.*, 2, 86, mais dans un sens bien différent.

Universus. Ce mot donne à entendre que l'armée de la Germanie inférieure ne se trouva qu'en partie à la bataille de Besançon contre Vindex.

Vexillis inferioris Germaniœ. Les détachemens de cette armée. Le mot *vexillum*, comme le dit très-bien M. Burnouf, se prend souvent pour les troupes détachées d'une légion, parce qu'elles marchent sous un étendard particulier et non sous une aigle.

Paganos. Habitans des *pagi* ou campagnes, par opposition à soldats. *Voy.* Juvénal, xvi, 33. Par conséquent ce mot *pagani* a une signification plus étendue que celui de *paysans*, quoique ce dernier vienne de *pagani*.

Cap. LIV. *Dextras, hospitii insigne.* Les peuples, les villes et les légions s'envoyaient mutuellement en signe d'alliance, *d'hospitalité*, deux mains entrelacées. On en trouve un autre exemple *infra*, II, 8; et on en voit un très-remarquable dans l'*Antiquité expliquée* de Montfaucon, tome 3, page 361, pl. 297 : c'est une main de bronze qui porte pour inscription ΥΕΛΑΥΝΙΩΝ, nom des *Velauni* au génitif, laquelle paraît avoir été envoyée par eux aux *Arverni*, comme une tessère en signe d'hospitalité, d'amitié.

Adsciscitur. Sous-entendu *in tacitum fœdus*, qui précède. On les fait entrer dans la conspiration; et non pas *on fait venir les auxiliaires*, comme Dureau-Delamalle, Dotteville et J.-J. Rousseau le traduisent. Gordon, Ferlet et M. Burnouf l'entendent comme nous.

Circumdatis cohortibus. Les cohortes auxiliaires étant mises autour des légions, les environnant, dans le même sens que *circumdati pedites*, dans Tite-Live xxv, 36, et que *circumdato exercitu*, dans Salluste, *Jugurtha*, 25. On craignait d'abord de s'aboucher avec ces cohortes, parce qu'on croyait qu'elles se disposaient à envelopper les légions, et à les attaquer.

CAP. LV. *Saxa in Galbæ imagines.* Il ne paraît pas, dit Ferlet, que ce fut lors de la prestation du serment, mais après qu'il eut été prêté, le premier janvier.

In superiori exercitu. C'est ainsi qu'on lit dans le manuscrit de Bude. Ernesti sous-entend *Germania*, en remarquant qu'il a été fait mention plus haut de la Germanie inférieure, et retranche *exercitu*, d'après l'autorité des manuscrits d'Oxford, de Guelfe, dans lesquels une seconde main l'a ajouté en marge, d'où il a peut-être, dit-il, passé dans le texte. Mais on lit *superior exercitus*, ch. 56; ce qui, joint au manuscrit de Bude, prouve que *in superiori exercitu* est la vraie leçon, et qu'*exercitu* n'a pas été interpolé.

Ac duodevicesima. Brotier lit avec plusieurs manuscrits *duoetvicesima*. Mais, dit M. Burnouf, la vingt-deuxième était en Égypte (*infra*, v, 1), et ici le témoignage de Tacite est confirmé par les inscriptions découvertes à Thèbes, entre autres par une latine de l'an XI du règne de Néron (*voyez* LETRONNE, *Recherches pour servir à l'histoire de l'Égypte*, p. 355); au contraire la dix-huitième est nommée avec la quatrième (*supra*, 18). Cette leçon qui est celle d'Ernesti et de Ferlet, et qui d'ailleurs s'appuie sur des manuscrits et d'anciennes éditions, est donc désormais incontestable, et ci-dessous III, 22, il faut aussi rétablir *duodevicesimanos*.

Senatus populique romani. Heinsius veut qu'on lise à l'acc. *senatum populumque romanum*; mais ces mots sont aussi au gén. *infra*, ch. 56 et 57.

Quibusdam. Dureau-Delamalle le fait rapporter aux soldats, M. Burnouf avec Gordon et Dotteville, aux tribuns.

Quibusdam, ut in tumultu, notabilius turbantibus. M. Burnouf traduit : « On en vit même dans ce tumulte se signaler par leur turbulence. » Tacite ne dit pas, *dans ce tumulte*, mais *ut in tumultu*, comme dans un tumulte ; et nous avons dû traduire : « Quelques-uns, comme en tous les tumultes, se montrent plus ouvertement les agitateurs. »

Aut e suggestu. Aut manquait : M. Burnouf, d'après les manuscrits, l'a restitué, et a ajouté *e* avec d'autres savans.

Cap. lvi. *Innocens.* Boxhorn corrige *inter nocentes*, et Gronovius préférerait *nocens;* mais à tort l'un et l'autre : la leçon commune est bonne.

Romilius. D'autres lisent *Romulius,* d'autres *Romulus.*

Coloniam Agrippinensem. Cologne, résidence du gouverneur de la Germanie inférieure, où par conséquent se trouvait Vitellius. Agrippine, mère de Néron, avait fondé cette colonie, non pas dans la *ville* des Ubiens, comme le dit M. Burnouf, mais dans leur cité, *civitas*, dans leur territoire, *Ann.* xii, 27, et lui avait donné son nom; mais celui de *Colonia*, étant le premier et plus facile à prononcer, l'a fait disparaître.

Missi a Vitellio ad legiones. Le commandant de la Germanie inférieure, dit Ferlet, se rendait à Cologne ; mais les légions et les différens corps de troupes à ses ordres, étaient dispersés en différens endroits de la province, pour la défendre contre les Germains d'au delà du Rhin. C'est à ses légions et à leurs commandans que Vitellius envoie des nouvelles de ce qui se passe dans l'armée de la Germanie supérieure.

Cap. lvii. *Legionis primæ.* Cette légion était à Bonn. *Voy.* iv, 19 et 25.

Tertium. Sous-entendu *diem ante* : le troisième avant les nones de janvier, c'est-à-dire le 3 janvier.

Ingenio validus. Juste-Lipse avait des doutes sur cette phrase : *ingenio* lui faisait peine, ainsi qu'à Acidal. et à Pichena. « *Corpore*, dit Ferlet, se rapporte à *auxilia; opibus* à *equos, arma, pecunias; ingenio* à *ardorem militum.* Ceux qui étaient en état de servir offraient d'être auxiliaires; les riches offraient des chevaux, des armes, de l'argent; ceux qui avaient le talent de la parole animaient les autres par leurs discours.

Principes coloniarum aut castrorum. Ce sont les décurions, même les plus riches. Ce sont les porte-enseignes, les porte-aigles, les officiers choisis par le capitaine, comme l'observe très-bien Saville.

Viatica. Les provisions de bouche, que l'on distribuait pour plusieurs jours.

Phalerasque. Ce sont des ornemens, des décorations militaires, prix et récompenses de la valeur. *Voy.* Sil. Ital., xv, 255.

Cap. LVIII. *Ministeria principatus.* Spartien, *Adr.* 22, prétend que : « Adrien fut le premier qui prit des chevaliers romains pour secrétaires et pour intendans de sa maison, les autres ne s'étant servis que de leurs affranchis pour tout ce qui regardait leur personne et leur domestique. » La phrase de Tacite, comme le remarquent Ferlet et M. Burnouf, prouve qu'un premier exemple de cette innovation avait été donné par Vitellius. Gibbon (*Décad. de l'Emp. rom.*, ch. 3), ajoute ce dernier, la regarde, avec raison, comme humiliante pour le corps des chevaliers. « Auguste, dit-il, ou Trajan, auraient rougi d'abaisser le dernier des citoyens à ces emplois domestiques, que les nobles les plus fiers de la Grande-Bretagne sont aujourd'hui si ambitieux d'obtenir dans la maison et dans le service personnel du chef d'une monarchie limitée. »

Partim simulatione. On lisait *parum* dans les éditions avant Rhenanus, qui avait mis *pari*, d'après les manuscrits de Guelfe et de Bude. C'est Juste-Lipse qui en a fait *partim*; sa correction a été admise et approuvée par Pichena, Faerne, Ernesti, etc., et est la vraie leçon.

Pompeius Propinquus. On a vu, ch. 12, qu'il avait le premier donné avis à Galba de la révolte de l'armée du Rhin supérieur.

Tanquam crimen, etc. D'après le passage du ch. 7 et celui-ci : « Il paraît, dit Ferlet, qu'Aquinus et Valens avaient été les moteurs secrets de la mort de Capiton; n'ayant pu réussir à le pousser à la révolte, ils lui suscitèrent pour accusateurs, et ensuite pour assassins, Burdon et Crispinus. » Dureau-Delamalle s'est trompé, selon Ferlet et M. Burnouf, en faisant dire à Tacite que « Burdon avait conseillé la révolte à Capiton. » *Crimen struere* signifie forger une accusation; *struere insidias*, tendre des embûches.

Stratis jam militum odiis, est dans Bude, Guelfe, Agricola, et dans toutes les éditions, excepté dans Freinsh., qui a admis *satiatis*. Rhenanus voulait *frustratis*; mais c'est ainsi qu'on trouve *strato mari*, *fluctu*. Rien n'est donc plus élégant, plus poétique même.

Punienti vilior. Crispinus avait assassiné le prédécesseur de Vitellius, qui le sacrifie moins encore à la vengeance des soldats qu'à sa sûreté personnelle.

Cap. LIX. *Julius deinde Civilis.* C'est le même qui est nommé plus bas, IV, 13, *Claudius Civilis*, et qui fit aux Romains une guerre si terrible. Il devait donc se nommer *Claudius Julius Civilis*.

Quartœdecimœ. Cette légion, qui était habituellement en Bretagne, en avait été tirée par Néron, lors du soulèvement de Vindex, II, 11 et 27, et elle était en Dalmatie au commencement de la guerre entre Othon et Vitellius.

Supra retulimus. Chapitre 56.

Valerius Asiaticus. On pense que ce gouverneur de la Belgique, qui embrasse le parti de Vitellius, et épouse sa fille, est le fils du Valerius Asiaticus, qui périt victime de *Messaline*, *Ann.* XI, 1. Si cela est vrai, remarque M. Burnouf, il devient le défenseur et le gendre du fils d'un des assassins de son père. *Ib.* 2 et 3.

Junius Blœsus. Le fils de celui dont il est mention *Ann.*, I, 19.

Ala Taurina. Cette aile de cavalerie était attachée à la légion italique, et ainsi nommée du peuple des *Taurini*, chez lesquels elle avait été levée, et dont la capitale était *Augusta Taurinorum*, Turin. Le manuscrit de Guelfe et les anciennes éditions portent *Tauriana*, mais on lit *Taurina* dans Bude. Le nombre d'hommes variait dans une aile. Hygin parle d'ailes de cinq cents et de mille cavaliers. Elle était divisée en *turmes* de trente hommes, et chaque *turme* en trois décuries, dont le chef s'appelait décurion. *Voyez* LE BEAU, *neuvième Mémoire*.

Adjungerentur. Ces troupes de Rhétie et celles de Bretagne répondirent à Vitellius, qui leur avait écrit, qu'elles le reconnaissaient pour empereur, et se rendirent auprès de lui, ou se joignirent à Cécina.

CAP. LX. *Trebellius Maximus*. Il est mentionné, *Ann.* XIV, 46, et *Vie d'Agricola*, 16.

Roscius Cœlius. C'est celui, comme le remarque M. Burnouf, auquel Agricola succéda dans le commandement de la vingtième légion, et dont Tacite dit, *Agr.* 7, qu'il y tenait une conduite séditieuse.

Proruperat. C'est ainsi que lisent les manuscrits de Florence, de Guelfe et du Roi, et Ernesti. D'autres ont *proruperant*.

Proturbatus. Est dans Guelfe, dans Flor. et dans l'édit. Princeps. On lit *proturbantibus* dans Rhenanus, d'après Bude.

Rexere legati legionum, pares jure, Cœlius audendo potentior. « Les lieutenans des légions, dit M. Burnouf, gouvernaient avec des droits égaux et une puissance inégale : celle de Célius s'augmentait de son audace. » D'après notre coutume rationnelle de suivre pas à pas notre auteur, nous avons traduit : « Les lieutenans des légions la gouvernèrent; leurs droits étaient égaux, l'audace seule de Célius en fit leur chef. » Ce qui nous semble le vrai sens de Tacite. Celui-ci ne dit pas en effet que les lieutenans des légions *avaient des droits égaux* et *une puissance inégale*, mais seulement que leurs *droits étaient égaux, pares jure.* M. Burnouf a créé une antithèse qui n'est pas dans le texte, et s'est écarté, selon nous, du sens de l'historien.

Cap. LXI. *Adjuncto britannico exercitu.* Ayant reçu des détachemens, *vexilla*, des légions de Bretagne, tirées des neuvième, deuxième et vingtième (III, 22), et montant à huit mille hommes, II, 57.

Cottianis Alpibus. C'est une partie de la chaîne des Alpes, qui tient le milieu entre les Alpes grecques et les Alpes maritimes. Cottius y fit construire une route sous Auguste, et s'y fit un état indépendant, composé de douze cantons, *civitates Cottianæ*, XII, selon Pline, mais qui fut réduit en province sous Néron.

Penninis jugis. C'est ainsi qu'il faut écrire ce mot par *e* et non par *œ*, suivant Tite-Live, qui nie que ces Alpes aient pris leur nom de ce que le Carthaginois (*Pœnus*) Annibal les a passées, mais le dérive du dieu *Penninus* ou *Peninus* adoré au sommet de ce mont élevé que les habitans appellent *Penus;* ce qui est d'autant plus croyable, dit Juste-Lipse, que dans notre langue même nous appelons *penna* ou *pinna* tout ce qui est élevé et se termine en pointe. Ne serait-il pas plus vrai de dire, comme le remarque M. Burnouf, que le Dieu tire son nom du sommet de la montagne, qui se dit *pinna* en latin, *peña* en espagnol, *pen* ou *penn* en breton et en gallois? C'est, au reste, le grand Saint-Bernard, dont le sommet est nommé *summus Penninus*, dans l'itinéraire d'Antonin et dans la table Théodosienne, et c'est ce qui confirme que *Pennina juga*, ou *Alpis Pennina*, vient du latin *pinna.*

Cum aquila quintæ legionis. On voit souvent, dans Tacite, les mêmes légions en plusieurs endroits à la fois. C'est, comme le dit Ferlet, dont j'abrège, ainsi que M. Burnouf, la longue et excellente note, qu'une légion fournissait des détachemens qui marchaient sous un *vexillum* ou enseigne particulière et qui pouvaient se trouver dans un lieu, pendant que le gros de la légion était dans un autre très-éloigné avec l'aigle. Ici c'est l'aigle, et par conséquent la partie principale de la légion qui suit Valens; c'est ce qui explique pourquoi Tacite donne le même nom et à la légion laissée en Germanie avec son aigle, et à la partie qui en a été détachée, pour suivre Vitellius ou ses généraux en Italie; pourquoi il dit ici que Valens avait l'aigle de la cinquième légion, tandis que Cécina avait non-seulement l'aigle de la vingt-unième, mais la vingt-unième légion tout entière, *legio una et vicesima;* pourquoi enfin Valens, qui commandait quarante mille hommes, et Cécina, qui en commandait trente mille, n'avaient chacun qu'une légion, ou plutôt qu'une aigle, ayant tiré des autres légions sur le Rhin des corps d'élite, *electi,* qui marchaient sous des *vexilla.*

Cohortibus alisque. Ces mots désignent, dit Ferlet, l'infanterie et la cavalerie auxiliaires, toutes les fois qu'il n'est pas dit expressément qu'il s'agit des cohortes et de la cavalerie légionnaires.

Legio una et vicesima. Cecina prit cette légion en passant à *Vindonissa,* aujourd'hui *Windisch* en Suisse, où elle était en quartier, comme le fait entendre le ch. 70 du liv. IV. Tacite en parle ici pour la première fois. C'est ainsi qu'on lit dans le manuscrit du Roi, et J.-Lipse l'approuve. Oberlin lit: *legio una, prima et vicesima fuit.*

Germanorum. Des Germains d'en deçà du Rhin et même d'au delà; car on voit, liv. 2, chap. 17, qu'il y avait de ces derniers dans l'armée de Cécina.

Supplevit. Pour compléter la troisième armée qu'il devait commander en personne, et qui, avec les deux autres, formait la totalité de ses forces, *tota mole belli secuturus.*

Cap. LXII. *Hispaniæ cunctentur.* L'armée d'Espagne était pour Galba, mais éloignée, et probablement ne sachant pas encore la révolte des armées de Germanie.

Nomen Germanici. Les empereurs d'alors étaient très-jaloux du titre de *Germanicus.*

Additum. Oberlin et Brotier lisent ainsi d'après le manuscrit du Roi; d'autres lisent *addito.*

Cæsarem. Cependant on voit dans Pellerin, *Mél.*, t. 1, pl. 13, une médaille de Vitellius frappée en Égypte, avec le titre de *César. Voy.* aussi Eckhel, t. iv, p. 56, et t. vi, p. 309; Suétone, ch. 8, et *infra,* ii, 62, et iii, 58.

Cap. lxiii. *Repente.* Lallem. a admis *de repente,* d'après la conjecture de Gronovius.

Civitatis. Ne signifie pas la ville de Metz seulement, mais la *cité,* c'est-à-dire la république tout entière des *Mediomatrici.*

Pueris feminisque. C'est ainsi qu'on lit dans Flor. et dans Agr., mais on trouve dans Bude *feminis puerisque.*

Placamenta....iræ. Les supplians se présentaient ceints de divers emblèmes, ou les tendaient à ceux dont ils voulaient apaiser la colère ou se concilier la bienveillance: ces emblèmes étaient des voiles et des bandelettes de laine, que Tacite, ch. 70, nomme *velamenta et infulæ,* ou des bandelettes et des rameaux de verveine, *infulæ et verbenæ* (Cicéron, *in Verr.*, 4, 50), ou des bandelettes et des branches de laurier, *vittæ et lauri* (Ovide, *de Arte am.* 2, 401). Ils se paraient, comme le remarque très-bien M. Burnouf, pour calmer un vainqueur irrité, des mêmes ornemens dont on parait les victimes pour apaiser les dieux. On en voit des exemples remarquables dans César, *de Bell. civ.* ii, 12, dans Tite-Live xxiv, 30, et dans l'*Œdipe roi,* de Sophocle, au commencement.

Tendebantur. C'est ainsi qu'on lit dans Bude. Le manuscrit d'Agricola et l'édition Princeps portent *tendebant,* qu'Ernesti ne blâme point, et qui en effet offre le même sens.

Cap. lxiv. *In civitate Leucorum.* Dans la cité ou le territoire des *Leuci* dont la capitale était *Tullum,* Toul.

Bellum volvebat. Le soldat roulait la guerre dans sa tête, n'importe pour qui, ni contre qui. *Volvebat* est la leçon généralement admise. Grævius corrigeait *volebant,* mais à tort. Heinsius et Ernesti aimeraient *volvebant.*

Gallis cunctatio exempta. Les Gaulois, dit Ferlet, étaient attachés à Galba par reconnaissance, du moins la partie des Gaules qui s'était prononcée pour Vindex. Galba mort, elle redevenait libre dans son choix; et comme des deux compétiteurs qui se disputaient l'empire, et qu'elle haïssait également, Vitellius était le plus près, et plus à portée de lui faire du mal, elle se déclare pour lui.

Fida partibus. On a vu pourquoi, ch. 53 et 54.

Cohortium intemperie. Ces fameuses cohortes bataves, dont il est mention, ch. 59.

Ut supra memoravimus. Voy. *ib.*, ch. 59.

Fabius Valens adjunxerat. Valens, en passant à Langres, prend avec lui les cohortes bataves, que Tacite, ch. 59, a dit être dans cette ville.

Adversus Æduos quæsita belli causa. On a vu, *supra*, ch. 51, que les Éduens avaient suivi le parti de Vindex, et reçu de Galba des faveurs dont ils se vantaient imprudemment. Voilà pourquoi l'armée les avait pris en haine, et leur cherchait querelle.

Lugdunenses gaudio fuere. Par enthousiasme, parce que les Lyonnais, maltraités par Galba (ch. 65), et attachés à la mémoire de Néron (ch. 51), pensaient que Vitellius faisait la guerre à celui qui l'avait faite à Néron.

Solitis. Voy. *Ann.* III, 41.

Manlius Valens. Il était peut-être parent de Fabius Valens.

CAP. LXV. *Proximum bellum.* Ne veut pas dire, selon nous, la *dernière guerre*, comme le disent M. Burnouf et les autres traducteurs. *Proximum bellum* nous paraît devoir signifier ici *guerre prochaine*, *guerre nouvelle*, et c'est ce que justifient les mots *veterem discordiam*, que Tacite oppose à *proximum bellum*.

In Viennenses honor. Selon Oberlin, Lyon fut une colonie du droit romain, Vienne du droit italique. *Voy.* LACCARY, *Hist. col.*, p. 192, et Brotier sur cet endroit.

Contra daret. Le manuscrit d'Agr. a *contra cederet*; l'édition Princeps, *contradiceret*, ainsi que le manuscrit du Roi, mais mal. Bude porte *contra daret*, et c'est ainsi que lit Oberlin.

CAP. LXVI. *Trecenos sestertios.* C'est-à-dire environ cinquante-quatre francs par chaque soldat; or, l'armée de Valens était de quarante mille hommes, sans compter la légion italique, les cohortes bataves et l'aile de Turin. On verra par la suite que Valens, qui était très-avare, n'a pas payé de ses propres deniers cette énorme rançon.

Accensis. Guelfe a *accensus*, et met un point après *longa*, mais je n'ai pas cru devoir adopter cette ponctuation.

Allobrogum et Vocontiorum. Les Allobroges occupaient toute la partie septentrionale du Dauphiné, depuis le Rhône au dessus de Lyon, jusqu'aux *Segalauni* et aux *Vocontii*, et la partie de la Savoie qui tient au Rhône, jusqu'à Genève inclusivement; Vienne était leur capitale. Les *Vocontii*, que Pline met au rang des peuples alliés, *Vocontiorum civitas fœderata*, occupaient au midi des Allobroges, non-seulement les diocèses de Vaison et de Die, mais une partie de ceux de Gap et de Sisteron; Pline II, 5, et III, 4, leur donne deux villes capitales, *Vasio*, Vaison, et *Lucus Augusti*, Luc, et leur attribue dix-neuf autres villes.

Luco. Pour *Luco Augusti*, le *Lucus* d'Auguste, consacré à Auguste, Luc en Dauphiné, une des deux capitales des Voconces.

CAP. LXVII. *Olim armis.* Cette correction est due à Rhenanus; Guelfe, Bude, et toutes les éditions avant lui, ont *soli in armis*.

Unaetvicesimæ. Il paraît, par le ch. 70 du livre IV, que cette légion avait son quartier à *Vindonissa*, Windisch, en Helvétie. C'est là que Cécina dut la prendre dans sa marche de Mayence en Italie. Guelfe a *unius et vicesimæ*; Bude, *undevicesimæ*, mais mal.

Centurionem. Ce centurion était sans doute le porteur des lettres interceptées.

Retinebant. Ces mots *retinebant, rapuerant, irritaverant*, annoncent que tout ceci s'était passé avant l'arrivée de Cécina en Helvétie, où était la vingt-unième légion, qui profita de l'arrivée du général romain, pour se venger de ses prétendus ennemis. Le manuscrit d'Agr. a *detinebant*, qui plaît à Heinsius.

Locus. C'est la ville de Baden, sur la Limmat, dans le canton d'Argovie. Il y a encore des eaux thermales, et on y trouve des antiquités romaines. Heinsius, sur Velleius, II, 115, veut qu'on lise *vicus*, comme dans les *Annales*, I, 20.

Legionem. La vingt-et-unième, que Cécina venait de prendre à *Vindonissa.*

Cap. lxviii. *Vocetium.* D'autres manuscrits portent *Vocetum;* mais *voyez* D'Anville, *Notice de la Gaule.*

Sub corona venundata. On mettait une couronne sur la tête des prisonniers de guerre qu'on voulait vendre comme esclaves. C'est ainsi que Camille fit vendre les habitans de Véies (Tite-Live, v, 22). De là les expressions *sub corona venundare,* ou *venire, sub corona vendere.*

Dirutis. C'est ainsi qu'on lit dans les manuscrits de Florence, du Roi, d'Agr., dans l'édition Princeps. Guelfe, Bude, les édit. de Putéol., de Beroalde ont *diruptis.* Juste-Lipse lit *direptis.*

Aventicum. Avenches, à deux lieues et demie de Fribourg.
Deditio. Le manuscrit d'Agr. et celui du Roi ont *deditione.*

Cap. lxix. *Claudius Cossus.* On lit dans le manuscrit d'Oxford *Cornelius Cossus,* qui plaisait à J. Gronovius; et en effet, dit Ernesti, *Cossus* est un surnom de la famille des *Cornelius,* et non de celle des *Claudes.*

Ut est mos vulgo; mutabile subitis et tam pronum. « Nous adoptons, dit M. Burnouf, avec Lallemand, Brotier et d'autres encore (avec Ernesti, qui l'a rétabli ainsi d'après les manuscrits), cette leçon, qui est celle du manuscrit du Roi. Oberlin écrit *ut est mox vulgus mutabile,* etc. Il est facile de voir combien cette leçon est inférieure à l'autre; elle est d'ailleurs moins autorisée. Si on voulait un changement, je préférerais de beaucoup la correction de Rhenanus, suivie par Ferlet : *ut est mos vulgo, mutabili subditis et tam prono.* » On lit dans Bude, dit Oberlin : *ut est mox vulgo mutabile;* d'où l'on incline à corriger avec Agr. : *ut est mox vulgus,* que je reçois, après Ryckius, avec les éditeurs de Deux-Ponts.

Cap. lxx. *Alam Syllanam.* C'est la leçon du manuscrit du Roi et de la plupart des éditions. Les manuscrits d'Agr., de Bude, l'édition Princeps ont ici et ailleurs *Silanam,* ce que plusieurs préfèrent; mais il devrait y avoir *Silanianam,* dit Ernesti; car il y a peu après *Silaniani.* Les éditeurs de Deux-Ponts, dit Oberlin, écrivent *Silianam*, peut-être de *Silius* Italicus, dont il est question, III, 65. Le fait est qu'on ignore à quel *Sylla* cette aile de cavalerie devait sa formation. M. Burnouf dit qu'Oberlin écrit *Silanam*, d'après deux manuscrits. Je ne sais où Oberlin a écrit cela : je viens de le citer, et il ne dit rien de semblable. M. Burnouf veut sans doute parler d'Ernesti, qui n'écrit ni n'adopte *Silanam*, mais qui dit en effet, comme on vient de le voir, que deux manuscrits ont cette leçon.

Adjunxere. Firent déclarer pour Vitellius Milan, etc.

Cum ala Petrina. On lit dans le manuscrit de Farnèse et dans le manuscrit espagnol *in Alpe Triaria*; dans celui de Bude, *Trianna*; dans l'excellent manuscrit du Vatican et dans celui de Guelfe, *cum Alpe Tarina*; enfin, dans l'édition Princeps, *cum Alpe Triarina*, dont Juste-Lipse a fait *cum ala Taurina*, et Saville *Petrina*. Mais, dit-il, la cavalerie Taurine était déjà allée en Italie avec Valens (*Voyez* ch. 64). Mercier et Pichena l'approuvent, ainsi que Freinshemius, qui a reçu cette leçon. Cependant Ryck. a préféré *Taurina*, d'après le manuscrit d'Agr., persuadé qu'il y avait eu plusieurs ailes de cavalerie de ce nom, et que l'une aura été avec Valens, l'autre avec Cécina. Mais *Ala Petrina* se rencontre plus bas, IV, 49, en parlant de Vitellius; et Brotier pense que le nom de cette aile vient d'une famille de chevaliers romains surnommés *Petra*, et qui est mentionnée *Ann.* XI, 4.

Petronium urbis procuratorem. Le manuscrit de Bude a *urbis*, celui du Roi et l'édition Princeps *urbi*. Juste-Lipse propose de le supprimer, ou de le remplacer par *ubi* ou *ibi*. Pichena est de cet avis, et cite à propos, II, 16, *trierarchum Liburnicarum ibi navium*. Brotier adopte cette correction. Les éditeurs de Deux-Ponts renferment *urbis* dans des crochets; et M. Burnouf a fait de même, parce que, dit-il, ce mot ne fait aucun sens.

In cetera. C'est ainsi qu'on lit dans les mss. de Guelfe, de Bude et du Roi, et dans les anciennes éditions. Freinshem. lit *ceteræ*, et est suivi par d'autres; le mss. d'Agr. *incerta*, d'où Heinsius fait *in certa*, mais mal.

Cessuros. C'est la leçon des manuscrits de Guelfe, de Covarruvias, de l'édition Princeps et des anciennes éditions. On lit *accessuros* dans Rhenanus, d'après Bude.

Subsignanum militem. Cécina, dit M. Burnouf, vient d'envoyer en avant ses troupes auxiliaires ; il ne lui reste donc que les détachemens des légions et la vingt-et-unième complète. *Subsignanum militem* signifie donc ici le soldat légionnaire, par opposition aux ailes et cohortes alliées. On retrouve la même expression opposée à *auxilia*, IV, 33 ; d'où l'on pourrait conclure en général que c'est peut-être là son véritable emploi. Ferlet veut qu'elle ne signifie que des détachemens légionnaires combattant *sub signis*, et non *sub aquilis*. Mais, encore une fois, la vingt-et-unième était là tout entière. Dureau-Delamalle l'entend ici des auxiliaires, et, au livre IV, des légionnaires, donnant ainsi au même mot deux sens opposés. La seule raison est l'opposition apparente de *subsignanum militem* et *grave legionum agmen*. Mais ces deux expressions disent une seule et même chose : la première expose le fait, la seconde le peint aux yeux, comme le remarque aussi Ferlet.

Hibernis adhuc Alpibus. La leçon *Alpibus* est dans le manuscrit de Flor., dans celui du Roi, dans l'édition Princeps : les autres, jusqu'à Pichena, portent *nivibus*, qui est aussi dans le manuscrit de Guelfe.

CAP. LXXI. *Marium Celsum. Voyez* ch. 45.

Primoribus. Tous les manuscrits et toutes les éditions, avant Rhenanus, ont *pro moribus;* mais la correction est certaine.

CAP. LXXII. .... *Crudelitatem mox, deinde avaritiam, et virilia scelera exercuit, corrupto ad omne facinus Nerone, quædam ignaro ausus, ac postremo ejusdem desertor ac proditor.* M. Burnouf a traduit : « Il ne tarda pas à signaler sa cruauté, puis son avarice, et à se montrer homme pour le crime ; corrupteur de Néron, et qui, après l'avoir formé à tous les attentats, et osé plus d'un forfait à son insu, finit par l'abandonner et le trahir. » Notre version porte : « Tigellius.... se signala d'abord par sa férocité, puis par son avarice et par tous les crimes qui peuvent souiller l'âge de la virilité ; corrupteur de Néron, le poussant à tous les forfaits, il osa en commettre même à son insu ; et, pour dernier trait, l'abandonna et le trahit. » On voit que nous avons rendu autrement que M. Burnouf les mots *virilia scelera;* nous croyons que son expression *homme* pour le *crime* est plutôt empruntée au caractère connu de Tigellin qu'à la lettre du texte ; car *virilia scelera*, selon nous, veut dire des crimes que la *virilité seule* peut commettre, et nous avons traduit en conséquence : « qui peuvent souiller l'âge de la virilité. Tel est, selon nous, le sens de Tacite. Nous avons rendu peut-être aussi avec plus d'énergie le mot *postremo*, par ceux-ci, *et pour dernier trait ;* ce qui complète le hideux portrait de Tigellin. — *Ac proditor* manque dans le manuscrit du Roi et dans l'édition Princeps ; mais il est dans Bude.

Effugio. L'édition Princeps et le manuscrit de Bude, ainsi que celui du Roi, ont *effugium*.

Sed vices impunitatis. Le sens de cette phrase est très-contesté, et le texte même a paru suspect à plusieurs critiques. Cependant les manuscrits ne varient point, si ce n'est que *vices*, qui est l'ancienne leçon, est dans le manuscrit d'Agr. et du Roi, et dans toutes les éditions avant Rhenanus qui, d'après les manuscrits de Bude et de Guelfe, a imprimé *vitæ*, en quoi il a été suivi dans toutes les autres éditions, jusqu'à ce que Freinsh. ait rétabli *vices*. Ferlet adopte cette leçon, et l'explique par *réciprocité de services*, de bien ou de mal. M. Burnouf suit la même leçon, et critique les différentes traductions qui ont été données de ce passage, par Dotteville, par D. Delamalle, par Gordon et par Petrucci.

Seditiosis vocibus. Bude a *seditionis*.

Sinuessanas aquas. La leçon commune est *Suessianas*, d'après le manuscrit de Bude ; mais les autres manuscrits, Plutarque, Pline, 31, 4 ; Martial, 11, 18 ; Tacite lui-même, 12, 66, donnent *Sinuessanas*.

CAP. LXXIII. *Galvia Crispinilla.* On lit *Galvia* dans les manuscrits de Guelfe, de Bude, dans les éditions de Putéol. et dans les suivantes, *Galliva* dans l'édition Princeps. Cette *Galvia Crispinilla* était fille de chambre de Sporus. *Voyez* DION, 63, 12, sur les viles fonctions de cette femme à la cour de Néron, et pourquoi elle était odieuse au peuple.

Populo romano. D'autres lisent *populi romani*.

Subnixa. C'est la leçon des manuscrits. Cependant Bude a *innixa*, qui a été long-temps la leçon commune.

Cap. lxxiv. *Quæ Lugduni agebant.* Le 16 ou 17 janvier. Ainsi il n'y avait encore que treize ou quatorze jours que Vitellius avait été nommé, et ses deux armées ne devaient pas être encore en marche.

Tanto ante traditum Vitellio imperium. Il n'y avait pas une si grande priorité de temps : Vitellius avait été proclamé le 3 janvier sur le Rhin, Othon le 15 à Rome, et le 10 (ch. 14) on n'y savait encore rien de certain au sujet de Vitellius.

Cap. lxxv. *Omnibus invicem gnaris.* On lit *ignaris* dans les manuscrits de Florence, de Bude, du Roi, dans les éditions de Putéol., de Beroalde, d'Alciat, de Lallemant, et même dans l'édition de Rhenanus de 1519, qui n'a mis *gnaris* que dans celle de 1544, sans qu'on sache si c'est de son fait ou par faute typographique. Cette dernière leçon s'est propagée dans toutes les éditions qui ont suivi. Ernesti est pour la première. Autrement, dit-il, il n'y a point de sens. Ferlet et Petrucci ont adopté la seconde, et Dureau-Delamalle, ainsi que Dotteville, traduit en ce sens, quoique écrivant *ignaris*. Selon M. Burnouf, *omnibus invicem gnaris* est la seule leçon qui paraisse raisonnable ; au moins est-elle parfaitement opposée à *mutua ignorantia fallentibus*. Nous avons adopté cette variante.

Domus utraque. Celle de Titianus ou d'Othon, et celle de Vitellius.

Cap. lxxvi. *Cluvius Rufus.* Gouverneur en Espagne. *Voyez* l. ii, ch. 65.

Mari dirimitur. Les armées d'Afrique et d'Orient, sans doute, séparées de Rome par la Méditerranée. Le nom d'Othon y fut entendu le premier, et, comme dit Tacite, avait prévenu les esprits. La Germanie, où Vitellius avait été nommé empereur, douze jours avant Othon, était plus éloignée de l'Orient, et avait avec lui moins de moyens de communication que Rome.

Nomine ejus tenebantur. Il existe en effet des médailles d'Othon frappées à Antioche de Syrie et à Alexandrie. *Voyez* ECKHEL, tome VI, p. 307, et tom. IV, p. 56.

Vipstani Aproniani. Dans le fragment de l'inscription des *fratres arvales* (GRUTER, p. 118), on lit *C. Vipstanus Apronianus*, et *C. Vipstano Aproniano.* Ce qui a engagé Ernesti à admettre avec Ryckius *Vipstani.*

Partem se reipublicæ faciunt. Juste-Lipse lit *fecerat*, qu'il interprète ainsi : « s'était mêlé parmi les administrateurs et les ministres, comme s'il en eût été un. »

CAP. LXXVII. *Consul cum Titiano.* Selon l'usage des empereurs de joindre le consulat avec la dignité impériale. Pour entendre ce qui suit, il faut se rappeler que les empereurs, pour se faire des créatures, multipliaient les consuls, et en faisaient souvent autant qu'il y a de mois dans l'année; que ceux qui entraient en charge le 1ᵉʳ janvier étaient appelés *consules ordinarii*, qu'on datait par eux seuls, et qu'eux seuls faisaient époque; les autres étaient nommés *suffecti*, substitués, *faits après.*

In kalendas martias. Jusqu'aux kalendes de mars, ce qui fait un mois et demi à peu près.

Poppæus. On lit dans les manuscrits et dans toutes les éditions avant Juste-Lipse *Pompeius.* Le manuscrit de Florence a *Poppæus.*

Arrio Antonino. Il fut l'aïeul de l'empereur Antonin-le-Pieux. Pline, *Ép.* IV, 3, et V, 10, parle avantageusement des poëmes grecs d'Arrius Antoninus.

Majestatem. Sous-entendu *læsam.* La loi de lèze-majesté. *Voyez* TACITE, *Ann.*, I, 72. Cette loi était très-odieuse, parce qu'elle avait été l'instrument ou le prétexte de la mort d'un grand nombre de citoyens vertueux sous les mauvais empereurs.

CAP. LXXVIII. *Hispaliensibus et Emeritensibus.* Il envoya de nouvelles familles pour repeupler Séville et Mérida. Les Romains en envoyaient quelquefois pour accroître la population de leurs colonies. On en voit d'autres exemples, *Ann.*, XIII, 31, et XIV, 27. Tite-Live, XLIII, 17, parle de l'envoi de quinze cents nouvelles familles pour augmenter la colonie d'Aquilée, sur la demande que des députés de cette ville étaient venus en faire au sénat, et d'après un sénatus-consulte.

Lingonibus universis. Juste-Lipse pense que le texte est altéré, et soupçonne qu'il s'agit peut-être de quelque peuple espagnol dont le nom aurait de la ressemblance avec celui de *Lingones*, tel que celui des *Illurcones* ou celui des *Lusitani.* Les éditeurs de Deux-Ponts se rangent à son avis, et pensent avoir trouvé ce nom dans celui de *Langobriga*, nom d'une ville de la Lusitanie. Oberlin approuve cette conjecture. Mais, outre qu'un nom de ville n'est pas un nom de peuple, et qu'on ne trouve nulle part *Langones* pour habitans de *Langobriga*, qu'il n'est pas probable non plus que *Lingonibus*, peuple des Gaules, ait été mis pour *Illurconibus*, peuple d'Espagne, les Lingons s'étant déclarés avec chaleur pour Vitellius, Othon, comme le remarque M. Burnouf, a bien pu leur prodiguer le droit de cité romaine, pour les gagner et les ramener à son parti. Au reste, par *civitatem romanam*, il faut entendre ici, selon Oberlin, le droit du *Latium*, le droit latin.

Bœticæ Maurorum. Il voulut que les Mauritanies ressortissent de la Bétique. C'est, comme le remarque savamment M. Burnouf, cette Espagne africaine que désigne Rufus Sextus, dans son *Breviarium*, ch. 5 : *Trans fretum etiam in solo terræ africæ provincia Hispaniarum est, quæ Tingitana Mauritania cognominatur.*

CAP. LXXIX. *Rhoxolani.* Nation Sarmate que Ptolémée place au nord des Palus-Méotides, entre le Tanaïs et le Borysthène.

Ferociora et successu. On lit dans le manuscrit du Roi *et ferocia et successu.*

Velut extra ipsos. Leur courage était dans leurs chevaux.

Cataphractarum. C'étaient, dit M. Burnouf, des armures complètes de toutes pièces, de pied en cap. Les cavaliers qui en étaient couverts, s'appelaient *cataphracti. Voyez* la description qu'en fait Ammien, XVI, 10. Plutarque nous montre cette cavalerie jouant un grand rôle dans les armées de Tigrane. Les Gaulois avaient aussi des hommes bardés de fer, qu'ils appelaient *crupellarii*;

mais c'étaient des esclaves destinés au métier de gladiateurs.
Voyez *Ann.*, XLIII, et *Paus. Attiq.*, ch. 21.

Levi gladio. Espèce de poignard, seconde épée plus courte, que le soldat romain portait à droite.

Et vi vulnerum. C'est ainsi que Muret a restitué cet endroit, qui est corrompu dans les manuscrits. Ernesti aimerait mieux *incuria vulnerum.*

Triumphali statua. L'empereur, depuis Auguste, comme généralissime de toutes les armées de l'empire, avait seul droit aux honneurs du triomphe ; et, lorsque quelqu'un avait vaincu sous ses auspices, on accordait à celui-ci, non les honneurs, mais les marques du triomphe. De même, ajoute Ferlet, on accordait les distinctions honorifiques du consulat, de la questure, de la préture, etc., à des personnes qui n'avaient pas rempli ces places, lorsqu'on voulait les favoriser ou les récompenser.

Legati legionum. Quoique ce fut la troisième légion qui battit les Sarmates, comme les deux autres avaient été de l'expédition, et qu'elles avaient concouru au succès, les commandans des trois légions de la Mésie, c'est-à-dire de la troisième, de la septième et de la huitième, ainsi que le gouverneur de la province, eurent part aux récompenses.

CAP. LXXX. *Septimam decimam cohortem.* Il y avait plusieurs cohortes à Ostie comme à Putéoles, qui portaient le numéro de leur légion, et qui en prenaient le nom. La dix-septième cohorte, d'après un décret de Claude, était stationnée à Ostie pour préserver cette ville des incendies. *Voyez* SUÉTONE, *Claude*, 25.

Pars ignari et vino graves. « Et quelques-uns, dit M. Burnouf, parlaient de la sorte sans y penser, et troublés par l'ivresse. » On lit dans notre traduction : « Une partie ne sait ce qu'elle veut, et reste appesantie. » N'est-ce pas là le sens de la phrase de Tacite ? On vient de voir plus haut que quelques soldats ivres, *temulentos*, mais capables encore d'agir, puisqu'ils veulent saisir les armes qu'on enlevait, s'emportent et accusent leurs tribuns et leurs centurions de trahison. Voici maintenant une autre partie, *pars ignari*, qui ignore ce qu'elle veut, *et vino graves*, et reste appesantie par le vin. M. Burnouf n'a pas saisi, selon nous, cette gradation dans les épithètes *temulentos* et *vino graves*, et a suivi un sens différent de celui de l'auteur.

Obsequia meliorum. Les bons, dont l'obéissance aurait pu servir à contenir les mauvais, étaient retirés, conformément aux lois de la discipline, et dormaient.

Cap. lxxxi. *Modo constantiam simulare.* On lit ainsi dans le manuscrit du Roi et dans Oberlin. *Modo* n'est pas dans le manuscrit d'Oxford.

Cap. lxxxii. *Julio Martiale, tribuno.* Julius Martialis était tribun d'une cohorte prétorienne, comme cela est prouvé, dit Ferlet, par le ch. 28, où nous l'avons vu de service dans le camp des prétoriens, et non pas tribun légionnaire.

Præfecto legionis. La seule légion qui fût alors à Rome était, comme on l'a dit déjà, *legio prima Adjutrix classicorum*. C'était donc de cette légion que Saturninus était préfet, grade, selon Ferlet, au dessous de celui de commandant de légion. Le préfet d'une légion, selon M. Burnouf, était au dessous du *legatus consularis*, ou général d'armée (Végèce, ii, 9), et commandait en chef cette légion. Des attributions que lui donne Végèce, Le Beau (*quinzième Mémoire*) conclut, que ce titre, qui ne se trouve que cette fois dans Tacite, équivaut à celui de *legatus legionis*, qui s'y rencontre si souvent; celui de *præfectus legionis* ne paraît, il est vrai, sur les médailles, que sous Marc-Aurèle; mais peut-être commençait-il, dès le temps de Tacite, à être employé comme synonyme de l'autre. On rencontre souvent ce même titre dans les anciennes inscriptions. *Voyez* Gruter et Muratori.

Militiæ insignibus. Les marques distinctives de leur grade, c'est-à-dire le poignard et le brin de sarment avec lequel ils châtiaient les soldats. Voyez *Ann.*, i, 13.

Cap. lxxxiv. *Si Vitellio.* Juste-Lipse, Ferlet et M. Burnouf croient ce beau mouvement d'éloquence imité d'Homère, *Iliad.*, i, 255.

Si Vitellio et satellitibus ejus eligendi facultas detur, quem nobis animum, quas mentes imprecentur, quid aliud, quam seditionem et discordiam, optabunt? M. Burnouf a traduit : « Si Vitellius et les satellites qui l'entourent pouvaient, avec des imprécations, nous inspirer au gré de leur haine, quel autre esprit nous souffleraient-ils que la discorde et la sédition? » D'abord, *qui l'entourent* n'est point dans le texte; *eligendi facultas detur* est-il bien traduit par ce membre de phrase : *Pouvaient, avec des imprécations, nous inspirer au gré de leur haine?* M. Burnouf commence à s'écarter ici du sens de Tacite ; *nous*, seul, ne rend pas *animum* et *mentes*. *Au gré de leur haine* est ajouté au texte ; et *quel autre esprit nous souffleraient-ils...* n'est point du tout la traduction de *quid aliud optabunt.* Nous avons rendu ce passage ainsi : « Si Vitellius et ses satellites avaient la faculté de diriger nos pensées et nos esprits, formeraient-ils, dans leurs imprécations, un autre souhait que celui de nous inspirer la sédition et la discorde? »

Parendo potius. Ernesti pense qu'ici et en d'autres endroits de ce discours, Tacite a eu présente la harangue de Paul-Émile à ses soldats. TITE-LIVE, 44, 34.

Nec.... ullus unquam exercitus audiat. Cet endroit paraît encore imité de l'Iliade, XIV. 90.

Vitellius in nos ciet. Juste-Lipse a rétabli d'après le manuscrit du Vatican, qui était interpollé, et a fait *audeant* de *audiant.*

Præstringimus. C'est ainsi que lisent, au lieu de *perstringimus*, Gronovius, Ernesti, Oberlin, et M. Burnouf, qui le prend dans le sens d'*effacer, éclipser.*

Domibus et tectis. C'est ainsi que s'exprime Auguste dans un discours au peuple, *Voy.* DION, 56, 5.

Promiscua sunt. Peuvent également tomber et se relever. C'est ainsi qu'on lit pour *promiscue possunt*, dans les manuscrits du Roi, de Bude, d'Agr. et de Flor. : sorte d'hellénisme, dit Rhenanus, que l'on peut, que l'on doit même conserver ; et Juste-Lipse est de son avis. Il adopte aussi *inanima* et rejette *inania.* Ce qui a été reçu par Freinshemius. Cicéron joint de même *muta atque inanima*, dans Verr., 5, 67.

Æternitas rerum. C'est-à-dire de la république romaine. On sait, dit Ferlet, que l'éternité de l'empire était un des articles de foi politiques des Romains.

Cap. lxxxv. *Ea oratio.* D'autres lisent *Et oratio.*

Militibus, ut nihil in commune turbantibus, ita sparsis per domos, occulto habitu, et maligna cura in omnes quos nobilitas aut opes aut aliqua insignis claritudo rumoribus objecerat. M. Burnouf a traduit : « Les soldats réunis n'excitaient plus de tumulte public ; mais, épars et déguisés, ils pénétraient dans les maisons, affectant un intérêt perfide pour ceux que leur noblesse, leur opulence, ou quelque éclatante distinction avaient exposés aux discours de la malignité. » Notre traduction porte : « Les soldats ne formaient pas des groupes séditieux, mais ils se glissaient dans les maisons, et, sous des déguisemens, portaient leur attention perfide sur tous ceux que leur noblesse, leurs richesses ou quelque illustration exposaient aux insinuations de la malignité. » N'est-ce pas là le sens et le mouvement de la phrase de Tacite? *Ita sparsis per domos,* mais ils se glissaient dans les maisons ; *occulto habitu,* et *sous des déguisemens; et maligna cura in omnes,* et *portaient leur attention perfide* (et non *affectant un intérêt perfide,* comme a traduit M. Burnouf) *sur tous ceux,* etc.

Cap. lxxxvi. *Cella Junonis.* Le temple du Capitole, dit M. Burnouf, était divisé en trois nefs, consacrées l'une à Jupiter, l'autre à Junon, la troisième à Minerve. La *cella Junonis* était le sanctuaire de la nef de Junon, où était placée la statue de cette déesse.

Proruto ponte sublicio. Le pont de bois par lequel on passait dans l'île du Tibre. On lit dans le manuscrit du Roi, et généralement dans les éditions, *prorupto.* C'est Gronovius qui a corrigé *proruto,* et il a été approuvé par Lallemant, Brotier, Ernesti, Oberlin, M. Burnouf et autres.

Refusus. Le Tibre ayant renversé le pont de bois, fut refoulé par les débris de cette masse qui s'opposait à son passage.

Insularum fundamenta. On appelait *insula* une réunion de maisons isolées en forme d'îles, et qui étaient occupées par plusieurs familles, par opposition à *domus,* qui se disait plus particulièrement des grands hôtels. *Voyez* Festus, au mot *insula.* Ce nom d'île est encore usité à Marseille, l'ancienne alliée de la ville de Rome.

Cap. lxxxvii. *Expensis belli consiliis.* Après avoir tenu un conseil de guerre pour régler le plan de la campagne.

Reliquos cæsorum. Voilà, dit Ferlet, ce qui prouve qu'il ne faut pas confondre les *classici* avec la légion classique. *Voy.* ch. 6. Ces classiques ne contribuèrent point à la mort de Galba; ils ne formèrent pas une légion sous cet empereur, puisqu'il les tint en prison.

Ceteris. Les soldats de marine servant actuellement sur la flotte. Othon leur promet de les faire passer, comme leurs anciens camarades, dans le service des légions. Il existait déjà, comme on a vu, une légion de marine nommée *prima Adjutrix classicorum*, et Othon vient d'en former une nouvelle. Pour encourager les soldats de la flotte qui ne faisaient encore partie ni de l'une ni de l'autre, il leur promet aussi de les appeler un jour au service légionnaire.

Vires et robur. On lisait avant Juste-Lipse : *e prætorianis viris, ut robur exercitus.*

Comitatus. Cette leçon, que l'on doit à Gronovius, a été reçue par les édit. de Deux-Ponts et par Oberlin, suivie par M. Burnouf, et adoptée dans notre traduction. Peu de mots ont subi autant de métamorphoses que celui-ci : les manuscrits ont *imitatus*; les éditeurs en ont fait *invitatus*, *immutatus*, *incitatus*, etc.

Cap. lxxxviii. *In coloniam Aquinatem.* Aquino, dans la terre de Labour; dans le Latium, autrefois.

Propinquitate Galbæ monstratus. Un grand nom dans des temps malheureux fait remarquer celui qui le porte. Suétone, *Galba* 12, dit que Galba lui-même suspecta Dolabella d'aspirer à l'empire. Plutarque écrit aussi, ch. 23, que lorsqu'on délibérait pour donner un successeur à Galba, les uns étaient portés pour Dolabella, les autres pour Othon. Il fut donc alors suspect à Othon, et bientôt après tué par Vitellius. Voy. *Hist.* ii, 63.

Secum expedire. Se préparer à partir avec lui.

Mota urbis cura. C'est ainsi qu'on lit dans le manuscrit de Guelfe. Le manuscrit du Roi et d'autres éditions portent *motæ urbis curæ.*

Adflicta fide. Crédit ruiné, tombé.

Cap. LXXXIX. *Scriboniani.* Furius Camillus Scribonianus, commandant en Dalmatie, se révolta contre Claude. Cinq jours après, ses soldats se repentirent de la révolte dans laquelle il les avait entraînés, et le tuèrent dans la petite île d'*Issa*, où il s'était enfui. *Voy.* Suétone, *Claude* 13 et 35; *Othon*, 1.

Tum. Au lieu qu'à présent, etc.

Oriens occidensque. Ne se rapportent pas à *deducti* qui précède, mais à *tergo* qui suit. Il n'y eut que les légions de Germanie et de l'Illyricum, que les flottes de Misène et de Ravenne, que les troupes du prétoire et de la ville, qui se mirent alors en mouvement pour combattre, les unes en faveur de Vitellius, les autres en faveur d'Othon : l'Orient et l'Occident furent immobiles.

Quidquid utrimque virium est. Utrimque se rapporte à l'Orient et à l'Occident, et ne signifie pas, comme traduit Dureau-Delamalle, dans l'un et l'autre parti. Voilà pourquoi, dit Ferlet, l'auteur ajoute *longo bello materia.*

Conditorum ancilium. Dans un ancien calendrier, on lit aux kalendes de mars : *festum Martis et Junonis. Ancilia feruntur;* et dans un autre du temps de Constance, au VII des ides : *arma ancilia movent.* Le dernier jour de cette fête est celle des *Mamuralia*, c'est-à-dire de *Mamurra* qu'on croyait avoir fabriqué onze boucliers semblables à celui de Numa, qui était tombé du ciel. Ce jour-là, ces boucliers qu'on promenait en procession dans les fêtes, n'avaient pas encore été renfermés dans le temple de Mars, d'où ils avaient été tirés le premier jour du mois qui porte le nom de ce dieu, et où ils se gardaient. *Voy.* Tite-Live, I, 20; Denys d'Hal., liv. II; Plutarque, *Numa*, 13.

Cap. XC. *Pridie idus martias.* Le 14 de mars.

Neronianarum sectionum. Ces mots ne signifient pas les confiscations de Néron, ou ses donations, mais les ventes à l'enchère, à l'encan, des biens confisqués par Néron et repris à ceux à qui il les avait donnés, et dont il est parlé ch. 20. Galba avait ordonné ces ventes pour remplir le vide du trésor impérial. Othon trouva plus juste d'en appliquer le produit à indemniser ceux que Néron avait dépouillés; mais il ne restait plus rien à reprendre, ni par conséquent à rendre.

Galerii Trachali. Il est parlé de lui dans le *Dialogue des Orateurs.* Il fut consul l'an de Rome 821, avec C. Silius Italicus. *Voyez* Quintilien (x, 1) sur le genre de talent de cet orateur. Malgré ses précautions, ce discours lui aurait coûté la vie, sans la protection de Galeria, femme de Vitellius, sa parente. *Voyez* II, 60.

Profectus Otho. Othon, comme le remarque Oberlin, partit, au rapport de Suétone (*Othon*, 8), « le jour où les adorateurs de la mère des dieux se lamentent et se frappent la poitrine en son honneur. » C'était le 9 avant les kalendes d'avril, c'est-à-dire le 24 de mars. *Voyez* TREBELLIUS POLLION, *Vie de Claude*, II, 4.

LIVRE II.

Cap. i. *Quod varia sorte.* On lisait avant Juste-Lipse *quod varie ortum.* Le manuscrit du Vatican, qui l'a éclairé sur cette leçon qu'il appelle *inepta* et *exsensa*, porte *vari aborte;* l'édition Princeps : *vane ortum aborte,* le manuscrit de Bude : *varie ortum semen r. p.* Pichena a reçu la leçon de Juste-Lipse, Freinshemius et Gronovius l'ont confirmée par deux passages analogues de notre auteur : II, 95, et III, 80. Elle doit rester.

Decor oris. On lit partout ailleurs *decoris, decorus* ou *decori.* C'est à Rhenanus qu'on doit cette heureuse correction.

Excusatum. Sous-entendu *iri.*

Obliviscendum offensarum. Ne signifie pas ici, *il faut oublier les offenses,* mais : « il ne faut pas songer aux offenses, » si l'on s'offense ou non quand on se fait la guerre, entre gens qui se font la guerre.

Cap. ii. *Moderatior.* C'est ainsi qu'on lit dans Oberlin, d'après deux manuscrits, tandis que celui du Roi et la plupart des éditions ont *modestior.*

Asiæ. Il s'agit ici de l'Asie Mineure seulement.

Prævectus. C'est ainsi qu'on lit dans le manuscrit de Pichena, dans Guelfe et dans l'édition Princeps. Le manuscrit de Bude porte *prætervectus.*

Audentioribus spatiis. En gagnant hardiment plus au large la pleine mer au lieu de suivre les côtes, ce qui était hardi à cette époque où la boussole n'était pas inventée.

Cap. iii. *Aerian.* Les manuscrits le nomment *Verianus,* d'autres *Venerianus,* Alciat *Uranius.* Mais, selon la leçon commune,

Tacite dit lui-même, III, 62 : *Exin Cyprii tribus delubris, quorum vetustissimum Paphiæ Veneri* AERIAS *auctor, post filius ejus Amathus;* c'est aussi la leçon que je préfère, 1° parce que *Aer*, d'où vient le nom d'*Aerias*, était l'époux de *Luna* et le père de *Ros*, la rosée; 2° parce que Tacite dit lui-même que quelques-uns prétendent que ce nom était celui de la déesse, et qu'*Aeria* était aussi un surnom de Junon et de Minerve; 3° enfin parce que l'Égypte était aussi nommée *Aeria*, selon Aulu-Gelle, 14, 6, sans doute à cause du Nil auquel Homère donne l'épithète de Διιπετής, qui vient de Jupiter, qui tombe du ciel, *aer*, ἀὴρ, d'où descend aussi la rosée, que les Égyptiens appelaient les larmes d'Isis.

Cilicem Tamiram. Cette leçon est due à Rhenanus. Il y avait dans le manuscrit de Bude, dans ceux de Florence et de Guelfe, et dans l'édition Princeps *Cilicenta miram*. Meursius dit qu'on doit écrire *Tamiram* et non *Thamyram*, d'après le mot Ταμιράδαι, qui est dans Hesychius. J'en doute : *Thamyras* ou *Thamyris* est le nom d'un petit-fils d'Apollon.

Ut quisque vovit, sed mares. Pichena, d'après le manuscrit de Florence, lit ainsi au lieu de *ut quisque novisset mares*, que les manuscrits de Guelfe et de Bude, et l'édition Princeps, portaient. Tous ceux qui l'ont suivi ont admis cette leçon.

Altaria adolentur. Ce passage réfute la correction d'Hardouin, dans Pline, II, 96 (97), qui, dans l'endroit où il est question de ce temple, fait de *aram, aream.* Or, il faut que la couverture du temple ait été à découvert au dessus de cet autel, comme dans celui qui était en Thrace, sur le mont *Zilmissus. Voy.* SUÉTONE, *Aug.*, ch. 94. *Voyez* aussi EUSTATHE, sur l'*Odyssée*, v. 363, pour les temples qui n'étaient pas couverts. Le manuscrit de Bude a *redolentur*, mais la leçon d'*adolentur* est justifiée par ce vers de Virgile :

Castis adolet dum altaria tædis.

Nec.... madescunt. Polybe fait le même récit d'une statue de Diane, XVI, 12.

Metæ modo. Maxime de Tyr (Diss. 38) dit aussi : « On rend, à Paphos, un culte à Vénus, dont on ne peut mieux comparer le simulacre qu'à une pyramide blanche. » On en voit la figure dans les *Médailles* de Tristan, t. I, pag. 419-534; dans Vaillant, *Médailles des colonies*, t. I, p. 93 (médaille de Drusus), et dans les peintures d'Herculanum, t. III, tab. 52. Spanheim, *de Præst. et usu numm.*, p. 479, édit. de 1671, n'a pas eu raison de donner une médaille où l'on voit une tête d'homme sur un cône. C'est une erreur qui a été corrigée dans l'édition de Londres 1706, *Diss.* 8, 6. Voy. aussi *Jac. Gronovius* sur cet endroit.

Ratio in obscuro. Clément d'Alexandrie la donne *Protrept.*, p. 29-30 (édit. de *Sylb.*), et *Stromat.*, t. I, page 348, et Potter, *Archéol. des Grecs*, II, 2.

CAP. IV. *Profligaverat bellum.* « Ceux qui parlent latin, dit Aulu-Gelle, XV, 5, pour exprimer ce que quelques-uns entendent par *profligatum*, ne se servent pas de ce mot, mais *d'affectum*, comme a fait Cicéron dans son discours *de Provinc. consul.* : *Bellum affectum videmus, et, vere ut dicam, pene confectum.* » Cette remarque d'Aulu-Gelle, comme l'observe M. Burnouf, nous fait bien comprendre le sens de *profligare*, et c'est à tort qu'il condamne l'emploi de ce verbe. Auguste, dans l'inscription d'Ancyre, *Florus*, II, 15, et Cicéron lui-même, *Tusc.*, V, 6, s'en sont servis. *Cf.* Tollius sur le poème de la *Moselle*, d'Ausone, vers 425.

Ut supra memoravimus. Voyez I, 10.

Mucianus. En écrivant *Mucianus* par *c* au lieu de *t*, nous suivons les Grecs, qui l'appellent Μουκιανός, et les inscriptions lapidaires : Gruter, p. 32, 6, en cite une trouvée à Rome, et ainsi conçue : L. ANNIO. FABIANO. M. NONIO. MVCIANO. COS. Pline écrit ce nom de la même manière.

Et inexpertus belli labor. Les travaux de la guerre non éprouvés par eux. Juste-Lipse et Ferlet trouvent le mot *labor* superflu, et voudraient qu'on retranchât ou ce mot ou celui qui précède. Rhenanus voulait *ardor* pour *labor*. Les éditeurs de Deux-Ponts lisent *sed inexperti belli labore;* mais la leçon commune doit être maintenue : la répétition de *labor* est nécessaire pour faire opposition à *quies*. Il n'y a donc pas là de mauvais goût, comme Ferlet voudrait le faire croire.

Cap. v. *Peritus.* Sous-entendu *magis.* Il s'entendait mieux que Vespasien à disposer et à préparer les évènemens. Gronovius lisait *aptior sermone*, et nous avons adopté cette leçon. Les éditeurs de Deux-Ponts et Oberlin ont rétabli *sermoni.*

Tribuni, centuriones. Voyez la note de M. Dureau-Delamalle.

Cap. vi. *Præcipitibus, ut adsolet, nuntiis, et tarda mole civilis belli, quod longa concordia quietus Oriens tunc primum parabat.* Il nous semble que M. Burnouf, en s'arrêtant à *belli*, et en scindant ainsi cette phrase de Tacite, en a tiré une réflexion qu'elle ne contient pas. Ce traducteur dit : « De pareils ordres arrivent toujours avec rapidité, et les apprêts d'une guerre civile entraînent des lenteurs. » Réflexion fausse sous le rapport de la traduction et sous celui des idées qui ne nous paraissent pas bien liées ; car le dernier membre de cette phrase n'est pas la rigoureuse conséquence du premier. Le sens de Tacite est que la guerre civile était lente à soulever, parce que l'Orient était depuis long-temps plongé dans une profonde tranquillité. C'est au moins le sens que nous avons suivi, et qui nous a paru justifié par le texte. Voici notre traduction ; nous rapporterons ensuite en entier celle de M. Burnouf : « Les ordres, en pareille circonstance, parviennent rapidement, mais une guerre civile était lente à soulever dans ces contrées, plongées dans un long calme, etc.... » On lit dans M. Burnouf : « De pareils ordres arrivent toujours avec rapidité, et les apprêts d'une guerre civile entraînent des lenteurs. C'était la première dont l'Orient, long-temps soumis et paisible, méditât le dessein. »

Duæque legiones. Le nombre des légions ne fut pas toujours le même ; car Jules César, après avoir vaincu l'Égypte, y laissa trois légions, suivant Suétone, dans *Jules*, 76. Auguste y maintint ce nombre d'hommes, ainsi que Tibère, sous lequel vivait Strabon (l. xvii). Cependant ce prince le diminua ; car, la neuvième année de son empire, Tacite dit en termes formels que l'Égypte n'avait que deux légions (*Annales*, 4, 5). Dans le reste de l'Afrique, il y avait deux légions, ainsi qu'en Égypte, et Hégésippe est d'accord sur cela avec Tacite.

Secundum tutumque. C'est ainsi qu'on lit dans les manuscrits du

Vatican, de Florence, du Roi et dans l'édition de Rome, Juste-Lipse l'approuve, et Pichena, Brotier et Oberlin l'ont admis. Acidalius conseillait de lire : *Cingitur parando interim bello seclusum, tutumque ipsum mare.*

Cap. VII. *Eventum.* C'est ainsi que lit Lallemant, d'après Gronovius. Oberlin lit *exitum.*

Victores victosque. Juste-Lipse lit ainsi tout le passage avec Pichena : *Exspectari belli exitum. Victores victosque nunquam.* Freinshemius a admis la correction de Pichena. Gronovius et Lallemant celle de *belli eventum.* Le manuscrit de Guelfe a *placuit exspectari bellum; quum in victores victosque nunquam solida fide coalesceret;* toutes les éditions jusqu'à Freinshemius ont suivi la même leçon, avec cette différence seulement que l'édition Princeps a *coalescere*, comme les manuscrits de Bude, de Florence et d'Agric. Gronovius lisait par conjecture *belli nutum* ou *cumulum.* Acidalius voulait *belli casum*; le manuscrit de Bude porte *bellum cum in*, etc., d'où Rhenanus lisait *bellicum.*

Ambiguæ domi res. C'est-à-dire des dettes, tout crédit perdu, *Voyez* I, 88.

Cap. VIII. *Velut Nero adventaret.* L'histoire parle de trois faux Nérons : celui-ci est le premier. Le second, suivant Zonaras, parut sous Titus vers l'an 80 de J.-C., et fut appuyé par Artaban, roi des Parthes. Il était né en Asie, et se nommait Terentius Maximus. Enfin le troisième, suivant Suétone, *Néron*, 57, trouva aussi de l'appui chez les Parthes, vingt ans après la mort de Néron, c'est-à-dire l'an 88 de J.-C. C'est à ce dernier que Tacite fait allusion, I, 2 : *Mota etiam prope Parthorum arma, falsi Neronis ludibrio* (BURNOUF). Casaubon, *sur Suétone*, démontre aussi qu'il y a eu plusieurs faux Nérons. Lactance en parle au livre II *de la Mort des persécuteurs.*

Ceterorum. Ces mots annoncent clairement qu'il racontera encore l'histoire de plus d'un imposteur. Mais les endroits où il en parlait sont perdus.

Cythnum insulam. C'est ainsi qu'on lit dans le manuscrit de Florence. C'est une île des Cyclades, entre celles de Sériphe et de Céos, non loin du cap Sunium, d'après Pline, 4, 12 (22), et Philon, *sur Flaccus.* Ptolémée, 3, 15, l'appelle Κύθνος. Dans Zonaras, 11, 15, on lit que ce faux Néron fut tué en passant le Cydnus : c'est une erreur qui provient de l'affinité de ces deux noms. Farnes. et Agric., ainsi que l'édition Princeps, portent *Cynthum,* le manuscrit du Vatican *Scithynum,* celui de Bude *Scitunum;* mais la vraie leçon est *Cythnum. In* manque dans le manuscrit du Roi.

Adscivit. Sous-entendu *in partes.*

Dextras, concordiæ insignia. Voyez la note sur le chap. 54 du livre I.

CAP. IX. *Ad prosequendum, cum quibus.* C'est-à-dire pour l'escorter jusqu'à son nouveau gouvernement. C'est ainsi qu'ont imprimé Rhenanus et Ferlet, d'après les manuscrits de Bude et de Guelfe; mais toutes les anciennes éditions portent *prosequendum eum, quibus :* ce qui est aussi bien, selon Ernesti.

CAP. X. *Vibius Crispus.* Orateur célèbre, qui avait fait le vil métier de délateur sous Néron. Il vécut puissant et considéré sous Domitien, jusqu'à l'âge de quatre-vingts ans.

Accusatorum causæ. Les causes de ceux qui avaient fait le métier d'accusateurs.

Infirmum aut validum. La force du sénatus-consulte était plus ou moins grande, selon la condition des coupables.

Et propria. Brotier et Oberlin n'ont pas admis *et,* qui est dans le manuscrit du Roi.

Incubuerat... pervertere. C'est comme s'il y avait *incubuerat ad pervertendum.*

Delatorem fratris sui. De Vibius Secundus, frère de Crispus; il avait été accusé de concussion par la province de Mauritanie, *Ann.,* XIV, 28. Tacite nous apprend ici que c'était Annius Faustus qui s'était chargé de la poursuite.

Cap. xi. *E quibus bina millia præmissa.* Dotteville pense qu'il faut entendre par là deux mille hommes de chaque légion. Les autres traducteurs entendent deux mille hommes en tout; et c'est aussi de cette manière que l'entend M. Burnouf. Seulement, dit-il, *bina* indique que, de ces détachemens des quatre légions, on forma deux corps de chacun mille hommes, au lieu que *duo millia* n'eût désigné qu'un seul corps.

Rebellione. Cette rébellion avait été réprimée par Suetonius Paullinus, *Ann.*, xiv, 29 et 34; *Vie d'Agric.*, 15 et suiv.

Eligendo ut potissimos. En faisant venir la quatorzième de préférence aux autres légions de Bretagne, pour le défendre dans la guerre de Vindex, comme semble l'insinuer le ch. 27.

Erecta in Othonem studia. Parce qu'Othon, ayant fait périr Galba, était censé le vengeur de Néron.

Sed, quo plus virium ac roboris. Ces mots, dit M. Burnouf, ne se rapportent pas seulement à la quatorzième légion, mais à toutes les quatre. C'est ainsi que l'entendent Ferlet, Brotier et Oberlin, d'après leur ponctuation. Gronovius ne les entend que de la quatorzième légion, et Dureau-Delamalle a traduit en ce sens, que nous avons également adopté.

Et ex ipsa urbe. Et est omis dans quelques éditions.

Equitum vexilla. Les vexillaires ou escadrons détachés de la cavalerie prétorienne.

Classicorum. Il est évident que ces *classici* ou soldats de marine sont différens de la première légion des classiques dont Tacite vient de parler. Ceux-là ne forment pas une légion, mais un corps particulier.

Nec illi segne. Juvénal, *Sat.* ii, 99, dit le contraire; mais la cuirasse de fer dont l'historien couvre Othon n'exclut pas le miroir que le satirique lui reproche: *speculum civilis sarcina belli.*

Sed lorica ferrea usus est, et ante signa, pedester, horridus, incomptus, famæque dissimilis. M. Burnouf a traduit: « Et sa marche ne fut point celle d'un nonchalant ni d'un voluptueux; vêtu d'une cuirasse de fer, à pied devant les enseignes, son extérieur poudreux et négligé faisait mentir sa renommée. » *Son extérieur poudreux et négligé.* Il y a dans le texte *incomptus*, qui détermine plus positivement la partie de son extérieur qui était la plus négligée. Nous avons traduit ainsi ce passage : « Sa marche ne fut ni retardée ni déshonorée par le luxe ; mais couvert d'une cuirasse de fer, à pied devant les enseignes, souillé de poussière, les cheveux en désordre, il ne ressemblait plus à sa renommée. »

CAP. XII. *Blandiebatur cœptis fortuna.* M. Burnouf a traduit : « La fortune souriait à ses entreprises. » Cette phrase équivaut, selon nous, à celle-ci : « Ses entreprises étaient couronnées de succès. » Or, n'est-ce pas dire beaucoup plus que Tacite? Quelles sont donc jusqu'ici les entreprises d'Othon depuis son entrée en campagne? Quels sont les succès qui les ont couronnées? *Blandiebatur* ne peut, à notre avis, se traduire ici que par le mot *flatter*, qui est son acception toute naturelle ; et *cœptis* signifie plutôt *début, commencement,* qu'*entreprises.* Aussi nous avons cru devoir traduire plus littéralement : « La fortune le flattait à son début. »

Et naves. Il paraît, dit Ferlet, qu'il entend les flottes combinées de Misène et de Ravenne.

Quibus tentandis, adgrediendæque. Cette leçon est de Farnèse, et je la crois très-vraie ; car les généraux d'Othon avaient reçu deux ordres, l'un de tenter le passage des Alpes, l'autre de s'emparer de la province romaine qui s'était déclarée pour Vitellius. Plus haut, I, 87, il résolut d'attaquer la Gaule Narbonnaise avec une flotte considérable et dévouée à son parti. Plus bas, ch. 14, des courriers tout tremblans apportèrent la nouvelle que la flotte d'Othon menaçait la province Narbonnaise, qui s'était déclarée pour Vitellius. La leçon commune est fort embrouillée : *quibus tentandis adgrediendisque, provinciæ Narbonensi.* Comme si ces trois généraux eussent été attachés à cette province.

Suedium Clementem. Voyez I, 87. Le nom de ce Suedius Clemens se retrouve dans une inscription du colosse de Memnon, datée de l'an III de Vespasien ; il y prend le titre de *præfectus castrorum.* Il paraît que Vespasien, dont il avait plus tard embrassé le parti, l'avait avancé en grade. (Cette observation nouvelle est de M. Letronne, auquel on doit des découvertes du plus haut intérêt sur les inscriptions du colosse de Memnon.)

Per licentiam militum vinctus. Pichena a eu raison de mettre ainsi d'après le manuscrit de Florence; les autres portent *victus.* Il y a de même dans Bude. Acidalius préfère cette leçon.

Corruptus.... avidus. Ferlet croit qu'il faut lire *corruptos* et *avidos*, en sous-entendant *milites*, d'après Gronovius, qui pense que cela peut se dire plus facilement des soldats que du général. Bude et Florence ont la leçon commune ; les éditeurs de Deux-Ponts préféreraient *corruptor* à *corruptus.*

Urere, vastare, rapere. C'est aux ravages peints dans ce chapitre que Tacite fait allusion, *Vie d'Agricola*, 7.

Sed primo impetu cœsi disjectique montani, ut quibus temere collectis, non castra, non ducem noscitantibus, neque in victoria decus esset, neque in fuga flagitium. M. Burnouf a traduit : « Mais au premier choc les montagnards furent battus et dispersés, comme devaient l'être des hommes rassemblés au hasard, qui ne connaissaient ni campement ni chef, qui n'attachaient ni honneur à la victoire, ni honte à la fuite. » Quels sont les hommes, même non civilisés, qui, s'avançant au combat, n'attachent ni honneur à la victoire, ni honte à la fuite? Jamais aucun historien, et Tacite encore moins que tout autre, n'a parlé de tels hommes. On trouvera des sauvages qui, marchant sans chef et sans discipline, pourront vaincre sans s'illustrer, fuir sans se couvrir de honte; on n'en trouvera pas qui n'attachent aucune honte à la fuite, aucun honneur à la victoire. Et nous avons traduit. « Mais, au premier choc, ces montagnards furent taillés en pièces et dispersés : rassemblés au hasard, ne connaissant ni camp, ni chef, pour eux la victoire n'eût pas été un honneur, la fuite ne fut pas une honte. »

CAP. XIII. *Albium Intemelium.* C'est ainsi qu'il faut écrire d'après Strabon, l. IV. Il y a de même dans Pline, 3, 5 (7). On lit par contraction *Albintimilio*, dans l'Itin. d'Antonin. *Albium* est pour *Alpium*, comme dans *Albingaunum*. *Albium Intemelium* est aujourd'hui *Vintimille*, qui s'en est formé, non par apocope, comme le dit M. Burnouf par distraction, mais par aphérèse.

Auxit invidiam. La haine que le massacre de tant d'innocens avait excitée contre eux, fut augmentée par l'exemple de, etc.

Latere respondit. Voilà où il est caché, leur dit-elle. Il faut sous-entendre *ibi*.

CAP. XIV. *Pars classicorum.* Des soldats de marine mêlés de paysans. Ce sont les gens de la flotte à qui Othon avait promis, I, 87, pour les encourager, de les admettre à l'honneur de servir dans les légions.

Conversa et minaci fronte. Qui tournait vers le rivage non les poupes, suivant la coutume, mais les proues et les éperons, comme dans les combats de mer.

Alpinos. A rapport à *Ligurum cohors*, qui est plus haut.

Se hosti incaute. Eurent l'imprudence d'aller attaquer l'ennemi.

Obtentui fugientibus. Si l'obscurité n'eût arrêté les vainqueurs et protégé les fuyards. Dureau-Delmalle traduit, d'après Ernesti : « L'armée entière eût été détruite, si les vaincus n'eussent été arrêtés par l'obscurité de la nuit, que prétextèrent aussi les fuyards. » Je crois plus naturel, dit M. Burnouf, de prendre *obtentui* au propre : « La nuit étendit, pour ainsi dire, ses voiles sur les vaincus et protégea leur fuite. » C'est le sens admis par Brotier, Ferlet, Davanzati, Gordon, etc.

CAP. XV. *Albingaunum.* Albenga. Voyez *supra*, XIII, *Albium Intemelium*.

CAP. XVI. *Nihil in summam profutura.* Freinshemius a admis *in summam*, que Rhenanus et Juste-Lipse n'avaient mis que par conjecture. Les manuscrits et les éditions ont *in summa*.

Corsorum viribus. Le manuscrit d'Agr. a *navibus*.

CAP. XVII. *Aperuerat jam Italiam.* Avait procuré aux Vitelliens le moyen de transporter la guerre en Italie. On lit dans le manuscrit de Bude : *aparuerat jam in Italia*.

Ut supra memoravimus. Voy. I, 70.

Nullo apud quemquam. Sous-entendu *indigenarum.* M. Burnouf pense, avec Ferlet, que cela se rapporte aux habitans et non aux cavaliers de l'aile Syllana; car on voit, 1, 70, que les décurions de ce corps étaient attachés à Vitellius, *Vitellio obstricti.*

Othonis favore. Pour *in Othonem.*

Melioribus incuriosos. Melioribus est ici au datif comme dans *serendis frugibus incuriosos,* Ann. 14, 38.

Ticinum. Pavie sur le Tesin.

Transrhenanos. Des Germains d'au delà du Rhin.

Cap. XVIII. *Spurinnæ.* C'est Vestricius Spurinna, excellent général qui vécut jusqu'au milieu du siècle de Tacite. *Voy.* la lettre de Pline second sur lui, 2, 7, où il dit : « Hier, le sénat, sur la demande de Vestricius Princeps, a décrété une statue triomphale à Spurinna. »

Tris prætorias cohortes. Ces trois cohortes faisaient partie des cinq qu'Othon avait envoyées en avant pour occuper les bords du Pô. Voy. *supra* 11.

Tribunisque. Après ces deux mots, il y avait dans les éditions ordinaires *providentiam ducis laudantibus.* Pichena a conjecturé, avec sa sagacité ordinaire, que ceux-ci sont à rejeter, parce qu'ils ont été pris de *laudare providentiam ducis,* dans le chiffre suivant; et tous les critiques modernes, Ernesti, Brotier, Dureau-Delamalle, Ferlet, Burnouf, etc., lui applaudissent, et les retranchent comme inutiles et transposés. Ils ont raison, dit Ferlet, mais il faut laisser *quin* et ne pas mettre *qui,* comme ils le prétendent. Les éditeurs de Deux-Ponts pensent, au contraire, qu'il n'y a rien ici de trop, que c'est à dessein que ces mots sont répétés pour faire voir l'inconstance du peuple.

Quin proditionem, et accitum. On lisait ici *qui pro Othone,* avant Mercier qui a judicieusement substitué la leçon que nous suivons, comme si l'on eût reproché ce crime à Spurinna, ainsi que le dit Plutarque. Ernesti avait remis *qui,* mais à tort; car, dit Oberlin, c'étaient les soldats et non les centurions ni les tribuns qui accusaient Spurinna de trahison, témoin Plutarque, dans la *Vie d'Othon,* ch. 5.

Cap. XIX. *In conspectu Padus.* On voit, dit Ferlet, que Plaisance était à une certaine distance du Pô. Nous verrons la même chose de Crémone.

Tum vetustissimus quisque. Avant, la leçon ordinaire était *mœstissimus* dont Rhenanus a formé *vetustissimus.* Juste-Lipse préfère *modestissimus.* Freinshem. a mis *inertissimus,* qu'approuve Ferlet; mais les manuscrits de Florence, d'Agr., de Bude, du Roi, Lallem., l'éd. Princeps et Rhenanus ont *vetustissimus.* Brotier, Deux-Ponts, Lall. l'ont conservé, ainsi que Gruter et Ryckius.

Et, inserentibus se, etc. Ferlet croit que cet endroit est altéré, et qu'il faut mettre *inserentibus se centurionibus tribunisque, et providentiam ducis laudantibus quod,* etc. Déjà, dans tout le camp, on entendait des propos plus modestes, à mesure que les centurions se mêlaient avec les soldats, auxquels ils vantaient, etc. Gronovius veut qu'on lise *laudari providentia ducis,* ce qui signifie, dit-il, qu'il était loué des deux côtés. Ernesti l'approuve, et remarque que *laudari* est aussi dans Guelfe, dans Bude, dans l'édition Princeps et dans celles qui ont précédé Rhenanus, qui a mis *laudare,* parce qu'il suit un accusatif; Oberlin, Lall. et les éditeurs de Deux-Ponts ont fait de même.

Cap. xx. *Braccas.* Braies ou bragues, sorte de hauts-de-chausse, usités dans la Gaule, dont une partie avait pris le surnom de *braccata.*

Cap. xxi. *Dum regerunt.* Il y a ici tant de variétés de leçons que je renvoie à la note d'Ernesti et d'Oberlin.

A quibusdam e vicinis coloniis. Voy. aussi Ernesti.

Invidia et emulatione. C'est ainsi que lit Muret. Pichena l'approuve, ainsi qu'Acidalius, autorisés par Tacite même (2, 101, et 1, 65), d'où il a passé aux autres éditions. Bude, Florence, Agr., Oxford, et les éditions jusqu'à Pichena, ont *invidiæ emulatione.*

Municipale vulgus, pronum ad suspiciones. Le commencement de cette phrase a été traduit ainsi par M. Burnouf: « Le peuple, avec la malignité soupçonneuse des petites villes, s'imagina, etc. » Il nous semble que ce mot *malignité,* introduit dans la phrase de M. Burnouf, et qui n'est point autorisé par le texte, donne un autre sens à ce passage de Tacite. Une petite ville peut très-bien être portée aux soupçons, soit par le sentiment de sa faiblesse, soit par toute autre cause; mais il n'est pas certain que ce soit toujours par *un sentiment de malignité*. Plus bas, Tacite donne la raison de ces soupçons: *quod*, dit-il, *nulla in Italia moles tam capax foret*. Voilà un motif, sinon tout-à-fait juste, au moins assez spécieux pour une petite ville de craindre et de soupçonner ses voisins. Il n'y a point là, selon nous, de *malignité*. Nous avons rendu ce passage ainsi : « Le peuple de ce municipe, enclin aux soupçons, crut que des citoyens des colonies voisines y avaient secrètement porté des matières inflammables, par jalousie et par rivalité, parce que l'Italie ne possédait aucun monument aussi considérable. »

Nox parandis operibus absumpta. Il y a ainsi, d'après la conjecture de Muret, dans la première édition de J.-F. Gronovius généralement estimée. Les manuscrits et les éditions antérieures ont *assumpta* qu'a rétabli et défendu Ryckius à tort, selon Ernesti, avec raison selon Oberlin, qui prétend que c'est le vrai sens, et qui l'a remis.

Pluteos cratesque et vineas. C'étaient des machines de guerre différentes, sous lesquelles les assiégeans se mettaient à l'abri, pour approcher des remparts ennemis. *Voy.* Juste-Lipse, *Poliorcet.*, 1, 7.

Culpantesce. C'est ainsi qu'il y a dans Flor. et dans l'édition Princeps. On lit dans les éditions ordinaires, comme dans Bude, *culpantesque.*

Uberioribus. Parce qu'il y avait plus de mal que de bien à dire de Vitellius et d'Othon.

Cap. XXII. *Compluribus classicis.* Nous avons vu mille classiques et cent cavaliers qui ont été enlevés entre Pavie et Plaisance, ch. 17. Ceux-ci pouvaient former à peu près le même nombre, dit Ferlet.

Ordines in Germania duxerat. L'expression *ordines ducere* se dit proprement des centurions et de tous indistinctement, comme on le voit par Cicéron, *Philipp.*, 1, 8. Mais comme il est ici question d'un primipilaire, M. Burnouf pense qu'on doit en conclure que *Turulius* avait le même grade à l'armée de Germanie. Denys d'Halicarnasse dit que les soixante centuries de la légion suivaient le primipilaire et obéissaient à ses ordres. *Voy.* JUSTE-LIPSE et LE BEAU.

CAP. XXIII. *Cecinam pergere Cremonam.* Cécina marche de Plaisance à Crémone, par la voie Posthumienne, qui menait de l'une à l'autre, par la rive gauche du Pô, ainsi qu'on le verra.

Bedriaci. Il n'y a rien de constant sur ce nom : Bude, le manuscrit de Sambuque et celui du Vatican, qui est si pur, ont *Bedriaci.* Agr., Puteol., Alciat, *Bebriaci.* Juvénal nomme ce lieu *Bebriacum*, 2, 106, ainsi que d'anciens manuscrits de Suétone et Plutarque, ch. 8.

Inter Veronam Cremonamque situs est vicus, duabus jam romanis cladibus notus infaustusque. M. Burnouf a traduit : « C'est un bourg situé entre Vérone et Crémone, et que le sang romain a flétri déjà deux fois d'une funeste célébrité. » En traduisant plus littéralement notre auteur, nous avons cru rendre plus fidèlement toute sa pensée : « C'est un bourg situé entre Vérone et Crémone, lieu funeste, déjà trop illustré par deux défaites des Romains. » Et en effet, que veut dire ici le mot *infaustus* du texte? Lieu funeste aux Romains, qui, deux fois, y furent battus. Tacite a-t-il jamais pensé, a-t-il jamais écrit que le sang romain pût flétrir le lieu où il était répandu ? *Notus infaustusque.*

In adversam Padi ripam. Sur la rive opposée du Pô, c'est-à-dire sur la rive gauche, et non sur la rive droite, comme le dit Dotteville. Macer était campé sur la rive droite du Pô, presque en face d'une petite île, qui est au dessous de l'embouchure de l'Adda (Voyez *infra*, 34, 35 et 40). Il jette ses troupes sur la rive gauche occupée par les Vitelliens.

Paullini et Celsi ductu. C'est ainsi qu'on lit dans Bude; mais Florence a *et consilio*, Agr. *consiliis et,* en place de *et Celsi.* Nous préférons la leçon de Bude, parce que Plutarque, ch. 7, joint aussi *Paullinus* et *Celsus.*

CAP. XXIV. *Locus Castorum.* C'est ainsi que Rhenanus a mis, avec raison; car on lit en cet endroit, dans Suétone, ch. 9, *ad Castoris*, sous-entendu *ædem*, et dans Orosius, l. 7 : *Circa locum, quem Castores vocant.* Bude et les autres ont *locus Castrorum.* Ce lieu était ainsi appelé, sans doute parce qu'il y avait là un temple de Castor et Pollux. Tout ce qui précède et ce qui suit prouve que c'est donc vers Bédriac que s'avance Cécina.

Imminentibus viæ. La voie Posthumienne, ainsi que la nomme Tacite, lors du second combat de Bédriac. Le P. Brotier la nomme de même ici. Nous verrons plus bas qu'elle allait de Plaisance à Crémone.

Tertiædecimæ legionis. On voit ici que cette légion et plusieurs autres désignées dans cette phrase ne faisaient point partie des troupes sorties de Rome, soit avec Gallus et Spurinna, soit avec Othon. Othon, après être arrivé à Modène, et de là à Crémone, s'était donc avancé du côté de Vérone pour faire sa jonction avec les légions de l'*Illyricum*, auxquelles il avait envoyé l'ordre de venir le joindre.

Aggerem viæ. Ces mots, qui signifient *la chaussée de la voie publique*, prouvent qu'il ne s'agit pas ici d'un simple chemin, mais d'une voie militaire. Il est donc évident que ce ne pouvait être que la voie *Posthumia*, qui allait de Plaisance à Crémone, et de là se dirigeait du côté de Vérone par les Castors, et sans doute aussi par Bédriac. Tacite la nomme *Posthumia*, *infra*, III, 21, et la désigne par la même expression d'*agger viæ* : *in ipso viæ Posthumiæ aggere.*

Altis ordinibus. En colonnes profondes. *Voyez* VÉGÈCE, 3, 15. C'est ainsi qu'on lit dans les manuscrits de Flor., de Bude, d'Agr., du Roi, de Lall., de Guelfe et dans l'édition Princeps. Ryck. l'a admis. Putéol. a, le premier, imprimé *arctis*, et a été suivi par Alciat et Rhenanus.

Dextra fronte. C'est, dit Ferlet, comme s'il y avait : *a parte dextra frontis. Dextra frons*, dit Ernesti, est l'aile droite. *Dextra fronte*, dit Oberlin, peut se mettre pour *dextro cornu*, comme le prouve ce vers de Claudien :

> Armeniis frons læva datur; per cornua Gallos
> Dexteriora locat.....

frons læva est opposé à *dextra cornua*. De même on trouve dans Quinte-Curce, IV, 13, *frons lævi cornu*.

Prima legio. C'est celle qui est appelée *prima legio Adjutrix classicorum*, et que Gallus avait emmenée de Plaisance avec lui lorsqu'il alla joindre Othon, et qu'il avait ramenée à Bédriac.

Super. Derrière cette première ligne, il y en avait une seconde qui formait le corps de réserve.

Cap. xxv. *Legionum adversa frons.* C'est-à-dire que les légions se présentèrent en tête, et qu'elles arrêtèrent le front. Oberlin, d'après un manuscrit et plusieurs éditions, lit *adversa fronte;* et Gordon joint *legionum* avec *cohortes*, puisqu'il traduit : *the cohorts of the legions.* De plus, M. Burnouf a trouvé dans une vieille édition le signe qui indique une lacune avant *adversa fronte;* mais il a traduit d'après la leçon que nous suivons, et qui est généralement reçue. Tacite veut dire, selon Ernesti, que les partisans de Vitellius furent enveloppés de tous les côtés; que les cohortes mirent les ailes en fuite, la cavalerie l'arrière-garde, et la légion le front.

Nexu traducum impeditas. Ceps de vigne attachés en forme de festons ou de guirlandes d'un arbre à l'autre, suivant l'usage de presque toute l'Italie, et particulièrement des environs de Plaisance et de Crémone : ce qui devait fort gêner la cavalerie.

Ausi. Sous-entendu *erumpere.*

Rex Epiphanes. Epiphane, fils d'Antiochus, roi de Commagène, dont Tacite fait mention au règne de Vespasien. Il se trouvait alors à Rome, et avait accompagné Othon à l'armée. On lui donne ici le titre de *roi*, quoiqu'il ne le fût pas, selon l'usage des anciens de nommer *reges* même les fils des rois et ceux qui sont du sang royal, comme chez les Grecs Βασιλεῖς. On voit Epiphane, avec son frère Callinicus, sur une médaille de Commagène, dans Pellerin, *Médailles des rois*, p. 124. *Voyez* aussi Eckhel, *de Num. vet.*, vol. III, p. 258.

Cap. xxvii. *Gravis alioquin seditio.* Indépendamment des autres séditions, il y en avait eu une très-considérable.

Retulimus. Voyez liv. I, ch. 59 et 64.

Jactantes. Tacite racontait sans doute en détail, dans les derniers livres des *Annales* qui sont perdus, tous les évènemens auxquels ceci fait allusion.

Cap. xxix. *Viennensium aurum.* Voyez *supra*, 1, 66.

Cap. xxx. *Prope duplicaius.* Nous avons vu, 1, 61, qu'en partant des bords du Rhin, Cécina avait trente mille hommes et Valens quarante mille. Ce dernier général de Vitellius avait encore pris à Langres huit cohortes bataves, et à Lyon (1, 64) la légion italique et l'aile de la cavalerie de Turin. Valens devait donc en effet avoir un nombre de légions et d'auxiliaires presque double de celui qu'avait Cécina en arrivant sur le Pô.

Super benignitatem animi, qua promptior habebatur. M. Burnouf a traduit : « Outre la générosité dont on lui faisait honneur. » Nous avons cru que ce membre de phrase présentait un sens différent, et nous l'avons traduit ainsi : « Outre son humeur libérale, qui le faisait passer pour plus entreprenant. » Et en effet, pour que l'affection des soldats penchât de préférence pour Cécina, il fallait qu'on trouvât en lui ce qu'on ne rencontrait pas dans Valens. Or, les soldats viennent, à plusieurs reprises, de reprocher à ce dernier son apathie, ses délais : il est naturel qu'ils s'attachent à Cécina, parce qu'il est plus entreprenant, *promptior habebatur.*

Et d'ailleurs on trouve cette même expression, *promptus*, à la fin du chap. 25 de ce livre. On y lit : *rursus ausi promptissimos equitum interfecere,* et M. Burnouf lui-même a traduit cette épithète *promptissimos* par *ceux que leur courage expose le plus.*

Cap. xxxi. *Terrorem.* La crainte qu'on avait de lui.

Cap. xxxii. *Tumeant.* Métaphore tirée d'une tumeur, d'un abcès près de crever.

Vastam, pour *vastatam.* C'est ainsi qu'a imprimé J. Gronovius, d'après Florence; et Ryck. lui applaudit, ayant trouvé la même chose dans le manuscrit d'Agr. L'édition Princeps et le manuscrit du Roi ont la même leçon. Bude et les éditions ordinaires portent *vastatam;* c'est-à-dire que la Transpadane était fermée par les Alpes, à travers lesquelles il n'était pas possible de faire venir des grains de plus loin; qu'elle n'en pouvait faire venir par mer, la flotte d'Othon étant maîtresse des côtes;

qu'elle n'en avait point dans son sein, le passage de l'armée de Vitellius l'ayant épuisée.

Cum Mœsiacis copiis. Ces troupes de Mœsie consistaient en trois légions, la troisième, la huitième et la septième Claudienne, et elles ne s'avancèrent que jusqu'à Aquilée. Voyez *infra*, 85.

Cap. xxxiii. *Et Numen Othonis.* Freinshemius, sur les *Annales*, I, 73, préfère *nomen;* mais *Fortunam et Deos* qui précèdent, exigent *Numen*.

Iidem. Titien et Proculus.

Brixellum. Aujourd'hui Bresello ou Berselli, sur la rive droite du Pô, à 30 milles romains au-dessous de Crémone. Ainsi Othon met le fleuve entre lui et son principal corps d'armée. C'est à Brixellum qu'il se suicida.

Cap. xxxiv. *Quieti intentique Cæcina ac Valens, quando hostis imprudentia rueret, quod loco sapientiæ est, alienam stultitiam opperiebantur.* M. Burnouf a traduit : « Tranquilles et sur leurs gardes, Cécina et Valens, voyant l'ennemi courir aveuglément à sa ruine, prirent une résolution qui tient lieu de sagesse, celle d'attendre la folie d'autrui. » Nous avons traduit ainsi ce passage : « Cécina et Valens, sans agir, et attentifs à saisir le moment où l'ennemi pourrait se perdre par son imprudence, firent ce qui tient lieu de sagesse, ils attendirent l'occasion de profiter des fautes d'autrui. » Tacite ne dit pas que Cécina et Valens voyaient l'ennemi courir aveuglément à sa ruine; mais bien, qu'ils étaient attentifs à saisir ce moment dès qu'il se présenterait : *intenti, quando hostis imprudentia rueret.* Et en effet, si déjà l'ennemi courait à sa perte, et que Valens et Cécina l'eussent remarqué, Tacite n'aurait pu dire de ces généraux qu'ils attendaient la folie d'autrui, *alienam stultitiam opperiebantur :* cette folie étant manifeste, c'était le moment d'en profiter, ce n'était plus celui de l'attendre.

Adversum in flumen. Ce pont était formé de gros bateaux dirigés contre le courant, à distance égale les uns des autres, et tenus en respect par de fortes poutres qui, placées dans l'intervalle d'un bateau à l'autre, en assujettissaient chaque côté.

Cap. xxxv. *Et erat insula.* A un mille au-dessous de l'embouchure de l'Adda dans le Pô, vis-à-vis de Spinadesco, l'on voit encore l'île dont parle Tacite, au dessous d'une autre plus petite, qui est vis-à-vis l'embouchure. C'est près de là qu'était le pont de Cécina, et que se livra le premier combat de Bédriac, sur la rive gauche du Pô.

Utriusque exercitus. D'une part, les Vitelliens, qui étaient employés à construire et à garder le pont sur la rive gauche du Pô; de l'autre, ceux des gladiateurs qui étaient restés dans leur camp sur la rive droite. Ce n'étaient donc pas deux armées, mais deux corps de troupes. Faute d'avoir fait cette distinction, le récit de Tillemont, tom. I, page 430, paraît ici confus et inintelligible.

Cap. xxxvi. *Abruptis.* Arrachés précipitamment et avec peine du combat. C'est ainsi qu'on lit dans les manuscrits de Bude, du Roi, et dans l'édition de Puteol. et les suivantes. Celui de Florence porte *arruptis*, ainsi que l'édition Princeps, d'où Gronovius a mis *arreptis*. Ernesti pense que ni l'un ni l'autre ne convient ; car les partisans d'Othon n'étaient point sortis des vaisseaux, comme il est évident d'après ce qui précède. Brotier et Oberlin préfèrent *abreptis*, c'est-à-dire emportés avec violence, Lallemant *arreptis*, les éditeurs de Deux-Ponts *absumptis*.

Flavium Sabinum. Il ne faut pas confondre, dit Ferlet, ce Flavius Sabinus avec le frère de Vespasien, qui était alors à Rome, préfet de cette ville, et n'était point consul désigné, comme on le voit, I, 46; et II, 55 et 63.

Cap. xxxvii. *Obstrictumque meritis suis.* Enchaîné à eux par des services; qui leur eût obligation de son élévation. On lit *meritis* dans Flor., dans Bude, dans Agr., dans l'édition Princeps, dans Rhenanus et dans toutes les éditions suivantes ; *moribus* dans Guelfe et dans les éditions de Puteol., de Beroalde, d'Alciat. Gronovius et Ernesti préféreraient cette dernière leçon, comme plus gracieuse, de sorte que l'on entende qu'il ne serait point parvenu à l'empire sans ces *mœurs* des lieutenans et des généraux, sans celui à qui ils pouvaient imputer leurs mauvaises *mœurs.* Mais cela nous paraît trop recherché, et *obstrictum* veut *meritis.*

Cap. xxxviii. *Securas opes concupiscere vacuum fuit.* Ce qu'Ernesti explique ainsi : « C'est-à-dire que Rome eut assez de loisir, n'étant point menacée au dehors, pour pouvoir songer à augmenter sa puissance ; » et Ferlet de cette manière : « Lorsqu'il fut inutile, lorsqu'il ne fut plus nécessaire de pourvoir à la sûreté de la puissance romaine, lorsque la grandeur de Rome fut une fois assurée. » Dureau-Delamalle traduit *opes* par *ambition*, Dotteville par *république ;* Davanzati et Petrucci par *grandezze ;* le traducteur anglais, Gordon, et Hooft, traducteur hollandais, restreignent *opes* à la signification de *richesses ;* l'allemand Bahrdt le restreint au sens de *puissance ;* Gallon de La Bastide réunit pour le rendre les deux acceptions de *richesses* et *crédit.* M. Burnouf, mécontent de toutes les traductions qui ont été essayées de ce passage, croit que par *opes* il faut entendre toutes les prospérités dont se compose la grandeur publique. Mais les richesses d'une nation comprennent tout ce qui assure sa puissance : des soldats, des flottes, des territoires. J'ai donc traduit en suivant le mot à mot : « Rome n'eut plus à désirer des richesses qui lui étaient désormais assurées, » et non comme M. Burnouf : « Quand l'ambition put à loisir convoiter les fruits d'une grandeur désormais hors d'atteinte. »

Tentamenta civilium bellorum. Allusion à la catastrophe sanglante des deux Gracques, qui fut, en effet, comme le prélude et l'essai des guerres civiles, ainsi que le dit Velleius Paterculus, ii, 3.

Quod singulis velut ictibus. Si chaque guerre se termina, pour ainsi dire, d'un seul coup.

Cap. xxxix. *Promoveri ad quartum.* Ferlet prouve qu'il devait y avoir douze milles de Crémone à cette quatrième pierre, et que c'était aux Castors que campaient alors les Othoniens, qui étaient à quatre milles de leur camp de Bédriac, sur la route de Vérone à Crémone, manœuvrant pour se rapprocher de Crémone. C'est donc à quatre milles en avançant vers cette ville qu'ils transportent leur camp. Ils vont faire seize autres milles pour aller chercher l'ennemi.

Cap. xl. *Non admissuro*, pour *non commissuro;* ces deux mots se mettent l'un pour l'autre. *Voy.* Drakenb. sur T.-Liv., ii, 37; c'est ainsi qu'a imprimé Rhenanus, d'après Bude. Les éditions antérieures à Rhen., Guelfe et les autres manuscrits ont *amissuro*, en sous-entendant *occasionem* avec Ernesti, ou *culpam* avec les éditeurs de Deux-Ponts. Ferlet lit *non admissuro*, et l'explique, « qui ne s'exposera pas à ne pas, qui ne manquera pas de. »

Vix quatuor millia passuum progressus. La distance de Crémone au pont que Cécina faisait construire un peu au dessous du confluent de l'Adda et du Pô, se trouve donc fixée à 4 milles romains; et c'est donc là que se donna la bataille dite de *Bédriac*, qui en était à 20 milles.

Citus equo Numida. C'était l'usage des grands d'avoir des cavaliers numides qui couraient devant eux. *Voyez* Sénèq., *Ep.* 88 (77) et 124 (123); Mart., x, 13 et 6; et Suét., *Vie de Néron*, ch. 30.

Cap. xli. *A paucioribus Othonianis.* Cette cavalerie d'Othon était les deux ailes de la Pannonie et de la Mésie : *duœ tum Pannonicœ ac Mœsicœ alœ, perrupere hostem*, liv. 3, ch. 2.

Acies. Bude, Puteol., Alc., Rhenanus, ont *acie.*

Via. Un monument, conservé dans la cathédrale de Gênes, et daté du consulat de Q. Servilius et de C. Manlius, porte que cette voie, appelée *Posthumia*, partait de Gênes et arrivait à Tortone. Tacite la nomme de même plus bas, et la place entre Crémone et Bédriac. Celle-ci n'était donc que la suite de celle-là. C'étaient donc les extrémités d'une même voie, dont la partie intermédiaire passait de Tortone à Plaisance et à Crémone, pour aller à Bédriac, et sans doute à Vérone.

Adcurrentium, vocitantium. C'est ainsi qu'on lit dans Bude; Florence a *currentium, clamantium*, comme Guelfe et les anciennes éditions, jusqu'à Pichena, qui a *volentium*. Rhenanus a retranché *que*, car il y avait *clamantiumque*. Farnèse et d'anciennes éditions ont *accurrentium*, *volantium*; le Vatic., *vomantium*. C'est à Pichena qu'on doit *vocitantium*. Tous l'ont imité, à l'exception de Ryck., qui, d'après le manuscrit d'Agricola, a imprimé *volitantium*. J.-F. Gronovius voulait *vocantium*; Boxhorn, *vitantium*. Mais il n'y a pas de doute pour moi : il faut ou *vocantium*, ou *vocitantium*, ou *clamantium*. *Volentium*, *volantium*, *vomantium*, *vitantium*, *morantium*, que lit J. Gronovius, ne peuvent pas supporter la critique.

Revehebantur. Est dans Bude, Agric. et les anciennes éditions. Flor. a *relabebantur*, qui vaut beaucoup mieux selon Oberlin, « puisque, dit-il, c'est une métaphore prise d'une mer orageuse, ainsi qu'ont eu raison de l'observer les éditeurs de Deux-Ponts. » Heinsius approuve aussi *relabebantur*; « car *revehi*, dit-il, est le propre des cavaliers. » Mais c'est ainsi que Tacite se sert plus haut de *revectus*.

Cap. XLII. *Languorem.* Ralentissement de courage.

Salutavere. Sous-entendu *Vitellianos*.

Catervis et cuneis. La *caterva* des Gaulois, des Celtibères et autres nations barbares, selon Végèce (II, 2), était composée de six mille hommes. Ce devait être un gros bataillon carré, une colonne. Le *cuneus*, selon le même auteur (III, 19), était une colonne triangulaire qui s'enfonçait en forme de *coin* dans les lignes ennemies, pour les ouvrir et les rompre.

Cap. XLIII. *Inter Padum viamque.* « Ce premier combat de Bédriac se donna donc, dit Ferlet, sur la rive gauche du Pô, au dessus ou au dessous de Crémone. Ce ne fut pas au dessous, puisque les Othoniens marchèrent vers le confluent de l'Adda et du Pô, qui est au dessous. C'est donc au dessus de Crémone qu'on se battit, dans le lieu que j'ai indiqué. »

Cui cognomen Rapaci. Juste-Lipse cite une ancienne inscription, qu'on voit encore au Capitole, sur une petite colonne, où les noms des légions sont gravés. « Il serait à désirer, dit-il, que l'on conférât le recensement qu'a fait Dion (55, 23) de ces légions avec cette inscription. » On voit, et on savait déjà, par un grand nombre d'inscriptions, que les légions étaient distinguées à la fois, et par leur numéro et par un surnom qu'on joignait à ce numéro.

Principiis. Les édit. de Put., de Beroald, d'Alc. ont *principibus*, ce que Juste-Lipse a adopté, mais il a reconnu depuis son erreur. Florence, Bude, Agr., Guelfe, le manuscrit royal et l'édition Princeps ont *principiis*, que Rhenanus a eu raison de rétablir d'après Bude, qui a *principis*. Par *principia*, il faut entendre l'avant-garde; ce que Plutarque, dans *Pyrrhus*, 7, appelle προμάχους. Nous avons vu plus haut, dit Ferlet, que ce mot signifiait le quartier-général : voilà pour le camp; mais, lorsqu'une armée était en bataille, il signifiait les premiers rangs.

E parte Othonis, prima Adjutrix, non ante in aciem deducta, sed ferox et novi decoris avida. M. Burnouf traduit : « Et du côté d'Othon, la première *Adjutrix*, n'ayant jamais paru en bataille rangée, mais pleine d'ardeur, et pour qui la gloire avait tout l'attrait de la nouveauté. » L'historien latin commence par nous parler de soldats fameux depuis long-temps par leur vieille gloire; ensuite il nous montre une autre légion, toute composée de jeunes soldats, pleins d'ardeur, mais qui n'avaient pas eu encore l'occasion de se signaler, puisqu'ils n'avaient jamais paru en bataille rangée. Tacite ne dit pas que *la gloire avait pour eux l'attrait de la nouveauté*, mais seulement *qu'ils brûlaient d'acquérir une gloire nouvelle pour eux*, et c'est dans ce sens que nous avons traduit : « Du parti d'Othon, c'était la première *Adjutrix*, n'ayant pas encore paru en bataille rangée, mais fière et avide d'acquérir ses premiers trophées. »

Tertiadecima legio. Cette treizième légion était une de celles qui étaient venues de l'Illyrie au secours d'Othon. Un détachement de cette légion s'était déjà trouvé au combat des Castors.

CAP. XLIV. *Bedriacum.* Ferlet place Bédriac sur la rive gauche de l'Oglio, un peu au delà de Bina, à peu près à l'endroit où est aujourd'hui Ustiano. Ce lieu ne peut donc être Caneto, qui est très à l'est d'Ustiano, quoique ce soit l'opinion la plus générale; ni Cividale, qui a pourtant l'autorité de d'Anville. Selon

Mannert, il répond à San-Lorenzo-Guazzone, à un mille à l'ouest de la ville de Bozzolo.

Immensum id spatium. Vingt milles, sans compter les seize que les Othoniens avaient déjà faits le matin, et la fatigue du combat.

His cogitationibus truces haud pavidi. On lit de trois manières cet endroit. Dans la première, qui est la leçon commune, *truces aut pavidi;* dans la seconde, qui est celle de M. Burnouf, *truces, aut pavidi extrema desperatione;* dans la troisième, qui est celle de Dureau-Delamalle, et que je crois préférable, *truces, haud pavidi.* Ce qui la confirme, c'est que le discours, c'est que l'assurance, l'audace des prétoriens dont il est ici question, est évidemment opposée au *fractus animus* des autres légions ; et que c'est ainsi que, dans le ch. 46, Tacite dit d'Othon qu'il était en attendant la nouvelle de l'issue du combat, *nequaquam trepidus.* Ferlet fait rapporter *truces* aux prétoriens, et *pavidi* à *ceteris fractus animus;* mais cette explication forcée justifie encore la leçon que j'adopte, et qui m'était venue à l'idée, avant d'avoir vérifié que c'était celle de Dureau-Delamalle. M. Burnouf, qui lit *aut pavidi*, fait également rapporter ces deux mots et le précédent aux prétoriens; ce qui me confirme encore dans mon opinion. Qu'on relise, dit Dureau-Delamalle, ce que Tacite fait dire ou penser aux prétoriens ; il n'y a rien assurément qui indique le moindre sentiment de faiblesse, de frayeur, qui autorise ce mot, *aut pavidi.* Les anciens commentateurs qui ont fait tant de notes superflues sur les endroits les plus clairs, qui nous indiquent si soigneusement toutes les variations des manuscrits et des imprimés, n'ont fait ici aucune observation remarquable.

Extrema desperatione. Dans l'extrémité où ils se trouvaient.

Cap. XLV. *Oppugnationem castrorum.* Le camp dont les Vitelliens, dit M. Burnouf, n'osent risquer l'attaque, est sans doute celui de Bédriac, et non celui que les Othoniens avaient construit à quatre milles de ce bourg, *supra* 39, et qui probablement se trouvait alors abandonné. Plutarque dit positivement que Gallus reçut les fuyards à Bédriac ; il y était resté, suivant toute apparence, à cause de la chute de cheval dont il est question chap. 33.

Munimentum fuere arma et victoria. La victoire et leurs armes leur servirent de retranchement dans le lieu où ils s'arrêtèrent, à cinq milles de Bédriac, et par conséquent à onze milles de Crémone. Les Vitelliens, sans rentrer dans leur camp, avaient marché après la bataille vers Bédriac, n'ayant rien de ce qu'il fallait pour se retrancher. Heinsius veut qu'on lise *munimento arma fuere et victoriæ*, ce que je suis bien loin d'approuver.

CAP. XLVI. *Et consilii certus.* Et ayant pris son parti, celui de se tuer, s'il était vaincu. Rhenanus préfèrerait *sed*, que Lampugnanus se vantait d'avoir trouvé.

Is prætorii præfectus. Sous Othon il y eut deux préfets du prétoire, Licinius Proculus et Plotius Firmus (*Voy.* TACITE, I, 46), et il n'en nomma jamais d'autres. Cependant Plutarque, dans la *Vie d'Othon*, fait mention de Pollion, préfet du prétoire. Il faut, ou que Πολλίωνος soit pour Πλωτίου, ou que ce Plotius ait eu aussi le surnom de *Pollion*.

Præmissi e Mœsia. Deux ailes de Mœsie s'étant trouvées au combat, il paraît qu'elles furent suivies d'autres détachemens de cavalerie ou d'infanterie, qui arrivèrent après la bataille, et allèrent rejoindre Othon à Brixellum.

Legiones Aquileiam ingressas. Il parle des trois légions de la Mœsie, sur lesquelles il s'exprime ainsi plus bas, 85 : « Étant déjà entrées dans Aquilée, elles s'emparèrent de l'argent, se le partagèrent, et se comportèrent en ennemis. » Tandis qu'on lit dans Suétone (*Vesp.*, 6) « qu'il ne vint à Aquilée que deux mille hommes de ces légions. » Mais il est plus probable que ce sont les trois légions elles-mêmes qui ont pu exercer des hostilités dans Aquilée, et ont ensuite songé à élire un nouvel empereur.

CAP. XLVII. *Plura de extremis loqui, pars ignaviæ est.* M. Burnouf traduit : « Parler trop longuement de sa fin, c'est déjà une lâcheté. » *Pars ignaviæ est* ne veut pas dire, ce nous semble, « c'est déjà une lâcheté, » mais bien « un reste de faiblesse, » et c'est ainsi que nous avons traduit : « Parler davantage de mes derniers momens serait un reste de faiblesse. »

Cap. XLVIII. *Neu remanendo iram victoris asperarent.* Il y a *remanendo* dans les manuscrits de Flor., d'Agricola, de Guelfe, et dans les éditions avant Rhenanus, qui, d'après le manuscrit de Bude, a mis *remorando*. Mais Pichena l'a rétabli avec raison.

Movebat. Les manuscrits de Florence, de Bude, de Guelfe ont *movebat*, ce qui convient à l'autorité et aux prières; et non *monebat*, qui est dans le manuscrit d'Agric., et que toutes les éditions avant Pichena, ont admis.

Cocceianum. Et non *Cocceium*, que préfère Plutarque, ch. 16; car Suétone l'appelle de même, dans *Domitien*, 10. Salvius Cocceianus, dit M. Letellier, ne put éviter son sort. Il périt, sous Domitien, le lendemain d'une fête qu'il avait célébrée en l'honneur d'Othon.

Remisisse reipublicæ novissimum casum. Qu'il avait épargné à l'empire un coup sous lequel il eût succombé.

Aut nimium meminisset. Rhenanus, sur l'autorité ou plutôt d'après une omission du manuscrit de Bude, efface le mot *nimium* qui est dans tous les manuscrits et dans les éditions, ce qui détruit tout le sel de la pensée.

Cap. XLIX. *Ambitiosis id precibus petierat.* Proprement, « des prières intéressées, » et non pas, comme dit Ferlet (d'après Ernesti), « des sollicitations vives et réitérées, telles qu'étaient celles des candidats pour obtenir les dignités. » *Ambitiosis* a rapport à *ne amputaretur caput ludibrio futurum*. Othon, près de mourir, se rappelle comment on avait traité les restes de Galba, et il craint des représailles.

Ac postea promiscue Bedriaci, Placentiæ aliisque in castris, celebratum id genus mortis. M. Burnouf a traduit : « Bientôt à Bédriac, à Plaisance et dans les autres camps, un entraînement général multiplia ces trépas volontaires. » Tacite vient de nous montrer quelques soldats s'immolant eux-mêmes auprès du bûcher d'Othon : puis, il ajoute que, dans la suite, *postea*, on imita en différens endroits ce genre de mort. M. Burnouf nous fait entendre que ces trépas volontaires, se multiplièrent avec un *entraînement général*, ce que Tacite ne dit pas, et ce qui n'a pu avoir lieu. Nous croyons avoir mieux saisi le sens de l'historien romain en traduisant ainsi : « Et depuis, à Bedriac, à Placentia, et dans d'autres camps, ce genre de mort eut des imitateurs. »

Modicum et mansurum. « Si on avait élevé à Othon un magnifique tombeau, dit très-bien M. Burnouf, le vainqueur n'eût pas manqué de le détruire. Vitellius, n'y voyant que la simple inscription *Marco Othoni*, le respecta, ou plutôt le dédaigna, en disant que « l'homme était digne du mausolée, » *dignum eo mausoleo ait.* Suét., *Vitell.* 10 ; Plut., *Vie d'Othon*. En passant par Brixellum, dit Plutarque, j'ai vu cet humble monument, qu'annonçait une simple inscription : Marco Othoni.

Cap. l. *Septimo et tricesimo.* Suétone dit que ce prince fut tué à l'âge de trente-huit ans ; mais comme il ne manquait que peu de jours à la trente-huitième année, il a pu la prendre pour entière, et dire qu'Othon est mort à l'âge de trente-huit ans.

Municipio Ferentino. Il y avait plusieurs villes du nom de *Ferentinum ;* mais il paraît, d'après Suétone (*Othon*, 1), qu'il s'agit ici du Ferentinum d'Etrurie. On en voit encore les ruines sur le mont Ferento, entre Viterbe et Montefiascone. Au reste, il faut entendre l'origine de la famille, non la naissance d'Othon.

Maternum genus impar. Comment cela, si cette femme fut de la plus noble extraction, selon le témoignage de Suétone ? car il écrit du père d'Othon : « Il eut deux fils d'Albia Terentia, femme de la plus illustre naissance (*splendidissima femina*). » Ce qui indique une famille de chevaliers, dont l'ordre était dit *splendidissimus ordo*.

Qualem monstravimus. Voyez l. 1, ch. 13.

Regium Lepidum. Aujourd'hui *Reggio*, dans l'état de Modène, sur la voie Émilienne, à dix-huit milles de Brixellum. *Voyez* d'Anville.

Cap. li. *Per aversam domus portam.* Les manuscrits de Florence, du Roi, de Guelfe, de Harl., d'Agr. et l'édition Princeps ont *partem*, et c'est ainsi que s'exprime ailleurs Tacite, III, 70, comme l'a remarqué Acidalius et le voulait Muret; mais Puteol., Alciat et Rhenanus ont imprimé *portam*, qui est dans les manuscrits de Bude, de Bodl., et en marge de celui d'Harl.

Et venia statim impetrata, concedentibus ad victorem per Flavium Sabinum iis copiis quibus præfuerat. Le premier membre de cette phrase étant la conséquence du second, l'on ne peut, sans altérer le sens de l'historien latin, en faire deux phrases distinctes et que rien ne rattache l'une à l'autre. Tacite dit : « Le pardon fut aussitôt accordé, les troupes étant remises au vainqueur par Flavius Sabinus. » M. Burnouf a traduit ainsi ce passage : « Leur pardon fut accordé aussitôt ; et, de son côté, Flavius Sabinus remit aux vainqueurs les troupes qu'il avait commandées. » Nous nous sommes attachés à conserver la nuance que présente la construction latine, et nous avons traduit : « Et le pardon fut obtenu aussitôt que Flavius Sabinus eut remis au vainqueur les troupes qu'il commandait. »

Flavium Sabinum. Ferlet remarque que ce n'était pas le frère de Vespasien, quoique le P. Brotier assure le contraire.

CAP. LII. *Ubique.* A Bédriac, à Plaisance et à Brixellum.

Utrimque. De la part des soldats d'Othon et de la part de Vitellius.

Tutior. C'est ainsi que porte le manuscrit de Bude; Puteol., Alciat et Rhenanus lisent de même. Juste-Lipse pense qu'il faut *tutiores*. Le manuscrit d'Agr. a *tutiore*, c'est-à-dire *societate*, et Ryckius l'a adopté ; mais Ernesti blâme cette expression sans énergie auprès de *inter multos*.

Ordo Mutinensis. C'est-à-dire les décurions ou le sénat de Modène, lequel était appelé simplement *ordo* dans les municipes et les colonies.

Adpellabatque patres conscriptos. Appeler les sénateurs *pères conscripts*, c'était leur reconnaître une autorité politique; leur offrir des armes et de l'argent, c'était leur offrir les moyens de la faire valoir; c'était, dit M. Burnouf, les compromettre, pour le présent, auprès des soldats; pour l'avenir, auprès de Vitellius. C'est en ce sens que cet hommage était intempestif, *intempestivo honore*. Ce n'était plus un honneur, c'était un péril, dans un moment où le sénat était avili, où il était l'esclave d'une soldatesque effrénée, où les soldats venaient de lui enlever le plus beau de ses privilèges, celui de nommer ses chefs.

CAP. LIII. *Cœcina*. Quel est ce Cécina? Il n'est pas facile de le désigner particulièrement. C. Cécina Largus, consul, est différent de P. Cécina Largus, *Ann.*, 13, 33.

Irritaverat. Lallemant, avec Acidalius, préfèrerait *invitaverat*.

Consiliaturi. Ce qu'ils décidèrent dans leurs délibérations à Modène, c'est qu'ils retourneraient délibérer encore à Bologne, par où ils avaient passé pour venir à Modène. Cette leçon, dit Oberlin, est confirmée par les manuscrits de Florence, de Bude, du Roi, par Lallemant; et Horace, *Art poétique*, vers 196, l'autorise.

Sola posteritatis cura. Pensant, non comment il pourrait conserver la vie et l'empire, mais comment il pourrait être loué de la postérité, c'est-à-dire réfléchissant comment il pourrait mourir avec fermeté.

CAP. LIV. *Perculit*. Il faut, selon Ernesti, lire *percutit* ou *percussit*. Le mensonge, dit-il, n'abat point, mais il frappe; mais souvent ces mots (*perculit* et *percutit*) ont été confondus. *Voyez* plus bas, III, 36. Le manuscrit de Bude a *pertulit*, ce qui n'est pas admissible.

Diplomata Othonis. Les empereurs avaient établi sur toutes les routes des relais ou postes publiques, afin que les dépêches leur fussent apportées avec célérité. Les particuliers ne pouvaient se servir des chevaux qu'on y entretenait sans un ordre du gouverneur de la province ou de l'empereur lui-même. Cet ordre ou patente s'appelait *diploma* (M. BURNOUF). Dans une inscription grecque de la grande Oasis, qui contient un décret du préfet d'Égypte, sous Claude, on trouve le mot $\delta i \pi \lambda \omega \mu \alpha$ employé en ce sens. *Voyez d'ailleurs* PLINE, *Ép.* 10, 14, 54, 121. Un diplôme, d'après l'étymologie grecque, était une copie double d'un acte, parce que l'original ou la minute restait dans les archives. Cet acte du souverain ou de son représentant devenait nul à la mort du prince qui l'avait signé.

CAP. LV. *Cereales ludi.* La mort d'Othon arriva le 12 des kalendes de mai, par une supputation assez certaine, et il régna quatre-vingt-quinze jours. Or, j'ai remarqué plus haut (15, 53, à la conjuration de Pison) que les jeux de Cérès avaient été donnés dans le cirque la veille des ides d'avril : ce qui est vrai ; mais il paraît constant, d'après ce passage, qu'ils ont duré plusieurs jours, et qu'ils ont été prolongés jusqu'à ce temps (JUSTE-LIPSE). Gierig, *sur les Fastes d'Ovide*, IV, 389, essaie de prouver que les fêtes de Cérès commençaient le 7 avril. D'autres en placent le commencement au 12 du même mois, et Brotier au 19. Othon avait commencé de régner le 15 janvier. Dion (LXIV, 15) lui donne quatre-vingt-dix jours de règne, Suétone quatre-vingt-quinze. Il mourut donc le 15 avril ou peu de jours après (M. BURNOUF). D'après le calendrier de Giraldi, les *Cerealia* et les *ludi circenses* tombaient le 5 des ides d'avril, c'est-à-dire le 9 avril. Ainsi le règne d'Othon est celui des cent jours, puisqu'il n'a été empereur que trois mois environ, et qu'il a fini par une bataille.

Quem locum. Cf. I, 41.

Decernuntur. Comme on avait fait à Othon, et comme on aurait fait au dernier des goujats, si les soldats se fussent avisés de l'élever à l'empire. FERLET.

Gratior Cæcinæ modestia. Déjà avait prévalu la coutume que nul, excepté l'empereur, ne pût écrire publiquement aux consuls ou au sénat, tandis que tout le monde pouvait écrire au prince. C'est pourquoi Valens parut s'être conduit avec hauteur pour l'avoir fait, et Cécina avec modestie pour ne se l'être pas permis. On se plaignit plus tard d'un message de Mucien (IV, 4), et Tacite en dit la raison : *si enim privatus esset, cur publice loqueretur?* « car, étant simple particulier, pourquoi se permettait-il d'écrire comme homme public ? »

CAP. LVI. *Et fuere qui inimicos suos, specie militum interficerent.*

M. Burnouf a traduit : « Dans ce désordre, des habitans égorgèrent leurs ennemis, et en imputèrent le sang aux soldats. » Ce sens ne nous a pas paru aussi naturel que celui que nous avons adopté. C'est ainsi que nous avons traduit ce passage : « Des habitans, sous l'habit de soldats, assassinèrent leurs ennemis particuliers. » Et, en effet, que dit Tacite? *specie militum*, sous l'apparence de soldats. Ce travestissement leur facilitait les moyens et d'exécuter et de tenir secrets leurs perfides desseins contre leurs *ennemis particuliers*. Or, avec le sens qu'a adopté M. Burnouf, les moyens d'exécution n'étaient pas rendus plus faciles qu'en tout autre temps : ils trouvaient tout au plus une excuse à donner pour se justifier de l'accusation qui aurait pu peser sur ceux qui tuaient leurs *ennemis particuliers*. Tacite n'a pas dit *hostes*, mais *inimicos*, que M. Burnouf n'a pas complètement rendu par la dénomination trop vague d'*ennemis*.

Plus ambitionis. C'est-à-dire qu'on ne pouvait lui reprocher aucun acte d'avarice ou de rapine qui pût affaiblir les défenses qu'il eût faites à cet égard, mais il était ambitieux cependant de paraître affable au soldat, et de capter son attachement. Cécina, dit Ferlet, était moins avare que Valens, mais il cherchait plus que lui à plaire aux soldats. Le premier leur passait tout pour se les attacher, et le second pour se faire pardonner ses gains sordides.

Cap. LVII. *Reliquas Germanici exercitus vires trahebat.* Le manuscrit de Bude a *reliquias Germanici exercitus trahebat.*

Remanentium legionum nomina. Il ne restait presque plus sur le Rhin et dans les légions que des recrues tirées des Gaules, et cependant elles portaient toujours les mêmes noms. Acidalius soupçonne qu'il faut lire *numeri*, des détachemens, en place de *nomina*.

Cura ripæ Hordeonio. Par le départ de Vitellius, Hordeonius devenait seul commandant sur le Rhin supérieur et inférieur. C'est ainsi que Pichena a imprimé le premier, d'après le manuscrit de Florence, où on lit *cura ripæ*, la surveillance de la rive du Rhin, et pour empêcher les Germains de la passer. Les autres ont écrit et imprimé *belli* au lieu de *ripæ*.

Ipse e Britannico delectu octo millia sibi adjunxit. Selon M. Dureau-Delamalle et Ferlet, c'étaient huit mille hommes d'élite de l'armée de la Bretagne, tirés des troisième, deuxième et vingtième légions qui étaient dans cette île, et avaient pris le parti de Vitellius. C'est une erreur évidente, dit M. Burnouf. L'expression *Britannico delectu*, rapprochée de *festinatis per Gallias delectibus*, qui se trouve quelques lignes plus haut, permet de croire qu'il s'agit de levées faites en Bretagne et formées en corps auxiliaires. Il y avait déjà dans l'armée de Cécina des troupes de cette espèce, qui sont désignées I, 70, par les mots *Britannorum cohortibus*. Voyez aussi I, 61, et III, 22.

Cap. LVIII. *Imminebat.* Nous avons vu que l'Espagne s'était déclarée pour Vitellius ; c'est pour cela qu'Albinus veut l'attaquer.

Cap. LX. *Pietate et ignavia excusatus.* « Le devoir et son incapacité lui servirent d'excuse ; » telle est la traduction de M. Burnouf. *Pietate* veut dire son dévouement de parent à Othon, son frère ; les vertus, les sentimens de frère qu'il devait avoir pour lui. J'ai donc traduit : « Un pieux dévouement et son incapacité lui servirent d'excuse. »

Mario Celso. Tacite ne dit pas que Celsus se soit conduit comme Paullinus et Proculus : il faut croire que ce grand homme ne démentit pas la conduite qu'il avait tenue avec Othon, et l'on voit ici qu'il ne s'en trouva pas plus mal. F.

Trachalum. Il s'appelait *Galerius*, et probablement il était parent de la femme de Vitellius, puisqu'elle s'appelait *Galeria*, et qu'elle le protégea contre ses accusateurs. Galerius Trachalus était un orateur ; il est cité avec éloge par Quintilien. Il avait été consul avec Silius Italicus, en 821, sous Néron. Admis à la cour et dans les conseils d'Othon, c'était lui qui faisait ses discours et ses proclamations. *Voyez* l. I, ch. 90.

Cap. LXI. *Mariccus quidam.* Ce nom est écrit ainsi dans les manuscrits de Florence, d'Agr., de Guelfe, et dans les éditions avant Rhenanus, qui a imprimé *Maricus*, sans doute d'après le manuscrit de Bude ; mais ce manuscrit a peu après *Mariceus*, évidemment pour *Mariccus*. On lit aussi dans Gruter, 879, 10, *Mariceœ*.

Boiorum. Le manuscrit d'Agr. a *Heduorum*, pris de ce qui suit, et de ce que les *Boii* étaient dans la dépendance des *Hedui*. Ils occupaient la partie de leur territoire qu'on appelle aujourd'hui le Bourbonnais.

Proximos Æduorum pagos trahebat. Déjà il entraînait dans sa révolte les cantons des Éduens les plus voisins des *Boii*. Dureau-Delamalle traduit : « Les plus éloignés d'Autun, » et justifie ainsi dans une note cette traduction : « Le latin dit *les plus proches de Maricus*, ce qui revient au même. Les cantons les plus proches des Boïens étaient les plus éloignés d'Autun. » Le latin ne dit pas *les plus proches de Maricus* ni *les plus éloignés d'Autun*, mais les plus proches des Éduens. Son erreur vient de deux causes, la première de ce qu'il paraît avoir ignoré que les Boïens faisaient partie du territoire des Éduens; la seconde de ce qu'il a cru que *civitas* signifiait la ville d'Autun, leur capitale, tandis que ce mot signifie, dans les plus anciens auteurs, une république tout entière, un état libre et indépendant. On voit que c'est parce qu'il a cru que *civitas* signifiait la ville d'Autun, qu'il a fait la faute, car c'en est une de traduire *les plus éloignés d'Autun*. Les cantons les plus proches des Boïens pouvaient bien n'être pas les plus éloignés de cette ville, et il serait facile de le prouver.

Gravissima civitas, c'est-à-dire cette cité très-puissante, très-considérable. Tite-Live l'a employé dans le même sens, 34, 49. *Voyez* DUKER. sur ce passage et *sur Florus*, 1 et 3. Dureau-Delamalle a donc eu tort de traduire, d'après le P. Dotteville, *cette cité si sage*. C'est en vain qu'il dit : « Que l'on consulte *le Trésor de la langue latine*, au mot *gravis*, où il y a deux pages in-folio de ce mot employé de toutes les manières, on ne trouvera nulle part qu'il ait le sens (de *valida*, *potens*) qu'Ernesti lui donne. » Dans tous les dictionnaires latins classiques, *gravis* a en effet le sens de *considérable*, *important*. M. Burnouf s'est trompé également en croyant que *gravissima civitas* signifiait ici une cité fidèle et constante dans ses alliances. Mais au moins il ne s'est pas mépris sur le sens de *civitas*, comme Dureau-Delamalle.

Feris objectus. C'était la peine des séditieux ; *voyez* l. XXXVIII du *Digeste*, titre 19 des peines. Vertranius, sur cet endroit, apprend comment il était permis de se défendre contre les bêtes, d'après l'opinion du peuple. *Cf.* aussi DE PAUW., *Rech. sur les Amér.*, t. 1, p. 234.

CAP. LXII. *Defectores aut bona cujusquam.* Le terme *defectores*, dit M. Burnouf, ne convient en aucune manière aux Othoniens (auxquels l'applique le P. Dotteville); il est donc évident qu'il se rapporte aux Boïens. M. Dureau-Delamalle applique aussi aux Boïens seuls les mots *aut bona cujusquam.* Je crois qu'ils ont un sens plus général, et qu'ils comprennent les partisans d'Othon. C'est une transition qui prépare et amène la phrase *rata fuere eorum qui acie Othoniana ceciderant testamenta.*

Aut lex intestatis. Les successions de ceux qui avaient péri en combattant pour Othon furent ouvertes aux héritiers nommés par testament, ou appelés par la loi à défaut de testament.

Pulsi Italia mathematici. Suétone, *Vitell.*, 14, rapporte que ce prince ordonna aux astrologues de sortir de Rome et de l'Italie avant les kalendes d'octobre; et que, pour réponse, ils firent afficher un écrit portant ordre à Vitellius de sortir du monde avant ces mêmes kalendes. Ils ne se trompèrent que de moins de trois mois. Il paraît que Vitellius était à Lyon quand il publia cet édit.

Priores id. C'est-à-dire *ut polluerentur.*

CAP. LXIII. *Retulimus.* Voyez 1, 88.

Plancius Varus. Spanheim, *de Præst. num.*, 2, 593, avait averti qu'il fallait écrire ainsi, et J. Gronovius assure qu'on lit de même dans le manuscrit de Florence et sur une autre médaille de Spon, 3, 199. L'édition Princeps, dans laquelle il y a cependant *Plantius*, approuve cette opinion. C'est donc à tort qu'on lit ailleurs autrement.

Ex intimis Dolabellæ amicis. Ainsi se vérifie, comme le remarque M. Burnouf, ce qu'a dit l'auteur à la dernière ligne du ch. 2, l. 1 : *Et quibus deerat inimicus per amicos oppressi.*

L. Vitellii. Le frère de l'empereur Vitellius.

Cap. lxiv. *Vocatum.* Vitellius ordonna qu'on l'amenât à Lyon, où il était, sous prétexte de le juger lui-même. Mais l'ordre secret portait de le tuer en route, à *Interamna* (Terni), où la voie Flaminienne ne passait pas, afin que cette mort fît moins de bruit et d'éclat dans une ville peu fréquentée.

Non immixta tristibus. La traduction de M. Burnouf : « Galeria, dont l'influence ne fit jamais couler de larmes, » m'a paru aller bien au delà de la pensée de Tacite, qui ne dit pas que Galeria eut aucune influence : il dit simplement qu'elle ne se trouva jamais *mêlée aux choses tristes, fâcheuses, pour les autres;* c'était une femme pleine de modestie, et qui sans doute n'exerçait aucune influence.

Cap. lxv. *Diplomatibus.* Ici ce mot, dit Ferlet, signifie les édits que donnaient les gouverneurs de province, et qui devaient être au nom du prince alors existant, comme l'étaient les arrêts de nos parlemens.

Non idem Trebellio Maximo honos. Voyez I, 60.

E præsentibus. Un de ceux qui étaient à la suite de Vitellius, qui l'accompagnaient. De là, dans la notice des dignités, les titres de *præsentalis militum magister*, de *magister peditum in præsenti*, de *magister equitum in præsenti*, de *princeps ex officiis magistrorum militum præsentalium*, et celui de la *legio tertia Diocletiania præsentia*, sect. 4, 5, 20, 34 et 59. On a déjà vu ce mot dans le même sens, employé par notre auteur, l. I, ch. 13.

Cap. lxvi. *Et prælium atrox exarsisset, ni duæ prætoriæ cohortes, causam quartadecimanorum secutæ, his fiduciam et metum Batavis fecissent.* Rien ne m'a semblé plus clair que ce passage de Tacite, et cependant je me trouve différer complètement avec M. Burnouf, qui a traduit : « Un combat sanglant allait s'allumer, si deux cohortes prétoriennes, embrassant la cause de la quatorzième légion, *ne l'eussent rempli d'une assurance qu'elles ôtèrent aux Bataves.* » Ce n'est certainement pas ce que veut dire *his fiduciam et metum Batavis fecissent.* On lit dans notre traduction : « Un combat terrible allait s'engager, si deux cohortes prétoriennes, prenant fait et cause pour la quatorzième légion, n'eussent donné à la fois de l'assurance à celle-ci et de la crainte aux Bataves. »

Exarsisset. Ernesti approuve Ryckius de mettre *exarsisset* d'après le manuscrit d'Agricola, et Oberlin le reçoit avec les éditeurs de Deux-Ponts. J'approuve aussi cette leçon, que le mot *atrox* rend préférable à celle d'*arsisset*, et je pense que, si elle ne se trouve pas dans tous les manuscrits, c'est l'analogie de la syllabe finale d'*atrox* avec la syllabe initiale d'*exarsisset* qui aura fait omettre aux copistes cette initiale.

Graiis Alpibus. Pour aller des Gaules en Italie, il y avait quatre chemins ou passages dans les Alpes : *Alpes Penninœ*, le grand Saint-Bernard ; *Alpes Graiœ*, le petit Saint-Bernard ; *Alpes Cottiœ*, le mont Genèvre ; *Alpes maritimœ*, la Turbie. Cécina prit le premier, la quatorzième légion le second, Valens alla par le troisième, et les cohortes de Vitellius s'avancèrent par le quatrième, pour aller combattre les Othoniens à Vintimille (*Albium Intemelium*). « Il est très-vraisemblable, dit M. Burnouf, que le mot *Graia* n'a qu'un rapport accidentel avec le nom des Grecs. C'est un terme celtique dont on n'a pas encore donné d'explication satisfaisante. » La dénomination d'*Alpis Graia* tient très-certainement à la tradition fabuleuse qui l'attribue au passage de l'Hercule grec ; elle n'est donc pas celtique, mais grecque, puisque cette tradition vient des Grecs, et nous est transmise par eux.

Cap. LXVII. *Proximus Vitellio e prætoriis cohortibus metus erat.* M. Burnouf traduit : « Les prétoriens étaient la seconde terreur de Vitellius. » Que signifie une *seconde terreur*? Énumère-t-on ainsi la terreur? Tacite vient de parler de la quatorzième légion, dont la conduite avait inspiré des craintes à Vitellius ; restaient les prétoriens qui l'inquiétaient, et qui, après la quatorzième, causaient sa crainte la plus pressante, *proximus metus*. Tel est du moins le sens que nous avons suivi, et qui nous a paru justifié par le texte : « Après cette légion, les cohortes prétoriennes étaient la terreur de Vitellius. »

Honestæ missionis. Juste-Lipse (*de Mil. rom.*, v, 19) compte quatre espèces de congés : *honesta, causaria, gratiosa, ignominiosa*. La *missio honesta*, ou congé *honorable*, se donnait à ceux qui avaient achevé avec *honneur* le temps de leur service. Le congé appelé *missio causaria* pouvait être en même temps une *missio honesta* : il s'obtenait pour *cause* de blessures, de maladies ou toute autre *cause* qui rendait incapable de continuer le service. *Missio gratiosa* était un congé de *grâce*, de faveur et de protection. L'*ignominiosa* était un congé infamant, déshonorant. Les termes d'*honesta missio* étaient énoncés formellement dans les congés qu'on accordait aux soldats qui avaient bien servi.

Tertiadecimani... jussi. C'est ainsi que portent le manuscrit de Florence et Rhenanus; mais les autres manuscrits avant Rhenanus ont *tertiam decimam... jussit*, qui n'est pas sans probabilité, et à cause de *prima, undecima ac septima legio* qui précède, et parce que Tacite se montre partout curieux de varier la construction, et enfin parce que le manuscrit de Bude a *tertiadecima... jussit*, où il est à croire que la ligne transversale qui marque l'*m* de l'accusatif, a été omise comme il arrive fréquemment. Le sens étant le même, nous nous en sommes tenus à la leçon de Rhenanus.

Cap. LXVIII. *Igitur duobus militibus, altero legionis quintæ, altero e Gallis auxiliaribus, per lasciviam ad certamen luctandi accensis*, etc. M. Burnouf traduit : « Deux soldats, un de la cinquième légion, l'autre des cohortes gauloises, *luttaient, tout en jouant, avec la chaleur d'un combat véritable.* » On vient de voir que, dans le camp de Vitellius, tout était en proie au désordre et à l'ivresse, *indisposita, temulenta;* par suite de ce désordre, deux soldats, engagent un combat à la lutte, etc. Ce sens nous a paru plus clair, et nous avons donc rendu ainsi ce passage : « Deux soldats, l'un de la cinquième légion, l'autre auxiliaire gaulois, *dans le feu de l'ivresse, se défièrent au combat de la lutte.* »

Discubuerat. Était à table à Ticinum.

Viri consularis. Il avait été consul sous Néron, et venait encore de l'être avec Vopiscus en mars et en avril, suivant la désignation d'Othon, I, 77.

Cap. LXIX. *Pietatem militum.* Vitellius, dit Ferlet, prit sans doute ce tumulte et le massacre de tant d'hommes, pour une marque d'attachement de la part de ses soldats légionnaires, et il les en remercie. On sent combien c'était insulter les auxiliaires.

Interno simul externoque bello. La guerre de Civilis, qui fut en effet en même temps étrangère et domestique, comme on le verra l. IV et V.

Inter inania belli. C'est-à-dire qui avait une apparence plus terrible que de forces réelles. Cette apparence redoutable est même dans la multitude des troupes, et c'est pour cela que l'on emploie ces secours. On a déjà vu plus haut que c'est dans ce sens que Tacite emploie le mot *inania*. Cette leçon est confirmée par les manuscrits de Florence, de Bude, de Guelfe, et par les anciennes éditions. D'autres ont *immania*, *munia*, *minas*, *initia*. Acidalius balance entre ces trois derniers.

Affectæ jam imperii opes. C'est-à-dire diminuées et abattues.

Amputari legionum... numeros jubet. Je crois, dit M. Burnouf, que Brotier se trompe en disant que *numeros amputare* signifie réformer des compagnies, c'est-à-dire diminuer le nombre des cohortes et des centuries d'une légion. J'ai déjà remarqué sur les mots *in numeros legionis composuerat*, I, 87, que cette expression désigne les divisions et subdivisions d'une légion. Ce sont des cadres qui peuvent être plus ou moins remplis, sans que le nombre en soit diminué. Il n'y avait pas moins de cohortes et de centuries dans une légion quand elle était de 4200 hommes que quand elle fut portée à 6000. Vitellius pouvait donc mutiler les compagnies (*amputare*), sans pour cela les supprimer. Il en est de même des cohortes auxiliaires. *Voyez* LE BEAU, *septième Mém. sur la légion romaine*, *Acad. des inscr.*, t. XXIX, p. 394.

CAP. LXX. *Cremonam flexit.* Vitellius, au lieu de suivre la voie militaire par laquelle Cécina était venu de Pavie à Plaisance, prend à gauche pour aller à Crémone, et passe à quelque distance du champ de bataille, en prenant le chemin qu'indique Tacite.

Intra quadragesimum pugnæ diem. « Je crains, dit Ernesti, qu'il ne faille lire *ultra* et non *intra*. La longueur du temps même fait comprendre la turpitude du spectacle. Elle est exprimée, si les cadavres restèrent sans sépulture au delà de quarante jours, et ne l'est point s'il y a *intra*. Muller y applaudit. » Pour moi, je pense que c'est bien assez d'*intra* pour faire comprendre toute l'horreur de ce spectacle. On représentait les jeux de Cérès à Rome, quand on y apprit la défaite d'Othon. Ces jeux commençaient le 12 avril, et finissaient le 19. Ainsi ce quarantième jour tombait entre le 22 et le 29 mai.

Inhumana pars viæ. La voie Posthumienne, qui venait de Plaisance, et qui avait été le principal théâtre du combat. C'est pour cela qu'après la bataille, les Crémonais avaient élevé, sur un endroit de cette chaussée, des autels pour y offrir des sacrifices en signe de réjouissance.

Regium in morem. Comme s'ils eussent vécu sous un roi, c'est-à-dire sous un despote et un tyran, qui n'eût aimé que la destruction de ses sujets; car c'est toujours en mauvaise part que ce mot est pris chez les Romains. La cruauté consistait, non à offrir des sacrifices, mais à les offrir pour remercier les dieux du massacre de tant de milliers de Romains et de concitoyens.

Non Vitellius flexit oculos. Cela est pris de Virgile, *Æn.* 4, 369. *Num fletu ingemuit nostro? num lumina flexit?* Pour compléter cet affreux tableau, citons le mot atroce de Vitellius. Comme plusieurs de ceux qui l'accompagnaient marquaient de l'horreur pour cette infection de tant de milliers de cadavres entassés : « Un ennemi mort sent toujours bon, leur dit-il, surtout quand c'est un concitoyen : *optime olere occisum hostem, et melius civem.* » En même temps, il fit apporter du vin pur, en but une large coupe, et invita sa suite à en faire autant. Suét., *Vitell.*, 10.

Cap. LXXI. *Et cetero Neronianæ aulæ ingenio.* « Et tous les opprobres de la cour de Néron. » (Traduction de M. Burnouf.) N'est-ce pas aller trop loin dans l'expression, et dire plus que Tacite lui-même? Nous avons traduit : « C'était tout le *caractère* de la cour de Néron. » Les fêtes, les plaisirs, les réjouissances, et aussi sans doute les infamies et les opprobres; mais Tacite a généralisé sa pensée, et n'a pas voulu accuser d'opprobres toute la cour de Néron.

Coartati aliorum consulatus. M. Burnouf résume ainsi la longue note de Ferlet sur ce passage. Tacite, I, 77, donne la liste des consuls jusqu'au 1ᵉʳ septembre exclusivement, et dit que Vitellius, vainqueur, n'y changea rien. C'est donc dans les quatre derniers mois de l'année qu'il fit une place à Cécina et Valens. La suite du récit nous apprend en effet qu'ils furent consuls en septembre et octobre. Tacite dit même positivement, III, 37, que le consulat de Cécina expirait la veille des kalendes de novembre. De plus, nous voyons, III, 68 et 73, que Simplex et Atticus étaient consuls dans le mois de décembre, à l'époque de la mort de Vitellius ; d'où l'on peut conclure qu'ils occupèrent les deux derniers mois de l'année. Cette explication admise, les mots *coartati aliorum consulatus* ne peuvent signifier qu'on retrancha sur le temps de chacun des autres consulats, puisque, pour trois consuls nommés, Cécina, Valens et Simplex, nous en voyons trois de supprimés, Macer, Marinus et Costa. Si la leçon *coartati* (pour laquelle Alciat lisait mal *cohortati*) est véritable, elle doit s'entendre de l'espace total des consulats précédemment assignés, lequel espace fut rétréci pour faire place à de nouvelles désignations. Nous ajouterons ici, pour plus de clarté, le tableau des consuls de cette année, qui furent au nombre de quinze : Galba et Vinius, du 1ᵉʳ au 15 janvier ; Othon et Titianus, du 15 janvier au 1ᵉʳ mars ; Virginius et Pompeius Vopiscus, en mars et avril ; Cœlius et Flavius Sabinus, en mai et juin ; Arrius Antoninus et Marius Celsus, en juillet et août ; Cécina et Valens, en septembre et octobre ; Rosius Regulus, à la place de Cécina, le 31 octobre ; Cecilius Simplex et Quinctius Atticus, en novembre et décembre.

Martii Macri. Il paraît que l'on doit écrire ainsi ; car Pichena a imprimé de même, et Tacite nomme aussi plus haut *Martius Macrus*, celui qui fut préfet des gladiateurs (*voyez* le ch. 23). Les manuscrits et toutes les autres éditions ont *Marci*.

CAP. LXXII. *Scribonianum se Camerinum ferens.* On ignore, dit M. Burnouf, quel était le Scribonianus dont l'imposteur empruntait le nom. Dotteville incline à penser que c'était le fils de Camillus Scribonianus, qui, sous Claude, se révolta en Dalmatie, porta cinq jours le nom d'empereur, et fut tué par un soldat nommé Volaginius. Scribonianus le fils, épargné d'abord, fut ensuite envoyé en exil, puis mis à mort, l'an de Rome 805, de J.-C. 52 (Tacite, *Ann.*, xii). Comme son nom de famille était Furius, s'il appartenait à la maison Licinia, qui était celle des Crassus, ce ne pouvait être que par les femmes ou par suite de quelque adoption. Quant à la conjecture de Petrucci, que le Scribonianus dont il est question était de la famille du Pison adopté par Galba, elle se fonde uniquement sur ce que Pison était issu des Crassus, et avait un frère (encore vivant) nommé Scribonianus. Cet argument n'est pas suffisant. Reste l'opinion de Ruperti, que ce pouvait être un des deux frères nommés, iv, 41, et *Ann.*, xii, 48. Mais Tacite les appelle *Scribonios*, et non *Scribonianos*.

In argumentum fabulæ. Pour le sujet de sa pièce. *Fabula* signifie une pièce de théâtre; et c'est bien en effet une comédie que jouait cet imposteur.

Cap. lxxiii. *In ore famaque.* Car on parlait déjà de Vespasien, quoique d'une manière encore vague.

Cap. lxxiv. *Fausta Vitellio omina precantem, per silentium audierint.* C'est ainsi que lit Freinshemius. Ernesti préfère la leçon commune d'*omnia*; mais je crois qu'en cela il se trompe : la raison qu'il en donne ne me satisfait pas. On a pu aussi bien dire *precari omina fausta alicui* que *precari dira*, qu'on trouve dans Tibulle, qu'*imprecari diras*, dont Tacite lui-même s'est servi. C'est ainsi qu'on trouve, ch. 78, *omnia* pour *omina*, dans les manuscrits et les imprimés. M. Burnouf a traduit ainsi ce passage : « Pas une voix ne rompit le silence. » Un soldat de Vespasien eût manqué à toute discipline, s'il eût parlé en cette circonstance, s'il eût fait entendre sa voix; l'armée pouvait seulement répondre par des murmures, des applaudissemens ; *elle écouta dans un morne silence.*

Tiberius Alexander. Muret, Ursin, Acidalius, par une conjecture très-vraisemblable, pensent que Tacite a écrit *Ti. Alexander*, comme dans Suétone, *Vesp.*, 6, et que cette marque du prénom a été omise à cause de la dernière syllabe du mot précédent. Il est en effet difficile de croire que le nom romain de ce Grec ait été omis par Tacite. Il existe un édit de ce préfet d'Égypte, daté du 1er phaophi de l'an 11 de Galba, ce qui répond au 28 septembre de l'an 68 de J.-C. Dans cet édit, gravé sur le pylone du temple de la grande Oasis, ce préfet porte les noms de *Tiberius Julius Alexandre.* M. Letronne (*Journal des Savans*, 1822, page 674 et suiv.) a restitué le texte de cet édit, qui est fort long et plein de détails intéressans. *Cf.* le chap. 79. Confirmé dans notre opinion par l'autorité du professeur distingué auquel nous devons cette note, nous n'avons plus hésité à admettre ce prénom dans notre texte.

Tertiam legionem. C'est celle qui attaque et bat les Sarmates, 1, 79.

Sed in tanta mole belli plerumque cunctatio. M. Burnouf : « Mais une si grande guerre ne se remue pas sans qu'on y pense longtemps. » Ce n'est pas, je crois, la pensée de Tacite : il veut dire qu'il y avait souvent de l'hésitation : Vespasien voulait renoncer à cette guerre, n'y plus penser, mais il y revenait. J'ai traduit : « Mais, dans l'entreprise d'une si vaste guerre, il devait y avoir quelque hésitation. »

Cap. LXXVI. *Jam et coram.* Le manuscrit de Florence a *et coronam*, d'où J. Gronovius a conjecturé qu'il y avait *et ad coronam* ; mais, dit Ernesti, *corona* ne se dit point d'une semblable réunion ; car Cicéron dit que, lorsqu'il parla en faveur de Dejotarus, il n'y a point eu de cercle, *sibi coronam defuisse*, parce que l'audience avait eu lieu dans le cabinet de César. Le manuscrit de Bude a *jam et coram*, en sous-entendant *aliis legatis, amicisque*, qui précède. *Clam*, dit Ferlet, indique qu'on est seul ; *secreto*, qu'on est avec une personne ; *coram*, avec plusieurs ; *palam*, en public. *Et* manque dans le manuscrit du Roi.

Cessisti etiam Galbæ imaginibus. M. Burnouf a rendu *imaginibus* par *aïeux* ; nous ne saurions abonder dans ce sens. *Imaginibus* est ici dans l'acception propre, et doit être rendu par *images*. On peut se rappeler en effet qu'au livre premier Tacite parle en différens endroits des images de Galba, d'abord honorées, ensuite insultées. Ce sont là les simulacres dont parle Mucien, et non *des aïeux* de Galba. Nous avons traduit ce passage ainsi : « Tu as même cédé devant les images de Galba; » et tel est, à notre avis, le sens véritable.

Cap. lxxvii. *Tuæ domui triumphale nomen.* Vespasien avait obtenu sous Claude les décorations triomphales, par ses exploits en Bretagne. C'est donc à lui et non à ses ancêtres, comme le remarque M. Burnouf, que cet éloge s'adresse. Son père n'avait pas dépassé le grade de primipilaire, ni son grand-père celui de simple centurion. Son aïeul maternel, Vespasius Pollio, avait été trois fois tribun militaire et préfet de camp. Suétone, *Vesp.*, 1 et 4.

Apud Germanicos quoque exercitus clarus. Titus avait été tribun militaire en Germanie et en Bretagne, et y avait laissé une grande idée de ses talens et de son caractère. Il était dans sa vingt-septième année, quand son père parvint à l'empire. Suét., *Tit.* 4.

Hos.... illi. J'ai déjà remarqué, dit Ferlet, que Tacite employait quelquefois les pronoms *hic* et *ille* d'une manière contraire à l'usage; en voici un nouvel exemple. En effet, *hos* se rapporte ici au plus éloigné, *illi* au plus près.

Cap. lxxviii. *Vetera omina.* Il y a ainsi dans le manuscrit de Florence, dans Rhenanus et dans Pichena. Tous les autres et le manuscrit de Bude ont *omnia*, comme au ch. 74, par une confusion ordinaire.

Cupressus. Cf., sur ce prodige, Dion, 66, 1, et Suétone, *Vespas.*, 5.

Carmelus. Sur ce mont et sur deux autres qui sont dans la Palestine, et qu'il ne faut point confondre, *voyez* Suét., *Vespas.*, ch. 5, et Orose, 7, 9, où il parle des sorts. Ce que Tacite dit ici du Carmel convient assez, comme l'observe Crevier, à ces hauts lieux dont il est parlé dans l'Écriture, et sur lesquels, du temps des rois de Juda, on offrait des sacrifices au vrai Dieu, contre la loi qui ne les permettait que dans le temple de Jérusalem.

Basilides. Voyez Tillemont, qui se moque, dans ses notes sur Vespasien, des auteurs qui font de ce prêtre payen du dieu et du mont *Carmel*, un saint Basilide, abbé du mont Carmel, et général de l'ordre des *Carmes*. Voyez aussi Bollandus, mai, tome 3, pag. 2, 3, 4 et 5, auquel il renvoie, en avertissant de ne pas confondre ce Basilide avec celui dont il est parlé, IV, 82.

CAP. LXXIX. *Cæsaream.... hæc Judææ caput est.* Ferlet pense qui si Tacite appelle Césarée capitale de la Judée, c'est parce qu'il écrivait après la ruine de Jérusalem, puisque lui-même, v, 8, dit *Hierosolyma genti caput*. « Cependant, dit M. Burnouf, il faut faire une distinction entre le chef-lieu romain de la province de Judée et la capitale de la nation juive, d'autant plus que celle-ci était alors assiégée. En ce sens, Césarée pouvait, même avant la chute de Jérusalem, être appelée *Judææ caput*. » Le fait est que Césarée, comme le dit d'Anville, étant devenue la résidence des gouverneurs romains, prit la supériorité sur toute autre ville dans la Palestine, et que, dans la division de la Palestine en trois provinces, première, seconde et troisième ou Salutaire, elle demeura métropole de la première, et que le siège de Jérusalem même fut subordonné à celui de Césarée, avant que d'être élevé à la dignité patriarchale; que, dans les médailles, elle est nommée *première*, et même, un peu après, *métropole*. Voyez VAILLANT, *Méd. des colonies*, tome II, p. 116, sous Alexandre Sévère et sous Décius, p. 195; SPANHEIM, *de Præst. num.*, t. I, p. 595, *Diss.* IX, ch. 4; et ECKHEL, *Doct. num. vet.*, t. III, p. 433. Cette ville était nommée *Turris Stratonis*, avant qu'Hérode en eût choisi l'emplacement pour y construire une ville magnifique et un port, et qu'il lui eût donné le nom de *Cæsarea*, en l'honneur de Jules-César. Sur ses médailles au coin de Trajan, d'Adrien, etc., jusqu'à Héliogabale, on lit : COL. PRIMA FL. AUG. CAESAREM, ou COL. PRIMA. FL. AUG. CAESAREA ; sur celles au coin de Septime-Sévère, jusqu'à Trajan-Dèce : C. I. F. AUG. CAE. METROPOLI, ou MET. PR. S. PAL. ; c'est-à-dire *colonia prima Flavia Augusta Cæsarea*, ou *Cæsarensium metropolis provinciæ salutaris Palæstinæ*. Voy. MIONNET, *Descr. des méd.*, tome V, p. 486.

Festinante Tiberio. Josèphe écrit au contraire, 4, 10, 6, que

Vespasien, déjà salué empereur, en avait fait part d'abord par une lettre à Tiberius Alexander.

Isque primus principatus dies. Ce jour natal était appelé le jour de l'empire. Adrien, dit Spartien, 4, arrêta que le troisième des mêmes ides on célébrerait le jour natal de l'empire.

Quinto nonas julias. Le 3 juillet.

Cap. lxxx. *Pauci milites solito adsistentes ordine.* On voit qu'un petit nombre de soldats allaient tous les matins, et tour à tour, faire la cour à leur général, à l'exemple des cliens à leur patron.

Tantæ vicissitudinis offusam oculis caliginem disjecit. Gronovius propose de lire *mutationis*, conjecture qui plaît à Ryckius, à Brotier, à Lallemant, qui gardent *multitudinis*, et à Ernesti, qui laisse le choix au lecteur ; Dotteville, *vicissitudinis*, et Oberlin dit que cette leçon mérite d'être rendue à Tacite. Nous avons adopté la leçon de Dotteville et d'Oberlin, et nous avons traduit ainsi ce passage : « Dès que le nuage dont un si grand évènement avait voilé ses yeux fut dissipé, il les harangua militairement, etc. » M. Burnouf, adoptant le mot *multitudinis* au lieu de *vicissitudinis*, a traduit : « Aussitôt qu'il eut dissipé cette nuée de soldats, dont sa vue était comme obscurcie, il harangua militairement ses troupes. » *Nuée* de soldats suppose une multitude de soldats, et il n'y avait de présens que les soldats de garde auprès de leur général. A qui s'adressera Vespasien, s'il dissipe préalablement la nuée de soldats dont sa vue est obscurcie? Si telle eût été la pensée de Tacite, il n'aurait pas ensuite dit simplement *militariter locutus*, puisque, les soldats étant dissipés, il ne resterait plus personne qui pût l'entendre. Il aurait fait précéder ces mots de ceux-ci : *convocato concilio, militariter locutus*, ou de quelque autre semblable. On s'autorisera sans doute, pour rejeter la variante et le sens que nous avons adoptés, de ce que vient de dire l'historien latin, *in ipso nihil tumidum, aut in rebus novis novum*. Nous répondrons que le sens que nous avons cru devoir préférer n'est aucunement en contradiction avec ces antécédens. Nous ne disons pas en effet que ce nuage qui voilait les yeux de Vespasien fût dû à l'orgueil ou à l'arrogance que lui inspirait un si grand évènement. L'étonnement que devait exciter en lui cet évènement si inattendu, sa modestie elle-même suffisait pour jeter sur ses yeux une sorte de nuage : ce qui n'empêchera pas de dire : *in ipso nihil tumidum, arrogans, aut in rebus novis novum fuit.*

CAP. LXXXI. *Ante idus jul.* Vaillant rapporte ici une médaille de Vespasien frappée à Antioche. *Voyez* ses *Méd. des colonies*, tome I. *Voyez* aussi ce qu'en dit Eckhel, dans sa *Doctr. num. vet.*, t. III, p. 302. On lisait auparavant : *ante kal. julii*, d'après le manuscrit de Bude.

Sohemus. Il avait été nommé par Néron roi de Sophène. Voy. *Annales*, XIII, 7, et plus bas, V, 1.

Antiochus. Roi de Commagène.

Opibus ingens. Juste-Lipse pense qu'on a ajouté *ingens* au texte, et que ce mot obscurcit ici le sens et la phrase. Mais Antiochus, dans les médailles, est dit aussi ΜΕΓΑΣ. *Voyez* NORIS, *Sur les époques Syromacéd.*, diss. 2, 4, et ECKHEL, l. c, vol. 3, page 255, où les destinées de ce roi sont rapportées.

Excitus ab urbe Agrippa. Agrippa était roi d'une partie de la Judée, et frère de Bérénice. Vespasien l'ayant envoyé avec son fils Titus à Galba, pour lui demander son avis sur la guerre des Juifs, Titus s'en était revenu de l'Achaïe, sans aller plus loin, en apprenant la mort de l'empereur; Agrippa, au contraire, avait poursuivi son voyage jusqu'à Rome, pour gagner la faveur du nouveau prince.

Berenice. Sœur d'Agrippa, appelée aussi Julie, et amante de Titus, mariée d'abord à Hérode, roi de Chalcide, ensuite à Polémon II, roi de Pont et d'une partie de la Chalcide.

Florens ætate formaque. Ce qui est d'accord avec Xiphilin et ce que contredit Bayle, qui, à l'article de *Bérénice*, prétend, d'après Josèphe, qu'elle avait quarante-quatre *bonnes* années en 72, par conséquent quarante-une en l'an 69 où nous sommes. Sans cela, Titus n'aurait pas fait un grand sacrifice en la renvoyant dix ans après, c'est-à-dire en 79, temps auquel elle aurait eu cinquante-une *bonnes* années : *invitus invitam dimisit*, dit Suétone.

Introrsus in Pontum. Les manuscrits de Florence, de Bude,

d'Agricola, de Guelfe, les éditions Princeps, de Puteol., de Béroalde, de Rhenanus, la première des Aldes, celle de Gryphe ont la préposition. Dans la seconde de Rhenanus, elle est omise par accident; de là elle a été négligée par les éditeurs suivans, et rétablie par Ryckius. C'est sans doute l'omission de la préposition, et parce que Dotteville a cru que *introrsus* en était une, qu'il traduit : *toutes les provinces qui sont situées entre le Pont et les deux Arménies;* tandis que, comme le remarque Ferlet, *introrsus* est un adverbe qui signifie *en dedans, dans l'intérieur des terres*, et qu'il n'y avait pas de provinces entre le Pont et les deux Arménies.

Nondum additis Cappadociæ legionibus. Dès le temps de Tibère, la Cappadoce était gouvernée par un chevalier romain, et défendue seulement par les légions des provinces voisines. Ce fut Vespasien qui, pour repousser les incursions continuelles des barbares, lui donna des légions en propre avec un lieutenant consulaire. *Voyez* SUÉTONE, *Vesp.*, 8.

Consilium.... Beryti habitum. Béryte, ville maritime de Phénicie, près du mont Liban. Il paraît que c'est dans cette ville que Vespasien et Mucien s'étaient déjà donné rendez-vous, pour savoir si on se déclarerait ou non, comme on l'a vu plus haut. Ils y reviennent ici pour concerter leur plan d'opérations.

Lecta decora. L'élite des hommes décorés de l'armée de Judée.

CAP. LXXXII. *Revocare veteranos*. On lit ailleurs *evocare*, et avec raison, dit Juste-Lipse; car ces vétérans sont réellement *evocati*, comme on peut le voir dans un *Traité de la milice*, dial. 1, 8. Mais tous les livres et le manuscrit de Bude ont *revocare*, mot qui se trouve dans une inscription de Gruter, 524, 7; d'où Fabretti, *sur la colonne Trajane*, p. 198, défend la leçon commune.

CAP. LXXXIII. *Classem e Ponto.* Il faut entendre la flotte que les Romains avaient sur le Pont-Euxin, pour en défendre l'entrée. Hégésippe, dans sa harangue d'Agrippa, nous apprend qu'elle était de quarante vaisseaux. Ce passage est encore éclairci par ce que dit Le Nain de Tillemont, t. 1, p. 446, en parlant de Mucien qui, pour faire passer une partie de ses troupes d'Asie en Europe, ordonna à la flotte du Pont-Euxin de descendre et de venir le prendre à Chalcédoine. « Il prit, dit-il, son chemin par la Cappadoce et la Phrygie, pour passer à Byzance, où les vaisseaux du Pont avaient ordre de se rendre pour cela. Il avait encore le dessein de s'en servir, tant pour passer de Dyrrachium à Brindes, s'il ne voulait pas traverser toute l'Illyrie, que pour tenir la mer au dessus et au dessous de l'Italie, menacer Vitellius des deux côtés, et mettre la Grèce à couvert. Quant au chemin qu'il suivit pour aller de Byzance à Rome, il prit la voie *Egnatia* pour arriver en Mésie, où il reparaîtra ; car on verra, III, 44, qu'il se décida pour la route de Mésie, et n'alla pas à Dyrrachium. »

Si sibi Brundisium. Il y a ainsi dans tous les manuscrits et dans toutes les éditions avant Rhenanus, qui a imprimé par conjecture *si simul,* que tous ont adopté jusqu'à Ryckius. Mais l'ancienne leçon est bonne, même élégante, et Ryckius la défend bien.

Cap. LXXXIV. *In cognitionibus.*—*Cognitiones* étaient, selon Ferlet, les procès civils, comme *quæstio* était un procès criminel. Selon M. Burnouf, il s'agit ici des procès entre le fisc et ceux qu'on accusait d'être détenteurs de deniers publics. Mucien, dans toutes les affaires, donnait gain de cause, non à celui qui avait raison, mais à celui qui lui donnait le plus. Il ne se contente pas de ce moyen : il a encore recours aux délations.

Ceteri conferendarum pecuniarum exemplum secuti ; rarissimus quisque eamdem in reciperando licentiam habuerunt. M. Burnouf a traduit : « Les autres ouvrirent leur bourse à son exemple : très-peu eurent comme lui toute licence de s'en dédommager. » Nous ne croyons pas que l'idée de Tacite soit exactement rendue dans le dernier membre de cette phrase. Tacite dit en effet *licentiam in reciperando,* ce qui n'est pas la même chose que *licentiam reciperandi,* comme l'a traduit M. Burnouf, en disant : *toute licence de s'en dédommager.* Nous avons cru rendre plus exactement l'idée de Tacite, et plus complètement surtout l'expression *reciperando,* en traduisant : « D'autres suivirent son exemple, et fournirent leur argent, mais bien peu purent se récupérer de même que lui. »

Cap. lxxxv. *Illyrici exercitus.* Tacite comprend sous ce nom les armées de Mésie, de Pannonie et de Dalmatie.

Tertia legio. Le manuscrit de Bude a *tertia decima legio.*

Claudiana. Cette légion, dit Dureau-Delamalle, avait reçu de *Claude* ce surnom, en récompense de ce qu'elle n'avait point favorisé la révolte de Furius Scribonianus en Dalmatie. Outre ce nom de *Claudiana,* Claude lui fit donner par le sénat celui de *Pia* et de *Fidelis.* On trouve des médailles avec cette inscription : *legio septima Claudiana, septimum Pia, septimum Fidelis.*

Favore Othonis. Pour *in Othonem.*

Aquileiam progressæ. On a vu, à la fin du ch. 46, que des détachemens de cette armée, qui avaient pris les devants, annoncèrent à Othon qu'elle était arrivée à Aquilée. Elle n'alla pas plus loin, parce qu'elle apprit dans cette ville l'issue de la bataille et la mort d'Othon. Il paraît, dit Ferlet, que les généraux de Vitellius, vainqueurs et maîtres de Bédriac, envoyèrent sur-le-champ quelques détachemens de cavalerie vers cette armée, pour lui annoncer que l'affaire était finie, et pour les engager à prêter serment au nouvel empereur.

Laceratisque vexillis. Il est évident, d'après ce passage, que les Romains avaient déjà des drapeaux en tissus, ce que confirme Dion, 40, 18, où il rapporte qu'ils ressemblaient à des voiles.

Julianus, comperto discrimine, et gnaris locorum adscitis, per avia Mœsiœ, ultra montem Hœmum profugit. M. Burnouf a traduit : « Julianus, instruit du danger, prit des guides sûrs, et s'enfuit par les déserts de la Mésie, jusqu'au delà du mont Hémus. » Il y a dans le texte, *gnaris locorum adscitis,* ce qui ne veut pas dire des guides sûrs, mais des guides qui connaissent le pays. Un guide peut être un homme sûr sans que pour cela il connaisse bien les lieux ; de même qu'un guide peut connaître parfaitement le pays sans être pour cela un guide assez sûr. De plus, on lit *per avia Mœsiœ.* On ne peut traduire ces mots par *les déserts de la Mésie.* Que veut dire en effet *avia? lieux où il n'y a point de sentiers frayés ; lieux par où l'on ne peut passer ; chemins détournés, escarpés.* Or, est-ce là ce qui constitue un *désert?* Nous avons cherché à rendre plus exactement l'idée de Tacite en traduisant : « Julianus apprend son danger ; aidé de guides qui connaissent le pays, il s'enfuit par les chemins détournés de la Mésie, au delà du mont Hémus. »

Cap. LXXXVI. *Tempore Neronis falsi.* Voyez *Annal.*, XIV, 40.

Strenuus manu. Il paraît, dit Ferlet, qu'il avait dès son enfance l'humeur martiale et battante. Suétone dit qu'on lui avait donné à Toulouse, sa patrie, le surnom de *Becco*, c'est-à-dire, ajoute-t-il, *rostrum gallinacei*, bec de coq.

Juncti inde Mœsici ac Pannonici exercitus. Par *juncti*, il ne faut pas entendre la jonction réelle des deux armées, mais une simple union de projets et d'efforts. Nous verrons en effet, III, 5, comme le remarque M. Burnouf, qu'au moment de partir pour l'Italie, on fit venir les légions de Mésie des bords même du Danube ; et III, 7, que la septième et la treizième (qui étaient en Pannonie) se rendirent à Padoue à la nouvelle des premiers succès d'Antonius. Elles n'avaient donc pas fait leur jonction avec celles de Mésie.

Dalmaticum militem traxere. Il n'y avait plus en Dalmatie, dit Ferlet, que la onzième légion, que nous y avons vu retourner, ch. 67. Quant à la quatorzième, qui était allée depuis, et pendant peu de temps dans cette province, elle a été obligée, ch. 66, de retourner en Bretagne, où nous allons voir que les rebelles lui écrivirent pour l'engager à venir les joindre. Au reste, cette onzième légion de Dalmatie eut bien de la peine à venir ; elle n'arriva que quand tout était fait, III, 50.

Quietis cupidine. La suite fait voir que le procurateur Cornelius Fuscus n'était pas un homme si ami du repos et sans ambition. Aussi Grotius voulait-il qu'on lût *quæstus cupidine*, en conférant ce qui est dit *Annal.*, XVI, 17. Les éditeurs de Deux-Ponts et Ferlet reçoivent cette leçon. Ce Fuscus, il est vrai, ne devint ni intendant ni procurateur, étant sorti du sénat ; il ne sollicita point, mais il vécut tranquille dans ses terres, lorsqu'il s'éleva des troubles contre Néron. Cependant il changea dans un âge plus avancé le plan qu'il s'était tracé dans sa jeunesse ; et, ce qu'ajoute Tacite, cinq lignes plus loin, n'annonce guère un caractère ami du repos. Oberlin et M. Burnouf trouvent que la leçon commune peut demeurer, et nous l'avons adoptée d'après ces deux autorités.

Dux coloniæ suæ. Il fit déclarer sa ville, qui était une colonie romaine, en faveur de Galba. Tacite ne dit pas quelle était cette ville. Ryckius, d'après Plutarque, *Vie de Galba*, 6, fait venir ici *Colonia*, ville d'Espagne; il n'y avait point de ville de ce nom en Espagne, ou n'en connaît que trois, deux en Gaule, et une dans le Pont; aussi Xylander lit-il *Cluniæ* pour *Coloniæ*. Brotier croit que c'est de celle-ci qu'il est ici question; mais le pronom *suæ* s'y oppose; et c'est pour cela sans doute qu'il est suspect aux éditeurs de Deux-Ponts. Pour moi, je crois qu'il prouve que *coloniæ* est la vraie leçon; que, par conséquent, il ne s'agit point ici de *Clunia*, ni d'une ville du nom de *Colonia*, mais d'une colonie dont Fuscus était le chef, et que Tacite ne nomme pas.

Igitur movere... adgrediuntur. Ceci, dit Ernesti, ne regarde point seulement *Fuscus*, mais encore les généraux de Vespasien. C'est donc faute d'y faire attention qu'*aggreditur* a été imprimé par Béroalde et ceux qui l'ont suivi, Alciat, Rhenanus, jusqu'à Pichena. *Aggrediuntur* est dans les manuscrits de Guelfe, de Florence, de Bude, du Roi, de Bodl., de Harl., dans l'édition Princeps, de Puteol. et dans Lallemant. Ferlet a donc tort d'appliquer cette phrase à Fuscus, en l'expliquant ainsi : « Il songe à émouvoir et à remuer toutes les mauvaises humeurs du corps politique, c'est-à-dire à exciter et à faire éclater de toutes parts les mécontentemens. »

Ad primanos. La première légion avait été envoyée en Espagne.

Ceteris fortunam secuturis. Les autres légions prêtes à suivre le même parti dès que la fortune se serait déclarée pour lui par des succès.

CAP. LXXXVII. *Sexaginta millia.* Les armées réunies de Valens et de Cécina, avant la bataille de Bédriac, devaient être à peu près de soixante-dix mille hommes. Celle qui accompagna ensuite Vitellius était au moins de trente mille hommes, ce qui faisait un total de cent mille hommes; comment sont-ils réduits maintenant à soixante mille? en aurait-il péri quarante mille dans la bataille, comme Xiphilin prétend que cela arriva de part et d'autre? Non. Rappelons-nous ce que Tacite a dit, chap. 69. Vitellius avait renvoyé les huit cohortes bataves ainsi que les milices gauloises ; il avait réformé une partie des légionnaires et des auxiliaires, et offert des congés à qui en voudrait.

Cap. LXXXVIII. *Ticini cœptam.* Après la sédition commencée à Pavie. Elle ne fut en effet en quelque sorte que commencée, ayant été interrompue par l'évènement que rapporte Tacite, chap. 68.

Gladiatoriam saginam. On empâtait, pour ainsi dire, les gladiateurs, et l'on accoutumait, au contraire, les soldats à la sobriété, afin qu'ils pussent supporter la faim, la soif, et les autres fatigues de la guerre. St-Cyprien dit dans une épître à Donat : *Impletur in succum cibis fortioribus corpus, et arvina assidui nidoris moles membrorum robusta pinguescit, ut saginatus in pœnam carius pereat.* André Schot, *Obs. hum.*, 5, 9, en dit davantage.

Vernacula, ut rebantur, urbanitate. Cette populace croyait donc faire quelque chose de fort plaisant, et donner à ces barbares du Nord un échantillon de l'urbanité romaine; mais, comme dit Juste-Lipse, qui lit *ut rebantur : illi jocari se urbanatim censebant; at milites rusticatim tetigerunt.* Ceux-ci pensaient plaisanter bourgeoisement ; mais les soldats frappèrent en rustres. J.-F. Gronovius a admis la leçon ou plutôt la conjecture de Juste-Lipse, ainsi que Brotier, Lallemant et Ernesti ; mais on lit *utebantur* dans les manuscrits de Florence, de Guelfe, de Bude, d'Agric. et dans toutes les éditions avant Rhenanus. C'est cette leçon qu'a reçue Oberlin.

Abscisis furtim balteis. Le baudrier ou le ceinturon, comme le dit Ferlet, et comme on le voit dans Martial, était la pièce de l'armure qui caractérisait principalement le soldat, et en être privé était, après la peine capitale, la plus grande punition qu'on pût lui infliger.

Cap. LXXXIX. *Ipse Vitellius, a ponte Milvio, insigni equo, paludatus accinctusque, senatum et populum ante se agens*, etc. M. Burnouf: « Vitellius cependant était parti du pont Milvius, monté sur un superbe cheval, avec l'habit du commandement, et l'épée au côté, chassant devant lui le sénat et le peuple, etc. » *Paludatus* dit plus que revêtu de l'habit du commandement. Il y avait chez les Romains plusieurs sortes de commandemens, et par conséquent plusieurs signes extérieurs propres à chacun de ces commandemens. Or, Tacite dit ici *paludatus*. De plus, on lit *accinctusque*, que M. Burnouf a traduit par *l'épée au côté*. Nous croyons avoir adopté une expression plus convenable et plus noble à la fois, en traduisant par *ceint de l'épée*. *Senatum et populum ante se agens.* « Chassant devant lui, dit M. Burnouf, le sénat et le peuple. » Ce n'est point là, à notre avis, le sens du mot *agens ante se*. Chasser quelqu'un devant soi indique un mouvement rapide, tel que celui d'un corps de cavalerie qui chasserait devant lui un autre corps en déroute ; ce que ne faisait pas sans doute Vitellius : *ante se agens*, il les poussait devant lui sans égard, avec son cheval, grossièrement. Nous avons traduit ainsi ce passage : « Vitellius lui-même, parti du pont Milvius, monté sur un magnifique cheval, revêtu du paludamentum, ceint de l'épée, poussant devant lui le sénat et le peuple, etc. »

Quatuor legionum aquilæ. Savoir de la cinquième légion venue de Germanie avec Valens, de la vingt-et-unième venue avec Cécina, de la troisième, ou légion *Italique*, amenée de Lyon par Valens, et de la quatrième légion, qui était venue avec Vitellius ; car, dit très-bien Ferlet, on ne peut pas supposer que l'empereur n'ait pas emmené une aigle de Germanie, comme chacun de ses généraux. Quant à l'ordre de la marche, *voyez* sa longue et excellente note.

Militum phaleræ atque torques splendebant. La *phalera* était une décoration qui tombait sur la poitrine, à la différence du *torques*, qui était un collier, une décoration qui entourait le cou. Quand il s'agit d'*equorum phaleræ*, c'était un caparaçon. La différence des *phaleræ* aux *torques* est très-bien exprimée dans ces deux vers de Silius Italicus, XV, 252 :

..... Phaleris hic pectora fulget,
Hic torque aurato circumdat bellica colla.

Denys d'Halicarnasse, l. X, distingue aussi très-bien, dans les décorations militaires de Siccius, les *torques* et les *phaleræ* : 1° Les *torques*, comme l'indique le nom, étaient tors et ronds, les *phaleræ*, plates et larges ; 2° les *torques* serraient et entouraient le cou, les *phaleræ* pendaient sur la poitrine ; 3° les *torques* étaient d'or pur, les *phaleræ* avaient seulement des clavicules d'or ; mais on ne sait pas bien en quoi consistait la décoration des *phaleræ*. Pitiscus conjecture que c'étaient des baudriers ornés de clavicules d'or ; je le pense aussi, et que ces clavicules étaient des clous à têtes d'or, par conséquent le même ornement que celui du laticlave des sénateurs, et de l'angusticlave des chevaliers romains. C'est ainsi qu'on trouve les *phaleræ* peintes dans les manuscrits de la *Notice des dignités de l'empire*; et que Pancirole les décrit dans son commentaire sur cette notice : *Pro fasciis aureæ phaleræ cernuntur, hæ sunt ovales orbiculi, et auro distincta lora.*

Cap. xc. *Vulgus tamen, vacuum curis.* M. Burnouf a traduit : « Toutefois le vulgaire insouciant... » J'ai adopté un sens tout opposé : le peuple n'était pas *insouciant*, puisqu'il faisait retentir des acclamations ; il était enchanté d'être *débarrassé de ses inquiétudes*, *vacuum curis* ; il n'avait plus à craindre l'incendie, le massacre dont il avait été menacé par les barbares de la Germanie, et qui arrivaient avec Vitellius.

Cap. xci. *XV kalendarum augustarum.* Le 18 juillet.

Infausto die Cremerensi Alliensique. La journée de Cremera et de la bataille du fleuve Allia, où les trois cent six Fabiens furent tous tués, à l'exception du plus jeune, qui en porta la nouvelle à Rome.

Advocavit. Quoique les empereurs, dit Ferlet, eussent la puissance tribunitienne, cela n'empêchait pas qu'il n'y eût des tribuns du peuple, comme du temps de la république, et Vitellius, en les appelant au secours de son autorité méconnue, se conduit comme aurait pu faire tout autre magistrat dans un cas pareil ; ce qui supposait beaucoup de modération et devait plaire au sénat.

Quod duo senatores, etc. C'était, dit encore Ferlet, ainsi que M. Burnouf, d'après lui, une naïveté dans la bouche de Vitellius, mais une grande vérité dans l'esprit des Romains. Un empereur dans le sénat n'était que le premier des sénateurs, *senatus princeps*, dans le sens que la république donnait à ce titre, et les bons empereurs en sont toujours convenus. C'est même de là qu'ils furent appelés *principes*.

Cap. XCII. *P. Sabinum, a præfectura cohortis*. Mercier a bien mis *P. Sabinum a præfectura cohortis, et Julium*; c'est-à-dire qui avait seulement commandé une cohorte. Ernesti pense que c'est la vraie leçon, et que Pichena a eu raison de l'admettre. Ce Sabinus est différent du Flavius Sabinus que nous avons vu, ch. 36, succéder à Macer, et de Flavius Sabinus, préfet de Rome, et frère de Vespasien.

Tum centurionem. Ce qui signifie, dit Juste-Lipse, que l'un et l'autre, d'une condition petite ou tout au plus médiocre, s'étaient élevés à la première dignité. Pichena a admis cette correction de Juste-Lipse, laquelle se trouve aussi dans le manuscrit de Florence. Celui d'Agric. et l'édition Princeps ont *dum centurio est ;* le manuscrit de Bude a *dum centurio esset*.

Nec unquam satis fida potentia, ubi nimia est. « Le pouvoir d'ailleurs n'est jamais assuré, quand il est sans limites, » a traduit M. Burnouf. Nous avons cru devoir traduire *nec unquam satis* par « n'est déjà plus ; » ce qui rend mot à mot la pensée de Tacite, et lui donne plus de vivacité. *N'est déjà plus assuré* veut dire *qui déjà n'existe plus....* A peine les bornes sont-elles passées, et déjà.... *Ubi* doit être traduit par *dès que, aussitôt que*. Voici notre version : « La puissance n'est déjà plus assurée dès qu'elle est sans bornes. »

Quod reversis ab exilio jura libertorum concessisset. Lorsque Galba eut rappelé les exilés, il ne les rétablit point pour cela dans leurs biens : ces biens avaient été donnés au fisc, ou dissipés par les prodigalités de Néron. Ainsi ils étaient dans l'indigence. Vitellius prit pitié d'eux, et, pour les en dédommager, leur accorda le droit de patronage. C'eût été leur faire un grand don, si on ne l'eût éludé de mille manières; car les affranchis étaient obligés de donner la subsistance à leur patron, s'il était dans la misère, comme un fils à son père, et de lui laisser la moitié de leurs biens s'ils faisaient un testament; la totalité leur appartenait si l'affranchi mourait intestat et n'avait pas d'héritiers naturels ou adoptifs. Pline applique, ép. x, 10, dans ce sens, à Trajan, ces deux vers de Martial, x, 4 :

> Qui sua restituis spoliato jura patrono,
> Libertis exsul non erit ille suis.

« Quand vous rendez ses droits au patron dépouillé, vous ne faites point qu'il soit exilé pour ses affranchis. »

Cap. xciii. *Infamibus Vaticani locis.* Dans les marais pestilentiels du Vatican, où régnait ce mauvais air, appelé par les Italiens *aria cattiva*. Outre les sept collines comprises dans l'enceinte de l'ancienne Rome, et qui toutes étaient sur la rive gauche du Tibre, il y en avait deux autres situées sur la rive droite, savoir, le Janicule et le Vatican. Cette dernière était alors séparée du fleuve par une vallée basse et malsaine, et était peu habitée. C'est aujourd'hui le plus beau quartier de Rome.

Gallorumque. Le manuscrit de Bude et l'édition Princeps ont *Gadavorum*, d'où Rhenanus pensait qu'il fallait lire *Batavorum*, mais il ne l'a pas cependant admis, et Vestranius avertit au contraire que les cohortes des Bataves avaient été renvoyées chez elles. *Cf.* le ch. 69.

Sedecim prætoriæ. On voit, *Ann.*, iv, 5, que, sous Tibère, il n'y avait que neuf cohortes prétoriennes et trois urbaines. Vitellius, qui avait réformé les autres corps par économie, augmente ici les cohortes de la ville par reconnaissance ou plutôt par la nécessité où il était de tenir parole à tant de gens qu'il avait promis de récompenser.

Sane adventu ejus partes convaluerant, etc. M. Burnouf : « Il est vrai que l'arrivée de Valens avait *fait la force* du parti. » Nous avons traduit : « Sans doute l'arrivée de Valens avait *rétabli* le parti, » et c'est, à notre avis, le véritable sens du mot *convaluerant* du texte. C'est une réflexion de l'historien qui, ayant dit plus haut que Valens prétendait *avoir sauvé* Cécina, convient que son arrivée avait *rétabli* le parti de ce dernier : *sane adventu ejus partes convaluerant.*

Cap. xciv. *XX millibus.* Seize cohortes prétoriennes et quatre urbaines, de mille hommes chacune, faisaient juste vingt mille hommes. Mais c'était un tout confus et mal réglé. On avait pris dans les légions et dans les corps de cavalerie beaucoup de bons soldats, et cela les avait affaiblis. On en avait aussi tiré beaucoup de mauvais pour les incorporer dans les troupes de la ville, et une pareille incorporation déshonorait celles-ci.

Cap. xcv. *Natalem Vitellii diem.* Suétone, *Vitell.*, 3, dit que Vitellius naquit le 8 avant les kalendes d'octobre, c'est-à-dire le 24 septembre, et que d'autres plaçaient sa naissance le 7 du même mois de septembre. Il est donc naturel de penser que c'est en qualité de consuls que Cécina et Valens la célébrèrent par des fêtes publiques.

Exstructis in campo Martio aris. Voyez Suidas, au mot Βιτέλλιος.

Facem Augustales subdidere. Les augustaux ou prêtres d'Auguste. Voyez *Ann.*, 1, 54, sur leur institution. Tacite, ainsi que Varron, Tite-Live et Asconius, d'après Ennius, y attribue à Tatius la création des prêtres tatiens, qu'il attribue ici à Romulus; mais cette contradiction apparente vient sans doute de ce que, dans les *Annales*, il accorde avec raison à Tatius l'origine du nom des prêtres tatiens qui lui étaient consacrés, et ici à Romulus leur institution; et même de ce que ces deux rois, régnant ensemble dans Rome, on leur attribuait leur origine et leur institution également; car ces origines sont toujours variables et incertaines quand elles ne sont pas même tout-à-fait fabuleuses.

Tatio regi. Après ce mot, il faut sous-entendre, non pas *sodales Tatios*, mais *Tatienses*, comme les nomme Varron.

Polycletos, Patrobios. C'étaient deux affranchis de Néron, punis du dernier supplice par Galba, avec plusieurs autres scélérats fameux sous le dernier règne. *Voyez* Plutarque, *Vie de Galba.* Il a déjà été question de Polyclète, 1, 37.

Et sumptu ganeaque. Juste-Lipse lit *sumptu saginaque*. Le mot de *sagina*, dit-il, est propre toutes les fois qu'il est question du glouton Vitellius, et Tacite semble s'en être servi à dessein, comme au ch. 7, et 1, 62, et Cicéron, *pour Flaccus*, 7. Il trouve cependant que la conjecture de Palmer n'est pas moins bonne :

sumptu ganeaque. Pichena est le premier qui l'ait admise. Le manuscrit de Florence, celui du Roi et Lallemant ont *gaianeaque;* d'où l'édition Princeps a fait *galene aquæ.* C'est sans doute ce qui a fait songer à Malherbe, dans Gévart, *Morceaux choisis*, III, 3, à lire *sumptu ganeæ aleæque*, que Gévart regarde comme étant le vrai texte et non une conjecture. Tacite se sert quelquefois du mot *ganea*, comme on le voit dans les *Ann.*, III, 52, et VI, 4. La glose porte *sumtu luxuriaque.*

Novies millies sestertium. On croit qu'il dissipa en peu de mois neuf cent millions de sesterces, à peu près cent quarante-quatre millions de notre monnaie, selon les tables de M. Letronne. Sidoine, dans son *Panégyrique de Majorianus*, semble s'éloigner de cette somme dans l'endroit où, passant en revue les défauts de chacun des princes, il dit de Vitellius, vers 325 :

... Post quinta Vitelli
Millia, famosi ventris donata barathro.

Fabios. Fabius Valens. Tacite ne parle pas de Cécina, parce que son défaut n'était pas l'avarice.

Marcellus. Eprius Marcellus, dont il a déjà été parlé, ch. 52 ou 53, et qui fut un des accusateurs de Thraséas. Cf. *Annales*, XVI, 22; *Hist.* IV, 6 et 43.

CAP. XCVI. *Tertiæ legionis defectio.* Comme on l'a vu, ch. 85.
Ab Aponio Saturnino. Gouverneur de la Mésie, ch. 85.
Mollius interpretabantur. Rhenanus a imprimé ainsi par conjecture, et tous l'ont suivi. Ils n'est appuyé que du manuscrit de Florence, si l'on en croit Ryckius, dans le manuscrit duquel est *melius.* Les éditions avant Rhenanus et le manuscrit de Bude ont *nullius.*

CAP. XCVII. *Trium legionum legati.* Tacite dit, *Ann.*, IV, 5, que l'Espagne était occupée par trois légions. Mais, comme nous avons vu, ch. 67, que Vitellius y avait envoyé la première *Adjutrix* des classiques ou de marine, et que cependant l'auteur ne fait encore ici mention que de trois, il faut, ou qu'il ne tienne pas compte de cette dernière, comme n'y étant envoyée que temporairement, ou qu'il n'y en eût alors plus que deux.

Integrum illic. Suétone dit la même chose dans la *Vie de Vitellius*, chap. 5; mais, dans le chap. 4, *sur Vespasien*, il n'est plus d'accord. *Africam integerrime*, dit-il, *nec sine magna dignatione administravit;* et Juste-Lipse ne sait pas comment concilier cela. Ernesti pense qu'on le peut, en disant que son intégrité fut dans sa sévérité, puisqu'il n'accordait rien à l'ambition, qu'il exigeait dans tous la plus sévère justice, et qu'il contenait avec fermeté les méchans : ce qu'il est facile de reconnaître, dit-il, dans ces mots *magna dignatione*. Des hommes de ce caractère sont odieux au peuple.

CAP. XCVIII. *Valerius Festus, legatus.* Il commandait la légion qui était en Afrique; mais il n'était pas commandant de la province, comme on le verra, l. IV, ch. 48 et suivans.

Mare quoque Etesiarum flatu. Cet endroit est fort embrouillé dans les manuscrits, et les leçons varient beaucoup. Mais on lit dans Pline, II, 47 : *iidem aquilones constantius perflant, per dies* XL *quos* ETESIAS *vocant;* d'où il est clair que les vents étésiens, c'est-à-dire les Aquilons, sont favorables à ceux qui naviguent de l'Italie en Orient, et qu'ils sont contraires à ceux qui viennent par mer d'Orient en Italie. On lit aussi dans César, *Bell. Gall.*, III, 107 : *ipse enim necessario* ETESIIS *tenebatur, qui Alexandria navigantibus sunt adversissimi venti.* La gloire de cette restitution est due à la sagacité de Rhenanus, quoiqu'il n'ait point osé l'insérer dans le texte. J.-F. Gronovius, *Obs.*, 4, 2, p. 30, s'efforce de prouver, d'après les diverses corruptions de ce passage, que tous les manuscrits de Tacite émanent d'un seul.

CAP. XCIX. *Accedebat huc Cæcinæ ambitio vetus, torpor recens.* M. Burnouf : « Il faut ajouter l'ancienne indulgence et l'engourdissement éternel de Cécina. » J'ai cru indispensable de traduire le mot *huc*, « à cela, à tout ce qui précède, » sinon on pourrait croire que l'auteur veut dire, « il faut ajouter ensemble, » etc. Je crois aussi qu'*ambitio* veut dire ici ambition, en prenant le but pour les moyens : *ambitio* est ici par opposition à *torpor*, comme *vetus* l'est à *recens*. *Ambitio* veut dire les caresses, les soins que, pour satisfaire son ambition, Cécina avait précédemment, *vetus*, prodigués aux soldats, qu'aujourd'hui, *recens*, il négligeait, *torpor;* ce qui devait les indisposer d'autant plus qu'autrefois il s'était sans cesse occupés d'eux.

Perfidiam meditato. C'est Ernesti qui a adopté cette leçon de J. Gronovius, prétendant que *meditanti* était de l'imagination de Rhenanus; mais, dit Oberlin, le manuscrit d'Agr. a *meditantis*, qui répond bien à *inter artes erat*, et qui a été adopté par les éditeurs de Deux-Ponts.

Flavii Sabini. Le préfet de Rome et le frère de Vespasien.

Apud Vitellium. Pichena a mis ainsi, d'après le manuscrit de Florence, ainsi que Bude et les anciennes éditions; mais Rhenanus et Juste-Lipse ont *ad Vitellium*.

CAP. C. *Mox vexillam quartædecimæ et sextædecimæ legionum.* M. Burnouf lit *vexillarii* au lieu de *vexilla*. « Nous conservons ici, dit-il, le texte généralement reçu comme le plus conforme aux manuscrits. Mais nous devons avertir qu'il est presque évidemment corrompu. D'abord la quatorzième légion avait été renvoyée en Bretagne, chap. 66, comme trop attachée à Othon (où le parti de Vespasien lui écrivit pour l'engager à revenir, chap. 86), et il n'est pas probable que Vitellius en eût gardé de détachemens. Ensuite, il était venu du Rhin huit légions entières ou représentées par leurs vexillaires, y compris la première Italique prise à Lyon par Valens, et sans compter les détachemens de Bretagne. Comme ces huit corps légionnaires se trouvent à la seconde bataille de Bédriac, III, 22, il fallait bien que tous les huit fussent partis de Rome. Ce sont les quatrième, cinquième, quinzième, seizième, dix-huitième et première, avec la vingt-et-unième Rapax et la première Italique. Ferlet proposerait donc de lire, si l'on osait changer les textes : *mox vexillarii primæ, quartæ, quintædecimæ et sextædecimæ legionum*. De cette manière, l'énumération serait complète, les autres corps étant nommés dans la suite de la phrase. Quant à la leçon admise par Oberlin, *vexilla quartæ, decimæ et sextædecimæ*, elle ne peut se soutenir. Deux légions portaient le n° 10; mais l'une était en Espagne, l'autre en Judée, et nous ne voyons nulle part que Vitellius eût de détachemens d'aucune des deux. » Dureau-

Delamalle croit aussi qu'il faut lire la quinzième en place de la quatorzième. Quant à *vexillarii*, il faut savoir, dit Juste-Lipse, qu'à cette époque il paraît qu'il y a eu deux enseignes. La première était celle des vétérans, qui, ayant fini leur temps, c'est-à-dire vingt années de service accomplies, demeuraient sous les drapeaux, jusqu'à ce qu'ils reçussent leur récompense et leur paie. La seconde enseigne était celle des troupes qu'on levait dans quelque nécessité ou pour la guerre. Lorsque les légions elles-mêmes et les aigles étaient laissées dans les camps et les provinces, on en retranchait une certaine portion qu'on envoyait sous les drapeaux. Ceux-ci s'appelaient *vexillarii* d'une telle légion; et c'est ce qui se voit fréquemment dans les livres.

Dein quinta et duodevicesima. Le manuscrit du Vatican, et la chose elle-même, dit Juste-Lipse, demandent *duoetvicesima.* C'est ainsi que Pichena a récrit, d'après le manuscrit de Florence. L'édition Princeps et le manuscrit d'Agr. ont *duodecima* et *vicesima*; celui de Bude a *duoetvicesima*. Nous avons démontré, I, 55, dit M. Burnouf, que l'armée du Haut-Rhin avait dans ses rangs la dix-huitième légion et non la vingt-deuxième. C'est donc encore ici *duodevicesima* et non *duoetvicesima* qu'il faut lire. Le manuscrit de la Bibliothèque du Roi porte *duodecima*, leçon fautive, mais sous laquelle est cachée la véritable.

Exercitui, quem ipse ductaverat. Voyez, sur cette manière de parler, Cortius, *sur Salluste*, jug. 70. L'armée du Rhin inférieur, c'est-à-dire la première, la cinquième, la quinzième et la seizième légions qu'il avait amenées de la Germanie, et la première Italique qu'il avait prise à Lyon. Puisque Valens, dit Ferlet, écrit aux légions qu'il avait commandées en personne, il fallait bien qu'elles fussent parties avec Cécina. Or, dans celles que Tacite a nommées plus haut, il n'y a ni la première ni la quinzième. L'endroit est donc corrompu.

Pars Hostiliam petere jussæ. Ce partage des légions nous est clairement expliqué, l. III, 14, où Tacite dit que ce fut la première Italique, et la vingt-et-unième qui allèrent à Crémone. Ainsi les six autres se rendirent à Hostilia. Celles-ci étaient destinées à aller combattre l'ennemi qui s'avançait du côté de Véronc; les autres étaient la réserve, qui gardait la place forte et le camp principal des légions.

Prætexto. Alléguant pour prétexte le dessein de parler au commandant de la flotte qui était à Ravenne, et de concerter avec lui les opérations de la guerre par terre et par mer. Ferlet, qui donne cette explication, sous-entend *consilio*. Au lieu de *prætexto* qu'on lit dans les manuscrits de Florence et de Bude, d'où Rhenanus l'a imprimé le premier, les premières éditions avaient *prætextu*, comme il est dans les manuscrits de Guelfe, d'Agric. et du Roi.

Mox Patavii secretum componendæ proditionis quæsitum. Cécina, dit Ferlet, n'eut qu'à dire un mot à Bassus, ou Bassus à Cécina (*mox*), pour le gagner, et alors, au lieu de rester à Ravenne, où était la flotte, et où l'on aurait pu les éclairer de trop près, ils se retirèrent à Padoue, pour y travailler de concert et sans témoins à la trahison qu'ils méditaient. Rhenanus voulait *id secretum componendæ proditioni*; le manuscrit de Bude porte *ad secretum componendæ proditionis*.

Lucilius Bassus. Dans le manuscrit du Vatican, il y a *Blæsus*; dans celui de Farnèse, *Blexus*; dans celui de Bude, *Lucius Blesus*. Mais le surnom de *Bassus* est confirmé dans une longue inscription qui est à Aquilée, et qu'on peut voir dans la note d'Ernesti et dans Gruter, p. 573.

Cap. CI. *Causas, tradidere.* Ces écrivains disaient que Cécina et Bassus s'étaient révoltés contre Vitellius par amour du bien public, et pour donner l'empire à un prince plus digne de le gouverner.

Ne ab aliis apud Vitellium anteirentur. Telle est la leçon du manuscrit de Bude et de la plupart des éditions, et surtout des anciennes. Brotier, Oberlin et quelques autres lisent *anteiretur....videretur*. Nous réimprimons ainsi (*anteiretur*), dit Ernesti, d'après l'édition Princeps, pour *anteirentur*, qui est la leçon commune. Il est dans Guelfe d'une seconde main, et ensuite *videtur* pour *videntur*, où les copistes ont mis *videretur*, pour rendre ce mot conforme au premier. Qu'il ne soit question que de Cécina, c'est ce que montrent les mots *prodito Galba*, qui ne conviennent qu'à Cécina. Mais il paraît évident, dit M. Burnouf, qui lit *anteirentur... videntur*, d'après toutes les anciennes éditions, que la fin du chapitre précédent, et celui-ci tout entier se rapportent à Bassus et à Cécina réunis. Tacite, dit-on, n'a pas parlé de la trahison de Bassus envers Galba. Mais le commandement de deux flottes qui lui est donné par Vitellius, et son dépit de n'être pas encore préfet du prétoire, ne peuvent-ils pas la faire supposer? et d'ailleurs tous ceux qui se révoltèrent avec Vitellius le 3 janvier n'étaient-ils pas traîtres à l'empereur régnant? On ajoute que les mots *æmulatione* et *invidia* ne conviennent qu'à Cécina. Mais, d'après tout ce qui est dit dans ce livre, Cécina n'était jaloux que de Valens; et en effet, Valens seul pouvait lui disputer la première place auprès de Vitellius. Or ici nous lisons *ne ab aliis apud Vitellium*, etc. Cécina ne pouvant craindre qu'un rival, et le pluriel *aliis* en désignant plusieurs, il faut bien que les craintes dont parle Tacite ne fussent pas éprouvées par Cécina seul, mais par Bassus, conjointement avec lui. » C'est aussi ce qu'a dit Ferlet en d'autres termes.

Pervertisse ipsum videntur. M. Burnouf et bien d'autres lisent *ipsum Vitellium;* mais le mot *Vitellium* a été répété à tort, selon Juste-Lipse, qui écrit *pervertisse ipsum videntur.* Oberlin trouve qu'il a eu raison de retrancher la glose, et remarque que, dans le manuscrit d'Agr., on voit des points marqués sous *Vitellium*.

Legiones adsecutus. Étant allé de Padoue rejoindre les légions à Hostilia.

Variis artibus subruebat. Métaphore, dit très-bien Ferlet, tirée de la sape. Il cherchait à miner sourdement leur fidélité.

FIN DU PREMIER VOLUME.

ERRATA. Page 44, ligne 15, *e suis cogitationibus,* lisez *et suis.* — P. 51, l. 30, Celius, *lisez* Cerius. — P. 79, l. 2, des valets d'armée avait, *lisez* avaient. — P. 83, l. 28, pour insulter, *lisez* pour outrager. — P. 123, l. 12, *ponctuez ainsi cette phrase :* Sans attendre l'ordre du proconsul Vipstanus Apronianus, un affranchi, etc. — P. 131, l. 24, le cortège de gens, *lisez* des gens. — P. 183, l. 4, en aussi petit nombre, *lisez* en si petit nombre. — P. 255, l. 20, les auxiliaires, *lisez* les vexillaires. — P. 258, l. 24, *quem Verginium,* lisez *quam.* — P. 266, l. 14, *omnia precantem,* lisez *omina.* — P. 281, l. 5, *ponctuez ainsi cette phrase :* Toutes les provinces que baigne la mer jusqu'à l'Asie et la Grèce, et tout le pays qui s'étend, etc. — P. 321, l. 22, et qui m'a, *lisez* qui nous a. — P. 380, l. 18, *Lugdunenses gaudio* fuere, *lisez* fecere. — P. 384, l. 31, Tigellins, *lisez* Tigellin.

VOLUMES PUBLIÉS

VELLEIUS PATERCULUS, 1 vol.; *traduct. nouv.* par M. DESPRÉS, ancien conseiller de l'Université. — **SATIRES DE JUVÉNAL**, 2 vol.; traduction de Dusaulx, revue par M. Jules PIERROT. (Près des deux tiers de cet ouvrage ont été traduits de nouveau.) — **PLINE LE JEUNE**, 3 volumes; traduction de De Sacy, revue et corrigée par M. Jules PIERROT. — **FLORUS**, 1 volume; *traduction nouvelle* par M. RAGON, professeur d'histoire au collège royal de Bourbon, avec une Notice par M. VILLEMAIN. — **CORNELIUS NEPOS**, 1 vol.; *trad. nouv.* par MM. DE CALONNE et POMMIER. — **JUSTIN**, 2 vol.; *traduct. nouv.* par MM. Jules PIERROT et BOITARD, avec une Notice par M. LAYA. — **VALÈRE MAXIME**, 3 volumes; *traduct. nouv.* par M. FRÉMION, professeur au collège royal de Charlemagne. — **CÉSAR**, 3 vol.; *tr. nouv.* par M. ARTAUD, profess. au collège royal de Louis-le-Grand, avec une Notice par M. LAYA. — **QUINTE-CURCE**, 3 vol.; *tr. nouv.* par MM. Auguste et Alph. TROGNON. — **VALERIUS FLACCUS**, 1 vol.; *traduit pour la première fois en prose* par M. CAUSSIN DE PERCEVAL, membre de l'Institut.— **HISTOIRE NATURELLE DE PLINE**, 6e vol.; *tr. nouv.* par M. AJASSON DE GRANDSAGNE, annotée par MM. les professeurs du jardin du Roi et des membres de l'Institut. — **STACE**, 2e vol.; *traduction nouvelle* par M. ACHAINTRE. — **SALLUSTE**, 1er vol.; *trad. nouv.* par M. Ch. DU ROZOIR. — **LUCRÈCE**, tome 1er; *trad. nouv. en prose* par M. DE PONGERVILLE. — **QUINTILIEN**, 2e vol.; *trad. nouv.* par M. OUIZILLE. — **CICÉRON**, *trad. nouv.* sous la direction de MM. CHAMPOLLION aîné et DE GOLBERY, par MM. ANDRIEUX, GUEROULT, DELCASSO, PIERROT, MATTER, STIEVENART, etc., etc.; tome VII (*Oraisons*, t. 2, par MM. GUEROULT jeune et Ch. DU ROZOIR).— **TÉRENCE**, 1er vol.; *trad. nouv.* par M. AMAR. — **SUÉTONE**, 1er vol.; *trad. nouv.* par M. DE GOLBERY, correspondant de l'Institut. — **TITE-LIVE**, *trad. nouv.* par MM. LIEZ, VERGER et DUBOIS, professeurs; tome 1er par M. LIEZ, et t. 13 par M. V. VERGER. — **TACITE**, *Histoires*, 1er vol.; *trad. nouv.* par M. C. L. F. PANCKOUCKE.

SOUS PRESSE

HORACE, *trad. nouv.* par MM. ANDRIEUX, DARU, AMAR, DU ROZOIR, Léon HALEVY, DE PONGERVILLE, etc. — **PLAUTE**, par M. NAUDET, membre de l'Institut. — **OVIDE**, *traduction nouvelle* sous la direction de M. DE PONGERVILLE, par MM. AMAR, DE PONGERVILLE, DE GOLBERY, Léon HALEVY. — **CLAUDIEN**, par M. HEGUIN DE GUERLE. — **SILIUS ITALICUS**, par M. CLACHET, professeur au collège de Henri IV. — **CICÉRON**, t. 8, 9, 10 et 11 (*Oraisons*), *tr. nouv.* par M. GUEROULT jeune. (Cette traduction inédite a été l'occupation de toute la vie de ce professeur; elle n'appartiendra qu'à notre édition.) **DE ORATORE**, par M. ANDRIEUX, membre de l'Institut; **LES LETTRES**, par M. DE GOLBERY; **DE LA NATURE DES DIEUX**, par M. MATTER; **TRAITÉ DES DEVOIRS**, par M. STIÉVENART.

Le prix de chaque volume est de SEPT FRANCS.

www.ingramcontent.com/pod-product-compliance
Lightning Source LLC
Chambersburg PA
CBHW071716230426
43670CB00008B/1027